U0134346

珍闻与集藏

琐忆

郑逸梅 著

郑有慧 编

西泠印社出版社

图书在版编目（ＣＩＰ）数据

珍闻与集藏琐忆 / 郑逸梅著；郑有慧编. -- 杭州：西泠印社出版社，2023.5
ISBN 978-7-5508-4100-0

Ⅰ.①珍… Ⅱ.①郑… ②郑… Ⅲ.①艺术家－生平事迹－中国－清代-现代②艺术品－收藏－世界－文集 Ⅳ.①K825.7②G262-53

中国国家版本馆CIP数据核字（2023）第064086号

珍闻与集藏琐忆

郑逸梅　著　郑有慧　编

出 品 人	江　吟
品牌策划	来晓平
封面绘画	郑有慧
责任编辑	梁春晓　周烁斯
责任出版	冯斌强
责任校对	应俏婷
装帧设计	王　欣
出版发行	西泠印社出版社
	（杭州市西湖文化广场32号5楼　邮政编码　310014）
经　　销	全国新华书店
制　　版	杭州真凯文化艺术有限公司
印　　刷	浙江海虹彩色印务有限公司
开　　本	889mm×1194mm 1/32
字　　数	450千
印　　张	15
印　　数	0001—2000
书　　号	978-7-5508-4100-0
版　　次	2023年5月第1版　第1次印刷
定　　价	98.00元

目 录

渔山、石谷嫌隙之非真

数清代画艺，则必举四王、吴、恽，而王石谷与吴渔山，又为同庚。《桐阴论画》称："石谷为能品，渔山为神品。"而世俗传说，石谷因渔山借其所摹大痴画幅不还，遂与绝交。或谓：渔山入耶稣会，石谷目为异端，与借画无关。然据《吴渔山年表》，渔山入教为壬戌岁，时年五十有一，而辛未年六十，作寿石谷卷。丙子，六十五岁，石谷访之，属写山水一卷。癸未，七十二，石谷题《渔山凤阿山房图》轴。辛卯，八十，渔山作长卷寿石谷。李文石《论画诗》注云："石谷八十生日，墨井尚作长卷为寿，情谊殷挚，年虽耄耋，而久敬不渝。"甲午，八十三，石谷跋《渔山仿黄鹤山樵立轴》，跋语云："此渔山得意之笔也，深入黄鹤山樵之室，兼追董巨遗法，佩服佩服。甲午冬日识于来青阁，耕烟散人王翚。"观此可知石谷与渔山友谊始终未变，嫌隙云云，乃子虚乌有之谈也。

世俗又谓渔山自入教后，一意传教，不复从事丹青，亦非事实。如上所述为石谷作画，皆在入教之后。此外尚以营丘寒林参用江贯道法，作山水立轴，仿梅道人扇面，为毛氏汲古阁诸昆仲写《青山读骚图》，作《天香书屋图》，写《大痴诗意图》，又写《刘长卿诗意》轴、《梅花山馆图》卷、《吟秋图》卷、《雨霁烟峦图》卷，仿倪高士《溪山亭子》轴、《润壑苍松图》卷，仿方从义《山水》卷，仿元人《山居图》《苦雨诗图》，仿云林《竹石小景》，仿营丘《雪霁聚禽图》《高邮道中小景》立轴、《云白山青图》，仿李成长卷，仿古山水册，仿古山水十页，仿王晋卿山水轴、雪景立轴、山水小景，师一峰老人《山水图》《松溪书阁图》，所作亦甚夥也。唯自五十一岁赴澳门，直至五十七岁始返上海，在此时期之作品，流传不在江浙一带耳。

扬州八怪考

凡谈清代艺术，辄数及扬州八怪，而《辞源》《辞海》均不列八怪之名。据予所知：

一为金冬心，名农，字寿门，别号甚多，如吉金、稽留山民、昔邪居士、心出家庵粥饭僧。嗜奇好古，收金石文字千卷。工书，分隶尤妙。擅写梅竹及马，涉笔高古，山水点缀闲冷，皆以意为之。著有《冬心题画》《冬心画记》等。

二罗两峰，名聘，字遁夫。夙耽禅悦，自称花之寺僧，冬心弟子也。工诗善画，笔情古逸，思致渊雅，墨梅兰竹，均极超妙，尤著名者，则为《鬼趣图》。

三郑板桥，名燮，字克柔。画擅花卉木石，尤妙兰竹。其兰叶以焦墨挥毫，多不乱，少不疏，脱尽时习。书亦有别致，隶楷参半，自称六分半书，间以画法行之，故蒋心余有诗云："板桥作字如写兰，波磔奇古形翩翩；板桥写兰如作字，秀叶疏花见姿致。"书画印章甚多；多出高西园、沈凡民之手，著有《郑板桥集》。

四高西园，名凤翰，号南邨，晚号南阜老人。病痹，右臂不仁，感前人郑元祐故事，号尚左生。山水纵逸不拘于法，纯以气胜。说者谓其笔端兼擅北宋雄浑之神，元人静逸之气，虽不规之于法，而实不离乎法也。花卉亦奇逸得天趣。嗜砚，收藏千金，皆自铭。

五李复堂，名鳝，字宗扬。花鸟学林良，纵横驰骋，不拘绳墨。

六汪东湖，名士通，字宇亨，私谥文洁先生。工诗文，精篆隶，善铁笔，山水秀逸苍老，直入董巨，兼诸家之胜，为时所重。

七黄瘦瓢，名慎，字恭懋。山水宗倪黄，出入吴仲圭之间，兼工人物及仙佛。善草书，诗亦佳胜，有三绝之誉。幼寄萧寺，夜无所得烛，就佛光明灯下读书。既以画名，奉母居扬州。板桥诗曰："爱看古庙破苔痕，惯写荒厓乱树根。画到精神飘忽处，更无真相有真魂。"即谓此也。

八闵正斋，名贞。山水魄力沉雄，得巨然神趣，人物笔墨奇纵，衣纹随意转折，豪迈绝伦，兼精写真。幼失怙恃，岁时伏腊，见人悬父母遗像列祭，辄流涕，人称闵孝子。

所谓八怪者，大都为康乾时人，有扬州产，亦有非扬州人而流寓其地者。若能集八怪之小品，装成一册，晴窗展玩，其乐也何如哉！

顾子山之名联

吴中多名胜，护龙街尚书里之怡园，尤饶泉石卉木之美。入园为一轩，署"琼岛飞来"四字。庭前植有牡丹，轩东船室，署曰航斋赖有小溪山。其前松林中，有阁曰松籁。南有碧梧栖凤精舍。东则梅花厅在焉。厅西为遁窟，窟中有屋，额曰旧时月色，东为岁寒草庐，石笋卓立，披藓缀苔，绝有致。北有拜石轩及坡仙琴馆，因藏东坡琴故名。旁有石，状如老人听琴然，遂筑室曰听琴室。西北多芍药、修竹、木樨之属。一亭署曰云外筑婆娑，亭前为荷池，循池而西，曲折登山，窈然一洞，有石似观音，曰慈云洞，洞外植桃，曰绛霞洞，均出方伯顾子山所经营。

顾文彬，道光进士，官至宁绍道台，于学无所不窥。工书，尤工倚声。有《眉渌楼词》《过云楼帖》，收藏古书画，观摩为乐。有杨补之梅，文与可竹，因颜额曰杨梅文竹之家，撰《过云楼书画记》，前辈襟怀，可见一斑。园成，集宋人词句为联，浑成贴切，似无缝天衣，士林称为杰构。今犹点缀园壁，来游者必玩诵焉。如云：

仙子驾黄虬，玉树悬秋，清梦重游天上；
中宵接瑶凤，琼楼宴萼，古香吹下云头。

又云：

流水洗花颜，拥莲媛三千，谁道采菱波狭；
紫霄承露掌，倚瑶台十二，犹闻凭袖香留。

又云：

移花槛小，密叶禽幽，伴压架荼蘼，依约谁敢教鹦鹉；

木竹门深，采芝人到，任满身风露，姓名题上芭蕉。

又云：

石磴揭松阴，几曲栏杆，古木迷鸦峰六六；

烟光摇缥瓦，一屏新绣，芙蓉孔雀夜温温。

又云：

云阘插天开，欲往何从？一百八盘狭路；

湘屏展翠叠，临流更好，几千万缕垂杨。

又云：

芳桂散余香，亭上笙歌，记相逢金粟如来，蕊宫仙子；

天风飞随地，眼前突兀，最好是峰房万点，石髓千寻。

又云：

高会惜分阴，为我弄梅，细写茶经煮香雪；

长歌自深酌，请君置酒，醉扶怪石看飞泉。

又云：

古今兴废几池台，往日繁华，云烟忽过，这般庭院。风月新收，人事底亏全。美景良辰，且安排剪竹寻泉，看花索句。

重来天地一稊米，渔樵故里，白发归耕，湖海平生。苍颜照影，我志在寥阔。朝吟暮醉，又何如冰蚕语热，火鼠论寒。

共计数十联，不克尽录也。子山长孙鹤逸，一字西津，为画苑祭酒。鹤逸哲嗣公雄，亦擅丹青，幼时与予同学草桥校舍，殊相得也。

李蕴章以耳代目

予撰《人物品藻录》，有李合肥之书法一则，述及合肥与三弟、四弟讨论习字，并嘱四弟从赵法入门，他日趋南派或北派，庶不迷于所往云云。予所据乃坊间所刊印之《李鸿章家书》，岂知书出于伪造。顷据合肥后人伯琦先生见告，其先德合肥家书，向未汇存，各房偶有存留，经数次乱离转徙，亦多失去。

所谓三弟，讳鹤章，亦有战功。合肥不为奏报，曾涤生却奏请之，简甘肃甘凉道。鹤章既怨兄抑其功迹，又因同皆封疆，愤而托病归，不再出。

四弟，讳蕴章，即伯琦先生之先祖父也。十二岁病目遂瞽，合肥绝无教之习书之理。蕴章聪慧过人，曾涤生谓其在合肥上。蕴章居皖，与大僚往还，敬茶升坑诸仪节，从不误。人问其故，曰："听彼动静及衣褶风声，耳可代目也。"事业日广，各经理前来报账，蕴章不须算盘，只以手捻钮扣，即知得数。尤奇者，至一大室中步行四周，即知若干丈尺，建此需木料砖瓦几何。书令人诵读，听记之不忘。有知人之明，各房及亲友营业用人，必先询蕴章。蕴章虽不目睹，然与之一谈，即能知其人之贤不肖与才能之如何。皖中父老，迄今犹乐道之也。

潘祖荫之风趣

潘祖荫，字伯寅，又字东镛，号郑庵。居吴中，以收藏图书金石之富著闻南北，如宋刻《金石录》、北宋本《公羊春秋何氏注》一册，皆为罕见之物。所居曰"滂喜斋"。每获一书，辄加评释，有《滂喜斋读书记》二卷、《滂喜斋宋元本书目》一卷、《滂喜斋丛书》及《攀古楼金石款识》。书上钤印，曰"八求精舍"，曰"龙威洞天"，曰"分廛百宋趋架千元"。叶鞠裳尝馆其家，得寓目所藏秘籍，因精版本目录之学，辑《藏书纪事诗》六卷，非潘氏之力，不克臻此也。

时洪状元文卿客死异域，其爱姬傅彩云下堂求去，重理卖笑生涯。京中人士，咸以死乌龟目文卿。潘闻之，曰："龟为四灵之一，有怀星拖月负字衔图之奇，乌得以帷薄不修之秽德辱之？"遂深佩古之李龟年、杨龟山之有识，别构一屋于滂喜斋之侧，为习静教书之所，榜之曰"龟庵"。倩翁常熟书之。四壁张某名人所绘之龟故事条幅，如臧文仲居蔡，曹子建赋神龟，宁王遗大宝龟，南方老人龟支床足等，为缁衣大夫写照，极惟妙惟肖之能事。且蓄绿毛龟一。巨硕殊常，背上苔藻茸茸然，昂首嘘气，泅泳巨盎间。一日设宴邀客，出示其所作《释龟》一文，阖座传诵。既而发酺流罚，请客以龟字飞觞，并笑谓座客曰："主人龟也。凡我朋好，皆龟之族类。后幸勿以龟字见讳，而负龟庵主人之苦心。"闻者为之轩渠。

岁首有春灯射虎之举，以"臣东邻有女窥臣已三年矣"，射唐人诗一句，揭月余，无有中者。后为江南一士人所射得，盖"总是玉关情"也。潘赠以数百金，一时传为佳话。

　　与郑叔向友善。隆冬雪霁，二人策蹇于虎阜山塘间，学孟襄阳之寻梅。奚仆不胜其寒，手足为僵。潘乃呼之同入村店，沽酒畅饮，致主仆皆醉，由郑扶送，始克返家。潘因有《山塘扶醉图》，遍征士大夫题咏。前辈风流，殊足羡也。

任伯年之塑像

有清一代，画师辈出，四王、吴、恽，其尤著者也。即同光间之任伯年，亦名重墨林，至今犹有推崇之者。居停孙紫珊君，与任有旧，一昨为予述其逸事，饶有风趣。爰记之如下：

任伯年讳颐，山阴人，真率不修边幅。画人物花卉，仿北宋人法，纯以焦墨勾勒，赋色秾厚，颇近老莲。后得八大山人画册，更悟用笔之妙。虽极工细之画，必悬腕中锋。自言作画如彼，差足当一写字，间作山水。沉思独往，忽然有得，疾起捉笔，淋漓挥洒，气象万千。书法亦参画意，奇劲异常。

伯年寓沪城三牌楼附近，卖画为活。邻有张紫云者，善以紫砂砖为鸦片烟斗，时称紫云斗，价值绝高。伯年见之，忽有触发，罗致佳质紫砂，作为茗壶酒瓯，以及种种器皿，镌书画款识于其上，更捏塑其尊人一像，高三四尺，须眉衣褶，备极工致。日日从事于此，画事为废，致粮罄无以为炊。妻怒，尽举案头所有而掷之地。碎裂不复成器，仅克保存者，即翁像一具耳。伯年徐徐曰："此足与曼生争一席地，博利或竟胜于丹青也。"闻此像今尚在其哲嗣堇叔处。

吴昌硕学画于伯年，时昌硕年已五十矣。伯年为写梅竹，寥寥数笔以示之。昌硕携归，日夕临摹，积若干纸，请伯年政定。视之，则竹差得形似，梅则臃肿大不类。伯年曰："子工书，不妨以篆籀写花，草书作干，变化贯通，不难得其奥诀也。"昌硕从此作画甚勤，每日必至伯年处谈画理。伯年固性懒，因此画件益搁置，无暇再事挥毫。妻又大患，欲下逐客令，伯年一再劝止之始已。

伯年客死沪寓，身后殊萧条。幸其女霞，字雨华，传家学，卖画以养母抚弟。且常署父名以图易售，伯年画遂充斥于市，真赝为之淆乱矣。董叔固有声于时，霞则早殒。据传闻云，霞年事既长，由父执何研北作伐，得某氏子为婿。某氏子美姿容，擅佉卢文。霞私心自慰，益努力于画，积润资以办奁具，于归有期。不料某氏子留学西邦，别有所属。霞大失望，自嗟命薄，几欲自裁。后嫁一寒士，伉俪綦笃。年余，寒士又病死。至无以为敛，由某戚为理其丧。霞感极而涕。戚某云："夫人能以画幅见惠，则幸甚矣。"霞大哭曰："先夫既殁，未亡人岂忍再以笔墨媚世，所受恩泽，当于来生犬马为报耳。"言至此，呜咽不成声，寻以伤感过甚而殁。闻者惜之。

吴昌硕及其弟子

吴昌硕以篆籀法作画，虽所成只松、菊、梅、竹、牡丹、荔枝、枇杷、葫芦、瓜瓞、桃实、紫藤、水仙、石笋数事，而元气淋漓，挺拔有致，泼墨不嫌其湿，焦黑亦未觉其干。尤工诗善题，有时题识杂写于藤蔓叶丛中，书融于画，画化于书。加之诗境之妙，直造艺术之高峰。昌硕虽瓣香李复堂，而李复堂实无昌硕之魄力也。后扶桑人士景仰之，辇金以求书画，于是岁获可巨万，为从来所未有。一时凡笃嗜书画及治印之流，纷纷师事之，盖昌硕于三绝外，又擅铁笔也。

昌硕卒时年已八十有四，凡卖艺者悉以出昌硕门下为号召，计之百有余人。但据与昌硕有旧者谈，谓缶门弟子虽多，然无如外间所称之盛。可考者，有浙人陈晴山，花卉神似乃师，挟技游金华，颇得佳誉。一吴兴诸闻韵，事昌硕十余年，画竹石清趣盎然，得者珍之。一云间蒯子谷，作花卉神韵欲流，尤为可喜。又杭人陈健安，书画俱得师法。又吴兴王启之，画笔亦不弱。又吴松龄、汪克钝，不仅治印得师神髓，偶作花卉，亦逼肖可以乱真。其最多才多艺，篆书石鼓花卉，传昌硕之衣钵者，厥唯吴中赵子云。子云名起，别署云壑，一称壑道人。昌硕晚年，倦于斯道，外间来求，辄嘱子云代为。子云信笔点染，无不如志。更以余力作草隶山水，得郑谷口及石涛遗意。昌硕见之，自叹弗如。子云居沪上新闸路仁济里甚久，与予曾作一度之比邻。奈其哲嗣渔村患怔忡疾，苦海上烦嚣，不宜摄养，乃斥其所蓄与减润卖画所得，在苏葑门内戴仁桥头筑云起楼，兹已全家移苏矣。闻宅多隙地，栽植花木。一再邀予往游，并谋良觌，予以尘俗羁身，一时未能如愿也。又名伶荀慧生，执贽数月，昌硕即以中风逝世，未克竟其业。其他先昌硕而物化者，尚有陈师曾、徐星洲、刘玉庵、赵石农等。师曾之画、石农之印，名重大江南北。星洲金石上追秦汉，有《藕花庵印谱》行世。玉庵兼善指头画，运指一如颖毫，造诣之深，于兹可见。夫昌硕同门如许，可与曾农髯、李梅庵鼎足而三矣。

吴昌硕取号缶庐的由来

吴昌硕擅书画，更擅篆刻，且篆刻尤早于书画。书画之有金石气，无非渊源于篆刻。《海上画林》称述他："中年曾任安东县，一月即谢去。精究治印，名震当代。四十岁后，乃肆力于书画。"作印苍劲浑厚，别有逸致，刊有《削觚庐印存》。当时求之者众，他疲于奏刀，因有"苦铁"之号，和吴中王冰铁，金匮钱瘦铁，称"江南三铁"。民国初年，朝鲜人闵某，客居沪上，能画通文，深嗜昌硕铁笔。昌硕先后为刻印三百余方，蔚为大观。

昌硕晚年，双耳失聪，自号"大聋"，并把"大聋"二字手刻腰圆朱文印。我喜集印拓，曾请昌硕哲嗣东迈钤拓一纸，借以赏玩。昌硕榜其画室为"缶庐"，因此又号"老缶"。谈到这"缶"，还有一段来历呢！那是他的朋友金俯将（杰）在古圹得一古缶，质朴没有文字，赠给昌硕。昌硕非常爱好，有诗云："以缶为庐庐即缶，庐中岁月缶为寿。俯将持赠情独厚，时维壬午四月九。"按：壬午为清光绪八年（一八八二年）。

他朋友很多，较投契的，除金俯将外，如俞曲园、沈寐叟、任伯年、杨伯润、吴菊潭、胡公寿、杨见山、蒲作英、顾鹤逸、陆廉夫、金心兰、程瑶笙、裴伯谦、潘志万、施石墨、诸贞壮、哈少甫、张子祥、王一亭、张行孚等都是。又和日本名士鹿叟往还很密。鹿叟筑别墅于上海北四川路之畔，名"六三园"，高爽虚阔，竹树萧疏，一楼名"鼐淞"，光影会合，轩户生凉。鹿叟特为昌硕在该楼展出书画，裙屐联翩，极一时之盛。后来昌硕逝世，翯淞楼上，又举行一次昌硕遗作展览会，什九是日本人收藏之品。这天，昌硕的高足赵子云也在那儿参观，子云一一指给我看，这是他老师得意之笔，那是他仿作而由他老师署名钤印的。他还告诉我，日本人看到他老师所绘的梅花石笋，以及离离枝头的枇杷荔枝，觉得鲜丽可掬，甲定购了这一帧，乙往往也要同样地定这一幅，甚至丙、丁接踵而来，非此幅不可。逢到这样的情况，他老师认为，作画兴到为之，章法位置，任意点染，不愿作印版式似的一版数十百纸。为应付计，便命几位大弟子依样摹临，临就，由他老师亲自写款，也就交卷了。所以昌硕作品，题真画伪是很多的。

昌硕作画，订润本来很低，后来抬得很高，这也是日本人造成的。因日本人觉得他的书画卖得太便宜了，为求精细，便倍润请他加工。甲如此，乙求特别加工而数倍其润资，于是昌硕的画例，月异而岁不同，蒸蒸日上了。

有一次，沈寐叟请他绘《海日楼图》，昌硕草草走笔，粗看太不成画。寐叟很不惬意，姑且付诸装池。及裱好悬诸壁间，觉得生气勃勃，超凡脱俗，大为欣喜，立向昌硕致谢。昌硕为赋一诗，传为美谈。昌硕自己有《归田图》，那是任伯年为他绘的。伯年又为他画像，冠服俨然，厥状可哂。昌硕题之为《酸寒尉》以自嘲。又自画《饥看天图》，则更意含讽刺，予以为漫画的先声。

昌硕的儿子，长为育，次为涵，再次为迈。育幼慧，能读《史记》《汉书》，且能诗。《出猎》云："猿臂一舒格苍虎，马头所向窜群羊。"人都论他口气不凡，奈年十六病殁。涵，号藏龛，擅书画篆刻，先昌硕七个月去世。迈，号东迈，为上海画院画师。杭州西泠印社所辟"吴昌硕纪念馆"，所陈列的东西，大都是东迈所捐献的。昌硕卒于丁卯（一九二七年）十一月，年八十有四，遗著《缶庐诗》若干卷，《缶庐别存》一卷，刘翰怡又为续刻四卷。有人加以品评，谓："如菊之凌秋，枫之经霜。"

昌硕尚有几件小事，也足充谈助资料，把它附记于后。数十年前，上海书画家有个组织，名叫"题襟馆"。吴昌硕和程瑶笙都是题襟馆的主要人物。瑶笙精通博物学，所作一花一草、一禽一兽，都能符合博物学原理。且笔墨凝练，勾勒有力，先把物态的特点和精神，紧紧地抓住了，然后通过智慧的头脑与灵敏的手腕，表现在纸幅上，所以他不画则已，画则生动活泼，妙到毫巅。虽寸缣尺幅，大家都很宝贵它。他有了这样的好手笔，且在旧社会的习染下，当然对一般同道中人都瞧不起，但对于吴昌硕却是十分佩服的。有一天，瑶笙和他的画弟子陈觉，到五马路古玩市场闲逛。无意中看到一块供石，高三四尺，玲珑剔透，仿佛瀜然云起。瑶笙伫立在石前，兀是不忍离去。他向古玩商问价，古玩商知道他喜爱，便故意抬高价格，不肯稍抑。他就照价购下，雇了一辆人力车，把那块供石搬上车去，自己不坐，扶护着石块步行，陈觉也只能亦步亦趋地追随着。到了家门口，又小心翼翼地把供石搬到客堂里。瑶笙每天坐对着这块供石凝视出神。不料过了几天，吴昌硕前来访谈，看到这石，就问这石是哪里来的？瑶笙告诉了他。昌硕说："这好东西应当大家玩玩。"说着就到街口雇了一辆车子，连人带石，一股拢儿载走了。瑶笙虽不忍割舍，对于昌硕，却不敢说一不字，但总觉快快。后来昌硕搬家，才把供石送还，瑶笙一再摩抚，好像久别重逢的亲人一样。

昌硕以爱石成癖故，还曾蒙过不白之冤。其时江浦陈寂园藏有田黄、酱油青田、猪油寿山等很多名石。听得朱曼君孝廉一再称昌硕刻印一时无双，便把佳石拿去请昌硕篆刻。岂知后来昌硕榷税安徽枞阳，适逢大水，所有图书箧笥，都付诸洪流。昌硕又复患病，由其夫人扶他出险，觅舟离皖，身外之物，势必不能顾及，因此朋好所求书画刻印，散失殆尽。寂园不信有此事，索之很急。昌硕写一长函，说明原委，并致歉意。寂园仍认为昌硕藏匿其石，在他所著《寂园说印》一文中，对昌硕大加谴责。昔人有云："有好都能累此身。"这话的确有理。

某年夏天，他积搁了好几把扇件，都是人家致送润金，托笺扇庄转求绘画的。一天，他午睡醒来，就挥毫画扇，写意笔墨，不费多少时间都绘完了，而余勇可贾，就为自己备了一把，作拂暑之用，画着几箭兰花，画成自赏。觉得虽寥寥数笔，可是挺秀澹远，浑成自然，很是得意，认为神来之笔。另一面写上石鼓文，并加识语，涉及云间费龙丁。因为是自己用的，也就不署上下款，不钤印章，书画俱备，配上很精雅的扇骨。同时他获得汉玉两方，殷红莹润，触手腻滑，便雇了玉工，把汉玉细加磋琢，镶在大扇骨的上端。每逢较盛的宴会，他总携着这扇外出酬应，见者都称叹不置。有一次这扇遗失了，他大为懊丧。隔了许多时候，这把扇忽然在市场上出现。恰被平襟亚看见，觉得很可爱，花了相当代价买了下来。可是没有款，不知道是哪位画家画的。后来想到识语上提到费龙丁，便去访龙丁。龙丁一看，说是昌硕手笔。襟亚又和昌硕的长子藏龛相熟，把这扇给藏龛看，藏龛说："这是家父求诸梦寐而不得的失物，如今合浦珠还，无论什么代价都可以。"襟亚说："既然如此，这扇就送给尊大人好了！"昌硕爱物重获，高兴得很，立即宴请襟亚。越日，又精心绘了一帧立幅，答谢襟亚。

吴昌硕卜居升吉里

逝世廿年之吴昌硕，犹有人道其生平者，则艺术之不朽可知。闻吴居乡遭寇乱，寇所至屠杀，吴母刘氏及弟妹与妻章氏均殉难。每遇节日祭祀，吴往往默坐沉思，为之泣下。中年服官，曾任安东县一月，镌"一月安东令"印，以为纪念。至于肆力书画，已在四十岁后。写石鼓文最饶古趣，画梅石兰竹松菊杂卉，以篆意参之，别成一派。今之赵云壑君得其嫡传者也。以吴画易于摹仿，骨董装池之家，赝鼎为之充斥。有购得伪品，而请吴鉴别者，吴笑应曰："真。"事后有询其谬告之故，曰："购画者化若干金不损毫末，脱我直揭为伪，则骨董夥生财之道不将被我一言断送耶！"吴既死，凡能作粗枝大叶秾红艳绿之巨帧小幅者，辄署吴款以求厚值。碔砆乱玉，难乎其为收藏家矣。予得吴之菊石立轴一，为早年作，且有霉迹，殊可惜耳。或有评吴氏者曰："人好于诗，诗好于字，字好于画。"可见其诗之造诣，更在书画之上。卜居沪南之升吉里，与孙玉声君为近邻。常午夜叩孙氏门，僮仆入睡，乃助孙君煮茗谈诗，有"绕脚黄尘拂面沙，更无隙地草萌芽"句，孙君叹为笔力雄浑，谓十四字竟将租界马路风景，和盘托出也。吴亦自宝其诗。某次家中被窃，衣服资财，损失不赀。仆以告吴。吴亟披衣起，如甚惶急者，既检得其诗稿未失，乃怡然自若，衣服资财，不之介意也。刻有《缶庐诗》若干卷，又《缶庐别存》一卷。年八十有四卒。卒之前数日，犹为同社赵君眠云作石鼓楹帖。眠云迄今犹拱璧视之。

吴昌硕为茶肆书春联

　　安吉吴昌硕，号缶卢，享大寿，状朐朐似老妪。多才艺，若诗文，若书画，若篆刻，无不精妙。而其所书石鼓文，尤负盛誉。然亦有毁之者，某笔谈云："缶卢写石鼓，以其画梅之法为之，纵挺横张，略无含蓄，村气满纸，篆法扫地尽矣！"祝嘉所辑之《书学史》，且录存之。实则昌硕先生先作书，后作画，以画梅之法写石鼓，乃一偏之见，未必允当也。

　　昌硕于鬻艺沪上之前，曾听鼓苏垣。公暇，辄喜与僚友品茗某茶肆，上下古今，无所不谈。久之，自肆主至茶役，无不与昌硕习熟。某岁除夕，肆主购红梅笺，请昌硕书一春联。昌硕挥笔立就，且书款钤印焉。翌年岁暮，肆主又谋新其桃符，丐昌硕重写。昌硕不之拒。既成，茶役拟撕去旧联。适天台山农佐戎吴门，亦某茶肆老茶客，而呼止之，亲以清水湿润其门，少顷揭下，旧联一无所损，乃向肆主乞归，付诸装池，以为斋头点缀。

吴昌硕之画兰绝笔

越人诸贞壮之传缶庐先生吴昌硕，谓："初以篆刻名于世，晚复肆力于书画。书则篆法猎碣，而略参己意，虽隶真狂草，率以篆籀之法出之。画则以松梅、兰石、竹菊及杂卉为最著。间或作山水，摹佛像，写人物，大都自辟町畦，独立门户。其所宗述，则归墟于八大山人、大涤子。若金冬心、黄小松、高且园、李复堂、吴让之、赵悲庵辈，犹骖靳耳！"昌硕之艺事，尽于贞壮一传之中。一昨予与昌硕哲嗣东迈谈及，东迈亦许贞壮为知言。东迈之日熹轩中供有昌硕之石膏像，蔼然其容，温乎其貌。盖曩年扶桑人朝仓文夫塑像以铜，置杭州西泠印社，此由铜像加以翻制者，状极妙肖也。昌硕卜居海上北山西路之吉庆坊，即后易箦之地，时年八十有四。临死之前一日，体尚健适。词翁朱古微往访，留之晚餐。促膝举觞，间以笔谑。酒后，成一诗以贻古微，并抽毫为古微作一墨兰小幅。诗笺当晚由古微携去，画兰则暂留。讵意翌日，昌硕遽尔奄化。家人以画兰为最后绝笔，良堪纪念，靳不与古微，迄今尚珍藏于东迈处。当齐卢之战，东迈在塘栖为某局长，以海上多风鹤之警，乃迎养其父至塘栖，以避战氛。塘栖距超山不远，七里梅花，烂漫如锦。有宋梅一，挺崛饶古意，筑有宋梅亭。昌硕徘徊其间，顾而乐之，为撰一联以张之云："鸣鹤忽来耕，正香雪留春，玉妃舞夜；潜龙何处去，看萝猿挂月，石虎啼秋。"谓："如此佳地，得埋骨其间，亦为快事。"及昌硕死，东迈即为营葬于宋梅亭畔，所以成父志也。

林琴南卖画

　　小说泰斗林琴南兼擅丹青，山水得宋元人遗意。当其寓居北平时，小说也，寿文墓志也，大小画件也，以求之者多，所入甚丰。某巨公因称其寓为造币厂，实则悉以所获周恤族人，至死无一瓦之覆，一垄之植也。所作画，海上商务印书馆印成《畏庐画集》，为艺林所称赏。而予于我师胡石予先生处见其所绘近游图手迹，崖壑郁秀，笔力劲健，为之惊叹。其论画尤别有见地，尝谓："画家写重峦叠嶂，初非难事。果得脉络及主客朝揖阴阳向背之势，即可自成篇幅。所难者无深窈之致，使身入其中者，但见崭然满目，无一处可以结庐，此则画家一大病也。李营邱作危峰奋起，乔木倚磴，几使观者置身其上，可以远眺，由其能于旷处着想，故能旷者亦必能奥，奥处即可结庐。画家须晓得旷奥二义，则用繁笔时不至堆垛，失其天然之位置。盖其得之心而运之笔，毋怪其艺事之精超也。"偶检敝箧，犹存有民国十年林之更定润格一纸，如五尺堂幅二十八元，五尺开大琴条四幅五十六元，三尺开小琴条四幅二十八元，斗方及纨折扇均五元，单条加倍，手卷点景均面议。限期不画，磨墨费加一成，件交北京永光寺街林宅。后附一诗："亲旧孤孀待哺多，山人无计奈他何。不增画润分何润，坐听饥寒作什么。"仁慈恻隐，于此可见一斑。有时作画跋，亦往往涉及画之派别。如题黄鹤山樵画云："山樵画不多见。偶见三数幅，多作长笔皴，派出北苑，而神韵类赵吴兴。山樵于吴兴为甥，宜其肖。此帧独用短笔皴，干中带湿，而林峦起伏，气势雄峻，树石位置，咸出天然。明人笔墨，决无一肖，能此者或清晖耳。予阅古画，恒不敢断臆其真赝，但观笔墨。笔墨到此，但有低首至地而已，而谓此画果否真迹，或起香光于九原者，则一言决耳。"闻林死后，外间多林之伪作，则人之欲起香光者，转以欲起畏庐，固非林生前所及料也。又闻人述林有卖画诗一绝云："往日西湖补柳翁，不因人热不书空。老来卖画长安市，笑骂由他耳半聋。"殊隽妙可诵。

吴杏芬老人画的真伪问题

旧社会的作伪，已成普遍现象，在当时是不足为奇的，即以绘画艺术而言，如南社词人潘兰史，他能书不能画，但外间却有他的画梅和荔枝，实则是李博亭一班人替他画的。又如鸳鸯蝴蝶派的首脑徐枕亚，居然登报卖画，所作山水，也是有幕后人物的。最可笑的，有人在字纸篓中找到一帧画马小幅，大约是什么画家打的画稿，所以既没有题款，也没有印章。但纸幅虽已团皱，却尚完整不缺。那个人动了脑筋，原来他认识康有为的，他就把这幅画装裱了给康瞧看，请康在上面写"天马行空"四字草书，并题一款。他就把这幅画大加宣传，说康不但能书，且能作画，可是画极矜贵，不轻易动笔的，这幅是偶然兴到为之，是怎样的稀珍可宝。结果由某富商以高价收了去。

谈到吴杏芬老人，她是歙县吴子嘉的女儿，嫁给同邑唐昆华。寄寓上海，卖画数十年，在画坛上享着盛名，直至一九二八年中风逝世，年七十八岁。她的后人为她印了《杏芬老人遗墨》一大册，内容如《仿马远山居图》《仿恽南田没骨花卉》《仿仇十洲秋院宴乐图》《仿沈南苹双鸠花鸟玉堂富贵》《补铜器拓本岁朝图》等，都是很精雅的。黄太玄撰传，李秋君录写。又有《十八省名胜图》，那是生前即印行的。当一九一〇年，意大利开竞赛会于罗马，杏芬也有作品参加，意大利皇后很赏识它，斥资购藏。杨东山所撰的《唐母画史》，提到这件事。所谓唐母，原来杏芬的儿子吉生，是绘山水有名的。这样的郑重介绍，那么她的画没有怀疑的了。岂知事实恰巧相反，她只能绘几笔花卉，巨幅是不能胜任的，所有画件，如人物由沙辅卿代笔，山水由汪仲山代笔，陈寄壑有时也代绘山水，叶指发代作花卉，因为这几位画家，润笔都较便宜，杏芬订润贵，一个转手，却名利双收了。

裴伯谦珍藏被窃

霍丘有裴伯谦者，民初曾主皖省民政。其人雅好书画，铁网珊瑚，搜罗宏富，即吉光片羽，亦在集腋之列。案牍之余，辄出清秘以遣兴，尤为珍贵而视如球璧者，则为钟太傅繇之《荐季直表》卷。旧藏清宫中，清社既废，辗转为裴所得。裴特制一楠木匣以贮之，以爱好故，行旅必携带随身，不之离舍。某次，在蚌埠车站候车，楠木匣捧于手中。正延伫间，忽有二人衣冠楚楚，前来向之作揖，谓："为若干年前故友。"裴愕然不之忆，答之以礼，而置匣于足旁，相与攀谈。既而裴俯身取匣，则匣已失踪，一时惊惶失措。衣冠楚楚者，已于人丛中逸去，始知为窃贼之同伙。裴与督军倪嗣冲殊有交谊，即驰至督军署，请加缉查。倪立召警察厅长至，限令三日内破案。厅长严饬所属，大索邑中，侦骑四出。窃贼遂知肇祸非浅，万一案破，则生命不保，私启厥匣以检之，除一手卷外无长物，觉此手卷关系重大，非掩埋不能灭迹，乃掘地成坎，瘗诸土中。数载后，时过境迁，无复追究其事。窃贼始敢发掘所藏，则手卷已烂蚀上半。钟太傅书一字无存，所余者仅晋唐以后题跋耳。天壤瑰宝，历劫如此，不仅裴之不幸，亦艺林之大不幸也。裴因此常悒悒于怀。未几物故，而残卷出世。裴子某斥重值收还之。一日，裴子以残卷示番禺叶退庵，吴湖帆往访退庵，乃得同观。此次事变，于烽火弥天中，残卷散落于外。旋陈列古玩市场以待沽，收藏家以太傅书悉毁，而题跋之真赝不易辨，无敢出价以购置者。有见面告诸湖帆，湖帆往观之，则赫然在退庵寓邸所睹之残卷也，亟如其值挟之归。湖帆故宅在苏，有宋拓本钟太傅《荐季直表》法帖，拟付装池，而配以残卷诸题跋。及家人去取，则遍检不获。盖避氛失于看守，诸珍藏什九被盗矣。

任立凡寓居顾氏怡园

　　山阴诸任，蜚声画苑，而以渭长为白眉。立凡为渭长子，工山水，别辟蹊径，人物花鸟，大类其父。性疏懒，非至窘迫时，不肯为人作画。闻诸亡友顾彦平谈，立凡落拓吴中。彦平招之居其尚书里之怡园。园有松籁阁、慈云洞、岁寒草庐、坡仙琴馆诸胜，立凡舒啸其间，有乐不思蜀之概。故染烟霞癖，一榻高卧，每日非过午不起身。及醒，尤恋衾不即披衣，备烟泡和水吞之。既推衾起，犹不亟亟事盥漱，必先燃灯吸阿芙蓉膏，凡十余筒，则神王而气充。某日瘾至，而烟斗无斗脚纱，不能供吞吐。立凡迫不及待。急于榻畔检得一葛布，即撕取一方以为之。瘾解，百脉通畅，进点心少许，拟御新制之夏布长衫外出应酬。讵意衣上身，而觉前幅已破损，始知所撕之葛布为斗脚纱者，乃新制之夏布长衫也。而长衫只一件，破损有失观瞻，遂废然不出户者月余，卒由彦平为之重制，则时序已由暑而起秋风矣。时彦平之叔鹤逸尚在，即世所谓西津先生者是，倩立凡作一蜀道行旅图横幅。一再延搁不动笔。往视之，则绘于灯罩上，重岭叠嶂，旅客策蹇行于其间，备极工致。问其"何不画于纸幅上？"曰："对灯凝思，姑先以此为稿本，稿本成，自当精心点染以报命也。"阅半年，而未动笔如故。询之，曰："画必乘兴为之，方作稿本于灯上也，为兴殊酣，不意及成而兴尽，兴尽则画不能工，不工则不如不画。"鹤逸莫如之何，而此画稿灯罩，又无可庋存，只能为之徒呼负负耳。立凡擅传神。一日为园丁阿松画一像，短褐穿结，发散乱似飞蓬，神情毕现，有颊上添毫之妙。

人见而求之，则曰："此他人作，不敢掠美。"人亦无从强之也。立凡之叔阜长，人物与渭长同师陈老莲，尤工花鸟，《寒松阁谈艺琐录》及《海上墨林》均载之。

倪墨耕老于花丛

　　倪墨耕所作人物，在清光宣间，是数一数二的。他擅画胡儿牧马、毡帐风霜诸景物，自有一种荒寒峭劲之致。他既享着盛名，所以不免有赝鼎出现。他生前居吴中，性喜渔色。凡冶芳浜一带娼寮，常有他的足迹。其时赵云壑从吴昌硕游，因昌硕得识墨耕。墨耕以云壑饶有天才，甚为爱赏。一日，携入花丛。天忽潇潇而雨，且气候骤寒。墨耕遂作髡留，并介绍一妓以伴云壑。墨耕固此中老手，安然无恙。不意云壑却沾染梅毒，一场风流病几乎送掉性命。因此云壑逢到有为的青年，必劝勉束身自好，不涉冶游，且以己身所受的痛苦为告，借以警惕。

南开大学之创办人严范孙

日人肆暴，动辄毁我文物，如沪上之东方图书馆、天津之南开大学，均付诸一炬，损失之重，为从来所未有。南开大学之最初创办人，为严范孙先生。其时尚在清光绪中，擘画经营，不遗余力，佐以张伯苓博士之襄助，始克有此成绩。而结果如此，恐范孙地下有知，定必大呼负负也。

范孙尝游欧洲，故思想乃极新颖，与寻常之宿儒耆旧，固执不通者迥异，人以是多之。生平喜收藏，后悉捐助于南开之图书馆。其名贵之品，为予所知者，有王渔洋手钞之诗集，宋版本《夏侯阳算经》及《测圆海镜细草》《李公卫会昌一品集》，元版本《鄂州小集》《玉山璞稿》《碧溪漫志》，又袁子才亲注之《北梦琐言》、陈眉公之《妮古录》原稿本。今皆乌有矣，惜哉！

范孙工韵语，予曾见其《黄海放舟诗》三首云：

其一：

一夜风涛万种声，满船嚣叫复喧争。

吾曹未习操舟术，屏息蒙头听死生。

其二：

行如醉后舞氍毹，卧似忙中转辘轳。

无计跳身船以外，至终惟有忍须臾。

其三：

更须猛晋莫回头，已到中流岂得休。

海上风波行处有，缘何畏险却乘舟。

诗殊奇诡可诵也。

范孙性风雅，栽花植竹，为其生涯，南开校中多卉木，即范孙所手种者也。每届花时，辄觞诸名流，吟咏为乐，若干年来，积成巨帙。范孙复编次之，每花一诗，每木一什，不使重复，名之曰《群芳百咏》，李莼客为之序，未付梨枣，大约亦在劫灰中矣。

范孙有一癖，每日必展山水画卷。或询之，云："此身虽在尘嚣，此心却不可不置诸秀峦清涧之间。秀峦清涧不可得，其惟于丹青尺幅中求之。所谓慰情聊胜于无也。"闻者笑颔之。

曾农髯负母逃难

海上艺人，有曾、李同门会之组织。李为李梅庵，曾为曾农髯。曾、李门生遍天下，所以追念先师、述德无穷也。李以北派自居，曾则自称南派。李来沪较早，曾之鬻艺，为海上寓公，实由李招引也。曾讳熙，衡阳人，蓄髯修秀，以农髯自号，张大千、朱大可均为曾之弟子。大千美须髯，一似乃师，大可因诗以赠大千云："吾师曾农髯，书髯天下美。君能得其传，书亦可知矣。"盖曾书得张黑女神髓，大千亦殊不弱也。曾性饕餮，家备湘厨。客至辄留以宴饮，肥鱼大胾，列鼎满案，而曾于杯盘匕箸间，谈笑风生，为兴殊豪。与谭延闿时相过从，每见必谈碑版之学，不谋而合则拊掌，否则断断不已。间写木石及简易山水，颇有逸致。获者珍视之，甚于拱璧也。曾光绪癸卯进士，官兵部主事。时山东倡义和团，曾有老母，不胜惊悸，欲避难而无舆梀。曾纯孝性成，乃负母于背，蹭蹬赴北通州，备极艰苦，不以为意也。此后奉母返湘，不再为匏系之官。既而陈宝箴提倡新学，办师范学校三所，一由熊希龄主其事，一归谭延闿长校政，其一则曾所擘画焉。曾所聘诸教师，均一时硕彦。曾为崇隆师道计，每月朔望，必朝衣朝冠，瞻礼诸教师。诸教师以堂长之能卑躬下礼焉，无不瘁其心力，以作育英才自任。而莘莘学子，成绩斐然也。曾流寓海上死，归榇于湘。诗文遗稿，悉在湘中，诸同门谋刻而无从。自经战乱，稿尽散佚。而李梅庵遗著，却由其侄崔然整集付梓。曾、李生前享同名，而著述一传一不传，曾不及李远矣。

曾农髯书以喻诗

民初，曾农髯与李梅庵齐名，有北李南曾之号，盖李以北魏驰誉海内，曾则南宗也。二人交谊极笃厚，曾之来海上，出于李之招邀。并励之鬻书，曰："君若不能以术称豪杰，直庸人耳！老而且贫，犹欲执册奉简，吟哦称儒生，高言孔孟之道，此饿死相也。人方救国，君不能自保其妻孥，不亦羞乎？"遂为订鬻书直例，而曾竟赖以得丰赡，心殊感之。李死，曾哭之恸，挽以联云："道德我师，文字吾友；永诀此日，相期他生。"真挚凄怆，尽于十六字中。曾晚年喜为诗，洗涤凡俗，独标高格，与靖节为近。尝以书法喻诗，谓："三代鼎彝，古朴奇奥，此三百篇《离骚》也。两汉碑志，雄强茂密，此十九首古乐府也。六朝志铭，遒丽精能，此三张、二陆、陶、谢、颜、鲍也。唐碑谨严，宋帖豪放，近人恢奇恣肆，变态百出，此李、杜、韩、白、苏、黄、范、陆，以及湘绮、散原、海藏也。学诗者必先知其源流，推其条理，然后可以集大成。学书者何独不然？"厥语允当，闻者首肯。曾榜其居曰"游天戏海室"，与李之"玉梅花庵"，均为学艺者所麇集，称风雅薮云。

南社中的几位能书者

南社是旧民主主义的革命团体，成立于一九〇九年十一月。发起人为柳亚子、陈巢南、高天梅。最初仅十七人，逐渐发展至一千余人。它以各种形式和各种艺能来扩大革命的影响。其中有善政治论文的，有治诗歌词曲的，有精金石篆刻的，有工山水花卉的，能书者更不在少数。现在就来谈谈几位能书者吧！

柳亚子是始终维护南社的盟主，他是江苏吴江黎里镇人。生于一八八七年，名慰高，字安如。他读了西方名著《民约论》后，改名人权，字亚卢，以亚洲的卢梭自居，亚子的取名，即从亚卢而来。他的诗文是龚定庵一路，很为雄迈瑰丽。他的书法，别有一种致趣，平常写给朋好的信，总是草草率率，很不容易辨识，只有同社姚大慈能一目了然，原来大慈的字，比亚子更草率。亚子自己曾说过："我写字的毛病，就是太快，太随便，倘然把一个一个的剪开了，连我自己也会不认得的。"楼辛壶说他的字，是"意到笔不到"，简琴斋说他是"唐人写经体"，亚子以为楼辛壶说得对，琴斋是讲笑话。他写信是如此，可是写条幅册页和扇面，行款气息都很好。疏疏落落，秀逸闲雅，充满书卷气，不是一般书家所能望其项背的。所以抗战时期，他在重庆曾订着润例卖过字，柳非杞为他收件。

马叙伦，字夷初，浙江杭县人，一八八四年生。他幼时读书杭州宗文义塾，比赛书法，他就是标为第一。书法随笔所至，自成体势，不以姿态取媚。他对古人书法，很少许可。论宋人书，谓：

"米虎儿亲承海岳之传，于海岳书若具体矣，海岳直欲凌唐入晋，而虎儿侷促唐人辕下，仍是宋人面目。"又评赵松雪："除侧媚无所有。"评董香光："若大家婢女，鬓影钗光，亦是美人风度，然不堪与深闺少女并肩。"他著有《论书绝句》。

叶玉森，号渶渔，江苏镇江人。清己酉拔贡，著有《春冰词》。他擅写甲骨文，直以毛笔为刀笔。董作宾为当代甲骨文专家，看到玉森所作，叹为观止。

苏曼殊，广东香山人。著有《曼殊上人诗集》，擅画，有《曼殊遗画集》。在胡寄尘《吴门旅行诗》中，有那么一首："数家临水不成村，细雨轻烟淡有痕。绝似曼殊当日画，羸驴被衲入吴门。"曼殊画的风格，不难于诗中见之。实则曼殊作书绝娟秀，但书名为画名所掩。有人看到他所写的巨幅对联，张于普陀的普济寺，联为五言："乾坤容我静，名利任人忙。"大气磅礴，真所谓能者无所不能。

余天遂，名寿颐，号大颠，江苏昆山人。曾任孙中山临时大总统府秘书。他位居胡汉民下，他起稿，汉民动辄笔削，他不乐意，即辞职归。他作书善用鸡颖，柳亚子为订颠公书约，刊载《南社丛刻》中，有云："余君天遂，擅作擘窠大字，其结体运笔，神似蝯叟。而余君自谓则泛览汉魏晋唐碑帖，不名一家者。吾谓惟其能上追乎古，所以神似蝯叟而不自觉耳。"他曾鬻书苏沪间，广结墨缘。天遂性孤介，虽多才艺，终不显于时。

高吹万，名燮，江苏金山张堰镇人。书法腴润可喜。戊午冬，自订吹万书例："余于书学甚浅，而嗜之者不以为劣。曩岁曾定有不书例，稍为节劳之计。乃五六年来，求者愈纷，应之殊觉不暇。

余以多病事冗，医者谓书能伤气，戒以屏绝。然而势有未可却者，不得已，爰定书例。"

林之夏，名凉生，号秋叶，福建闽县人，同盟会会员。他擅行草，一次把自己所撰的革命诗写成屏条四幅，赠给赵正平，赵大为欣赏。南社第一次雅集，赵就拉了他一同到苏州虎丘，参与其盛。后来苏曼殊逝世，墓侧建一塔，那塔铭便是他写的。

许指严，名国英，江苏常州人，熟于掌故，撰《南巡秘记》，有声于时。他作书遒秀停匀，回互成趣。在沪上卖字时，自谓："兔毫秃尽身垂老，换得人间卖命钱。"他的贫困也可想而知了。我和他很熟稔，他写给我的信札很多，又为我写册页、楹联两副。曾以一副转送同社徐碧波。自经"文革"，他的手迹片纸无存。这副楹联，便向碧波索回，以留纪念了。

南社有两位钝根，都是善书的。一位姓傅，湖南醴陵人。他又主持南社湘集。书法以质朴胜，我在胡石予先师的东庐，看到他所书的联帖很多。一位姓王，名晦，江苏青浦人，曾任《申报》编辑，书法以秀润胜。二人本不相识，一天在上海爱俪园遇到了。傅钝根以名字相同，未免混淆，乃改为傅屯艮，并做了一首诗赠王钝根，附语："余终让钝根二字为君专称，自此诗始，记之以当息壤。"

黄宾虹以画名，他也偶然作书。我曾见他为高吹万写一联，为黄蔼农写一扇，都很朴厚。洪丕谟谓："名画家每多兼擅书法，他们的字，或多或少地带上了一些绘画的意趣。黄宾虹为蔼农所写的扇页，古拙满纸，绘画气息颇为浓厚。"

沈尹默，浙江吴兴人。他在社中，不仅仅是能书者，而是有代表性的一位书法大家。郭绍虞在《悼念沈尹默先生》一文中，谓："尹默先生平易近人，书法亦然。他处处为普通人着想，不作怪怪奇奇之体。这是因为他的书法艺术从工力上得来，精于用笔，所以清健秀润，能在平易自成一家之体，这比有意做作者为更难。这必须在书法艺术上有相当高的工力，同时又必须在书法外再有相当高的学问修养与道德品质才能做到。否则，像先生这样从帖学入手者，很容易流到滑与俗方面去。然而先生不然，这正是他的书法艺术之不易及处。所以他教人学书，也特别注重书法艺术的实际运用。"评价是很贴切允当的。

萧蜕庵，江苏常熟人。字蜕孚，工各种书体，尤擅篆书。他的弟弟蜕友，却以隶书见长。兄弟二人，竞爽于时。

刘季平，别署江南刘三，上海华泾人。邹容著《革命军》，触犯清廷，被系狱中，折磨而死，没人敢为收殓。季平概为之营葬华泾家园傍，一时无不知刘三义士其人。他擅写《石门铭》，分行疏宕，得其法乳。曾和沈尹默合订润例卖字。

徐半梦，名儴，字云石，号冻佛，江苏宜兴人。著有《海红楼诗录》《沧海星辰室文存》。善作真书，雍容有度，迹近王梦楼。他自己认为写字写了一辈子，仅及半个王梦楼，因以半梦为题署。

李叔同，河北天津人。披剃于杭州虎跑寺，法名弘一。他多才多艺，早年创春柳社，为我国话剧的先声，他在剧中，自饰茶花女。举凡音乐、金石、诗文、篆刻、书画，无所不能。关于书法，著有《临古法书》一册。柳亚子在西湖孤山冯小青墓侧立着一碑，这碑就是叔同手书。《南社姓氏录》封面，题签的署名黄昏老人，这也是他的别号。当他执教浙江两级师范时，学生求他法书，他来者不拒。磨了许多墨汁，书件一挥而就。余墨尚多，他就招呼学生，有纸的快拿来写，把余墨写尽始止。

寿石工，名玺，浙江绍兴人，别署会稽山顽石。善刻印，号印丐，书擅小篆。寓居北京，委一书画社为他收件，生涯颇不落寞。他每天治事回寓，必经过书画社。承接下来的刻件和写件，他即在书画社中奏刀和伸纸泼墨，从不带回去，所以交件很速，求者和书画社都很欢迎他。

此外，南社能书者还有马超群，字适斋，江苏松江人。精于八法，不名一家。篆学石鼓，分学石门，行学北海，真学北碑，雄健开张，兼擅其胜。又田桐，字梓琴，号玄玄居士，湖北蕲春人，追随孙中山有年。中山先生书法颇多由他代笔。他初摹钟王，后作章草。去世后，刊有《玄玄遗著》。他有弟田桓，字寄苇，也擅书法，且能画。一度目力不济，作画，钤一印章"瞎人瞎画"。既而治愈，复刻一印"瞎人不瞎"。九十高龄，于一九八二年辞世。

又沈剑霜，名次约，江苏吴江黎里人。设绛帐于沪西徐氏家。我在徐家见一扇，书画都出剑霜手，扇骨也是剑霜手刻，隽雅得很。

又黄克强，为辛亥革命的巨子，他能武允文，有诗，载《南社丛刻》。当辛亥革命七十周年纪念，上海博物馆陈列革命遗物，黄兴书法有多件，既劲且秀，观者称叹。

又杨天骥，号千里，主编《民立报》，书法挺健，大小由之。曾为我书扇，作精小楷，拙作《人物品藻录》的封面，就是他写的。

又杨了公，为松江耆宿，朱鸳雏由他培植成名。他擅行草，一度在沪卖文卖字，自撰一联云："半爿砚当沿门托钵，一只笔代入市吹箫。"落拓不羁，于此可见。

又陈陶遗，参加光复会，宣传革命。早岁喜作篆隶，中年出入六朝碑版，晚致力章草。数年前，我在冷摊上得其所书一联，什袭藏之。

又邓尔雅，工书法，楷学邓承修，篆学邓石如与吴让之。书屏幅，桌小不便挥毫，往往张诸壁间，悬空书写。

又王莼农，应笺扇庄之请，一夏书扇以数百计，撰有《墨痕扇影录》。他为所办的正风学院筹款，减润鬻书，四阅月余，书联三千副，撰《墨佣余渖》，述其劳瘁。

又易大厂，擅写擘窠大字，曾为西湖黄龙洞写八尺四言联："黄泽不竭，老子犹龙。"每字二尺，他自认为生平得意之笔。

又于右任之六朝体书，素为艺林推崇。他为人作书，曾闹了个笑话。当时有某君，和于氏很熟，一再请他写字。他有些厌烦了，但不露声色，照样当场挥毫，写了"不可随处小便"六个字，且具款盖印，给了某君，满以为某君拿去不能张挂，以示谢绝。岂知某君欣然持去，过了一个月左右，某君把裱好的直幅带给于氏过目，于氏阅后为之诧讶不置。原来付裱时，把字剪裁颠倒，同样六个字，却成为"小处不可随便"。不登大雅之堂的字幅，一变而为可以谕人的格言，出乎于氏意料之外了。

又蔡哲夫，别署茶丘残客，颇有书名，但他的篆书，动辄由邓尔雅代笔。

又潘兰史的卖字润例称"潘老兰酒例"。那是胡寄尘、柳亚子代订，定值绝廉。

又谢无量应人书件，例不钤印，认为书法盖上印章，这是画蛇添足。

又姚鹓雏一度卖过字，且与唐云、白蕉、孙雪泥合作书画扇。我曾在某报上写了一篇《姚鹓雏乘兴挥毫》。他自己也做了一首《作书》诗："平生伸纸能鸦涂，屈曲春蚓亦或如。少年意气颇轻脱，虫雕篆刻非壮夫。工似羲之诮俗书，安用笔势穷追摹。老来百事不足道，渐向毡椎叹精妙。龙蛇挂壁时凝眸，力弱焉能恣一扫。细筋缠骨秋鹰拳，怒猊抉石骥奔泉。或者小字簪花妍，乌丝作阑铺银笺。此中差足遣长日，洒落明珠颗颗圆。"

又陆丹林也能书，当时叶恭绰很助勉他。曾为《南社丛刻》写过扉页。

又包天笑小楷绝精，九十八岁去世，在去世前一年，还能作蝇头细书。

又沈钧儒，为七君子之一，释系后，外界纷纷求他作书，因订润以示限止。

又汪兰皋能书，曾为万柳夫人吴芝瑛代过笔，可知是擅瘦金体的。

又吴眉孙作书，一笔不苟，谓："书法是代表人格的，岂能草率从事。"

又张继，字溥泉，参加同盟会，发行《民报》。和黄季刚相交，季刚爽直，动辄谴责他。及季刚病卒，举行追悼，他登台致辞："此后不复能听到朋好的直言了！"他也是一位擅书的。

又张昭汉，字默君，为邵元冲的夫人，可称女子中的杰出书家。曩年为我写过一张册页。

经学大师唐文治

唐文治字蔚芝，世籍金陵，同治乙丑十月十六日生于太仓镇扬县境岳王市陆宅之静观堂，但他自称是无锡人。甲午二月二十九日，病逝上海，享寿九十岁。

他历主南洋公学（后改为交通大学）、无锡国学专修学校，达数十年之久，桃李门墙，遍及海内外，受到老师唐文治感染最深的，当推江南二仲之一的王蘧常（瑗仲），蘧常有一篇纪念师门的文章，既翔实，又风趣，现在摘录一些：

唐先生办了一所无锡国学专修馆，我去应考的时候，没有年龄限制，考生特多，甚至头发斑白的老先生也去应考，上海的考生有六七百人，加上南京、无锡两地的考生，约有一千多人。我的同学唐兰（后为文字学、金石学名家）和我一块儿去上海应考，应考的都比我们年龄大，我和唐兰同为十九岁。第一道题"於缉熙敬止"，是《诗经》的句子。第二道题"为生民立命为万世开太平论"，看了题目，呆了半晌才安定下来，总算交卷。中间有个小小的插曲，坐在我旁边的，是一位头发斑白的五十多岁的老先生，他老是看我的文章，看一下，写一下，我心里非常害怕，这不是雷同了吗？于是我就写古体字，老先生看看，叹了一口气，把笔墨一卷出去了。这样一来，旁边没有人，就顺利地完场了。那天天气很阴冷，回到旅馆，和唐兰相谈，对能否考取都没有把握，我对题目的意思，是了解的，但并不寄予很大的希望，及报上登出来，唐兰和我，居然都考取了，唐兰第五名，我是第七名。去无锡报到时，天下大雪，我还摔了一交。谒见唐先生，心里战战兢兢，哪知见了唐先生，他很和蔼近人，他第一句就问："你为什么在文稿上写了古里古怪的字？"我便告诉他如此这般，并不是要显露我的什么才能，实在是没有办法，唐先生就哈哈大笑。记得开学那一天，唐先生希望我们要为圣为贤，我一听，简直惶恐得很，圣贤还了得！他又说："其次要为豪为杰。"他短短的训话，对我来说，很受感染。有一次我正在读《桃花源记》，唐先生适来，经过教室到校长室去，我停下来不读，等他走了才继续读，等一回，他派校工来叫我去，我心里惶恐得很，唐先生为什么叫我去，一定是我读书的调子不合式，有所指正。哪知他开口就说得我很高兴："你读得很好啊！"他就谈读书的方法，他说："我的读法，得之于吴挚甫，吴挚甫是中国第一所大学——京师大学堂的总教习。挚甫的读法，得之于曾国藩。"唐先生的教导，读文章要分阳刚阴柔，阳刚之文，愈唱愈高，唐先生教我读《书经·秦誓》，是阳刚之文。他举了欧阳修的《五代史伶官列传序》，我印象中最深的，就是他读的这篇文章，原来挚甫所论读文章之法，有云："大抵盘空处如雷霆之旋太虚，顿挫处如钟磬之扬余韵。精神团聚处则高以侈，叙事繁密处则抑以敛，而其要者纯如绎如，其音翱翔于虚无之表，则言外之意无不传。"唐老的读书法，我友陈左高和陈以鸿，都亲炙于唐老，当时陈左高读贾谊《过秦论》抑扬亢坠，深得唐老的嘉奖，及读欧阳修的《伶官传序》，没有曲达一唱三叹的韵味，唐老历指其缺点，为之范读。陈以鸿且撰《茹经先生（唐老的别署）读文法管窥》，谓四十年代中，上海大中华唱片公司，曾请先生录制读文灌音片一套，共十片，内容包括：

《诗经》"卷阿""常棣""谷风""伐木"

《楚辞》"云中君""湘夫人"

《左传·吕相绝秦》

《史记·屈原列传》

诸葛亮《前出师表》

韩愈《送李愿归盘谷序》

李华《吊古战场文》

欧阳修《秋声赋》《丰乐亭记》《五代史·伶官列传序》《泷冈阡表》

范仲淹《岳阳楼记》

苏轼《水调歌头》

岳飞《满江红》

昆曲《长生殿·小宴》

这套灌音片，保存了先生所读各种体裁各种风格的古典文学作品，弥足珍贵，惜乎当时录音和制片技术所限，唱片又不耐久藏，今日听来，已有模糊和失真之处，较之昔日亲炙的感受，逊色多了。闻最近唐门弟子为了纪念老师，各出所藏唱片，保存其清晰部分，汰除模糊部分，拼凑起来，成一套全部完整磁带录音，顿使唐老的声调，复现今日。我认为此举为一大好事，如今的语文老师，罕知传统的读书法，无从示范，学生只知千篇一律的所谓朗诵，缺乏了音乐性，难以体会文章顿挫之节奏，更难以领会其言在意外之婉妙，应当每个学校，都备一套。在教室中随时开放，使传统不致失传，希望此事早日实现。（按：文中之陈左高为名印人陈巨来之弟。）

俗语说得好："名师出高徒。"唐老的弟子，均负一时硕望。那么唐老的老师是哪些名流呢？据我所知，他所从学的，如外叔祖胡啸山，外祖父胡古愚，姨丈姚葆光、钱会甫，又王紫翔，都是饱学之士。赴金陵省试，房师为林调阳，座师为许庚身、谭宗海。考江阴南菁书院，以超等入学，受业于黄漱兰、黄以周。赴礼部试，房师为沈子封，座师为翁同龢、李端棻。同龢评其文："经生之文，必有静穆之气，此作是也。"此后，同龢延至其家，教其孙辈翁之润、翁之廉。又因子封之介受业于沈子培，子培，名植，号寐叟，那是子封的长兄。若干年后，弟子王蘧常也师事子培，成为师生同门。唐老晚年，把国专教务，委之蘧常，于是师事唐老的，也师事蘧常，师师生生，未免混淆了。

唐老的交游很广，亦属一时俊彦，如汤蛰仙、毕枕梅、曹元弼、赵椿年、刘淮生、陈庆年、姚彭年、邵心炯、庄蕴宽、赵世修、雷君曜、姚柳屏、孙师郑、王清穆、袁爽秋等，缟纻联欢，相尚道义，及袁爽秋以忤慈禧旨被害，他为之痛哭，甚至萦诸梦寐。有诗吊爽秋："流水高山今已矣，天涯何处哭钟期。"不胜知己之感。后来外交部陆子兴总长建四忠祠于署内，刻唐老诗于壁间。唐老夫人郁冰雪，贤淑端庄，为乡间矜式。时唐老十八岁，将赴省试，其师王紫翔示以金陵官书局单，嘱购读数种，唐老深苦家贫无资，郁夫人立出奁具内银锭数枚，交唐老质诸当铺，便购性理书数册，如《二程遗书》《朱子全书》《拙修集》，唐老藏之终身。夫人以难产卒，时在客居，丧务颇感棘手，王清穆来照料一切，频加慰藉。当王颂蔚掌户部云南使，清穆又推荐唐老任文案。

唐老中年双目失明，从外表看，眸子炯然，实则什么都辨别不出。起因于他幼年贫苦，母夜缝纫于月下，督之读《论语》，朦胧中勉张双目，视力为之损伤。直至三十七岁，随户部侍郎那琴轩使日本，考查各学校并博物馆，又游日光山，撰《东瀛日记》，以用目过劳，已觉不支，至横滨车次，左目忽起黑翳，请日医左本隆资诊视，说是无妨，不料越日眼珠内陷，竟一无所见了。此后他照样上课，由人扶登讲台，滔滔不绝，分析详尽，引经据典，悉凭记忆，为人所莫及。当他主持南洋公学，极为重视学生课文，他一一抽查，由人读给他听，各加评语，汇选成书，印行问世，我友李定夷、赵苕狂、管际安等，均有作业选入，后皆蜚声文坛。他提倡体育，虽双目失明，每逢校际足球比赛，他总是坐镇看台上，一位陪同人员向他讲解球场上彼此角逐的情况，唐老听到好球，就大鼓其掌，这给全校同学和球员都是一个极大的鼓励。"江南二仲"王蘧常（瑗仲）外，还有就是钱萼孙（仲联），他请益于唐老，有《纪念唐文治先生》，也谈到唐老的病盲，如云："我年幼时，曾随伯父钱基博拜谒唐老，见先生虽双目失明，而正襟危坐，议论风生，令人肃然起敬。我伯父是无锡国学专修馆的初期教师之一，他对时人很少称许，但对唐老是很尊重的。"

唐老晚年，复患癃闭症，请泌尿科专家陈邦典诊治，断为膀胱炎，送入体仁医院，谓需割治前列腺，唯恐出血过多，老年人体力不支，乃施用小手术，小便改道，从此皮管不能离身，直至九十岁逝世。

唐老先生到过日本，又到过英国，著有《英轺日记》。原来英国君主行加冕礼，清廷派贵胄载振为专使大臣，唐老与汪伯唐、王开甲、陶大均、刘式训为参赞，远涉重洋，以致贺仪。经新加坡、锡兰岛、法国马赛，然后到达英京，英王派专员偕中国公使来接，呈递国书后，考察各学校，并观英京大藏书楼，楼中书架累累，储藏各国古今图籍三百余万种，中国书籍，虽不尽备，然亦什得七八。殿本《图书集成》《西清古鉴》，这些巨编都有。一任翻译的，谓："中国素号文明，今先生来游，见欧洲识字人多，还是中国识字人多？"言次颇露骄色，唐老回答说："欧洲识字人固多，然中国识字人贵在躬行实践，譬如仁、义、礼、智，必具此四者，方可谓识仁、义、礼、智四字。奸、邪、恶、逆，必绝此四者，方可识奸、邪、恶、逆四字，我中国此等识字人固少，谅欧洲亦不多吧！"翻译闻之，不免有惭色，载振以为知言。由英京起程，赴比利时，谒见比王，导观其起居书室，共楼五大楹，图书满架。赴法京，瞻拿破仑庙，又游巴黎旧城之大树林，既而渡大西洋，抵美国纽约，及温哥华，过维多利亚埠，舟行太平洋，抵日本横滨、东京，随载振觐见日本明治天皇。适吴挚甫考察学务，亦在日本，不期而遇，大为欢洽。那么唐老广开眼界，认识世界潮流，头脑的新颖，非一般所谓耆宿硕儒所能望其项背了。

唐老治学，谨严纯正，泛及诸子百家，尤精于易学，先读惠氏、张氏、焦氏诸书，复请业于黄漱兰，谓："本朝易学，虽称极盛，然未有能贯通汉宋，自成一家者。尔读《易》，当于《通志堂经解》中求之。其中如朱氏《汉上易传》、项氏《周易玩辞》、吴氏《易纂言》皆极精当。"漱兰又借给他所著的《十翼后录》，学乃大进，撰有《易观六四爻辞义》《易坎九五爻辞义》《易师履临大君义》《周易消息大义》等。他的《茹经堂文集》凡六编，有传记、碑铭、墓表、序跋、述录、书札、题辞、寿文、微言、字说、讲义、论辩、诠释等等，包罗万象，北流冯振为编《茹经先生著作年表》，其他尚有《茹经堂奏疏》《十三经提纲》《论语大义》等。单行本若干种，大都失明后作，由他口述门人笔录的。他又自订《唐文治年谱》，自清同治四年（一八六五年）起，直至壬辰，八十八岁（一九五二年）止，此后由其哲嗣唐庆诒补写。这部年谱，颇有历史价值，义和团之役，他目击其事，纪述尤为详赡，且真实性强，足补史乘之不及。兹摘录一二细迹，以资谈助：

> 皇上召廷臣会议，皇上执许景澄手，载勋厉声曰："许景澄执皇上手，是何规矩？"太常寺卿袁昶（爽秋）曰："是皇上执许景澄手，非许景澄执皇上手。"许惶急曰："求皇上释手。"乃叩头退。

又：

> 七月初一，奉旨（慈禧后旨）逮许景澄、袁爽秋下狱，闻系李秉衡所构陷。初三日，置许、袁二公于法，监斩者为大学士徐桐之子承煜，袁公戟手骂徐曰："国家之事，被汝父子败坏至此，吾在地下候汝！"许公止之曰："爽秋！何必如此。"遂从容就义。

当唐老捐馆，来吊者凡二百五十余人，张菊生、冒鹤亭、姚虞琴、高吹万、金巨山、吴眉孙、朱贯微七人主持公祭，私谥曰"文成"。

唐老不但具宏博的学识，且有应时的才干。当李鸿藻、翁同龢掌军机，他进《请挽大局以维国运折》，洋洋万言，翁氏大为激赏，惜当局不能采纳，有两行痛泪，无补时艰之叹。一九〇二年，中葡修订界约，葡方提出推广广东旧界，谓"大孤、小孤等岛屿，系属于葡界，应划归葡国管辖"，且词气强硬难以应付。唐老谓："按中国舆图，并无此岛属于彼岛之例。故十年前旧约，即系一定界限。倘彼此联属，则从前订约时，葡国何以绝无争论，现在自应遵守旧约，不必更改。"右丞瑞鼎臣闻之大喜，立促唐老属稿照复。葡方语塞才罢。他对于理财也很有见解，尝谓："近世之言理财者，莫不以振兴商务为急，而不知商之本在工，工之本又在于农，盖商必有其为商之品物，无工则无以为商也。工必有其为工之资料，无农则无以为工也。故欲求商务之兴盛，必先求工业之精进，欲求工业之精进，必先求农事之振新。农工商三者并重，而握其枢于商部，应请先行特简大员开办商部，俾大纲既立，条目秩如。"乃奉旨简唐老为商部右丞，在颐和园召对一次，皇太后询商务甚详，谕："汝能廉洁办事，很好。"创设高等商业学堂，王兼善、张公权都是该校的学生。一九〇五年，奥商张弼士入都，请办三水佛山铁路，并在山东开办葡萄酿酒公司，唐老为之具奏，张馈赠二千元，坚辞不受。闽商林尔嘉请办福州银行，馈巨金，亦峻拒。沪商夏瑞芳设立商务印书馆，虞辉祖呈请设立上海科学仪器馆，均批准立案。一九〇六年后，弃官从事教育，任上海实业学校（后名南洋公学）监督。一九〇八年，被推举为江苏教育总会会长。辛亥革命后，实业学校改名南洋大学，不久又改为交通大学。唐老主持校政，凡十四年，一九二〇年，回无锡家居讲学，创办无锡国学专修馆，一度改名无锡国学专门学院，又改无锡国学专修学校，唐老任校长达三十年。

　　无锡国专，最初设在惠山之麓，"八一三"事变，内迁汉口、长沙、湘乡、桂林。一九三九年，迁来上海，校址也经过三次变动，如康定路、北京西路、西康路，均为弦诵之处。这时学额大大地扩充，规定初中毕业的读预科二年，高中毕业的读本科三年，由唐老主持校政，王蘧常主持教务，认真严肃，力斥浮华，以精研国故，提倡正气为宗旨。分文学组、哲学组、史地组，由王蘧常、唐庆治、郝禹衡分任指导、授课教师，都是学术界知名人士，如张世禄的音韵学，吕思勉的史学，胡宛春的词学，周予同的经学，王佩诤的曲学，鲍鼎的金文，钱仲联的文选，许国璋的英文等，阵容是很强的。每星期有一学术讲座，来讲学的，也都是驰誉南北的名流，学派纷纭，波诡云谲，探赜索隐，致远钩深，扫除历来门户之见，如唐老是崇宋学的，却请宗汉学的章太炎来讲学，学生集思广益，知识面也就扩大了。其他如周谷城、蔡尚思、郭绍虞、陈柱尊、朱大可、胡曲园、葛绥成等，都秉铎其间。学生所读的《昭明文选》《古文辞类纂》《经史百家杂抄》等，分涉猎和精读，精读的必须背诵，务使熟极而流，认为必须这样，才得终身不忘，用之不尽。当时的莘莘学子，现在尚存的，大都已属老人，无怪王旋伯有这么两句诗"春风绛帐重回首，瓬落门生已白头"了。

　　唐老曾治俄文，为办外交所需。又擅围棋，与国手周小松对弈，受九子获胜。他又提倡武术、音乐、戏剧等文艺活动，曾约复旦大学赵景深来家，讨论重版一部戏曲集。

茹经堂，在无锡宝带桥南侧，由当局拨巨款重修，辟为"唐文治先生纪念堂"，于一九八五年十二月二十日，举行揭幕典礼，门弟子及各界知名人士，一时云集，盛况空前。江苏太仓西门有明代张溥（天如）故居，辟二楼为"唐文治先生纪念室"，于一九八七年元旦，举行揭幕典礼。当唐老逝世三十周年，各地门生，各界代表，集于无锡市前西溪大礼堂，举行纪念仪式，并示追悼。一九八五年十一月九日至十二日，在苏州大学（前身即东吴大学），举行"唐文治先生学术讨论会"，各地大学及师大均有代表参加。王蘧常平时杜门不出，也驰车来会。事后，把发表的论文，印成专册，附有唐老照片及茹经堂照片。一九八六年六月九日，上海、西安两地交通大学隆重举行建校九十周年校庆，为唐老塑铜像于校园内，以表彰唐老奠基交大的功勋。负责塑铜像者为中华青铜文化复兴公司经理卢银涛，三次赴无锡茹经堂了解情况，并访问唐老的亲炙弟子王蘧常、王桐荪、黄鉴如、张尊五、洪长佳、陈汝挺，辨认照片，提出建议，然后由名雕塑家刘开渠亲自定型塑照，可谓慎之又慎。

一九八七年，经海内外学者教授如陈子展、顾廷龙、张世禄、苏渊雷、马茂元、冯其庸、汤志钧、程千帆、翁闿运、刘旦宅、蒋天枢、周振甫等五十余人，联名发起及早筹建"文治国学院"，俾若干年后，国内文化，重现光芒。尤其在海外的唐骥千，他是原无锡国学专修馆校董唐保谦的文孙，唐星海的哲嗣，当星海在世时，悉力支持国专办学，并在太湖之滨宝带桥北侧，购地五十四亩，准备扩建，因"七七"事变，未能实现，现唐骥千秉承先德遗志，愿登高一呼，以成盛事。又尽心教育的郁增伟，也力为赞助，专程由香港来沪，与无锡国专校友会会长王蘧常及正副理事卞祥椿、王桐荪、黄鉴如等，商讨一切。请蘧常领导组成文治国学院筹备委员会，积极展开建校事宜。蘧常为唐老最赏识的大弟子，唐老临终，即以继承国专委托的，当然义不容辞。可是事实上发生了困难，原来此间没有建校的资金，海外愿斥资为助的，必须见到学校成立，说明所需款项，才加支援，深希这双方相互关系，迅速解决，那么"经始营之，不日成之"，可以比美姬周的往迹。

写到这儿，又想到还有一些琐碎的佚事，可以补充一下，就我本身所及，颇遗余悔的。当抗战时期，唐老避氛来沪，一次，我访谢闲鸥谱弟于西康路南口松盛里，见一老者，由人从三轮车扶下，步履蹒跚，具龙钟态。闲鸥指着见告："这位就是唐文治老先生。"当时我不敢冒昧趋谒，致有失清诲，这个机缘，多么可惜啊！他老人家，自郁夫人卒，续娶黄彬琼夫人，生子庆诒，为之取字郁生，以示不忘前夫人郁氏，后又娶太仓王廷钰夫人，侍其晚年起居。子庆诒，美国哥伦比亚大学外交科硕士，次子庆平幼殇，三子庆增，美国哈佛大学经济科硕士，均成名成家，可谓哲人有后。唐老在闲居时，谈笑风生，一无拘束，每逢假日，常邀一些名宿来家，觞咏竟日，猜灯谜，行酒令，唱昆曲，最喜背诵吴梅村《鸳湖曲》，至"芳草乍疑歌扇绿，落花错认舞衣鲜"句，为之击节不置。但他生平很少作诗。

哈同花园设计者黄中央

不知是谁撰的《上海一百名人录》，其中有一则讲到苏曼殊上人与哈同太太的关系：

> 苏曼殊，佛门弟子而精于文学者也。颇得哈同太太敬礼，特延之讲论文学及内典，待遇之隆，无以复加，虽旧日之待师长，亦不是过。曼殊上人亦颇爱重之，即寓其家，有暇辄与之研究文学及佛学，尽心教导，如家人然。

柳无忌编《苏曼殊研究》一书，载文辩其谬误：

> 哈同夫人罗迦陵和僧人的关系，我也知道，不过此僧人并不是苏曼殊而是黄中央。他法名宗仰，别号乌目山僧，江苏常熟人，能诗善画，更喜谈革命。在一九〇三年，曾和章太炎、吴稚晖、蔡子民等创办中国教育会及爱国学社、爱国女学校。爱国女学校的经费，当时即由宗仰介绍罗迦陵担任的。至于曼殊和罗迦陵，却绝对没有关系。

黄宗仰自幼博览群籍，旁及释家内典，因飘然有出世之想。年二十，出家于清凉寺，金山江天寺显谛法师为之摩顶受戒。又鉴于清政不纲，外侮日盛，慨然有献身济世之志。所办中国教育会，设于沪市泥城桥的福源里，群推为会长，所联系者，除上述诸人外尚有黄炎培、蒋维乔、蒋智由等，编教材，改造青年思想，既而《苏报》案发，章太炎、邹容，教育会及爱国学社主要人物，大都在通缉之列。蔡子民、吴稚晖、陈范诸人，先后出亡，宗仰独留于沪，百方为《苏报》及章、邹二人营救，卒不得，始赴改日本暂避。时孙中山方自越南莅横滨，居山下町，自署高野长雄，门首榜"高野方"三字，宗仰拜访之，中山雅相推重，特辟楼下一室以居之，宗仰就其居室壁上，画老梅一树，枝干蟠屈，繁花灿烂，见者无不赞赏。光复上海，饷糈难筹，宗仰请求于哈同，捐三万金以接济吴淞军政府。章太炎自日本归国，宗仰亲至吴淞迎接，相偕至爱俪园下榻。孙中山返国，宗仰亦至吴淞，登轮执手话旧，兼代达哈同意旨，甚表欢迎，中山登陆，首先访哈同于爱俪园，哈同大张筵席，奉为贵宾。民国三年，宗仰主持江天寺，于是闭关遍览梵典，三载始毕。迨民国七八年间，游兴勃然，由是遍登匡庐、黄山、九华、雁荡、天台诸胜。民国九年，被推为栖霞寺住持。寺经兵燹，破敝不堪，宗仰庀材筹款，规模略备，奈以积劳致病，遽于民国十年七月圆寂于僧舍，年五十有七，诸弟子于殿堂后建宝塔以为纪念，章太炎为撰塔铭。冯自由著《革命逸史》，为作一传。

　　爱俪园的全盛时代，我随先祖父锦庭公曾参观过。原来哈同和罗迦陵合做双寿，该园破例开放。这时大门设在静安寺路，那行驶在静安寺路有轨电车，哈同认为声浪太闹，有碍静养，那电车便绕道爱文义路直至卡德路，再回到静安寺路，可见当年哈同声势的赫奕。做寿的那天晚上，园内外点缀着上万的电炬，火树银花，照耀着朱漆的大门，匾额"爱俪园"三个金字，雄挺匀整，出于高邕之大书家手笔。进门到处是灯，有的循着亭榭，有的缘着庭柱，以及池边、桥上、石畔、树头，凡须照明的所在，都装着灯，且都是五光十色的彩灯，古人所谓城开不夜，今始见之。来宾之多，不可纪数，哈同夫妇，笑逐颜开，亲自出来招待，并每人送一有照片的徽章，我保存到"文革"时，我家被抄，那些所谓"红卫兵"发现这枚徽章，严诘我和哈同的关系，也列为罪状之一。爱俪园的衰颓时代，我也到过，这时哈同夫妇，均已逝世，靠西面的一些旧建筑，一度遇火，园林颇多圮废，我友朱铭新却借寓其中，铭新为常州画家朱蓉庄的哲嗣，擅书法，幼有神童之号。这时他主编《和平日报》的副刊《海天》版，邀了薛大可撰连载的笔记，又约我为写《今心史》，也是排日登载，似乎唱对台戏，我是诚惶诚恐的，因薛大可是报界老前辈，学识广，知名度高，我是远远不及的。铭新偶或设茶点于园中，谈笑为乐，我带了儿子汝德在园中摄影，今尚留存一帧。得此机缘，和大可把晤，承他书写册页见赠，可惜失诸"文革"了。《今心史》约一百多篇，剪贴本亦荡然无存，兹向徐家汇藏书楼托人抄录，幸得什留八九，改名《掌故小札》，不久，将由巴蜀书社刊行。

曩年，我写了一本《上海旧话》，谈到了爱俪园，历数其景迹，仅二十有六，现在，哈同花园业已拆毁，改建为西式的崇楼，称之为"中苏友好大厦"，数年后又改为"上海展览馆"，什么遗迹都没有了。这是非常可惜的。最近承民初著名诗人沈慕韩的外甥芮和军，借来一本精装册子《爱俪园全景之写真》，属于非卖品，很是珍稀难觏的。既饱眼福，始知以前所涉及的二十六景，未免小乎言之了。原来这本册子都是照片，用珂罗版印在铜版纸上，以其名贵，印数不多，仅寥寥若干册，经过半个多世纪的沧桑保存下来，谈何容易啊！那照版所留的境域凡八十有三，对之足恣卧游。深希有好事者，翻印问世，不但园林史上可占一页，且亦属沪上唯一的文献哩。

据考，爱俪园落成于己酉秋九月（一九〇九年，即宣统元年），因园主人名欧斯·爱·哈同，和其妻罗丽蕤，以寓伉俪双双之意。园的设计，出于乌目山僧黄宗仰之手，带有庙宇色彩。宗仰有一序，略云：

> 癸卯（一九〇四年）冬，余自东瀛归，薄游沪上，适主人哈同购地百数十亩，拟葺园林，弥望草莱，未及剪刈，指谓余曰：闲云出岫，去住无心，能小作勾留，为我一营丘壑乎？余曰：兹地莽旷，若铺细草数弓，种矮树数本，小亭三五，错落其间，如海上所谓公园者，是非余所知也。抑五步一楼，十步一阁，隐鳞巍峨，望若仙居，亦且逊谢不敏。或者以生平游历所至，凡名胜之接于目而会于心者，就景生情，次第点缀，则其庶几乎！

诵此，可知是园经营六阅寒暑，集各地树石之胜、池榭之秀以为之，仿佛当年圆明园的雏形，是煞费心机的。

每一照片之后，均由宗仰加以简短的题识。

第一帧为"海棠艇"，蒙丛篁树间，架屋水上，曲折有致，题云："入园古柏参天，丛桂夹道，筑小楼一椽，辅以两翼，状似海棠，而以艇名之。艇，小舟也，应接来宾，于焉小憩，然后达其意之所之，盖借以导客，非沙棠楫木兰舟之义也。"

又"看竹笼鹅"，诸白羽红掌，蹒跚于树荫篱畔，颇具野趣。

又"苣兰室"，重楼矗立，巨木犹高出檐牙，围以粉壁，益见素洁。题云："幽人之居，君子之室，静挹清芬，着些子世味不得。"

又"黄蘖山房"，亦楼屋掩映于草木丛中，不啻三槐五柳。题云："茶苦酒苦，楝果味亦苦，苦尽甘回，解此者，请参黄蘖禅来。"

又"接叶亭"，亭绝大，覆以白茅，短竹高树，交映有致。

又"听雨亭"，亭略参西式，似以水泥为之，拾级可登，甚为轩畅。

又"森立坌来"，取柳柳州语，立一牌坊，四篆文殊饶古泽，署名细不可辨，必出名家之手。

又"观鱼亭"，亭翼然而高，有傍岩凝云之势。题云："子非鱼，安知鱼之乐，子非我，安知我不知鱼之乐，此庄、惠濠上之妙悟也，会心不远，作如是观。"

又"拨云"，盘旋而上，林亭参差。

又"扪碧亭"，亭建溪上，绕以长廊，树石萧疏，来青延碧，的是胜址。

又"蝶隐廊"，题云："此廊缭而曲，亦宽而长。由扪碧至此，有蛱蝶穿花之致。倘寻梦而来，蘧蘧然，栩栩然不知庄之为蝶，蝶之为庄也。"

又"岁寒亭"，松柏间杂以疏梅，栏以细竹，屈曲周遮，东西升降。题云："客有持后雕之操，联三友之盟者乎！请以此为息壤。"

又"绿天澄抱"瓦屋数楹，外列竹架，作冰梅及卍字纹，架高与屋齐，绿树交紫，尤以暑日为宜。蛎壳窗嵌以玻璃，悉为数十年前旧式。题云："桐荫百尺，兼以芭蕉，高士神情，山僧意态，如或过之。"

又"冬桂轩"，小山丛桂，纷呈轩前，金粟飘香，市尘不到。

又"诗瓢"，以树枝构成木隔，存其素朴。列石无数，高蕉荫蔽，具有诗意，此取名之所由来。

又"昆仑源"，此三字刻于石上，有喷泉数起，昆仑，夸辞也。

又"串月廊"，题识涉及其状，如云："冬桂轩在蝶隐廊西，至此又有廊焉，两廊相接，如串月然。客有解《霓裳羽衣曲》者可于此一按之。"

又"挹翠亭"，亭旁列有假山，一洞可通，下系小舟，题云："水皱一池，石瘦数叠，苍翠扑人眉宇间，如可掬也。"当时罗迦陵之义女罗绮云，嫁白云，双栖园中，而我的侄婿沈北宗和白云契善，常访白云，晤谈于挹翠亭，北宗追忆，谓犹前日事。

又"水芝洞"，石具皱瘦透漏之概，且面面作灵芝状，命名甚为适当。

又"方壶"。按：方壶，为仙山名，《拾遗记》："海上有三山，其形如壶，方丈曰方壶，蓬莱曰蓬壶，瀛洲曰瀛壶。"题云："此天然方壶也，一拳之石，在水中央，蓬莱清浅，只在咫尺间。"

又"小瀛洲"，石梁假山，高下相称，一茅亭列于莽丛间，背景极佳。

又"堆碧"山骨云根，峥嵘可喜，竹树又复干霄，疑非人世。题云："诗家咏堆翠，画家抚堆青，碧在青翠间，宜诗宜画，令人想楼台金碧李将军。"

又"慢舸"，筑屋水中作船状，题云："仲长统言：元气为舟，微风为舵，此舸倚山而泊，环东北皆山也。面水临其南，微风鼓荡于元气间，若行若止，充有诗意。题曰慢舸，翱翔太清，恣意容与，慢乎否乎？"

又"云林画本"，仅见树石，旷无屋舍，题云："倪高士画，萧萧数笔，寓深远于简淡，得自先天，斯景约略似之。"

又"太华仙掌"，二巨石可媲美我苏的瑞云，冠云两峰，题云："巨灵一掌，突兀撑空，使坡老得此，殆不须取之齐安江上矣。"

又"迎仙桥"，池水清涟，竹桥通于亭树。题云："桥介藏机洞之后，观鱼亭之西，题曰迎仙，得澄观者无滞机。"

又"饮蕙厓"，云壑石坛，苔痕藓迹，蕙草杂茁其间。题云："熏风拂蕙，淑气傍流，临厓饮之，得味外味，不知人生能领略几许？"

又"铃语阁"，重楼建于土阜上，益见耸然而高。题云："阁肖塔形，其北瞰湖，四围水石历落，一铃独语，夏然作苍玉声，陟其巅，如乘阆风，可以远眺龙华，此亦黄龙竖一指禅耳。"

又"涵虚楼"斜廊临水，毗接云阶，对之使人作真人府太上家之想。

又"平波廊"，水面较广，有人荡桨，廊间漏窗，雕镂各异，题云："廊在飞流界之南，亦平坦，亦波折，故以名之。"

又"苍髯上寿"，有奇石，有古松，有棕榈，有杂卉，境极幽静。题云："一峰穹窿而高，若世所传寿星者然，古松揖之，有如上寿，揭此四字，期以千秋。"

又"藏机洞"，洞只有此三字之篆额，题云："渊然而深，盎然如春。退藏于密，知机其神。"

又"石坪台"，石台高筑，烟树蒙翳，题云："台以石为之，坐此参河洛之旨，正不知棋局几道？胜负几着？天地古今，一坪而已矣。"

又"山外山"土阜有前后之分，后阜有小小亭屋，延翠环红，引人涉胜。题云："山上山下，于卦为艮。山外有山，悠然不尽。"

又"逃秦处"，丛林密柯，隔绝尘嚣，确为隐者之居。题云："桃花流水杳然去，别有天地非人间，安得南阳高士，来此问津。"

又"万生圃"，平屋数间，竹篱围之，一人正在饲食羊豕，亦悠然自得。题云："古所谓圃，第以刍牧畋猎而已，今则以资博物研究，非尽为游观设也。然翔者走者，生机洋溢，游观之兴，亦寓其中，故此圃虽小，而其义自广。"

又"赊月亭"，为赏夜景处，用一"赊"字，耐人玩索。

又"锦秋亭"，亭畔多植木樨、芙蓉、鸡冠、凤仙、雁来红，尽点缀之能事。

又"笋蕨乡"，森然多竹，题云："此山家常供也，副云寻诗得味外味，吾将终老是乡矣。"

又"松筠绿荫"，题云："松阴竹阴之间，绿意交侵，来此小坐，几不知世有尘俗事。"

又"梅壑"，题云："水心草庐之东，有小山，种梅数十本，山顶筑茅，拾级而登，别具丘壑，故以梅壑名。"

又"九曲桥"，曲桥均以竹木为之，饶有古趣，题云："柳荫之路，如蚁穿珠，文人之心，视此何如？"

又"阿耨池"，释家以无恼为阿耨，池水澄澈，心境为之豁然。

又"曼陀罗华室"，集白莲芬陀利，青莲优钵罗之胜，也是以禅语为名。

又"兰亭修禊"，有曲水可以流觞，有惠风可以舒抱，衣冠晋代，如在目前。

又"柳堤试马"，以符实计，影中有控骑者，殊英俊，不知为谁。题云："既于此听莺，复于此试马，有雅人深致，亦有尚武精神，非第唱晓风残月已也。"

又"淡圃"，为莳菊之所，傲霜浥露，遍地皆是。题云："菊似幽人，人亦如菊，此圃在水心草庐之西，山麓晚香，拂拂水际，其趣淡而弥永，即不至水心庐，睹此秋容，亦为意远。"

又"思潜亭"。题云："潜形乎？潜名乎？松竹在山，请歃盟之。"

又"涉否"，小屋临流，一苇可航。题云："由此岸登彼岸，在涉之而已，涉与不涉，在吾心而已。"寥寥数语，饶有禅机。

又"万花坞"，遍屋皆盆栽，庭院间骈红拥翠，更为烂漫。又"渡月桥"，题云："结庐水中，觅诗亭外，呼月作伴，桥以渡之，若欲对饮，只许举谪仙杯耳。"

又"烟水湾"，题云："六朝烟水，卖菜佣亦能领略。此处烟水，固自不凡，其有卖菜佣一如六朝者乎？"

又"绛雪海"，种梅数百本，传春破腊，韵胜格高，具红罗玉照之观。

又"望云楼"，楼跨绛雪海上，数楹高筑，可以眺远。

又"春晖楼"题云："楼作东瀛式，荒荒白日，蓬莱不远，此中有太和魂焉，勿徒作元龙百尺观。"

又"鉴泓亭"，亭大逾恒，壁上书画，琳琅满目。题云："一水迤逦，潆洄至此，蜂腰一束，澄泓可鉴，亭适临之。"

又"频伽精舍"，按：频伽为梵语，鸟名。"正法念经"："山谷旷野，多有迦陵频伽，出妙声音，若天若人。"题云："佛说云何，我闻如是，翻多罗之叶，参维摩之禅，惟福慧双修，乃得居此。"

又"欧风东渐"，这是西式的建筑，水泥穹门，两相对称，无雅韵可言。

又"黄海涛声"，廊间有一竹联，字细只识"一鹗风前，六鳌海上"等字样。题云："阁下有溪，源自黄海而来，潮上时，其声澎湃，寂坐听之，如乘长风而破万里浪也。"所谓黄海，指黄浦而言。

又"红叶村"，为植枫之处，倘杜牧临此，定必停车坐赏。

又"俟秋吟馆"，楼屋下离树槎枒，浓荫浅黛。题云："圣人知时，君子待时，蟋蟀其小焉者也，犹复俟秋而吟，则夫时未至而动者妄也。南阳抱膝，是可鉴矣。"

又"待雨楼"，楼小隐蔽于径篆庭梧间，为居息佳处。题云："小楼一角，浓荫几重，山雨欲来，好风已满，当溽暑如蒸之际，燃香静坐，可涤烦襟。"

又"椒亭"，题云："松风竹雨，流转空际，筑亭其中，翛然出尘，署名椒亭，象形也。"

又"风来啸"，题云："自典平孙阮而后，世无复能解啸旨者，烟林风篆中，时觉虎虎作生气，与龙吟相应答，乃知天籁之工。"

又"月在亭""巢云""西爽斋""寒山片骨""松脊""仙药阿""环翠亭""涌泉小筑"等，"涌泉小筑"有圆洞门，洞内为内园，洞外为外园。

又"驾鹤亭"，蓄仙客胎禽数头，饮啄为乐，似去缑山华顶不远。

又"选胜"，为景色集中点。题云："近掬泉香，遥接峰翠，耳得成声，目寓成色，是一幅天然图画也。"

又"天演界"，为庆宴演戏处。题云："天地，剧场也，历史，剧本也，优胜劣败，悉归天演之中。试端坐而旷观，诚古今得失之林也。"曩年，章太炎与汤国梨结婚即假座于此，来宾有陈英士、钱芥尘、沈泊尘等。

黄宗仰且撰有《爱俪园八十三景小记》，详述园的方位，以文长不克备载，但在记中，尚有"絮舞桥""玉栋桥""横量桥""半面亭""北洞天""大好河山""戬寿堂"。

又"春晖堂"之东为家祠，均在"全景写生"之外。且知入园第一处即"海棠艇"，为应接来宾之所。主人所居，为"仙药阿"，层楼叠栋，藻采缤纷，当然很讲究的了。

又我所撰的《上海旧话》，涉及爱俪园，复有"燕誉室""尘谈室"。又里面办了一所仓圣明智大学，礼堂中祀着仓颉、史籀、史游、许慎、蔡邕、钟繇、李阳冰等先贤像。学生学习古礼，什么乡射、投壶、冠婚等等，原来园中供奉一班遗老，如沈寐叟、朱古微、王静安、岑西林，不下数十人，这些古礼，大都出于这些遗老的指导，也足以补充"小记"所不及。这所仓圣明智大学，培植了一些人才，如我友周剑云，即出身于该大学，编《鞠部丛谈》，与郑正秋、张石川为明星影片公司三大巨头。后来他携了电影皇后胡蝶赴苏联开会，《良友画报》上登了一系列的照片，轰动一时。

这本《全景写真》册，匆促间未得与我友陈从周同观共赏，他是专治园林学的，否则经他法眼，一定能指出这园的个性，哪些含蓄，哪些显露，哪些是曲直相对，哪些是虚实相应，以及动观静观，借景换景的种种评论，在他所著的《说园》《园林谈丛》中，便可以增加许多篇幅，以飨读者。

据我所知，哈同为犹太人，一八五一年，生于巴格达，在印度的孟买长大。他的全名雪拉司·爱隆·哈同，又名欧斯·哈同。二十三岁，迁居香港，再从香港来到上海，四处钻谋，进入沙逊洋行，逐渐发迹，后来做地产生意，更大发其财，究属有多少财产，外间无从得知，直至一九三一年，哈同死了，付出的遗产税，就缴了一千八百万元，可见拥资的雄厚。他死，大出丧，备极奢豪，仪仗达数里，可是棺木非常简陋，这大约是从犹太的旧俗。他的妻子罗迦陵，却是华人，哈同未发迹前所结识的，白头到老，但无子女。当哈同加入英国籍，被英国人敲了记竹杠，要他做一件对公众有益的事，即从西藏路起，直至外滩，用方方整整的铁藜木铺设，所费很大。后此种木材以越年既多，损坏了修不起，改为柏油路了。《旧上海故事》谈到哈同，谓哈同曾见过清朝皇帝，皇帝赐给他很多珍贵的东西，不确。哈同夫妇所见的仅是宣统小皇帝和在故宫里那些太妃而已。民国时代，总统徐世昌、曹锟、河南军务督办岳维峻、滇黔联军总司令唐继尧等，都聘他为高级顾问，颁发奖章。很可笑的，淞沪护军使何丰林，以很多空白的咨议委任状，送给爱俪园的总管，园内不论何人，填上个名儿，就成了咨议老爷。所谓总管，是指后来的姬觉弥而言，姬氏大权独揽，黄宗仰后离园而去，或许和姬氏有些不协调所致吧。

罗振玉多名号

罗振玉，上虞人，致力学术数十年，尤以考古为最著。奈晚节不终，与郑海藏同为莽大夫，论者惜之。罗于民国二十九年六月十九日，死于旅顺寓所。生平多名号，本名振钰，后改振玉，字叔韫，又曰叔坚、叔言，其他如絜公、雪堂、松翁、刖存、公之纯、商遗、陆厣、永丰乡人、仇亭老民、岁寒退叟。有见其仪态者。微须，而道貌岸然。幼时寄居淮安，其邻路氏富藏书，颇多海内罕见之秘籍。振玉结识路氏主人山夫，得尽读其书籍，而学益博奥。既而处馆刘铁云家，凡十易春秋。铁云搜罗甲骨，摩挲考证为乐。振玉濡染久，殷虚书契，无不精究，遂有《殷虚书契前后编》之刊行。振玉与海宁王静安关系殊深。盖当戊戌之夏，振玉与吴县蒋伯斧结农学社于海上，翻译东西各国农学书报，以乏译才，立东文学社，聘日本藤田博士为教授。静安乃往受学，写所为咏史绝句于同舍生扇头。振玉见而赏异，遂拔之俦类之中，为赡其家，且赠之以书。既而振玉主武昌农学校，而教授多日人，乃延静安任译务。振玉著书綦富，静安为撰《雪堂群书叙录序》，对于振玉备极推崇。有云："旅食八年，印书之费以巨万计，家无旬月之蓄，而先生安之。自编次校写，下至装潢之款式，纸墨之料量，诸凌杂烦缛之事，为古学人所不为者，而先生亲之。举力之所及，而惟传古之是务。"或谓振玉所刊布之群书，颇多出于静安代笔者。甚有谓静安死，振玉据其若干种稿本为己有，则推测之言，未可以为信也。振玉之兄振常，谙版本学，尝设蟫隐庐书铺于沪上三马路。振常与郑海藏有戚谊，资本即商借于海藏。后书铺收歇，振常亦归道山。振常居槟榔路，为社友徐碧波之居停。予访碧波，辄见其人，寒伧似三家村学究，足不出户。死于振玉后数年。

翻译大家伍光建

译书由来已久，如《周礼·象胥疏》："北方有译者，译即易，谓换易言语使相解也。"又：《隋书·经籍志》："汉桓帝时，安息国沙门安静，赍经至洛，翻译最为通解。"清同治六年，李鸿章奏设翻译馆，时江南制造局初设于上海，以制造枪炮，须明西学，乃附设翻译馆。同治九年，广方言馆移并，译书百余种，为从事新学的知识大宝库。其时尚有金粟斋译书处，乃蒯礼卿所创办，汪允中、包天笑、方漱六主持其事。地点在沪市南京路，以太嚣杂，迁白克路登贤里，获得叶揆初叔父叶浩吾的日文译稿及严复所译的《天演论》《原富》《穆勒名学》等，即开始发刊。浩吾的书是直译的，不甚受人欢迎；严复的书，遵循信、达、雅三字要诀，颇引起一般新学者所重视。此后商务印书馆亦设编译所，规模比较大，严复的书，由商务印书馆汇印为"严译名著丛刊"，风行一时。和严复相竞爽，销数更在严复以上的，为林琴南所译的欧美小说，如《茶花女遗事》《吟边燕语》《块肉余生述》《十字军英雄记》《拊掌录》等，林琴南不谙外文，魏易、王晓斋等口述，而林氏以文言译之，往往出于意译，有时隽永超过原文，所以胡适之称赞他："古文的应用，自司马迁以来，从没有这样大的成绩。"商务印书馆汇刊"林译小说"，配着木箱供应，影响很大。

在民国初年，一度译文不为读者所喜爱，于是外文而华化，如包天笑的《梅花落》《馨儿就学记》便是一个例子。一度译文畅行，又复华文而外化，朱鸳雏的《痴凤血》，便是一个例子。大凡文字一经翻译，什九失真，当时我友俞天愤，他戏把一篇华文，请甲翻为英文，再把这篇英文，请乙翻成华文，又请丙把这篇华文翻为英文，又请丁把这篇英文，再翻为华文，这篇文章，面目全非，不知所云了。

我国的翻译家很多，如马君武、苏曼殊、周建人、周启明、刘半农、周瘦鹃、程小青、傅东华、傅雷、李青崖、郑振铎、施蛰存、戴望舒、陈望道、丰子恺、谢冰心、耿济之、柳无忌、孙大雨、黎烈文、赵元任、赵景深、徐志摩、徐仲年、孙俍工、秦瘦鸥、焦菊隐、邹韬奋等，那是指不胜屈的，然以代表性来谈，还得推崇严复和林琴南、伍光建鼎足而三了。

伍昭扆，广东新会县人，一八六八年（即同治戊辰）生。名光建，一名于晋，幼年就读新会麦园村乡塾，明于思辨，颖悟冠郡，而志趣不凡，年十五，考入天津水师学堂，习数理，每试辄列第一名，这时侯官严复适任水师学堂总教习，他在该校凡二十年，弟子虽多煊赫，引为最得意的，便是伍昭扆。昭扆肄业五年，以最优等毕业，奉派赴英国。入格林威治海军学校，受教于莱伯特、皮尔逊诸名宿，深究物理数学，又习英国文学五年，仍以第一名毕业。归国后，执教其母校天津水师学堂，这时严复升任总办。倚重昭扆如左右手。甲午中日战争，伍激于义愤，慷慨请缨，以双目近视，未被调遣。战事结束，他随滁县吕增祥（秋樵）东渡日本，襄理洋务。增祥久居合肥李鸿章幕，学问行谊，性情识略，见称于当世，诗文书法，尤为艺林所重。严复晚年与友书，谓："平生师友，令人低首下心而无间言者，吕君止而已（君止为增祥别字）。"伍自识增祥，乃兼治文哲之学，博览中西典籍，见闻益复宏广。庚子之役，他由津沽避居上海，与钱塘汪穰卿同为《中外日报》撰稿，并设计插画、评论，面目为之一新。常州盛杏荪创办上海南洋公学（即交通大学前身），延聘伍氏为提调，他对学生宽严并济，诸生翕然从之。时学校甫兴，绝少适当课本，他抽暇自编力学、水学、气学、磁学、声学、动电学、静电学、热学、光学等九种，精审显豁，图解习题，尤为赡富，商务印书馆为之付印，学部大臣审定，列为中学教科书。商务之张菊生、夏粹芳，明察潮流，复以伍氏博学，请编《英文课本》，成六卷，从字母拼音以迄英语名著精选，浅深相接，期以六年培成英语人才，及书出版，各校纷纷采用，凡清季光宣以至民国初元，国人之习物理英语的，无不读伍氏之书。当时之谈西学的，无不知伍氏其人。

伍氏一度从政，清季，群僚纷言立宪，光绪丙午，设考察政治馆，派端午桥、戴鸿慈等五大臣，出洋考察宪政，伍氏任一等参赞，诸大臣倚赖实多。所至欧美各国，每值演说都请伍氏任之，他义正理充，吐属温雅，听者为之惊服。归国后，声誉益隆，端午桥、张安圃、岑西林等，先后开府两江、两广，均延伍氏主持洋务、外交，折冲樽俎，备著勋绩。英舰曾借细故，直驶广州沙面，卸炮衣相胁，伍氏不为摄惧，卒以理服敌方。己酉，清廷赐文科进士出身，严复与伍氏师生同与其列，一时传为佳话。时初设海军处，伍氏以海军耆宿，出任顾问，兼一等参谋官。庚戌，扩为海军部，伍氏任军法司、军枢司、军学司司长，公暇，仍不忘一般教育文化。辛亥春，与蔡元培、张菊生等，创立中国教育会，被推为副会长。鼎革后，他以南方气候阴湿，有失体健，迁地为良，居住北京。历任黎元洪、冯国璋两总统顾问，又财政部顾问、财政部参事、盐务署参事、盐务稽核所英文股股长，时方革新盐政，稽核所总办萧山张岱杉与会办英人丁恩，商订章则。请伍氏起草，他瞻顾周详，行文条达。保持国家权益很多，任股长十年，以老乞休。后北伐军兴，他南下，任行政院顾问、外交部条约委员会委员。此后卜居上海，较多闲暇，因得重事译著。

他历年先后译著，有《西史纪要》《法宫秘史》《十九世纪欧洲思想史》《法国大革命史》《人之悟性论》《霸术》《泰西进步概论》《罗马英雄》《红字记》《红百合花》《弱女飘零记》《费利沙海滩》《妥木宗斯》《财阀》《洛雪小姐游学记》《饭后哲学》《伦理学》《泰否》《旅客所说的故事》《在山上》《革命的故事》《大街》《坠楼记》《死的得胜》《海上的劳工》《结了婚》《罪恶》《置产人》《洛士柴尔特的提琴》《伽利华游记》《二京记》《俾斯麦》《安维洛尼伽》《希尔和特》《甘地特》《维克斐牧师传》《大伟人威立特传》《拿破仑论》《约瑟安特路传》《巴尔沙克短篇小说》，尤著名的，有狄更司的《劳苦世界》，歌德的《狐之神通》，布纶戟的《狭路冤家》，大仲马的《侠隐记》（一称《三剑客》）、《续侠隐记》，为伍氏的代表作，绝版数十年，近由湖南人民出版社重印。这些当时都由商务印书馆出版，且有列入《英汉对照名家小说选》。又《山宁》《列宁与甘地》，由华通书局出版。《夺夫及其他》，黎明书局出版。《债票投机史》，神州国光社出版。《造谣学校》《诡姻缘》，新月书店出版。

抗战军兴，他体力不济，未克西行，杜门不出，但译事仍未稍停。然出版机构，大都随政府西迁，稿件复不便邮寄又不愿在敌伪刊物上发表，故所成均未付梓。计有《第一次欧战的缘起》《英国第二次革命史》《一六四〇年的英国革命史》《俄皇大彼得本纪》《古希腊英雄记》《朱理罗曼》《中国人致英国人书》《英国地方自治纪略》等五十余种。此外尚有巨著二种，一为《苏联文明》的原作者威伯夫妇慕伍氏名，并得前驻英大使郭复初的介绍，寄书伍氏，托译汉文，伍氏接受。盛情感动之下，年余才完成，不幸敌伪破坏文化，国人在沪的，搜索株连，为患无已，伍氏便把译稿付之一炬。一为英国史学名家吉朋，著有《罗马帝国衰亡全史》，乃应中华文化教育基金委员会之约而翻译的，字斟句酌，考证弥详，二年始竣，因原书附注尚待补译，留未付印。一九四三年春间，他患气喘，心脏颇呈衰状，经西医诊治，服药注射，稍见舒解。入夏，势忽转剧，疗治无效，延至六月十日巳刻，终于沪寓，春秋七十有七。遗嘱火葬，翌晨在静安寺路万国坟地（今静安公园）举行。夫人吕慎仪，娴淑端庄，为增祥长女，先九年逝世，亦火葬于此。子三，长伍庄，号周甫，任职资源委员会。次伍荀，号况甫，上海复旦大学外文系副教授，从事自然科学之译作，酷嗜京剧，逝世后，家人检得他所保存的戏单、戏广告、剧评，得胜留声机器公司及谋得利洋行的唱片目录册，尚有他手抄唐西园、罗瘿公、言敦源、张季直，关于捧角的诗词及凌霄汉阁报袁寒云论剧长书。又有数字的剧名，列为一表，如一口剑、二进宫、三江口、四进士、五人义、六国封相、七星灯、八大锤、九龙杯、十面埋伏、百花亭、千钟禄、万里缘（数字剧目一至万，附列甚多，不仅每一数字一剧），还有一些川剧、越剧、甬剧、常锡剧、木偶剧，又贴留了徐慕云的《故都宫闱梨园秘史》，具有掌故资料。季伍范，号蠡甫，声望更盛，他和我同任某组织之文史资料委员，可是彼此参商，没少见过面。他为文艺理论研究专家，有时作国画，署名敬庵。著作有《理想之歌》《丹橘颂》《珍珠曲》，被转译为英法文。复创作大型话剧《一代英豪》。任上海复旦大学文学教授。女二，长伍莹，字孟纯，次伍璞，字季真，今年已八十余高龄。我和季真频通音讯，承出示她尊翁昭宸六十岁时所摄的照片，戴眼镜，目光炯然，顶发微秃，不蓄须，穿马褂，具学者风度。昭宸喜昆曲，藏有《无瑕璧头段串关》《铁旗阵三十段串关》《通仙枕末段八出》《十六段中兴图八出》《通天犀四出总本》，这些都是楷书精抄本，昭宸自旧书铺购来，惜不知出于谁的手抄，但每册上都钤有"伍光建印"朱文章，可知是他喜爱之物了。别有一册，无首无尾，那就不知是什么，总之也是昆曲本。又一本为石印的昆曲样书，首冠吴瞿庵《六也曲谱序》，又昭宸手录《玉台令》《归国谣》词二阕，书法也很秀逸。

他生值民族革命思想动荡之大时代，识见先进，以灌输西洋学术文化为己任，致力于此，殆四十寒暑，计先后译著共一百三十余种，可一万万言，其内容或董理西洋文化之全面，或分述西洋语文、科学、哲学、文学、历史、政治、经济及一般社会之真谛，就体裁而言，则论说、批评、史传、小说、剧本、童话、随笔，诸体俱备，而选材皆寓深义，务使这一时代之读者，了然于泰西立国之道，盛衰之理，名儒之言论，英雄伟人之行事，以兴起见贤思齐之心，树立发愤自强之念，更旁及社会道德之观念，民间生活之素描。而于说部，尤多择其抒写至性真情之作。他早期用文言，署名君朔，笔墨有类盲左。后期用语体。民初，胡适之创白话运动，很推重他，称为"语体新范"。平生不置产业，身后仅遗稿与藏书二三万卷，社会人士，于重庆假国立中央图书馆举行追悼典礼，吴敬恒撰追悼会缘起，详述其一生。参加者如居正、于右任、胡适、但焘、马衡、洪深、老舍、江一平、陈树人、叶楚伧、邵力子、顾颉刚、徐蔚南、陈望道、汪旭初、沈德鸿、刘成禺、戴天仇、张伯苓、王宠惠、郭泰祺、曾虚白、梁实秋、万家宝、程沧波、程天放、郭沫若、胡风等，均属一时名流，各报纷载其事。

他起居有节，晨五时必起身，略作运动，饮食注意营养，不贪口腹，每餐备四五种小盘，每盘食品，都有其不同营养价值，人称："伍老餐桌上，一味味的都是药品。"早餐后，执笔二三小时，外出散步一小时，整理收拾工作一小时，午后睡半小时，醒起。浏览书籍，或访友清话，或赴梨园听歌。服御方面，非常俭朴，从不讲究，为赴西友宴会，则更衣修整，恐失国体。住的方面，他说："人生一半的时间在住处，故必须注意住宅环境与阳光空气等。"他的北京住宅，有一五十平方的房间，满置书籍，俨然一小小图书馆。后经数度迁移，损失了一部分，他故世，即捐赠广肇公学。行的方面，每天必徒步若干里，风雨无阻。七十岁以前，每值夏暑，必去张菊生的庐山别墅小住，幽情遐致，旷怀自逸。原来他择交甚严，与张菊生尤为莫逆，他卒后，菊生挽以联云："天生有才胡不用？士唯有品乃能贫。"除菊生外，尚有一位外国朋友，和他也属知交，这位朋友为爱尔兰医师柯司泰复。三友每日相聚，说古道今，引为至乐。柯为当时时疫医院创办人，热心公益，笃于友道，喜爱我国书画古玩，有所得，辄请菊生昭宸为之鉴别真伪。昭宸经常外出，或数年，或数月，柯医师每月来伍宅，一瞻其一家老小，有何病痛，为之诊治。

伍氏与严复有戚谊，不仅师弟关系，因伍氏娶吕增祥长女，次女为严复之长媳，据伍季真见告，增祥廉洁奉公，清风两袖，黎庶爱戴，有吕青天之号。擅书法，翔声南北。酷爱碑帖，某次，曾质衣物而购买一帖，珍之如琅球，五十二岁，即殁于任上，身后萧条，遗孤四人，艰于度日，第二子吕彦直，由姊氏抚养，并携之赴法国留学，未久归国，考入清华大学建筑系，奉派去美深造，学成回国，设计广州中山堂及南京中山陵，凡数百级，建筑平面形象如木铎，取木铎警世之意。且以我国传统风格为主，融合西方建筑精髓，简朴、浑厚、坚固、美观，四者具备。

伍氏欢喜种植，但不讲求珍品，即草花亦所滋培，芳杜柔蕙，触目皆是，最爱石榴花，庭前植数树，仲夏花开，蒸霞簇锦，红酣如火，他盘桓其间，怡然自得，果实累累，朵颐大快。在北京时，喜逛古玩摊头，和旧书铺，书破无所谓，古玩明知其为伪，摩挲作为消遣。少壮时，喜吸高级雪茄烟，晚年戒绝。任何赌博，即棋类亦不喜弄。公余之暇，往往朗诵前人诗词，或抄录成帙，谓："一以练声，一以练字，闲处光阴，无穷情趣。"

吴芝瑛密藏秋瑾墓表

廉南湖与吴芝瑛，人以归来堂赵明诚夫妇喻之，而芝瑛之仗义慷慨，有非"黄花人瘦"之李清照所得而企及者。芝瑛与南湖筑别墅于沪西梵皇渡，颜曰小万柳堂，因有万柳夫人之号。其父鞠隐，与南湖乃翁仲高，同官东鲁，遂订儿女婚约。

芝瑛善作书，类徽宗瘦金体，传至宫闱间，那拉后甚善之，与余沈寿之绣，称为双璧。某次芝瑛病，延某名医诊治，医却诊费，曰："俟夫人病痊，书一楹联见贻足矣。"其见重于世有如此。

民军起义，有女子北伐军之组织，芝瑛鬻书以充饷糈。

校书李蘋香，清才秀质，能作小诗。芝瑛怜之，斥簪珥，为之脱籍。

与鉴湖秋侠及徐寄尘尤莫逆。秋侠以徐锡麟之狱被诛，芝瑛与寄尘同营葬事，并立墓表。清吏知之，饬人毁其墓。芝瑛得讯早，密托心腹将墓表原石先期运出，藏于家中，所谓悲秋阁者，即贮表石处也。及秋祠成立，复置列之。当时御史常徽奏劾于清廷，几遭罗织。幸端午桥及女教士麦美德，力保始无恙，亦云险矣。

白龙山人泼墨画荷

或谓清季艺人，多剑拔弩张之作，如康南海之书，吴缶庐之画。与缶庐齐名者，则为白龙山人。山人姓王，讳震，字一亭，为海上之耆绅。工书画，居大南门之芷园，数椽精筑，花木扶疏，山人昧爽即起，挥毫为乐。

有夏某者，知山人习性，携一六尺素楮，于清晨诣芷园，请山人作画。山人案头有大墨盘，夏某注水磨之。山人进早餐毕，询夏某墨磨就否。夏某以未浓对。山人嘱略倾墨汁少许于别器中而再磨之。既而曰可矣。展楮于案，案小不能容，乃铺于地上。山人右手持大墨盘，左手持墨汁较浓之别器，向素楮骤泼之，而或淡或浓，为之淋漓尽致。夏某大惊，以为山人之发怒也。岂知山人却莞尔曰："画成十之六七矣。"取而张之壁间，对之凝思有顷，执笔就盘中余墨而加以点染。泼墨最多处为大荷叶，且作迎风倾侧状，极饶意致；墨较少处为小荷叶，筋脉清疏，若露润而未干然。叶隙著花，芳姿净质，有似真妃出浴。别添苇茎二三，青溪景色，悉呈目前。乃题"浮香绕曲岸，圆影覆华池"十字，并加一款以与之。夏某大喜，取之而去，闻今犹保存未失也。

山人茹素好佛。予尝于功德林素看馆席间把晤之，贻予名刺一，今日检得，未免有人琴之恸矣。

山人哲嗣季眉传家学，亦擅丹青。

王一亭风雅回单

　　王一亭生前爱好花木。晚年，他营菟裘于沪南乔家浜，颜曰"梓园"，罗致奇葩异草，蓊然可喜。有一次，真如黄岳渊获着名贵菊种。细蕊纷披，垂垂盈尺，赐名曰"十丈珠帘"。岳渊遣工役贻送一盆于王一亭，恐工役之有误，便嘱携带回单簿一本，送到须对方钤一印以为凭证。时一亭适燕居在家，命来人在外稍候，便伸纸拈毫，对花写生。题识既毕，给来人带去，作为回单之用。过一天，我到园中去，岳渊夸示道："这是盆中花换来的画中花！"

清道人的特殊菜单

　　清道人，姓李，名瑞清，江西临川人。民初来作海上寓公，住居北四川路全福里，门上榜着"玉梅花庵道士"，原来是他别署，俗人不知，以为他是羽流，便有人请他去打醮，因此，他把门榜撤去了。鬻书和曾农髯齐名，门弟子很多，张大千就是他的大弟子，组有曾李同门会。书润有一小引，颇可诵，如云："辛亥秋，瑞清既北，鬻书京师。时皖湘皆大饥，所得资尽散以拯饥者。其冬十一月，避乱沪上，改黄冠为道士矣。愿弃人间事，从赤松子游，家中人强留之，莫能去。瑞清三世皆为官，今闲居，贫至不能给朝暮。家中老弱几五十人，莫肯学辟谷者，尽仰瑞清而食，故人或哀矜而存恤之。然亦何可长，又安可累友朋。欲为贾，苦无赀；欲为农，家无半亩地，力又不任也。不得已，仍鬻书作业。然不能追时好以取世资，又不欲贱贾以趋利，世有真爱瑞清者，将不爱其金，请如其值以偿。"他鬻书生涯，胜于农髯，润虽贵而求之者众，引起匪徒觊觎，写恐吓信给他，索巨款。他接到索诈信，立致复，备述家累之重，分利之多，没有余款可应云云。这封信嘱仆人付耶，仆人却誊抄一过，寄给匪徒，原信留存下来，后由慕道人法书的善价买去。他任南京两江师范监督，有一次，揭出布告，不到半天便失踪了，原来这布告是他亲笔写的，也被爱好他书法的不择手段而窃去。他兼绘事，润例附云："余亦有时作画，山水花卉，或一为之。有相索者，具值倍书。花卉松石，其值比于篆书，山水画，其值其倍篆。"某次，他到小有天闽菜馆去进餐，那儿是他常去的，所以馆役都很熟习，请他点菜。他就索一白纸，什么鱼、肉、青菜、萝卜，一一地绘画出之。馆役把这特殊菜单付诸装裱，视为至宝。外间传说他啖蟹一百只，有"李百蟹"之称，就是小有天的故事。他五十四岁逝世，两江师范在校园中辟梅庵一所，以留纪念。中华人民共和国成立后，这梅庵和高茂的一棵六朝松都保护着。

尊孔声中之李梅庵

　　临川李梅庵之书艺，称一代宗匠。有评之者，谓："博综汉魏六朝，上追周秦，尤工大篆，间临魏晋以来法帖，别诸家源流正变。擅以篆法作画，合书画一炉而冶之，寄麦秀黍离之感。"其作书也，尝署清道人。其论书颇有见地，如谓："书学先贵立品，右军人品高，故书入神品。决无胸怀卑污而书能佳胜者，此可断言也！"又云："学书尤贵多读书，读书多则下笔自雅，故自古来学问家虽不善书，而其书有书卷气，故书以气味为第一。不然，但成手技，不足贵矣。"又云："学书不学篆，犹为文不通经也，故学书必自通篆始。学篆必神游三代，目无二李，乃得佳耳！"又云："书学分帖学、碑学两大派，阮云台相国以禅学南北宗，分帖学为南派，碑学为北派。何谓帖学？简札之类是也。何谓碑学？摩崖碑铭是也。自宋以来，帖学大行，而碑学衰微。故宋四家，只蔡君谟能作碑。"梅庵与沈寐叟、秦幼蘅善，寐叟勖之纳碑入帖，幼蘅劝之捐碑取帖。因此梅庵致力于帖有年，不能得其笔法者，则以碑笔书之，融会贯通，自具风格。然以海内求之者众，忙于应付，渐有倦怠意。乃喟然叹曰："书者舒也。安事促迫，而索书者急于索债。每春秋佳日，野老牧童，犹得眺望逍遥，移情赏心，而余独拘絷一室之中，襟袖皆皂，唇齿濡墨，腕脱砚穿，不得休止。人生如白驹过隙耳，何自苦如此？"曾与陈散原、陈苍虬比邻居，每乘月夕，相携立桥畔，观流水，话兴亡之陈迹，抚丧乱之频仍，悼人纪之坏散，落落吊影，仰天唏嘘以为常。梅庵卒于庚申八月一日，年五十有四。散原、苍虬，均诗以哭之。或谓梅庵盖捷南宫时，夜读中寒导致。

遗老往往目无民国，故作书辄用甲子，而不写民国若干年。李梅庵于鼎革后，改称清道人。清道人者，清代之道人也。作书又钤一印曰"不知有汉"。及死，其讣告曰："诰授资政大夫李公梅庵府君，恸于庚申年八月初一日亥时，享年五十有四。"资政大夫，清所授也。在民国时代，当书明"清授"，今乃不加标别，则其家人秉受遗训，目无民国，可谓彰明昭著矣。李平日却极尊重孔子，谓："其杏坛设教，功垂万纪。其学不局于一定之时代，不囿于一个之体段，因时因地以立学，所谓凡宜于现今之学，皆孔子之学，凡不宜于现今之学，皆非孔子之学，故孔教为地球上纯粹完美之第一宗教。"其时欧洲首次战争尚未爆发，俄皇室欲倡行孔教，拟于圣彼得堡建一崇巍之孔庙，书十三经于石而雕刻之，为庙壁之点缀。知李之尊孔且擅书法也，遂以书十三经全文委诸李，许赍十万金为润笔资。李欣然诺。不料未及动笔，而欧洲遽起烽烟，俄政府改组，此事乃作罢。否则李不但可致富，且复享国际艺术家之名。

制联名手王均卿

　　故南社名士王均卿先生，讳文濡，别署新旧废物，为浙之吴兴人。擅词章，声名藉甚，曾辑《说库》《笔记小说大观》《香艳丛书》，秘笈流传，厥功匪浅。轰动一时之《浮生六记》，亦属先生首先发掘，付诸剞劂者。任进步书局编辑主任有年，姚鹓雏与陆士谔，当时均为其编辑助理员，而听其指挥者也。居沪西哈同路，出入以包车代步。其他饮食服御，则殊俭约。若干年来，略有积蓄，乃购地吴门北寺塔东石塘湾，鸠工建屋，并辟场圃，以为菟裘之计。息影杜门，颇多暇晷，自撰联语若干，书以张壁。予至苏，尝一度访之。联语工稳雅隽，无与伦比，如云："一切皆空，月白风清如此夜；万方多难，良辰美景奈何天。"又云："堂筑浣花，广厦万间忧杜甫；畦饶寒菜，小园一赋续兰成。"又云："春分绿杨，结邻吴太伯；诗吟红杏，偕隐宋尚书。"（注：两邻一吴一宋）又云："右寺左庵，偶过僧尼作闲语；先忧后乐，空谈民物负初心。"又云："援手未能，庇我同胞无广厦；扪心有愧，输他独乐有名园。"又云："天似不薄老夫，衣食住一生粗给；我亦能延益友，归去来三径常开。"又云："露纂雪钞，过去生涯，消磨沪北；河清人寿，未来热望，恢复辽东。"又云："苦乏坡翁笑骂文，何语可箴当道？羞为阮子佯狂态，有泪不洒穷途。"又云："作文佣历史卅余年，笔秃墨干，垂垂老矣；读我祖太平十二策，屈扰贾哭，郁郁居兹。"有集徐文长传《后赤壁赋》云："乌衣葛巾，纵谈天下事；月白风清，其如良夜何？"皆妙造自然之作。先生在吴，犹以著述遣兴。

托予代为物色一女记室，以充抄写之役。盖先生拙于书法，不得不假手于人也。晚年患瘫痪之症，时发时愈。所蓄大半存某银行，银行清理，先生折蚀甚多，中心为之怅惘。未几先生归道山，且无后嗣。遗著亦未刊，今不知流散何处矣。惜哉！

廉南湖藏扇流入扶桑

梁溪廉南湖，不乐仕进，而名动公卿，交游甚广，举凡遗老显宦，文士词客，以及清室贵胄，革命党人，甚至优伶倡妓，巨奸大猾，无不周旋相识。人有急难向之借贷，往往潜自典质以助之。藏有书画名扇数百柄，曾影印以流传。而其原迹，以窘乏故，乃陆续让于扶桑人士。其他卷轴，则归北方潘复、靳云鹏者为多。绝可珍者，有马远所绘《杨柳五百株》，潇潇漾漾，舞烟飘水，写尽宣和标格，各极其态，无一相同，卒不知散落何处。吴观岱受其知遇，尝为廉家入幕之宾。南湖一日获得马湘兰一画，乃倩观岱作伪，配以董小宛、顾横波、薛素素，称为四美。既而又获渐江画一，复配其他三高僧，谓之四衲。盖亦观岱所为也。辟小万柳堂于沪西曹家渡（在圣约翰大学之左侧），亲自摄影，制成风景明信片，凡若干套。与人通问，常书于明信片上。字细如蚁足，然以显微镜窥之，则秀拔清逸，俨然董香光也。即作札，亦喜书纤小之字。笺纸上印有花纹，则纹上概不著笔，辄于纹隙书之，莫不工致可喜。有与之相熟者，谓其人躯干不高大，蓄微髭，吐语低婉，背微伛似酸儒。生平不吸烟，不饮酒，唯好色甚。在日本初狎绿子，绿子工小楷，尝为南湖录诗；复又娶别一女归国，生五子。南湖死，女携五子返日本，今悉为东瀛人士矣。

胡石予画梅有传人

"鳜生画梅三十年，题画诗亦千百首。用覆酱瓿糊败壁，差堪胜任他否否。乃者索画人益多，秃尽霜毫如敝帚。为劝润例一再加，嗜痂逐臭来诸友。都说此非造孽钱，可购书读可沽酒。荒荒世界万花春，一笑从之忘老丑。"此民十之际，予与吹万、亚子、天遂、石子诸前辈，为先师胡石予先生重订画梅润例，而先师戏题润例后之诗也。先师画梅，喜用墨，不喜用胭脂；喜大幅，不喜作小件，盖虬枝纵横，大气磅礴，不受拘限与束缚也。犹忆王大觉倩先师作小幅梅，先师谓："纸小无用武地。"大觉乃诗以调之曰："为问乾坤如许大，可能容得几株梅？"一时引为笑谈。战变遽起，先师避氛铜陵山中，于流离颠沛间，犹作画以贻友。卒以抱病，失于医药，客死异地。备贻友之画幅，完全散失，甚可惜也。先师哲嗣叔异，能读父书，为学界名流。随政府西移，供职重庆，事务清闲，绝少酬酢，乃发愿画梅，以纪念亡父。规定日画一幅，因颜其居曰"一日一树梅花斋"，虽祈寒盛暑不辍。曾于俞逸芬所设之中国艺文馆举行画梅个展，章行严、杨千里诸贤咸加推许。郑晓沧更题之云："痛惜东南耆老尽，两家往事已烂斑。因缘墨渖心犹记，满壁梅花不算鳏。（注云：此先严帆鸥老人慰胡石予先生悼亡句也。石予先生工绘梅花，名满江左，因许为知己，到处称道不衰。抗战军兴后，二老并归道山。今叔异已传其家学，追怀往事，益不胜风木之感矣。）""画中如见君家旧，万树梅花淞水滨。回首江南恨零落，巴山移植一枝春。""蛟龙搏斗昼阴阴，猿鹤虫沙感不禁。废读蓼莪游子泪，圆舒梅萼补天心。""曾把寒梅植万家，君家旧业直堪夸。传衣谁识衷肠苦，丹血冰心灿国华。"叔异又远渡重洋，游学美国哥伦比亚大学。曾于艺术表演会中，当众挥毫为梅花一幅。彼邦人士见之，大为赞叹。最近叔异学成返国，把晤之余，出其所画示予，则疏横秀逸，居然先师典型也。

程瑶笙在画坛上的创新

中华书局的《辞海》试行本，在艺术一编中，列入程璋一条。原文是这样的："程璋（一八六九——一九三六），现代画家，字德璋，号瑶笙，安徽休宁人。移居江苏泰兴，后寓上海，做过生物及图画教师。工画花卉、翎毛、草虫、走兽，兼能山水、人物，参用西画，谙透视，结合写生，形象真实，色彩秾丽，构图别致，能在风行画派之外，自创新貌。"

程瑶笙在以往的画坛上，是被人歧视的。因为这时大家都保守四王、吴、恽的范畴，按着成规，不敢放纵，认为瑶笙的画，不是正宗，甚至斥为野狐禅，被摈门外。实则他的画能结合实际生活，富有创造性。即就艺术而论，也足和任伯年、吴昌硕、徐悲鸿并列。

瑶笙的父亲，在常州济恒典当担任经理，因此他十三岁，便由泰兴故居到常州来习典业，专司卷包。他工作井井有条，典主很为信任，拟擢升他较高的职位，他却向典主婉谢说："才力不胜，反恐败事。"实则他志不在此。他性喜绘画，购置了许多画册，作为范本。因卷包工作较简易，便常利用业余时间涂抹点染。后来觉得暗中摸索无人指导，易走弯路，就拜当地画家汤润之为师。不到一年，画乃猛进。他父亲病逝后，传给他一千数百元的家私。他便用来购买日本的博物图册，悉心进行研究。他认为作画必须详知鸟兽虫鱼以及一卉一木的性状，否则有乖物理，失却画的真实。他任过常州粹化学校的图画和博物教员，后又到上海，和宋教仁等同执中国公学的教鞭，又应苏州草桥中学之聘。这时我肄业该校，曾亲受他老人家的教泽。由于他既精博物，又擅图画，上课剖析详明，且作图揭示，以补标本的不及，学生易于领会，大受欢迎。后来又束装北上，任北京清华大学的讲师，造就人才更多。

他的杰作，以《九秋九虫图》为最，图为六尺巨幅，魅力雄伟，形态妙肖。且自来画家，只作九秋，写九种秋花而已，从没有绘九种昆虫为九虫的，这是仅见之品。他造诣既高，又不断研究，能以纯古之法，参入西洋画理，因此他的画，若戴老花眼镜窥看，自得阴阳透视之妙。他持论有独到处，曾和我们论画，他说："赵昌的写生，徐熙的没骨，虽说是生香活色，然总不及真花卉的妍丽艳冶，这是什么缘故呢？原来花瓣的薄膜上，有无数的水泡，水泡起反射作用，丹青缣幅，这一点就无法做到，所以比真花卉也就打了折扣。"这种说法，的确是道人所未道。

他自奉很俭，不吸烟，不饮酒，食无二荤，出无自备车辆。寓中器具，大都由旧货店廉价购来，长几缺一足，用煤油箱垫着。然喜济人之急，曾说："我得天独厚，福当和人共享。"这一点也是令人钦佩。

他最感苦闷的，就是晚年双目失明。曾入医院施行手术，既愈出院，在家养息。有一天，忽得家乡来信，说他所住的屋子，被他侄子私行卖去。他知道了大怒，过了一天，双目复茫茫然看不清东西。请教医生，医生说："目病忌愤怒，一怒之余，血液上冲，病不可为。"他向医生商恳，医生答应他来春气候和暖时，再施手术。及春就治，以年老体弱，只治愈一目。这时他虽不能绘画，却能作擘窠大字，金石家朱其石为刻"盲人骑瞎马"五字印，钤在写件上。他调养数月后，再往施治另一目。不料医生检验体格时，捏伤肝脏，从此一病缠绵。后心脏病发作，结果不治而死，终年六十七岁。卜葬江湾上海公墓，其故交杨宛叟为撰碑文，立于墓道。遗画八十余帧，由商务印书馆制珂罗版精印《程瑶笙先生画集》行世，他的学生胡适之为之题签。

传他画学的，有郑集宾、柳渔笙、何德身、刘延汾。郑柳是私淑弟子，何刘是及门弟子。

赛金花的一帧画像

　　《孽海花》为四大谴责小说之一。以赛金花（即傅彩云）为此中线索，涉及朝野掌故，尤其庚子之役，赛氏最为活跃。老诗人樊增祥为赋《前后彩云曲》，影响更大。后人给予赛氏的评价，则毁誉参半。《孽海花》的首几回，出于金鹤望之手，后归曾孟朴续写成书。赛氏于民初下世，张次溪经纪其丧，因请鹤望为撰墓碑，鹤望对于赛氏有诽议，遂请常熟杨云史勉为之。魏绍昌的《孽海花研究资料》，首列赛氏的照相，留着一个小小的印象。最近我翻检旧簏，发现赛氏的画像照片，那是外间从未见过的。是像出于任立凡手绘。立凡和任渭长、任阜长、任伯年有"四任"之称，造诣是很高的。画中的赛氏作古婵娟装，有不胜绮罗之态，立于丛梅累石间，仿佛大观园中的薛宝琴，凝情睇视，光艳照人。一使女抱瑶瑟随其后，亦殊妩媚。画之上端，洪状元亲题："探梅图，丁亥竹醉日，文卿醉后题。"左端，赵叔孺题于沪寓之娱予室，云："忍寒初试镂金衣，玉貌花光共一围。应教比红诗更好，采梅图倚醉中题。小星偏傍使星明，翟茀貂蝉海外行。吐尽千秋儿女气，佳人谁唤作倾城。照读楼新得此图，似文卿殿撰为傅彩云女士作也。"按照读楼为叔孺高足叶逸的斋名，叶字藜青，吴县人，擅丹青。由此可知这画的来历。《赛金花本事》一书的题签，是赛氏自题的，字饶秀逸气。而《本事》乃刘半农所作，半农与赛氏晤叙多次，赛氏口述往事，半农一一笔录。半农病死，赛氏撰一挽联，有"君是帝旁星宿，侬惭江上琵琶"等语，抑何贴切。人以秀外慧中目赛氏，实则不然。有知其隐者，见告：题签由陆采薇书，而赛氏蒙上薄纸印描的。至于挽半农联，出于半农弟子商鸿逵所捉刀。赛氏本人，是没有什么文化的。

水绘园后主冒鹤亭

最近友人送我如皋土特产董糖两盒，盒面画一婵娟，佩带微飘，且附说明，谓："制法，以上白糖霜，和以纯净饴糖及褪壳芝麻，切成寸许小方块，啖之，极酥松香之美。"按：董糖曾见《崇川烬闻录》云："糖之美者首推董糖，冒巢民（辟疆）妾董小宛所造。"原来巢民有水绘园，常集海内名流，觞咏其间，小宛玲珑纤手，亲制酥糖飨客，为客所喜，称道董糖乃是一件韵事，啖之，不仅快我朵颐，又复发我思古之幽情。

冒巢民和董小宛双栖的水绘园，景色怎样，现在旧址虽存，我没有到过如皋，只见过吴湖帆所画《水绘园图》，茅屋三间，书案文几，萧疏有致，当门巨松怪石，掩映生辉，又复绕以梅竹，素鹤饮啄，翛然意远，画端有题"戊寅夏历三月望日，鹤亭世丈招集同人为其先族巢民先生三百二十有八载寿，而丈与先生诞辰相同（均三月十五日生），文燕诗酒，盛会一时，丈出楮属图，不拘形似，聊志雅韵而已，即请粲正，吴湖帆（台北陆耀先君珍藏，《大成》九十七期刊载）"。可见湖帆也没有亲临其境，以意为之耳。我又看到著《浮生六记》沈三白所画的水绘园，丛竹杂树，围着屋舍，通以拱桥，水流曲折，门垣俨然，远见城堞。上题"水绘园旧址，晴石四兄先生属，三白沈复"，也是务虚不务实的意境，此图已归公家收藏难得寓目了。至于实境，那就得依据和巢民同时陈维崧所撰的《水绘园记》，真实性是较强的。这文很长，兹摘录一些，借窥斑豹。如云：

古水绘在治城北，今稍拓而南，延袤几十亩，西望峥嵘而兀立者，日碧霞山，由碧霞山东行七十步，得小桥，桥趾有亭，以茅为之。逾亭而往，芙渠夹岸，桃柳交荫而蜿蜒者，日画堤，堤广五尺，长三十余丈，堤行已，得水绘庵门（巢民遭值不偶，乃解组归，拟与黄冠缁羽侣友，有出世之想，曾谓：我来是客僧为主，改园为庵）门额"水绘庵"三字，主人自书也。门以内，石衢修然，沿流背阁，径折百余步，日妙隐香林。由是以往，有二道，其一左转，由一默斋以至枕烟亭。其一径达寒碧堂，堂之前，烟波浩渺，日洗钵池。池前控逸园，右至中禅寺，寺有曾文昭隐玉遗迹，绿树如环。东向为佘氏壶岭园，由此水行折而北，日小浯溪，再折而西，日鹤屿，旧时常有鹤巢，今构亭，日小三吾。又有阁日月鱼基，皆孤峙中流。

其他景色，尚有悬霤峰、烟波玉、湘中阁、涩浪坡、镜阁、碧落庐、玉带桥、因树楼等，又有飞瀑奔沫，下临石渠，可作流觞之戏。树多松、桂、槐、玉兰、山茶。鸟则白鹤、黄雀、翡翠等鸟，时或来集，可见厥境的旷阔、建筑的宏伟，目前缩小范畴，非昔日原状了。

巢民广交游，来访水绘园的，络绎不绝，据《冒巢民先生传》："上自东林、复社、几社诸友好，下至方伎、隐逸、缁羽之伦，来未尝不留，留未尝辄去，去亦未尝不复来。"由此可见主人的好客，并处境的佳胜了。

巢民和董小宛是怎样结合的？据蔡君启所撰的《冒辟疆事略》一文涉及小宛，谓："天启甲子，小宛生于金陵桃叶渡。崇祯十年，随母移家苏州半塘。巢民乡试落第，至半塘，偶与小宛相见，小宛对巢民一见倾心，巢民却淡然处之，原来他所眷的是陈圆圆，此后，圆圆被当朝国丈嘉定伯以万金聘去，巢民大为失望。而钱牧斋侍姬柳如是，和小宛旧是秦淮姊妹，卒由牧斋斥三千金为小宛赎身，且雇舟送她到如皋的，和巢民共同生活了九年，小宛二十七岁即香消玉殒了。巢民撰了《影梅庵忆语》，对她很为恸惜，可是水绘园中没有所谓影梅庵，大约随意所取的斋名，不是真实的。传说董小宛入宫，鹤亭前辈力辟其谬，当时进宫的是董鄂妃，不是董小宛，即在年龄上核算，小宛比顺治大十多岁，小宛随巢民逃难，顺治才七岁。小宛已二十一岁了。"最近，有刘培林、张德义二人合作的《秦淮歌妓董小宛》一书，这是根据史料和民间传说来写的，也没有把传说的入宫叙述进去，这是很确当的。小宛死，巢民续纳蔡女罗、吴湘逸、金晓珠，都能诗擅画的。晓珠所绘的《双凤图》，巢民亲笔题识："水绘庵晓珠名玥，辟疆姬人。"民初，此画为姚茫父所有，茫父诗有"获得冒家双彩凤，居然画本见金娘"。闻巢民曾为小宛画像，但不知流落何处了。巢民不但工丹青，兼善八法，我有他的书画扇，均雅逸可喜，那是他晚年所作，这时他境况艰窘，一度在南通卖字，有"偶发游山兴，聊为卖字翁"之句。

水绘园一度为高氏所有，冒辅之以五百金赎回，湖石凡一百八十五块，水绘园图，尚有汤雨生、姚均立、魏文尚、孙芳、冒晴石所画的。既而又属张氏产。丙辰秋，冒鹤亭在永嘉得知张氏有出让意，索价七千三百金，又复如数赎之。园中一栝二桧，为明代物，海棠高仅五尺，而干粗如车轮，蜡梅出墙甚茂。其中有一室，标深翠山房，那是陈维崧当年下榻处。鹤老喜作《还旧居》一百韵，又作《水绘园歌》，今水绘园重修，辟为旅游胜地，那么这些都成为珍贵文物了。

鹤老生于广州，时为同治癸酉三月十五日，因名广生，为巢民十二世孙。应科举试，房师黄绍第赏识其才，以其女嫁之。长子效鲁，留学苏联，任安徽大学俄语教授，而又邃于国学，诗古文辞以及考据训诂，无不兼长。一九八六年八月，为鹤老逝世二十周年，效鲁撰了一篇《记我的父亲冒鹤亭》，知父莫若子，当然是很详确的了。我也摘录一些，补我所不及。如云：

> 要特别一提周季贶（星诒），因为父亲的学术造诣，和周的熏陶培养，有密切关系。季贶是浙东著名学者，学识渊博，藏书丰富，周氏父子兄弟，在清末都负有文名，林则徐写过一副对联赠周的父亲岱龄（介堂）称："谢安子弟佳难得，庾信文章老更成。"这副对联的手迹曾摹刻在如皋我家故宅的门上，历经战事，可惜已经毁于兵火，我祖父早亡，父亲就跟寡母依外祖周季贶以居。

这位周季贶给我印象也很深，我榻侧悬一短联"如南山之寿，居东海之滨"，就是季贶书撰的。当我八十生日，友人蔡晨笙认为我寿届耄耋，而又寓居海上，是很贴切的，即以持赠，我每晚入睡，总看到这副对联，距今已十有三年了。

效鲁又提到鹤老相识的名流，如云：

> 父亲从家乡去瑞安完婚，认识了学者孙诒让，父亲所著的《冒巢民先生年谱》就是孙氏作的序。父亲居住苏州，屡向俞曲园老人请益，老人以八十高龄，亲自为我父编纂的《如皋冒氏丛书》作序，和为《小三吾亭诗文

集》题签。那时我父欲广结天下士，内中如维新派的康有
为、梁启超、林旭以及汪康年、徐仲可、狄平子、张元济
等人，都成为挚友。并列名保国会，参与公车上书。梁启
超在《冒巢民先生年谱》跋中，称父亲当时"气咄咄如朝
日"，燕谷老人张鸿的《续孽海花》一书，叙述维新派的
社会活动，书中人物顿梅庵，就是影射父亲。一九〇三年
父亲被推荐应试经济特科，因受了西方学圣卢梭的影响，
策论中引用卢梭"民约论"，致落第，张之洞在试卷上批：
"论称引卢梭奈何！"时人有"万人空巷看卢梭"的打油
诗句，传诵京沪。又早岁在广州，师事叶恭绰之祖父叶衍
兰，后又向谭复堂、吴汝纶问业。

鹤老在北洋政府时代任淮安关监督，那是周嵩尧（峋芝）荐引
的，周嵩尧和冒家为世交，但鹤老很少提这些旧事，纯粹是学者态
度。他又名驰东瀛，日本的汉学家内藤虎次郎，晤见了他，尊为前
辈典型。常熟孙师郑（雄），辑《道咸同光四朝诗史》，采入鹤老
的诗。陈石遗的《近代诗抄》录鹤老诗更多，而《石遗室诗话》摘
其警句，如"日色不到处，苔气绿一尺""短桥卧流水，竟日无人
迹""杂花三月暮，孤艇大江浔""旧人渐少黄幡绰，新句平添白练
裙""梅边笛瘦人双玉，花影笙低月一丸"，称为佳句，确非阿谀
之谈。

鹤老的著述很多，据我所知，有《小三吾亭诗》《小三吾亭前
后集》《小三五亭文甲乙丙篇》《四声钩沉》《吐蕃世系表》《疚斋词
论》《管子校注长编》以及编刊的《冒氏丛书》《楚州丛书》《永嘉
诗人祠堂丛刻》《永嘉高僧碑传集》。他的先德巢民，对于戏曲很

有研究，那孔尚任的《桃花扇》资料，就是巢民提供的。鹤老继承家学，著有《南戏琐谈》，稿本没有刊布，由他的哲嗣冒舒湮给《戏曲资料选编》公布，舒湮也是一位戏曲专家，很有声誉的。鹤老又有《疚斋杂剧》一书，这是在广州镌刻的，曲学大师吴梅（瘿庵）读了，推崇备至，为题《鹧鸪天》一词：

> 水绘园空午梦荒，湘兰垂老玉京亡。南都旧事重挥泪，北部新声此擅长。　　怀梦草，返生香，填胸百感对衰杨。金荃词笔翻关马，一笛蘋风倚夕阳。

鹤老又有《云郎小史》，笔墨极风华，纪陈其年与歌儿紫云事，我很喜读，惜这书失于"文革"，现已无从购得了。

关于鹤老的琐闻细事，我知道一些，这时他老人家寓居沪市福煦路模范村，我经常去拜访他。壁上悬一照片，吴汝纶、林琴南比肩坐，他立在后面，奕奕有神，给我印象很深。辛卯八月一日，他家忽然飞来一彩色斑斓的巨蝶，躲在窗格间，鹤老认为瑞征，乃太常仙蝶。按《宸垣识略》所载，带些神话色彩："太常寺署中有蝴蝶一，色黄，大如茶碗，吏人欲见之，呼曰老道，则飞止掌中。相传自明嘉靖至今，数百年物也。乾隆时，有御制《太常仙蝶诗》。"鹤老立即通着电话，呼吴湖帆、陈季鸣及我，同往观赏。吴青霞女画家为近邻（四明村即在模范村之邻），也请她来，和湖帆各绘一仙蝶扇，鹤老做了仙蝶长歌，有云：

> 太常老仙久不见，衰年见此真奇缘。
> 急呼道子同彩鸾，侔色揣称摊云笺。
> 同来二客陈与郑，欢喜赞叹忘蹄筌。

这二柄扇其一由陈季鸣赋诗，其一嘱我录仙蝶长歌。季鸣固书法家，书扇是不费力的，我字拙似涂鸦，这怎么办？只得向鹤老婉谢，鹤老说："这天在场的，都得留些手迹，字工拙在所不计，无非留为纪念而已。"那就推辞不掉，未免献丑了。这篇长歌，早已散失，幸由沈瘦东收入他的《瓶粟斋诗话四编》，得以留存。瘦东为青浦老诗人，姚鹓雏、高吹万、孙雪泥极称崇他，他却拜鹤老为师，有诗云：

> 多感逢人说项斯，蒹葭不尽溯洄思。
>
> 青毡更感寒无聊，白首从游幸未迟。
>
> 谬学真同扪烛瞍，名师何取贩针儿。
>
> 明年端正商颜寿，先叠吟笺和采芝。

这年鹤老七十九岁，故诗中云云。瘦东晚年病贫交迫，鹤老语人"瘦东贫，我辈不能坐视"。在此前我和鹤老相见于雕塑家江小鹣处，也有一述价值。这时，江小鹣卜居沪北八字桥畔，避绝尘嚣，取名静园，略具水石竹木之胜。他的夫人擅制西肴，一日，邀客谈酌，我和但杜宇、殷明珠伉俪，应邀同往，及至其地，鹤老和吴湖帆、潘博山等，早已在座，晤谈欢然。杜宇更为兴发，谓："群贤毕至机会难逢，我携有开末拉（电影摄影机），来拍些纪录片吧！"为求充溢些生活气息，湖帆拈毫作画，我等分站在左右，观其挥洒，摄拍竣事，画亦完成，鹤老为作长题，以留鸿雪。岂知仅隔月余，日军侵华，沪北沦为战区，摄成的纪录片，未及放映，已消失在烽烟硝火之中。时隔多年，鹤老、杜宇、湖帆、博山等人先后下世，这幅画我已付诸淡忘。一九八七年春初，我的孙女有慧、有瑛赴香港作旬日游，杜宇夫人殷明珠寓居九龙，特去拜谒她，在她家做客，蒙她鸡黍留宾，甚为优礼。我的儿子汝德幼时曾认她为继母，那么我的孙女有慧、有瑛当然要呼她为继祖母了。孙女回来，告诉我继祖母的生活环境，壁上挂着湖帆的写意画，题识中有我的名字，才知这鹤老所题的画，历劫犹存，可惜孙女没有摄一照片，否则制版配合在这小文中，不是更为生色吗！

我喜搜罗清末民初名人尺牍，约近万通，鹤老见告，彼出道早，交游广，几乎南北各地的名彦学者，都通翰札，分着省份贮藏，一俟稍暇，拟检出若干，以补我缺，我闻之欣然。讵意不久，鹤老失足伤胫，也就罢了。

鹤老往事，可资谈助的较多，复承冒效鲁及效鲁的同事王祖献，又鹤老同宗冒莘叔（铭）出示有关记载鹤老的点点滴滴，我是非常感谢的。莘叔和我同执教鞭于某校，相交已数十年了。鹤老生平所引为惋惜的，是庚申正月九日里居的失火，把他家所藏精本孤本及自顺治至宣统十朝名人专集，多至二千余种，悉数被毁。其中有外祖周季贶贻赠的带经堂旧藏，内颇多孙渊如、严铁桥所校的明刻本，乾嘉诸老辈，书页上丹黄殆满，这种损失是无从补偿的。他最欣喜的，丙辰秋，在杭州购得朱竹垞为江叟所铭砚，明年正月，读竹垞"风怀诗"，因成"诗案"一卷，即用此砚，他占得一诗：

> 摘梅带雨供军持，雨点时时落砚池。
>
> 我有风怀谁省得，竹垞砚注竹垞诗。

诗有小引："案上胆瓶，插蜡梅红梅各一，梅新摘带雨，雨滴砚田，觉满纸香溢，可呼起词客英灵也。"又巢民有"菊影"诗卷存江建霞太史处，太史持赠鹤老，文道希为之题，有"寂寥二百年间事，留与君家翰墨香"句。又李审言（详）很推崇鹤老，谓"鹤亭于子部杂录之学，信缪艺风、沈乙庵后一人"。鹤老亦很推崇李审言，有诗云："旧人零落无寻处，只剩扬州李审言。"鹤老赏识周炼霞的词："但使两心相照，无灯无月何妨！"称之为"今世之李清照"。

清遗老，誓不在民国时代涉身仕宦，鹤老却无此种陈腐思想，他出任瓯海关监督，当赴任，亲朋饯行，有高声呼"我们今天来送遗老出山"，借以讥讽，鹤老付诸一笑。此后，鹤老又任财政部顾问，考试院委员，国史馆纂修，中山大学及广东省立理学院教授。晚年又为文物保管会聘为顾问。

己丑十二月初九日，为淮阴朱德轩七十诞辰，鹤老与孙沧叟、钱自严、商佐臣、郁志甘、张寒叟、金亦庐等在南市郁氏田耕堂的古茶花下摄影为寿，称为江苏九老图。又与唐蔚芝、高吹万、吕思勉、钟辟生、胡嘉言、邓散木为海上七君子。

鹤老曾修《三水志》，未竟离粤，续修《三水志》的误以为陆丹林已不在世，列入儒林传中，后鹤老阅及，因谓丹林"恭喜你生入儒林传"，即写诗于扇头赠之，有句云："翻遍史家无此例，一编文苑在生前。"

词人廖凤舒，为我国首任驻古巴公使，娶古巴女为偶，女精烹饪，善制古巴红花饭及葡萄牙烧鸡，风味独绝。凤舒与鹤老友善，一九三八年，廖氏归国，特制以上二肴，邀鹤老及夏敬观、林述庵、夏瞿禅、吕贞白、何子硕同饮，鹤老大快朵颐，即席赋诗。鹤老与潘兰史为宿交，兰史眷女校书洪银屏，银屏离去，兰史于香港襟海楼，设宴送行，以红豆为题，作诗惜别，先后得五十余人的题赠，如吴趼人、邱菽为压卷之作。鹤老与吴中怡园主人顾鹤逸为堂房联襟，一日赴苏访鹤逸，见座头一俊秀少年，不相识，亦未通姓名。及少年离去，鹤老问了鹤逸，鹤逸谓："这位是吴大澂的文孙，而画笔很高超，三十年后，当为三百年来第一人。"鹤老深为讶异，归以此语写入日记中。湖帆五十岁，画享盛名，鹤老因检出日记示湖帆，相与大笑，因此湖帆对于鹤老，甚为敬礼。鹤老又和常州名儒钱名山相交契，名山于一九四四年秋逝世沪寓桃源村，鹤老与蒋竹庄等往吊唁，为名山拟一私谥：贞悫先生。鹤老识张鸿甚早，张鸿别署燕谷老人，著《续孽海花》及《蛮巢诗词稿》，当丁丑之变，张鸿仓皇离其故乡虞山，诗词稿未及携出。此后，同乡徐兆玮遣其女曾桂回家取物，路过张鸿家，于乱纸堆中检得诗词稿十余帙，鹤老为之印行，兆玮作一序．鹤老又题签其上。张善孖、大千两昆仲，以前辈礼事鹤老，大千为鹤老画写经图，墨笔画鹤老在树荫茅舍中写经，画后觉不洽意，复以黄山为背景，画鹤老坐岩畔小室中写经，石作赭黄色，映以苍翠的松枝，甚为高逸。善孖又为鹤老画像，鹤老坐白皮松下，貌极妙肖。今之吴中网师园中，有一巨型的白皮松，便是善孖作画的标本。鹤老得之很为欣喜，做了一首古风谢善孖，有"张家兄弟皆畸人，善孖能为虎写真。随身一虎伴衣食，不惟其貌惟其神"等诗句，可是诗未寄出，善孖已去世了。抗战胜利后，大千由蜀来沪，又画一扇送给鹤老，寒塘衰柳间，着一老人，飘洒有致。效鲁夫人贺翘华，为画家贺良朴之女，也擅丹青，大千为翘华画题"天真烂漫"四字。

鹤老曾与赛金花相缱绻，赛有一情致缠绵的信，写给鹤老，且文辞甚为典雅，如云"瓯隐（鹤老别署）足下：猥以蒲姿，曩承青睐，落红身世，托护金铃，香桃刻骨，未喻衔感。近状乏淑，涂穷多艰。六月阻暑，婴疢垂绝，叩荫慈云，廑续残喘，蚕丝未尽，鲋辙滋甚"等语，赛本人没有什么文化，怎能有这样的笔墨，那是况蕙风捉刀的。这和易实甫藏坤伶鲜灵芝书一样。实甫死，发其遗箧，得鲜书数十通，见到的，都说："鲜对此老不薄，毋怪此老之如此迷恋。"后易女语人："这些都是我父的手撰，自欺欺人而已。"

鹤老对于况蕙风，隙末终凶，这是怎样一回事呢？在清季道咸间，有位旗籍女诗人顾太清，著《天游阁诗》《东海渔歌》，鹤老偶然得之，交邓秋枚的神州国光社排印，附着鹤老的按语。《东海渔歌》，由鹤老向溥西园借抄加注，寄给况蕙风，付西泠印社印行，及出版，鹤老大不以为然，谓："况夔笙（蕙风字）借此词，排印删改，均出其手。又删去眉批，间于词后附其评语。至余所为跋语，乃将'钝宧'（鹤老别署）二字改作'周颐'（蕙风别署），则盗名矣。"

一天，姚虞琴来看鹤老，说"新出版的《续孽海花》中，提到鹤老和梁任公的一段谈话"，鹤老即嘱效鲁物色一部来，不但编撰者张鸿是他的熟人，而且书中所涉及的人物也很多是他的熟人，他大感兴趣，因把正编及续编的人物，合在一起，成《孽海花人物索引》《孽海花闲话》，作为读者的参考。他在宣统年间，还校刻过《批本随园诗话》。

有王瑜孙其人，工韵语，问诗于鹤老，鹤老勖之学简斋。陈声聪的《冬日杂咏》有云："吟事今看盛一时，喜君能作宋人诗。简斋百世真奇士，水绘津梁老未疲。"

鹤老遗物，有张公威为他所绘的肖像，又蒋兆和所绘的像，现藏其哲嗣冒舒湮家。至于照片，除上面述及的和吴汝纶、林琴南合影外，尚有和李拔可、夏敬观三位同年合摄的，时为一九四五年。

鹤老和胡展堂（汉民）相往还，展堂的《不匮室诗集》中颇多和鹤老的酬唱诗，展堂的女儿胡木兰，也和鹤老合摄了相。鹤老所用的印章，有"东林复社后人"及"成吉思汗后裔"。据鹤老云："冒姓始祖是蒙古人。"他又和治印者陈达夫友善，可能有些印章乃陈达夫为他镌刻的。前年，修复丰子恺的缘缘堂故居，陈列子恺所藏的文物，其中有一子恺名章，边款只署"达夫"二字，大家认为郁达夫所刻，后经沈昌均考释，才证明是出陈达夫之手，沈和陈是素所相识的。鹤老又藏清初查声山所绘的《写经图》奉为至宝，再请当代名家顾鹤逸、陈曾寿、王一亭、溥心畬、汤定之、贺良朴、曾农髯、张大千、夏敬观、姚粟若、释铁禅，共十二幅，制成一册，这时鹤老适遭失恃之痛，借以纪念他的亡母。又亲笔日记数十册，及其他书籍等等，均归公家保存。鹤老逝世于一九五七年夏历七夕，瞿蜕园有诗挽他老人家："乞巧人间世，归真是此辰。笙箫乘夜远，风露迓秋新。"

冒鹤亭藏冒巢民画像

久不见如皋名士冒鹤亭先生，殊深怀系。昨课毕，乃往访之。先生方与一苍然老者谈，及款接，则为丹徒吴眉孙词翁，亦素所相识也。词翁谬赏予之掌故笔记，颇加指导。予因询其有何近作，曰："年老脑力衰，笔迟钝。虽有佳题，不能得佳章。今日始信古人所谓江郎才尽，确为经历有得之谈也。"乃谓："江阴缪筱珊，博涉群书，擅考据目录之学，为文流畅，有宋人风度，世所称为艺风老人者是。于临卒前数年，竟不能作书札，寥寥数行，动辄疵痛，甚有人斥之为不通者。至于樊樊山，则老而弥健，思力不退。予往访之，则见其居室极简陋，一桌一榻外，无长物。书则仅一《月令粹编》，予问抑何其简？书少何以供参考？曰：'年已八十，昔所记忆者记忆之，昔所不记忆者，垂死之年，亦不耐翻检。署书何用，悉摈弃之矣。'然其为诗，富缛巧密，隶事极精。诗稿用竹连纸自订成册，册约百页，蝇头细字，甚为工致，不数月已溢满易册矣。洵足令人钦羡也。"词翁尚有馆务先行，鹤亭先生出示其十二世伯祖巢民画像轴。巢民秀眉广额，坐于石旁，洒然有清致。题之者有宋牧仲、韩慕庐，而先生更请樊樊山、陈散原、夏剑丞、张菊生诸子加以跋识，的是艺林珍品。予询如皋水绘园之况状。云："园已越岁久，圮废不堪。曩年曾加修葺，于荒烟蔓草中略具点缀。不意旋即军兴，倭卒踩躏，所谓略具点缀者，又复付诸荡然。"先生之宅舍，距园约半里，为巢民之故居，亦有池石之胜，林木蓊蔚葱茏，五百年前物，而书画庋藏綦富。倭卒至，大肆掠劫，欲伐古木以充薪。时先生已避氛海上，留守者仅一仆，乃长跪于地请弗伐，愿以书画为献。幸一株赖以保存，而一匾额为董香光所书者，竟被倭卒挟去。倭卒后又一再至，古木被摧殆尽，有家归不得。先生言之，犹喟然兴叹不置。某岁，先生为春明寓公，在夕照寺为巢民作三百岁生日，集诸耆宿，诗酒尽欢，林琴南为作水绘园图。惜当时未之探问，此水绘园图，今尚存与否也。

方地山所藏之古泉

　　方地山之死，闻者惜之。地山讳尔谦，号无隅，一署大方，苏之江都人。洹上袁寒云师事之唯谨。既而寒云长子家嘏，娶地山四女初观，亲好乃益固。当文定之日，摈珠玉饰御而费用，互出一古泉以为信，盖地山、寒云同具泉癖者也。地山所藏多精品。如"四铢半两"，面有四出文，又背有凸文"半两"二字。又予天毋极宜子保孙泉，为张叔未故物，载于《吉金所见录》与《古泉汇》，顶有小环，环下一鱼，泉缀鱼下，底有四柱，汉人所以压胜者。又"新莽货泉"，泉下缀双鱼。又"永安一百"，出于晋末，紫铜质，绝厚重。又"大历元宝"，计大小二品。又"建中通宝"，背有一星。又"开元通宝泉"，背有"天下太平"四字。又得一元宝，品较寻常者大，背有四星，上又有一月。又"天成元宝"（明宗即位改元天成，凡四年），故泉绝罕。李竹朋藏有一枚，内郭微损。地山所藏，至完好，尤为可贵。又"大蜀通宝"，载《泉汇》。又"永通泉货"，轮有双钩云形，诸谱俱无。又阔轮之"永通泉货"，亦为希见。又"唐国通宝"，篆书大泉，颇足珍视。又"唐国通宝"，文字荒朴浑古，而宝从俗体，诸谱所未有也。背文大大五五，尤为孤奇。又"乾封泉宝"，此铁泉背好上天字者，盖与天策府宝同铸，遂留此背文。又"永隆通宝"，制作绝佳。又"应天泉"，背文一"万"字。又"咸平元宝"，作隶文，厚重倍于常钱。又"星祐元宝"，戴文节故物，后归地山。又"至和重宝"，背好上一"虢"字，地山五十生日，黄叶翁举此寿之。又"元丰通宝"，隶文。又

"元祐通宝"，背文陕字，诸谱咸未收及。又"大观通宝"，背有黍文，色黄如金。又"大观通宝"，背有"半钱"二字。又"大观通宝"，背好上太字，下平字，左日形，右月形，字画古拙。又"宣和元宝"，背有花纹，好上葫芦，下月形，左犀角，右方胜。又"靖康通宝"，为银质。又"建炎元宝"，南宋物也。又"招纳信宝"，刘光世招纳金人归附所铸者。又"大丹重宝"，辽之先代撤刺作。又"乾祐元宝"，铜质。又"崇庆元宝"，圭棱如新，锈泽绝古，地山获自辽中王估。又"致和元宝"，元小泉，出自佛腹。又"四百字泉"，六朝制也。又"长月重宝"，为古倭泉。又"大元通宝"，背有蒙古文四，制作精美，元泉中无与伦比。诸如此类，不克尽纪，地山珍之。

狄平子六月披裘

报坛耆宿狄平子，讳葆贤，字楚青，早岁游学扶桑，抱革命思想。归国后，与《湘学报》主笔唐才常，组织中国独立协会于上海，欲图大举，假名东文译社，借以掩护。资力不充，乃出售所藏书画以济之。初拟结合各秘密党，乘间入京，寻拳团合作，不克进行。拳役失败后，乃购置军火，上溯汉口，欲占为起义之地。惜事机不密，功败垂成。平子于是灰心武力运动，改弦易辙，创办《时报》，为文字上之鼓吹。聘陈冷血主笔政，风格力求新颖，与《申报》《新闻报》鼎足而三。报馆旁屋，设有正书局，发行珂罗版碑帖画册及小说笔记等书。其时撰稿者无稿费，登载者由馆方贻以有正书券，均平子之计划也。前辈包天笑与平子极相稔，盖天笑亦任辑务于《时报》也。天笑谓："平子好戏谑，尝以剥皮之香蕉藏于衣襟间，令旁人以手探之。人手触滑腻湿淋之物，以为蛇，惊极大叫。及视之乃一香蕉，相与大笑。"某岁，有正书局出售湘妃竹扇。平子乃选择此中巨材，制三尺许长之扇一，托扇铺特定一硕大无朋之扇面。然后持至吴湖帆处，索画山水。及展开，湖帆之书桌尚嫌短促，乃以半桌配合之，始克挥洒。时叶遐庵亦在座，湖帆之墨笔山水，大气磅礴。既成，平子因倩遐庵正面作书。字大似儿拳，极龙飞凤舞之妙。平子获之大喜。湖帆询其："如此大扇，有何应用？"曰："挥拂之顷，自具大王之雄风，又可权充手杖，即以御侮为武器，亦无不可也。"湖帆、遐庵闻之为之嗢噱。当故宫书画文物，装至海上，预备运往英伦展览，平子与湖帆等被委为评判员。审阅毕，同出。平子备有摩托车，邀湖帆同乘。湖帆既入车厢，见茸然一毛裘，讶询之。平子曰："时虽六月盛暑，然摩托车疾驰旷野间，厥风极大，不可不御此以免受寒也。"亦能书，超逸有致，又精鉴赏，著有《平等阁笔记》及《平等阁诗话》。

沈钧儒的与石居

　　沈钧儒，浙江嘉兴人，字秉甫，号衡山，生于一八七四年一月二日，清进士，后东游日本，入法政大学，遂为当代名法学家。曾加入同盟会，参加辛亥起义，思想是很进步的。新中国成立后，为人民政府领导干部。他的革命精神，始终如一。

　　他秉性坚强，特别喜爱石头。他的蓄石，与一般旧式士大夫不同，不当它为欣赏品，而是行旅的采拾，朋好的纪念，意志的寄托，地质的研究，因此任何石头，只要符合以上四项，便兼收并蓄。他的书斋，橱架累累，不仅藏着图史，而且列着大小不一的石头。石头都标着小纸片，说明这是从八达岭拣来的；这是从庐山五老峰拾得的；这是苏联拉兹里夫车站旁的一块石，列宁曾经躲藏在这个地方；这是伊塞克湖边的东西，唐代玄奘法师一度走过这个湖边；这是中朝边界鸭绿江畔国界桥的；这是罗盛教烈士墓上的；这是他祖上传下来先人摩挲过的……真是光怪陆离。因此题了斋名为"与石居"，于伯循书，侯外庐加以识语："右三字斋为民主老人属题，寓意深远。昔朱舜水鼎镬之下，有明志之句云：'涅之缁之，莫污其白。摩专磷专，孰漓其淳。硁硁其象，硗硗其质。是非眩之而益明，东西冲之而不决。'与石居，其斯之谓欤！"他所蓄石，有赭有黄，有白有黑，有长有短，有圆有方，极蕴怪含灵、怀奇逞变之致。老人顾而乐之，自夸着说："不但拥有百城，而且囊括四海。"他的诗有云："吾生尤好石，谓是取其坚。掇拾满所居，于髯为榜焉。"很率直地作自道语。

谈到他的诗，亦不例外，富有革命性。邹韬奋这样说过："沈先生的人格的伟大，与爱国爱友爱同胞爱人类的热情，读了他的诗，更可得到亲切的感动。我希望他的诗能培养成千千万万的爱国志士，参加我们的神圣的民族解放战争，从艰苦奋斗中建立光明灿烂的祖国。"原来他和韬奋及李公朴等于一九三五年发起救国会，力主抗日。一九三六年，一同被捕入狱，为著名的"七君子"，当然相知更深的了。他的诗，由他的儿子沈叔羊编成一册，名《寥寥集》，中分数类，而以《在苏州时》，列于卷首。这正是被禁苏州高等法院的看守所的时期。这看守所，恰巧和他幼时所住盘门新桥巷旧居很相近，他因有"新桥垂柳儿时巷，四十年光一卷舒"之句。又在狱中听李公朴等唱《义勇军进行曲》，又吴慈堪端午节饷以光福枇杷，都作为诗料。又李印泉送盆梅，他把棕缚解去有诗："无限商量矜惜意，先从解放到梅花。"也是意在言外。张小楼是公朴的岳丈，一再绘绿萼梅与怒涛送进狱中，博公朴解闷。公朴与老人同赏，老人一再赋诗。公朴羡之，因从老人学韵语。囹圄之中，居然逸兴遄飞，意志奋发。老人自己又说："有时正在盥洗，赶紧放了手巾，找纸头来写。有时从被窝里起来，开了电灯来写。想到就写，有的竟不像诗了，亦不管它，择其较像诗的录在本子上。"充满着革命乐观主义精神。

他长须飘然，额部微突，遥望之，几如南极老寿星。一九六三年六月十一日，病逝于北京，八十九岁。他擅书法，其哲嗣沈叔羊所著的《谈中国画》，封面题签，即是他老人家的手笔。

顾燮光的金佳石好楼

看到了这个斋名，也就开门见山，知道顾燮光是位金石家了，可是他逝世多年，姓名付诸淡忘。我是喜做拾遗钩沉工作的，并且最近晤到他的后人顾培恂、顾钧秀、顾钧祐谈其先人的往事，况我和燮光相交有素，把他在我脑幕中所留的声音笑貌联系起来，写成一篇非正式的传记吧。

早年书画保存会，刊有《中国现代金石书画家小传》，当时如章一山、金息侯、吴绸斋、何研北、曾农髯、钱剑秋、翁铜士、李生翁、徐芷湘等，均属前辈耆宿，顾燮光也参厕其间，名实是相当的。他是浙江会稽人，字鼎梅，字崇堪，为顾家相哲嗣，家相为清季光绪名进士，曾宰江西萍乡县，中年，振兴路矿，提倡教育，有循吏之称。此后守河南彰德，亦卓著政声。燮光随侍庭闱，足迹半天下，耽金石词章舆地诸学，发扬光大，不是偶然幸致的。官度支部主事，任财政处、盐法处要职，一意经营，不辞劳瘁。庚戌春，奉使密查口北蒙盐利弊，峻拒苞苴，裁撤蒙盐公司，以苏民困。这年夏，又奉使密查湘鄂赣诸省禁烟事宜，察知禁烟不力，阳奉阴违者，凡二十余县，立电请撤，吏治为之一清，当道以人才荐辟，他谦辞未就。未几，山阴范鼎卿官河北观察，范博雅好古，以彰、卫、怀三郡，为殷商旧墟，魏斋故址，延聘燮光编纂《河朔金石志》，投其所好，便喜动颜色，欣然应聘，大有后汉毛义棒檄之概。在卫辉居八年，披荆斩棘，历巉岩，耐饥忍寒，访得古人未著录的碑刻，自汉迄元，计七百余种，并世金石家如缪艺风、叶鞠裳、罗振玉、吴士鉴，都和他订忘年交，鞠裳且称其"合徐霞客、陈簠斋为一人"。王汉辅书联赠给他，如云：

虎头擅三绝，亭林后一人。

上下联都用顾姓典故，尤为巧妙。汉刘熊碑，自北宋后，久已湮没，他访得残石于延津学舍，证考隶释，海内金石家称为快事。他所藏碑拓，以墓志为最富。著述等身，有《梦碧簃石言》六卷，《河朔新碑目》三卷，《刘熊碑考》《两浙金石别录》《袁州石刻记》各一卷，《古志新目》二卷，《古志汇目》八卷，《比干庙碑录》三卷，《伊阙造像目》一卷，《河朔访古随笔》二卷，《非儒非侠斋集》五卷，《崇墂墨话》四卷，又选所藏自汉迄唐精品碑刻三十种，为《古刻萃珍》一、二、三辑，用金属版印行，和原刻不爽累黍，尤为艺林珍赏。又他列祖列宗都属乡贤，数代不绝，所遗诗文笔札，他一一为之付梓，所有资蓄，悉耗于此，当时承他惠贻我若干种，我什袭珍藏，惜皆在"文革"中被掠去。

和燮光很投契的有闽侯林钧，号石庐，也是一位金石家。和我频通音讯，往往在石庐处获得些燮光消息，在燮光处获得些石庐消息，这两位寄给我的手札，都端楷写在自制的佳笺上，也失诸"文革"中，故人遗墨，付诸梼昧之手，能不痛惜！石庐刻有《石庐金石丛刊》，行径也和燮光相仿，两人所印的金石一类的书，他们相互商讨，起着交流作用，兹把石庐所作也附录一些，以资参考，如《金石书汇目》《宋代金石书存佚考》《清代金石书著述考》《泰山秦刻考》《泰山秦刻墨影》《福建金石目》《闽中古物集粹》《鼓山题名石刻录》《南昌大安寺铁香炉考》《石庐金石书志》《石庐金石书续志》《石庐校碑琐话》《石庐金石书画备忘录》《石庐印存》《石庐印赏》《石庐藏镜目》《石庐古镜图录》《镜文集录》《释篆轩吉金经眼录》《宝岱阁印草》《宝岱阁金石跋尾》等，所谓释篆轩、宝岱阁，都是他的斋名。他的女儿林璧，也好金石，助他编校。那时他居福州福新街十四桥西林石庐，声气是广大的，距今数十年，这两位对于金石很有贡献，任其付诸逝水，似乎太不适当，我在这儿提着一二，也算是"发潜德之幽光"吧！

燮光擅书法，汉隶饶有古趣，画则以白阳新罗为宗，为上乘之文人画，丰子恺著有《中国画的特色》一文，涉及文人画，推王摩诘为代表，略谓："王摩诘襟怀高旷，魄力宏大，于画道颇多创意，演淡墨法，就是他的创格，故当时的画家，都说他是'天机到处，学不可及'的。苏东坡说：'味摩诘之诗，诗中有画；观其画，画中有诗。'他的画，都是无声诗。后世文人，都学他的画风，中国绘画史上的文人画家的位置，就愈加巩固了。"可见文人画，与画家画是没有轩轾的。燮光自订书画润例，小引有云："闻达不求，薇蕨难采，饥来驱我，壮尚依人，不受造孽之钱，爱仗丹青之笔，文章敢希善价，翰墨原缔神交，姑韫椟以待洁，毋卖菜而求益，世有知鲰生者，请如例以偿之。"又附识云："右例言作于辛亥后，匆匆十年，固未尝实行，竭来沪上，以商为业，俗冗纷杂，苦乏伏案之时，而旧友新交，仍以笔墨之事相属，却之有伤感情，允之实无余暇，兹特重订润例，表明非钱不行，且借此可拒绝，文字酬应，爱我知我，宜有以谅之。"分鬻文、鬻画、鬻书三例，可见他是多才多艺的。他的润例，还有与人不同的特点，凡岁时伏腊，一律谢绝收件。又凡润资在六十元以上者一月交件，二十元以上者半月交件，十元以上者十日交件，又至亲好友，照例六折，间接无效。画以花卉为限，书以分书为限。他写字绘画总是在花厅里，隔壁是堆存碑拓的房间，需要什么，取用很便。每当挥毫之前，往往唤其孙钧祐或孙女钧秀，代为磨墨，用龙飞凤舞的大墨，磨在一个大圆形的砚台中，磨浓了倒入墨盅，如此多次，务使墨盅快满了，才得完事。据钧祐见告："祖父对于磨墨，提出要求，须磨得快，浓淡适度，不许把墨磨斜，否则要斥责的。我们都属儿童，好玩弄，哪有耐心这样做，把磨墨作为一件苦差事。此后我们长大了些，写对联，要我们拉着纸幅，随着上下，逢到写'朱柏庐治家格言'，字数较多，字体较小，又要用隶书写，非常费力，这时他已年届古稀，我们看到他双鬓已花白，执笔用劲，胡须有些颤动，我们未免想到他老人家为了儿孙的生活，如此操劳，幼小的心灵也不禁有些伤感，为之暗暗泪下。"

燮光的书画润例，不是提到以商为业么，这指的他在上海担任科学仪器馆经理，他鬻书画，即由该馆为之收件，附设碑帖流通部。他对于业务，擘画经营，瘁其心力，所有仪器，采自各国，尤以日本为多，那风行一时的钢版油印机，大都由该馆发售，学校印讲义，机关印文件，都须备着一架，也就有利可图了。当时有位吴县人吴颐，字修暗，擅词翰，工书法，在该馆司文牍，燮光和他很谈得来，修暗自己设有慎修书社，初设在新闸路赓庆里，后移至山海关路，和谢之光为邻，专印珂罗版书画册，为平湖葛昌楹所藏印有《宋元明犀象玺印留真》《传朴堂藏印精华》，尤为精审。又印《近代名人墨妙》凡三集，燮光为题二绝云：

> 名迹搜罗萃一编，不须过眼说云烟。
>
> 前人自有精神在，珍重光阴五百年。

辋川神技画中诗，妙手居然偶得之。

万壑千岩奔腕底，丹青驰誉压当时。

盟弟赵眠云藏扇以千计，修暗为印《心汉阁藏扇》四集，燮光遍求当代名家为之绘扇，清末民初的贤彦法家，铁网珊瑚，什得八九，他看到心汉阁扇册，见猎心喜，也印了厚厚的一本，名《崇堪扇集》，一经变故，不但我所藏的一本付诸劫灰，即他的后人，也没有留存了。

赵眠云和燮光也是相识的，当抗战军兴，我的师兄胡叔异（我师胡石予的哲嗣），移家赴蜀，他把所办的国华中学，交托了我，我就邀了赵眠云同主校政，这时我们星社诸子纷纷来沪，作避秦之计，如程瞻庐、程小青、蒋吟秋、顾明道、范烟桥等，都担任了课务，阵容之盛，为任何学校所莫及，燮光便遣他的孙女顾钧秀进国华读书，国华在江宁路转角，和他所居陕西南路二十三号相去不远，他因此时来倾谈，他声音洪亮，有惊座遗风。他酷喜书画，这时同事如程小青和赵眠云一同从陈迦庵画师学丹青，都具相当造诣，蒋吟秋以画梅著称，加之谢闲鸥任总务主任，那是传钱慧安衣钵，为专业画家，校课余暇，辄聚校长室，挥毫泼墨，或烟峦云树，或雨叶霜花，相互合作，我和瞻庐烟桥明道为拟题识，既成，张诸壁间，翠翠红红，霭霭漠漠，小小校长室，几成一座书画展览馆，燮光顾而乐之，常做客观的评价，洞中肯要，我们更欢迎他来指示一切。他兴至偶尔增加数笔，大有颊上添毫之妙。

燮光虽会稽人，却卜居杭州延龄路龙翔桥，一自抗战军兴，他移全家来到上海，暂居法租界贝勒路亲戚家，其子培熹，因旅途劳累，患伤寒症，不治死，后迁居陕西北路，这时觅屋很不容易，非出巨额顶费不可，燮光一家数口，靠他为生，怎能花得起顶费，这是出于朋友的照顾。原来他老人家有友林涤庵，任大丰化工原料公司董事长，让出陕西北路的大丰堆栈三层楼数间屋子，并借给家具杂物，以供应用，不取任何报酬，为当世所稀见。顾钧祐谓："涤庵已逝，一女定居美国，又一女飞卿也是美国留学生，任上海第一医院微生物免疫学教授，其夫荣独山，乃中山医院名医，捐款三万元充清寒奖学金，犹和顾氏后人相往还。在抗战时物资缺乏，物价一日数涨，尤其作燃料的煤球，非常紧张，难以购到。一日，忽驶来一辆大卡车，装着煤球一吨，燮光夫妇大为惊诧，煤球虽属必需品，这许多的代价，是负担不起的，便托言主人不在，请送货者退回去，送货者自作主张，把一车煤球全部卸在楼下的空地上，边卸边咕噜着：'我家老板好意送一车煤球来，岂知这家人家不知好歹，这花钱也买不到的东西，白送他们也不接受……'从这些话中，才知道是赠送物，不收货款的。燮光夫人才感到怠慢了司机和送货者，连忙包了个红纸包，给以优厚的酒钱，司机和送货者坚决不受，说是老板关照，任何钱不能收，收则被责，问他们老板为谁，司机和送货者都不肯说，即开车疾驶而去。后来转辗探询始知是某煤球厂主人徐贵生赠送的。当年燮光任职科学仪器馆，徐贵生是在附近棋盘街一家商店为学徒，他很好学，慕燮光学识广博，时向燮光请教，燮光奖掖后进，知无不言，言无不尽，贵生得益良多，一旦腾达，借此聊以报答，比诸前人雪中送炭，无多让焉。"

燮光交游，颇多学术名家，他和竺可桢是同乡，竺字藕舫，美国哈佛大学地理科博士，二人很相投契，七七抗战，时竺在杭州，主持浙江大学，经常请燮光赴校讲学，或有所商讨，校中备有游船，接燮光由水路而往，事后，竺亲送上船，并派人扶护。及战云密布，燮光把所有珍贵的碑帖典籍，托竺藏诸学校图书馆中，岂知杭州沦陷，日军将图书馆所藏精品，掠夺殆尽，燮光寄存，势难幸免，竺爱莫能助，只得向燮光道歉。燮光于一九四九年逝世，竺亲来吊唁，在灵前三跪九叩，十分悲伤。他和蔡元培也是同乡，在任科学仪器馆经理时，由王晓梅编有《物理仪器实验法及其原理》一书，他持请蔡元培一题，蔡即为题"格物致知"四字，制版印于卷首。他和鲁迅也有交往，当鲁迅早年在北京，住绍兴会馆，研究金石拓片，与燮光通信，见载《鲁迅日记》中。又所著《石言》，鲁迅为撰考古金石文一篇，北京鲁迅研究会致书顾氏后人，询问原委，辑入《鲁迅全集》中。刘海粟办上海美术专校，曾聘燮光任课，授金石学，当时编有《金石学讲义》及《书法源流论》，循循善诱，教导有方，可是有一调皮学生，故意反考老师，掂掂老师的斤两，把碎乱的金石片反面给他看，问这是什么碑，什么钟鼎。他一过目即能指出，一无爽失，学生为之翕服。秉志，字农山，河南开封人，美国康乃尔大学哲学博士，任中国科学社生物研究所所长，和燮光有世交，燮光即在科学社金石考古组任事，社中设有明复图书馆，藏各种科学书籍，他参阅之余，编有《译书经眼录》，石印问世。抗战时，秉志避难，寓居沪西康脑脱路，燮光也在上海，常有诗文酬答。载入《非儒非侠斋集》中。那时秉志的女儿启慧和燮光的孙女钧秀同在南屏女中读书，来回的信札，不须付邮，而启慧、钧秀便成为绿衣使者。那位著《中国通史》的范文澜，也是绍兴人，历任天津南开大学及北平中国大学教授，和燮光也有世交，早年在杭，曾住顾家，协助校订《石言》。誉《石言》可与叶鞠裳之《语石》相颉颃，范所著《文心雕龙注》，燮光为之校订。
马衡，字叔平，浙江鄞县人，任北京故宫博物院院长，对《石言》
一书，极为推崇，又对所编《顾氏金石舆地丛书》为撰序文，略
谓："吾友顾鼎梅君，究心金石之学，而又好游览，足迹所至，几
遍长江黄河流域，终日怀毡裹蜡，以访碑为事。"又复涉及林石庐，
有云："方今海内藏金石书者，以闽侯林石庐君为最富，其著石庐
金石书志，分地之作，多至四卷，都未见之书，若能择要续刊，使
家藏秘籍，传播艺林，是则余所企望于顾君者也。"林涤庵四明人，
儒隐于市，擅诗文，精梵典，为佛教居士，著有戒杀放生诸文，燮
光亦受其影响，具悲天悯人之思想。又邵力子仰慕燮光，亲赴杭州
龙翔桥顾庐拜访，时燮光已下世，慰问其家属，并探询生活上有何
困难。家属感之。叶景葵字揆初，别署卷盦，杭州人，清光绪癸卯
进士，富藏书，精版本目录之学，著有《卷盦书跋》，目睹江南藏
书纷纷流散，发愿创设文史专门图书馆，捐书捐资卒底于成，命名
合众，旋改称上海市历史文献图书馆，即今大规模上海图书馆之始
基。景葵和燮光为老友，《书跋》中即列有《非儒非侠斋集》，有
云："庚辰残腊，鼎梅惠赠。现方受中英庚款委托，编《中国金石
史》，所藏碑版书籍，均在杭州孤山散失。平生搜集墓志四千通，
自汉至明，经数十年功力，一概抛弃，深叹补充之不易，尤以元明
各种为难得也。揆初读竟记。"燮光卒，景葵犹书撰挽联，以志哀
悼。其他交往者，如马寅初、马叙伦、高吹万、潘景郑、叶品三、
陈伯衡等不胜列举了。

他的生活细节，也有可资谈助的，能饮酒，抱"唯酒无量不及
乱"的宗旨，从没见其酩酊大醉，饮时喜与人猜拳，拳风所向无

敌，嗜观京剧，能哼几声净角戏，由于嗓音宽大，很觉动听。吟唐诗，按着声律，也极抑扬顿挫之概。善摄影，自己拍，自己冲洗，据说曾向蒋子良学习，蒋在绍兴，设有照相馆，当然技术很高，这给燮光带来了不少便利，他到处访碑拓石，均拍有实地照片，迄今尚留有若干，当时合众图书馆，借了这些照片，承印《河朔古迹图识》二卷。他齿牙很好，虽年老，什么都能咀嚼，自诩口福不浅。他喜穿布袜，说穿脱不费力，不若新式的袜子，纠缠在足上，穿脱太麻烦了。他与世无争，认为任何事物，都有两面性，即以骰子来比，它是个六面体，一面是六点，反面就是一点。他的哲嗣培恂，和我同过事，在圣约翰大学读土木工程系的，燮光给他一部《营造法式》勖勉他说："仲尼不是说'学而不思则罔，思而不学则殆'，下一句可改为'思而不用则无'，尤为显豁。"所以培恂毕业后，便任建筑工程师及建筑学校教授，还是念念不忘他父亲的垂训。他思想是守旧的，孙女钧秀穿了白色的球鞋，自学校回来，给他老人家看到，把她责备一顿，说："家里没有丧事，穿白戴孝干什么？"对于玩艺，只许玩象棋和围棋，方城之戏是不允许的。有一次，儿孙辈偶打扑克，一副新扑克牌，给他撕得粉碎。他在表面上，似乎很严肃，实则慈祥为怀。体谅小辈，无微不至。杭州西湖，是自古著称的胜境，唐白居易所谓"未能抛得杭州去，一半勾留是此湖"。可知没有西湖，杭州也就黯然无色了。所以凡到杭州，必须荡舟湖上，有人这样品评说："晴湖不如雨湖，雨湖不如雪湖。"又有人这样说："晴湖不如月湖。"当素魄流天，驾一叶扁舟，啸傲为乐，真是仙乎仙乎。燮光每逢夏暑，择一月色皎洁之夜，雇一舟作通宵之游，一家老小，甚至邀二三知己，同为游侣，船上备些茗果，边谈边吃，最扣人心弦的，当游船荡至荷花丛植的附近，万籁无声，却能听到极轻微的簌簌作音，原来是花苞的开坼，那一股清香沁入心肺，使人舒适极了。及朝曦照耀，才离船上岸，那熟习的船家，戏摘一大荷叶覆盖在他孙女钧秀的头上，说是"当草帽戴"。也曾拍了这怪有趣的一帧照片。他老人家有时也喜开玩笑，用手作筒形，权充喇叭，发出"哗嗒嗒"的声音，似军伍中吹的归队号，孙辈知道这是祖父在召唤他们了，立即不约而同奔到祖父的身边，他老人家坐在摇椅上，边摇边抚着孙子的头，呼之为"崽"，这是对孩子的爱称。且有些小考验，猜测今天下午二时气温表上的度数，届时开剖西瓜，猜准的许多吃些，不准的少吃。又买了几个小竹笼的蝈蝈儿俗呼"叫哥哥"，每个孩子各有其一，他下令把"叫哥哥"集中在一起，谁的先叫，可以得奖。一群孩子，都盼望自己的一鸣惊人，可是心情越急，"叫哥哥"偏偏噤不作声，急得哭了起来，他老人家为之哈哈大笑。

他先后有两位夫人，原配胡腾霄，生二女，一九二六年病逝，继室徐维俭，生一子二女，一九八四年病逝，孙和曾孙辈很多，有的在美国，有的在日本，有的在澳大利亚，在国内的，分居上海、无锡、蚌埠、台北，也有居在杭州顾庐，即所谓金佳石好楼了。

燮光遭着战乱，流徙无定，直至一九四二年，才回杭州故居，一九四九年三月因病离世，享年七十五岁。他的手迹，在"文革"中纷纷散失，仅孙女钧秀留有二幅，一为红白牡丹，题着"富贵齐眉"，署"乙酉仲冬鼎叟"，这是为钧秀和曹敬和结婚所作的。一幅乃红绿梅花，款署"丁亥冬日从心老人鼎梅"。又长孙钧祐，号大豹，小名辛，藏有一个扇面，画着葡萄、西瓜等果物，题着"消暑妙品绘辛孙吃",钧祐奉为至宝,装裱了给刘海粟赏阅,海粟连声称赞:"文人画、文人画,毫无俗气,好极了。你祖父的书画,传世不多,你要好好保存。"并告:"我第一次自欧返国,带了许多画,没处安置,幸亏你祖父为我设法,我是很感念他的。"

年来,对于名人故居,纷纷修复,如黄仲则、康有为、齐白石、俞曲园、梅兰芳、程砚秋、鲁迅、茅盾、老舍、郭沫若、柳亚子等,都已公开供旅游者瞻仰,那么顾燮光杭州延龄路的故居,似乎也应考虑一下,鸠工庀材,就原有基础上,有所兴建吧!

百尺楼头的陈汉元

　　三湘七泽间多贤彦，仅以籍隶南社者而言，即有数十人，如傅屯良、宋教仁、唐群英、刘约真、张冥飞、易宗夔、欧阳予倩、杨信恂、陈汉元等，尤为著名。曩年我编撰《南社丛谈》写了一百七十余篇社友事略，因所知陈汉元的资料，不够充沛，只得付诸阙如。最近晤到汉元的嗣孙许进，字诒光，博览多闻，对于其先德往史，搜罗宏富，承他不吝惠赐，完成了这篇传记小文，作为南社掌故，这是应当向他表示感谢的。

　　陈汉元，为辛亥革命历史人物之一，名家鼎，又名陈曾，故自号半僧，别署可毅、毅君、汉叔、汉援、汉辕、铁郎，生于清光绪二年丙子（一八七六年），家乡为湖南宁乡县狮顾镇，世代务农，其祖父玉华始舍耕耘，执卷为儒人。父悔叟，潜心文史，不求仕进，以道德文章，为乡里矜式。汉元幼颖慧，举凡九经、三史、内典、方言、说文、金石，均渊源家学，而能融会贯通。其妹家英，字定元，适万安萧炳章（曾任李烈钧秘书长，继任总统府咨议）著有《纫湘阁诗集》。幼妹家庆，字秀元，从刘毓盘为师，适汉川徐澄宇（擅书工诗，其《金陵杂感》尤负盛名），著《碧湘阁集》。夫妇二人复同隶南社湘集，惜均在十年"文革"中，含冤而死。家英、家庆，由汉元督课，因有"眉山苏女江东谢，都作吾家姊妹行"句，汉元是非常得意的。汉元有弟家麒，字寿元，其夫人唐家伟，也擅诗文。一门风雅，且同为南社社友，洵属难得。汉元尚有二弟家声、家鼐，早卒。

汉元斋名百尺楼，那是他在长沙麓山和宋教仁联句吊烈友墓而来，其诗如云：

> 十载有家归不得，而今随尔入黄门。（汉元）
>
> 更无多泪流知己，别有伤心哭国魂。（教仁）
>
> 死友已经垂竹帛，生朋无分住桃源。（汉元）
>
> 元龙豪气今犹在，百尺楼头一汉元。（教仁）

原来百尺楼，用陈氏典以指汉元。《三国志·陈登传》："许汜曰：昔遭乱过下邳，见元龙，元龙自上大床卧，使客卧下床。刘备曰：君求田问舍，言无可采，是元龙所讳也。如小人欲卧百尺楼上，卧君于地，何但上下床之间耶！"汉元受宠若惊，即把"百尺楼头一汉元"七字刻一印章，经常钤用。宋教仁和汉元相交甚笃，教仁诗不多作，而所作即有二首涉及汉元，如"与袁子重游武昌联句寄陈汉元""发汉口寄陈汉元长沙"。宋氏被暗杀，汉元悼之以诗：

> 青山有约悲今昔，碧血同盟誓死生。
>
> 百尺楼头知己痛，十年沧海故人情。

那是宋氏于遇难前一年，在万甡园畅春堂与汉元同饮，宋氏有诗，即用原韵为和者。宋氏且有"十年久识陈惊座"句。这也是有来历的。一次在议会上，汉元力主民主政权。有反对的，他即用议坛上铜砚盒击桌，声震屋宇，满座皆惊，宋氏称之为"陈惊座"。

汉元秉性风雅，喜与海内诗人名流，探揽名胜古迹，且接纳高僧禅侣，和八指头陀相唱和，头陀工诗，著有《嚼梅吟》，但写作动辄有别字，甚至"壶"字也写不出来，便画一壶以为替，汉元经常指点他。一九一三年，邀集北方名流和学者，在宣南法源寺举行修禊，赋诗赏花，畅谈竟日，联翩裙屐，人数超过当日兰亭凡若干倍，为历来雅集所未有，可谓一大盛举。但所费甚大，汉元斥衣物付诸典质，那青莲居士所谓"五花马，千金裘，呼儿将出换美酒，与尔同销万古愁"的豪情胜概，又复见于今日了。一九二六年夏，他又在武昌黄鹤楼大宴宾客，也属大型文化活动，酒酣耳热，他深慨国学沦亡，文风日下，一定要挽狂澜于既倒，誓由自己负起这个责任来，借以策励。他虽进南社，以奔走为革命运动，很少有机会参加南社雅集，先后仅两次，一次乃一九一二年在上海愚园，他带了家英、家庆两个妹妹同去，为南社第六次雅集。一次乃一九一六年九月的长沙雅集，留影尚在。

汉元诗文，造诣很深，从古朴率真中流露出不可一世的气魄。他和章太炎、刘光汉、黄季刚等，学写汉魏体诗。近体诗学杜少陵、李义山、苏子瞻。文则具先秦诸子和两汉风格，著有《百尺楼诗集》《半僧斋诗文集》，历经战乱，大都散佚，其后人正在征集访求中，深希有日重付印行，以飨读者。

上面不是说他为辛亥革命历史人物，他的嗣孙许诒光就撰有《辛亥革命历史人物陈家鼎传》，他参考了许多有关资料，如居正、焦易堂的《陈家鼎传略》，林述庆的《陈家鼎革命大事》，柳亚子的《南社丛刻》和《南社纪略》，以及拙编《南社丛谈》。又一九一七年出版的《民国之精华》，南京第二历史档案馆所藏的《陈家鼎关于西南大计之通电》，中国社会科学院近代史研究所编《辛亥革命时期重要期刊资料》又《中山全集》，杞忧生的《宋教仁血案》，蔡寄鸥的《鄂州血史》等，所以诒光这篇传记，是较充实有据的。

汉元的革命思想，也是有来源的，当一八九七年戊戌变法失败，六君子被杀，他义愤填膺，便多读王船山和南明学者所著饶有民族气节的书。此后八国联军入侵，迫订辛丑辱国条约，他在十五岁补博士弟子员，因痛恨清政腐败，弃举子业，考入湖北某校从事新学，一九○三年东渡日本，入早稻田大学政治经济科，毕业获得法学士学位。这时就交识了黄兴、宋教仁、陈天华、姚宏业等志士。孙中山由欧赴日本，汉元和一辈留日学生，在横滨迎接，孙中山对于汉元甚为赏识，拟把革命团体，创建统一组织的同盟会，他立即和黄兴、宋教仁、陈天华、张继、白逾桓、田桐等一同参加，汉元任同盟会总部评议部评议员。因为他文笔犀利，千言立就，在报刊上宣传革命，是很得力的助手。既而中山遣他回国，在上海、武汉、长沙建立同盟会分会，以扩充势力。其时孙毓筠、蔡元培本有一个小小的革命组织，汉元便在这原有的基础上，图谋扩展。孙毓筠乃孙家鼐后人，家鼐为清咸丰九年己未科状元，字燮臣，号容卿，安徽寿州人。授修撰，官至武英殿大学士，簪缨朝笏之余，又复从事货殖，设阜丰面粉厂于沪西莫干山路，规模很大。毓筠席丰履厚，斥资以助汉元，在虹口三元里设立同盟会机关，由汉元驻会负责。一同工作的，有秋瑾、杜羲、梁乔山等，不久迁至法租界八仙桥鼎吉里，门外标着夏寓，避免注意（按：这是南社社友夏昕藻的寓所）。工作人员更多，如陈陶遗、谭心休、马君武、杨笃生、姚勇忱、高天梅、柳亚子、朱少屏、宁调元等，成为海内外革命活动联系的中心，联系日本东京总部宋教仁、田桐、胡汉民等，又响应国内香港及南洋、欧美各地孙中山、黄兴的布置。这时，张继、于右任、商震、陈干、白逾桓、程家柽在东北，胡瑛、谢意诚、梁乔山在山东，吴昆、郑光声在长江上游，刘家运、朱子龙、刘敬庵在武汉，林述庆、赵声、熊成基在长江沿岸，张通典在南京，陶成章、易本羲、陈恺梁、李鸿基在南洋群岛，吴敬恒、张人杰、褚民谊在法国，卢汉在美国，乔宜斋在英国，布设了联络网，而汉元的朋友也就遍天下了。陈天华忧国愤时，在日本大森湾投海死，翌年姚宏业亦因忧国愤时投黄歇浦死，汉元护送二位遗榇回湖南，公葬岳麓山，又结纳了《湖南报》的主笔禹之谟，在公葬会上慷慨演讲，激起群情，趁这时机，创建同盟会湖南分会，于天心阁又创办了湖南学会，暗中联络青年军人，晓以革命大义，结果学会被清吏封闭。汉元和禹之谟拟进一步发动焚烧抚台衙署，举帜起事，不料走漏消息，禹之谟被逮，汉元越墙逃入圣公会，得一外国牧师保护，得免于难。在武汉的刘敬庵密电告知："湖北官府亟谋抓捕，出逃时千切不能走武汉。"汉元化装成清政府官员由外国牧师护送，从小路奔江西萍乡，缇骑到他家搜查，其父悔叟几遭缧绁，幸乡绅杨翌如力保始免。端方、铁良、瑞徵下令沿江沿海四处缉拿，且悬重赏购汉元头，汉元逃到上海，也无处容身，不得已流亡日本，那时孙中山住在筑土八幡町，门外挂着高野长雄寓的牌子，汉元向中山汇报国内种种情况，并策划营救禹之谟，可是禹已壮烈牺牲了。

　　一九〇六年，汉元和宁调元、杨守仁等，办《洞庭波》和《汉帜》两种刊物，汉元以汉援、铁郎等笔名撰论文宣传民族主义。据张静庐所辑的《中国近代出版史料初编》，虽列入以上二刊物，但语焉不详，张氏仅见创刊号，出至何期结束，不得而知，只云："发刊词都出章太炎手。"当时秘密发行，不普遍的（或谓《汉帜》即《洞庭波》的续刊）。傅屯艮诗人因和调元、汉元时相接触，且为《洞庭波》撰稿，几遭株连。

汉元在日本，居住桑原馆，每星期日，李烈钧、黄膺白、王天培、仇亮、曾昭文等辄在汉元寓所密谈，联络留学东京的学生，纷纷加入同盟会。这时国内革命形势，受到极大的挫折，秋瑾被害，覃振、宁调元、胡瑛、孙毓筠、刘敬庵、朱子龙等被捕，人心更愤。汉元一再告诫隐伏在湖北新军中的弟弟家鼐，外表上装着糊涂的样子，因此家鼐在新军中潜伏了多年，没被发觉。

同盟会中，别有一个极保密的小集团"血党"，也是汉元和仇亮、杜义、乔宜斋、王延祉、杨树楷等组织的。当端方派刘祝三，化名金寿山，来到东京暗察汉元及杨恢等行动，汉元知之，立遣"血党"成员唐声海，向警察署报告金寿山吸毒，犯烟禁条例，刘祝三便失去自由。端方又遣朱孟廉到东京为特务，也由"血党"下了"诛奸状"，朱孟廉吓得逃走。徐锡麟在安庆刺杀恩铭的助手陈墨峰，同时殉难，也是"血党"的一员。

汉元一次从神户渡海到山东，发展革命势力，和陈干、陶成章、景定成、商震等，一同策划，事泄失败。汉元等逃入深山峡谷，不得食，只能吃几粒花生果以维持生命，结果又逃往东京。

汉元迭经险难，凡十多次，如在长沙禹之谟住所，在邵阳中学，在江西樟树镇，在九江、南昌被跟踪，在上海小东门被搜捕，在南京秦淮被围困，但他的意志始终是坚定的。

辛亥革命胜利，汉元蓄志功成身退，还归家园，既到长沙，以越多年父母几不相识。宋教仁邀了革命老友数人，赴汉元家，仿《范式张劭》之登堂拜母，湘中人士又开会欢迎，累月不绝。他和夫人李国基长期分离，为之悲欢交集。育一女，以汉元流亡日本多年，为小女取一名"日生"。他乐叙天伦，拟养亲教女，以终其身。可是事与愿违，黄兴、宋教仁等一再敦促他出任肩巨，大有斯人不出如苍生何之概。为南京临时参议院议员，决大疑，定大计，发表言论，悉中肯要。继任众议院议员，主持正义，袁世凯忌之。旋国会被摧，他又重奔海外。及袁死，国会重开，汉元再入众议院，兼任宪法起草委员，多所尽力，未及期年，督军团之祸作，汉元南走粤东，奉孙中山为大元帅，始终为孙中山之忠挚诚笃之友。

汉元天性甚厚，以孝闻于乡里。他从政尚廉，致家徒四壁，萧然无长物。而袁氏忌嫉汉元，常遣爪牙密伺其家，乃翁悔叟，过此隐忧艰困生活，一病不治死。汉元大为哀恸，遂冒险潜归，迎母邓氏移居上海租界。民国七年，邓母撄疾，汉元驰沪省亲，及病转痊，又赴粤参与国会正式开幕礼。未几，邓母病复发，汉元又返沪侍汤药，时孙中山因事至沪，亲视邓母，慰问有加。十月邓母逝世，汉元哀毁骨立，痛不欲生，而家无担石之储，中山厚赙以治丧。

据许诒光见告汉元幼时读书很勤，以家中藏书不多，恒借书抄写，屋舍隘窄，躲入阁楼，诵读不辍，架一木梯上下以为常。有时抄书紧张，索性携些饼饵上楼以充饥，省却时间，得竟其业。他在日本时，一些激进的留学生，已截去发辫，表示革除异族的陋俗，一新大汉的仪容，汉元却垂辫如故，有人斥责他："徒有慷慨的言论，没有痛快的行动，言行不相符，怎得为革命志士？"他笑着说："革命和不革命，不在区区发辫上，我暂留作为革命的掩护，截剪与否，时间问题而已。"斥责他的，也就哑口无言了。

汉元习《史晨碑》，颇有功力，其异性友张红玉往访，书扇为赠，并赋诗三首：

其一：

修路驱驰我马隤，空山听雨独徘徊。

坡庵镇日无人到，惟有朝云问病来。

其二：

宋玉魂归不可招，江东人物莽萧萧。

何当谢病携红玉，同过西湖第几桥。

其三：

雨后轻尘拂陌头，夕阳歌管散新愁。

香车宝马多情甚，来叩深山百尺楼。

他的异性友尚有沈素珍，也是雅擅文翰的。汉元别有秋日觞客百尺楼有邵次公、张红玉、沈素珍诸知友在座，即席赠诗：

野鹤闲鸥孰主宾？寥天宽阔自由神。

竹枝舌妙张红玉，杨柳腰轻沈素珍。

此会宛如前世梦，再来应是隔年春。

无端百尺楼中酒，不宴公卿宴美人。

诵此诗，可见这两位异性友，又复温婉多姿，具美人风范的。尚有他诗，如：

一夜西风瘦不支，沈娘门外柳如丝。

杨花江浦无人管，芳草天涯有梦思。

桃叶桃根俱是恨，青山青史总成痴。

楚腰掌上轻如许，凄绝人间杜牧之。

自从几月病维摩，天女殷勤访问多。

宝马香车寻北牖，药炉经卷侍东坡。

开樽座上无凡客，问字门前有素娥。

一样腰肢清欲死，沈娘瘦比沈郎多。

这专为沈素娥而咏。汉元所娶妇，是凭父母之命、媒妁之言而结合的，夫人李国基，出身农村，不识字，又复裹足，完全是个旧式妇女，且没生子嗣。有人劝汉元纳沈素娥为妾侍，汉元却不同意，认为李国基勤俭贤淑，他奔走革命，流浪在外，贫困家庭，全赖她一身撑持，不能亏待她。况新社会废除纳妾陋习，尤其我是革命党人，应当力主一夫一妻制，子嗣有无，在所不计。

民初，汉元随孙中山到湖北，黎元洪数次设宴招待，对于汉元，谈笑更为欢洽。未几，黎挟私杀害了张振武和方维两位将领，汉元仗义执言，提出弹劾案，力举黎氏十大罪状，力请查办，一时政府官员，无不大为惊愕，其忠贞于民意有如此者。

汉元籍隶南社，以年辈来谈，他是较长于柳亚子的，所以致书亚子，有劝勉之言，如云："生有七尺之形，死惟一棺之土，倘不及时立言，朽同腐草，志士所戚。旧游中人，惟执事有望，其文皆扬班俦。传之无穷，永诸来叶必矣。"汉元亦以立言为旨志，政论文所作更多，革命报刊都倚重他，于右任请他为《民吁报》《民立报》主笔政，黄兴邀他为《天讨》著文，章太炎聘他为《民报》写评论，还有商震、蒋卫平的《长春日报》，王用宾、杜羲的《晋阳公报》，景定成的《国风日报》，田桐在南洋的《中兴报》，都延他去任辑务。陈恺梁从爪哇三宝垄来信，约他乘桴南游，襄助办报，一时成为舆论界的权威人士。在湘晤到李怀霜，也是南社的中坚人物，赠汉元诗："今日湘湖千斛酒，家家争醉自由神。"又林述庆则称之为"大政治家而侠者"。

据居正、焦易堂所著的《陈家鼎传略》，说他于十七年一月八日即丁卯十二月十六日，以脑充血卒。而他的后人许诒光却谓："因煤气中毒猝逝于北京寓所，享年五十二岁。"大约以后说为正确。十八年四月，开追悼会于法源寺，参加者为居正、胡汉民、戴季陶、于右任、张继、吴敬恒、田桐、谭延闿、阎锡山、周震麟、商震、覃振、谢持等。五月卜葬西山四王府。

陈叔通与百梅藏品

在冬末春初，那疏影横斜的梅花，凌寒独放，丹青家都喜把它作为画材。曩时杭人高野侯，以藏王元章墨梅而自豪，因颜所居为"梅王阁"，艺林传为佳话。

陈叔通老先生家中的收藏，也有王元章的画梅，是一立幅，老干杈枒，着花繁艳，上有一诗："玛瑙坡前梅烂开，巢居阁下好春回。四更月落霜林静，湖上琴声载鹤来。"四周绫裱上题识殆满，如翁方纲、伊秉绶、陈嵩庆等，都有手迹，允称稀世之品。

叔通生于一八七六年，名敬第，杭州人。父亲陈蓝洲，善画工诗，学问奥博。他家学渊源，从小即露头角。蓝洲游宦汉川，他随父前往。延江夏艾松如授读。他和长兄汉第，同读《史记》《资治通鉴》《昭明文选》，兼课杂作，每试一题，弟兄互争甲乙，努力殊常，所以汉第的《六十自述诗》有"十四遇名师，兄弟云龙逐"之句，便是指此而言。光绪癸卯，叔通举进士，与孙智敏、商衍瀛、金兆丰等同科。后赴日本，专研法政，思想突变，崇尚维新。归国后，一度任资政院议员，看到政局混乱，苞苴成风，便毅然辞去，和张菊生、李拔可等经营商务印书馆，更与夏敬观共事涵芬楼，谈诗论艺，尤为莫逆。直至一九四九年，才离开上海，经香港、烟台，转赴解放区。九月间，参加人民政协，为全国工商联首席代表。

他喜游历，如雁荡、庐山、牯岭、莫干，游踪所及，都有诗什。更在莫干山建屋数楹，为避嚣养静之所。又曾赴蜀，过三峡，访工部草堂，丞相祠堂。又登峨眉，在遇仙庵、黑龙潭等地，乘着山舆滑竿，一一领略胜迹。他又到过黄山、雪窦、天童、育王诸梵寺，于苍松翠竹间瞻仰佛容。又陟天台，观石梁瀑、赤城栖霞、天马峰、石门洞，引为生平快事。至于新中国成立后，访问异域，眼界和胸襟，那就更为广阔了。

他平素不废吟咏，尝和人论诗，谓："言性情当推陶渊明，言学理当推王安石。陶全其天而王用所学。全其天者，情动而言形；用所学者，理发而文见。贵陶之情，贵其真也。贵王之理，贵其识也。"他自己的诗，在一九五九年刊有《百梅书屋诗存》，林志钧、李拔可、夏敬观为其作序，认为他的诗"独往独来，自成一家"。他的《诗存》中有杂忆二十首，所咏为"甲午之战""康梁变法""唐才常被害""义和团起事""徐锡麟刺恩铭""载湉暴卒""辛亥革命""同盟会之孙黄""袁世凯窃位""云南起义"等，都有较详的释注，不啻一部诗史。

那"百梅书屋"的斋名，是怎样起的？因他家所藏画梅，数以百计。谈到这事，还带有些传奇性呢！原来他父亲蓝洲喜蓄书画，收藏很富。咸丰庚辛，太平军之役，蓝洲避居它处，及归杭州故居，文物悉遭兵燹，为之嗟惜不置。不料蓝洲夫人发现室外竹丛中有一碎裂的纸裹，脊结枝茎间，便用一长竿挑下，展开一看，赫然为唐伯虎的画梅。虬枝低桠，花开三五朵，上题古风一首，几占纸幅之半，硕果仅存，引为奇迹。当时蓝洲喜出望外，把这幅画重付装裱，居然完好。传至叔通，为了纪念他父亲嗜梅之癖，就以这幅唐画为基本，征购明清两代名家画梅，先后共得一百幅，摄成照相，用珂罗版印成《百梅集》。当然以王元章、唐伯虎为首列，其他有吴伟、文嘉、张瑞图、陈眉公、莫一龙、项圣谟、金俊明、胡玉昆、吴山涛、冒辟疆、萧云从、渐江等。而渐江的画上，有曹楝亭的题诗，楝亭为《红楼梦》作者曹雪芹的祖父，尤为难得。又如张得天、李复堂、杭世骏、高凤翰、李芳膺、郑板桥、汪巢林、金冬心、黄瘿瓢、罗两峰、童二树、钱箨石、黄小松、改七芗、顾南雅、赵次闲、程庭鹭等画梅，都是清代精品。最后又得高澹游所绘的《百梅书屋图》，适符合他的斋名，那真是最巧没有的了。这一百幅，有直的，有横的，有大的，有小的，画梅的章法和风格，也各各不同。叔通非常喜爱这些名作，平日什袭珍藏，不轻示人。新中国成立后，他就不再据为私有，慨然献给国家，以饱群众眼福，现归北京故宫博物院了。

他不但以百梅纪念其父，又把他父亲所存的诗笺牍札，用石印印成《冬暄草堂存笺》，这些都是父执辈写给他父亲的手迹，首冠蓝洲自己所书："清风明月，如与贤师益友，晤对一堂也。"他和书家黄蔼农相契好，每来沪，常访蔼农。我就在蔼农的"破钵庵"里得挹芝仪，交谈了数次，蒙他为我写了把折扇。叔通是一九六六年二月十七日逝世的，年九十。如今追忆，他那蔼然之容带着几分严峻气，仿佛还在目前。

胡朝梁以数目字为对偶

　　钱基博之《现代中国文学史》，曾述及胡朝梁其人，谓："胡字子方，自号诗庐。诗以外无他好，为人好观剧，自午至酉，万声阗咽中，攒眉搜肠，成五言古诗一篇，盖和其师陈三立题《听水第二斋》韵者。"予心仪其人，顷于无意中，在冷摊上购得《诗庐诗文钞》，首冠陈衡格一序，得知胡少习英国文字，肄业江南水师学堂。卒业后，乃学诗，吟诵思索，至废寝食。既而崇信佛教，摈弃文字。而体羸弱多病，竟以死，年四十有三。卒后二年，其夫人陈氏出其所蓄金，为印诗文钞，闻者贤之。胡与林畏庐、马其昶、李梅庵、王树枏、郑海藏、马相伯、严又陵、姚节之、蒋竹庄辈相友善。曾几何时，诸子先后归道山，今只蒋竹庄犹健在，为鲁殿灵光矣。胡为律诗，喜用数目字为对偶，颇可喜。如云："芳塘半亩水清浅，茅屋一间人两三。"又云："一世人谁抱古痛，百年穷可待诗昌。"又云："寒意初消四五日，枯杨新绿两三枝。"又云："古人学于三冬足，吾党思以一德全。"又云："又是艳阳春二月，才过寒食麦千畦。"又云："钟簴百年关至计，诗书千劫有余悲。"又云："百年去住蚁旋磨，一梦荒凉鹿在隍。"又云："来看飞絮三春雪，错过繁樱四月花。"又云："千里梦随宵始短，万端愁与日初长。"又云："月下千家纷涕笑，楼头一雁惊高寒。"又云："五六日来寒至此，一千年后我何之。"又云："二月春阴空酿此，一生诗苦定何因。"又云："横目万灵皆自得，撑肠百怪不能名。"昔骆宾王诗文好以数对，如："秦地重关一百二，汉家离宫三十六。"时号算博士，胡朝梁殆亦算博士之流亚欤。

戚饭牛善制联语

玩世不恭之戚饭牛，南社社友也。曩居沪上大通路之斯文里，人问其居址，曰："蜗居湫隘，不可以扫地。"问其号数，曰："不可以作盘龙戏。"盖其号数为一百二十三，亦即所谓幺二三，博则必负也。撰文什九为诙谐之作，自署牛翁，或白头宫监，不自检存。予为辑《饭牛翁小丛书》，凡三册行世。雅善制联。华亭城内琴桥头，有潘姓老媪，善煮油鸡，设一酒肆，供客杯盘。一子早卒，媳能守节抚孤，随姑操作，乡人无不贤之。甲子秋，饭牛访杨了公于三泖九峰间，了公偕之同往潘家酒店，浅斟低酌。酒酣，饭牛戏撰一联云："白酒黄鸡风味，老妪孝媳人家。"了公为之莞尔，因嘱饭牛书之，付装池而悬诸酒店壁间。从此喧传遐迩，生涯为之大盛。一日，与了公同赶浴堂澡身，入官座室。了公谓"官座"二字可作诗钟，即首唱云："龙章滚滚千官拱，麝尾滔滔四座惊。"饭牛思索有顷，曰："得之矣！"口诵云："何逊官梅诗兴动，孔融座客酒狂多。"了公乃自叹弗如。戊申暮秋，饭牛与奚燕子同登群玉坊楚怜香妆阁。燕子窥镜台旁，惜少妙咏，乃搜索枯肠，得"双习蝴蝶楚怜香"七字，百思不得其偶，倩饭牛作对。饭牛自座起立，环走如驴引磨，忽得"一曲凤凰秦弄玉"句。二人大喜欲狂，即饬佣购冷金笺，写之补壁。又自撰一联云："举世无非一场离合悲欢梦，平生不用半个昧良造孽钱。"皆极可诵。

汤定之晚年病困

大家都知道梅兰芳，驰誉红氍，又复蜚声画苑，花卉佛像，都有一手，原来他从王梦白为师，此后又和程砚秋同列汤定之的门墙，他们两人对汤定之特殊尊敬，每次乘汽车前往，停车在较远处，然后步行，执礼之恭，有如此者。

常州画风之盛，冠于东南，恽寿平的一缣一幅，珍逾拱璧，汤氏一门风雅，首数汤贻汾，号雨生，晚号粥翁，谥贞愍，书画仿董其昌，点染花卉，闲淡超脱，画梅极有神韵，间写山水，浑朴入古。相传其《画梅楼合笔》一册，那是他官大同时与其妻董琬贞（别号双湖女史）暨诸子女所作，凡七人，竹石、花鸟、人物、虫鱼无不精妙。著有《画筌析览》《画眉楼集》《琴隐园集》等。据我所知，贻汾长子绶民，字寿民，精四体书，工铁笔，善画墨梅、墨桃，又工山水，有《画眉楼摹古印存》。绶民昆仲有楙民，字右民，花卉蔬果俱工。又禄民，字乐民，善白描人物，仕女明姿秀态，有评之在费晓楼之上。贻汾之女紫春，工水墨牡丹；碧春，画花卉，载《墨林今话续编》。

汤定之是汤贻汾的曾孙，乐民的文孙，因此号乐孙，贻汾有琴隐园，别署琴隐后人。又署太平湖客、茗闲堂主人。蓄须飘然，《左传》："于思于思，弃甲复来。"于思，多须貌，便称双于道人。原名涤，小字丁子，这知道的人很少，纪述定之的，有《美术年鉴》《枫园画友录》。《胡佩蘅画史稿》《中国美术家人名辞典》一致推重他，谓："山水学李流芳，以气韵清幽见重于世，又善墨梅、竹、兰、松、柏，用笔古雅，自成一家，书法隶行并佳。知相人术，彼自称，生平相法第一，诗第二，隶书第三，画第四，高风亮节，淡泊一生。"

我由常州汤子文的介绍，得识定之的女公子心仪，她毕业于中法大学药科，任新亚药厂技术厂长，业余亦绘山水。定之长子心济，留学美国，任复旦、暨南、交大教授，南京工学院图书馆主任，一九七七年辞世。长媳沈慎箴，亦画山水。次子汤逢，毕业大同大学理科，现任无锡轻工业学院副院长，画山水，以事冗搁笔。三子汤象，毕业上海圣约翰大学文科，在香港曾助林太乙（林语堂女公子）编辑《读者文摘》中文版，现已退休。子女在社会上都具有相当声望，弓裘载衍，五世其昌，这是可以预卜的。

我对于定之画师，虽略有所知，可是不够全面，承他的后人心仪、汤逢为述其详，这是多么感荷啊！

定之生于清光绪四年戊寅，即一八七八年十月，卒于一九四八年一月十八日，享寿七十。父立人，名世清，去世较早，家清贫。母贾氏善书法，因此定之作书，启迪于此。尤擅魏碑，他的表兄庄蕴宽（辛亥革命时曾代程德全任江苏都督），见之大为讶异，赞曰："他日传汤氏家业者，定之表弟也。"光绪末年，应蕴宽之邀，赴广州，任随宦学堂书法课，落纸云烟，示范有度，莘莘学子，无不欢迎。民初，先后于苏州工业学堂、北京女子师范大学执教，画通于书，又复以丹青自遣，花卉芬敷掩冉，山水丘壑萧疏，有人劝他鬻画，他说："随意涂抹，贻识者讥笑，还以藏拙为宜。"阅数年，画苍劲古茂，庄蕴宽、刘崧生、刘子楷昆仲及林宰平、刘道铿强之刊发润例，求者纷纷，声誉远播。原来林宰平名志钧，福建闽县人，官司法部司长。刘道铿，号放园，福州侯官人，光绪己酉优贡，官内务部司长，都属名诗人，载陈石遗的《近代诗抄》，一经名流为之揄扬，影响很大，顿时与在京画家萧俊贤、萧谦中、陈半丁等齐名。蔡元培任北大校长，为丰富学生文化生活，设书画研究会，聘汤定之主其事，又北平艺术学院聘为山水画教授。故宫博物院成立之始，汤定之为鉴别书画，孰真孰赝，一言为判，因此得窥历代秘藏，大开眼界。他运笔绝速，虽丈二巨幅，自辰至未，一气呵成，从不隔宿，人惊其技，他说："胸有丘壑，意在笔先，静极而动，岂得不快！"他有一习惯，画成辄张诸壁间，手持一白铜水烟筒，且吸且观，自行审定，往往审定时间，超过了绘画工夫，稍觉不惬意，便撕去重画，谓："惜名更当胜于惜墨。"他一生淡泊，作画三十多年，南北友好，为之筹备画展，他笑却之，谓："我画自有识者，陈之于市，迹近沽名，我惜名不喜沽名，况邀友捧场，未免贻'打秋风'之诮，此种俗尚，固当革除，岂能躬自蹈之。"其高峻确为常人所莫及。

一九三三年春，他迁居沪上胶州路，这儿我曾去拜访过。他的朋好，如黄晦闻、黄炎培、陈仲恕、陈叔通、陈陶遗，时常往来，颇不寂寞。沪上人士慕他的书画名，求者户限为穿。一九三八年，梁鸿志为南京伪政权傀儡，托人备重资请定之绘《还都图》，他严拒之。汤尔和又请定之参加伪政府，也拒不接受。从此，他画松以明志，雪干风标，龙鳞马鬣，或作霜皮之紫，或为针叶之稠，坚贞不拔之气，充溢于丈幅间，那松针挺秀多姿，尤以针长而稀的，更属神来之笔。凡绘巨松，便铺纸于地，蹲身悬腕，直挥横扫，似很凌乱，旁观者徒觉其错综复杂，不知其所以然，及点点染染，则松之神态，自然呈现在墨采中，才感到他的直挥，笔笔有交代；横扫，笔笔有来历，非妙手不办。所以他有印一方"天下几人画古松"，自诩画松的高人一等。

定之的画流传不多，龙游余绍宋（越园）斋名归砚楼，那《归砚楼图》，即出于定之手绘，徐行恭为题长歌载于《竹间吟榭续集》，如云："汤侯禀宿擅，治画宏以深。此事见胸臆，不劳多酌斟。笔墨所到处，屋树交修森。此外更安有，但写归砚心。凝神入画里，万感摇灵襟……"篇长不全录了。我曾在古玩铺中购得定之所绘《宣南修禊图》，白描不设色，极雅淡可喜，定之且作长题，图中人一一列其名，末有方唯一（还）诗，可惜这图于"文革"中被掠而去，再无下落。今所仅存的，一花卉扇，敷色清妍，为我心赏。

定之生活规律数十年如一日，每晨六时即起身，盥洗早餐毕，凭画桌创作，得意之品，悬挂壁上，他坐在靠背椅上，捋着长须，欣然神往，他自己说："这是莫大的享受。"他的字，核桃大的行隶，精绝无伦，他自己认为字比画好，可是人们爱他的字，更爱他的画。十二时午餐，画件全部结束，小歇一下，观画不再作画，谓"午后的观画，即明日午前作画的良好准备"。他喜含饴弄孙，奈前面两个孙子都夭折了，他就钟爱最小的孙子汤坚，抱着逗他玩，引为乐事。有时，午睡后，出门访友，或赴南京路新雅茶室品茗，那时的新雅是人文荟萃之处，不必预约，自然朋好满座，古今上下，谈笑风生，及夕阳西下，分袂而归，往往购些新雅的叉烧包，以飨家人儿女，相与朵颐称快。

汤定之在北京时，居住地位较宽畅，晚饭后，在院子里散步徜祥，手里握着两枚很陈旧的核桃，盘旋作声，说是活络指掌，有助于运笔功能。到了上海，地方小，即在晒台上活动，晚饭后，于绿纱罩的台灯下，练练字，或打画稿，作翌日创作的准备。然后低吟唐宋人的诗篇，抑扬顿挫，非常悦耳，他的子女，睡在隔室，听得出神，时过数十年，这个情景，还是萦系在子女的脑海间，永不忘怀。过了九时，定之卧寝，生活很有规律。

定之不喝酒，朋友劝他喝些啤酒，借此活血，也就喝上一杯，不多饮。吸烟在家吸水烟，出外吸雪茄，很少吸香烟。也不爱看戏，怕影响睡眠。有时晚上有些应酬，回家较迟，看到家人等候他，他立即催家人们安息，因此晚上应酬大都辞谢了。

在进食方面，他最爱大儿媳沈慎箴的常州菜和白面饼。又爱吃红烧肉丸，称为狮子头，及腴美的猪肉，他血压不高也就大快朵颐。蔬菜喜吃咸菜，及他继娶的夫人所裹的湖州肉粽。他不喜荤素相杂的菜，说："荤的就是荤的，素的就是素的，何必弄得不荤不素呢！"饭后，例进水果，冰桃雪藕，霜橘蜜柑，多少不拘，习以为常。在北京时，喜栽植花木，熊佛西因事离京，把两盆蜡梅赠送定之，定之置诸客厅，清芬袭人，往往坐对移时。每天下午，去中山公园或北海公园喝茶，几位画家诗人，常在一起谈笑，尤爱中山公园的杨树和盛开的牡丹及丁香。也爱北海夏日的荷花。有时到青云阁品茗，琉璃厂看字画。约在北京居住二十年。

文人大都爱猫，如李越缦、吴湖帆、钱芥尘、江小鹣、黄摩西、高吹万、袁寒云、孙玉声、陈灵犀、黄转陶等，定之蓄猫，每日饲以羊肝，北京鲫鱼较少，得鲫鱼辄把鱼头割下，扔给蹲在脚畔的猫吃，说是"犒劳一番"。

原配夫人，姓齐，安徽芜湖人，时定之二十一岁，翌年生子心济，以产后失调死。继配许氏，亦芜湖人，生二子一女，患癌症不治。最后续娶沈怀冰，浙江湖州人，未生子女，一九七四年在沪逝世。

定之于一九四六年春患咳嗽，经医生诊治，不见疗效，后由沈成武医生介绍耳鼻喉专家王霭诵检查，发现喉部有癌肿块，全家为之惊惶失措，霭诵谓必须采用爱克司光照射治疗，奈其时没有这种设备，只有南京路沙逊大厦一犹太医生以这新颖器材为人治病，因此定之携了他长子心济前往就诊，心济谙英语，解除言语不通的隔膜。可是一经照射，反应严重，喉部更不舒服，卒由李刚医生为之施切割气管手术才得转危为安，从此暗哑不能发言，手头置一簿册，和家人笔谈，如此整整一年，簿册积累甚多。既而癌细胞逐渐蔓延，病势转凶，由朋友探询，知外科专家陈恒义和刚从美国归来的癌症医生李月云，为此中翘楚，便请他们会诊，决定进行切除癌肿块手术。说也可怜，偌大的上海竟没有条件完备的医院，仅有妇孺医院较为差强人意，妇孺医院是专业性的，怎能容纳一白须老人，混在婴婴宛宛之中。好不容易，委托熟人联系情商，才得入院，成为破天荒的怪事。医生遍检身体，各部都正常，决定尽快动手术，但对病人提出一要求，请于动手术前把胡须剃光，这一下却使定之大费踌躇。文人颇多喜蓄须髯，作为仪容的瞻示，如马一浮、曾农髯、张大千、于右任、丰子恺、朱大可、吴待秋、马公愚等都是《陌上桑》乐府所谓"鬑鬑颇有须"之流。而"为求一字稳，捻断数茎须"更属风雅文人的习惯，定之爱须若命，蓄了三十年，这怎么办呢？定之思想豁达，毅然应允，取了一面镜子，照了又照，频摇其首，可见他惋惜的心情，是不言可喻的。施行手术由陈恒义奏刀，李月云协助，自晨八时，直到下午四时，始行毕事，陈医生谓定之配合得很好，认为他进行许多手术，如定之一样的坚强耐痛是很少见的。从此定之满怀信心地养息。子女下班去医院探病，他总是面含笑容，嘱随侍在身旁的夫人，开西瓜给子女吃，以消暑气。定之创口长得较好，不久出院回家，走进书室，笔筒里插满了毛笔，瓷碟间残留了藤黄花青，总以为日后仍得从事书画，重理笔墨生涯。这时梅兰芳在上海演出，经常馈送食品，亲来慰藉，有如家人子侄。他儿女多，不住在一起，每天早晨，必须把人工气管加以洗涤和消毒，因一夜间内分泌物较多，呼吸不畅，这是由他二媳妇杨新宝侍候，且一日要做三四次，不以为劳。俗语有云："长病无孝子。"今竟长病有贤媳了，这是应当予以表扬的。那位陈陶遗是南社耆宿，一度任江苏省省长，他的儿子陈端白，精岐黄，陶遗便遣儿子来为定之治病，作为家庭医生，那癌是难治的恶症，仅隔一个多月，癌细胞又在喉部表皮上茁长出来，陈恒义医生感到失望，姑尽人事，在家里动了小手术，后一次又一次地长出来，定之心境也感到沉重，人逐渐消瘦，痛苦的折磨越来越厉害，把他送进德济医院做最后一次手术，看到子女忧虑的神态，对子女用书面说："工作要紧，家中还有小孩须要照顾，你们不必每天来探望。"这日恰是他七十岁的生日，他怕子女为他祝寿，预先写示："医院里决不做生日，等我病愈，明年再补做。"实则他知道自己的病，没有希望，聊以安慰下一代罢了。既而回家，饮食尚能进些面条泡馒头。延至十二月上旬，癌发展到食道，饮食很困难，连得液体的东西也难下咽。他写示家庭医生陈端白："小辈为了我陪夜，不得安宁，身体支撑不了的，你是不是给我打麻醉针，让我不知不觉离开人世，我少吃苦，小辈也不致弄得精疲力尽！"端白把字条给他儿女看，儿女都不同意，端白沉思了半晌说："你们的父亲很明智，因为，癌症到最后，是痛苦不堪的，你们让他延长生命，可是他却要多受痛苦的折磨。"儿女辈经端白再三解释，才含泪接受，定之面露笑容频频向儿女点头。一九四八年一月十八日下午，端白为定之注射吗啡针，定之目光瞻观周围的子女及孙儿孙女，伸出右手一一握一下，表示告别，至午夜脉搏停止跳动。他在死前写示子女："你们不要买棺木、做寿衣，决定火化，那就手续简单，又复节省费用，你们不要披麻戴孝，臂上围块黑纱就可以了。"半晌再执笔："你们一定要遵照我的遗言，否则就是大不孝。"又在"火化"两字旁加上重圈，其时除僧家外，都是桐棺数尺，黄土一垄，没有把遗体付诸一炬的。他这些行动，敢于破除封建旧俗，起着倡导作用，的确是难能可贵的。

高吹万的书法

南社名宿高吹万，逝世有年，我曾为他编撰年表，他的情况，当然是较熟悉的。他是金山张堰人，家有闲闲山庄，具园林之胜。又藏书数十万卷，坐拥百城，著有《吹万楼诗文集》，刊印问世。他过着优越的生活，可是好景不长，日军侵略我华，从金山街口登陆，把他的家园毁了，数十万卷的藏书，被掠一空。他老人家侷居沪上时报大楼的一隅，仅数平方地位，度着艰苦的余年。忆念家园，做了六十多阕的望江南词，字面上表示旷达，内心是十分凄楚的。我和他是忘年交，谊在师友之间。当我五十生辰，他撰了七律一首赠我，尚记得两句："五十年华全绿鬓，三千弟子半红妆。"又写了一副对联，作我小室的点缀："人澹似菊，品逸于梅。"原来我本姓鞠，出嗣外家郑姓，菊古通鞠，是很贴切的。

吹万的书法，在南社中是数一数二的。摹颜真卿，参以诚悬率更，从庄萧中具有逸致。以求者多，定书例以示限制。可是限制不掉，求书的还是络绎不绝。他索性定不书例："劣纸不书，油扇不书，秋扇不书，蜡笺不书，小楷不书，嫁名他人不书，限日取件不书。"我尚保存他的书札若干通，又朱笔楷书《金刚经》，这是他晚年学佛所书的。

李根源啸傲小王山

我和李根源在他下野时，曾通声气，可是始终没有一面之缘。原来他晚年为吴下寓公，和章太炎、金鹤望，结金兰之契，诗酒林泉，极盘桓啸傲之乐。他葺治小王山，是煞费经营的。既成，邀诸友好往游，他做东道主，尽永日之欢。承他不弃，一度柬约我和范烟桥、赵眠云等作灵山大会，烟桥、眠云欣然命驾，我当时不知被什么事所羁绊，没有参加，总以为来日方长，以后再来登临瞻仰，岂料人事变迁，迄今未了夙愿，这是多大的遗憾。否则我这一篇谈人物、谈景迹，一定能谈得较生动、较亲切，悔之莫及，只得如此了。

李根源，字印泉，又字养溪、雪生，别号高黎贡山人。一八七九年六月六日，诞生于云南省的腾越九保乡。父亲李大茂，以军功任腾越镇中营千总。李根源一跃而为民国史上的显赫人物，有此成龙之子，那是他父亲李大茂所意想不到的。（按：大茂卒于民国乙卯九月，根源方亡命日本，家人没有告诉他；次春闻讯，方声讨袁项城帝制，组织肇庆军务院，瘁于国事，不能奔丧，誓愿终身逢此日茹素不进荤，借以赎不孝之罪。）

我拟多纪述些李根源的生活细事，可是他的荦荦大端，似乎也得带着一笔，作概括性的记录，那就细大不捐，双方兼顾了。他早年应试为秀才，此后他不事科举，考进新创办的高等学堂，次年取得官费，留学日本东京振武学校。一九〇五年，中国同盟会在东京成立，根源为早期的会员，富有革命头脑，回国后触犯了云贵总督丁振铎。丁欲派警逮捕之。他闻风，又潜赴日本，学习陆军，允文允武，彬彬桓桓，如此人才，是很难得的。这时，护理云贵总督的沈秉堃赏识了他，把他调回云南，任云南陆军讲武堂总办。在他爱国思想教育下，培植了许多在辛亥革命中的军事骨干。他自己也冒着锋镝，和蔡锷、唐继尧等从昆明城北进攻，取得了胜利，蔡锷任都督，他任军政部总长兼参议院院长。此后他参加癸丑讨袁之役。欧战爆发，他和熊克武、章士钊等组织欧美研究会，发表对时局的主张。一九一八年参加护法斗争，以及其他一系列的革命活动，此役便择地苏州，作为息隐之处，黎元洪总统派人到苏，邀他出山，并亲书一联"关中贤相资王猛，天下苍生忆谢安"给他，对他非常推崇，因此他与黎元洪有知遇之感的。晚年寓北京，朱德时往问安，因朱也出身讲武堂，沐受他的教泽的。一九六五年七月六日，李根源逝世，年八十六岁，著有《雪生年录》《雪生年录续编》《曲石文录》《曲石诗录》《曲石诗文续录》《曲石文存》《曲石续文存》《曲石庐藏碑目》《荷戈集》《九保金石文存》《镇扬游记》《娱亲雅言》《吴郡西山访古记》《吴县冢墓志》《洞庭山金石录》《阙茔石刻录》《景邃堂题跋》《西事汇略》《虎阜金石经眼录》《河南图书馆藏石目》《滇西兵要界务图注》《滇军在粤死事录》《陈圆圆事辑》《陈圆圆续辑》及《曹溪南华寺史略》（与邓尔雅合作），真可谓著作等身。又编刊《云南杂志》，题有"民报挺身谁拱卫，云南杂志是尖兵"之句，时为一九〇六年。他又绘图寄意，有《吴郡访碑图》《苏门负土图》《阙园图》。（按：根源母亲阙氏，阙园为供养其母所住。）园中有况蕙风一联，极为传诵人口：

　　山光照槛，塔影粘云，永日足清娱，绕膝舻称金谷酒；

红萼词新，墨花志古，遥情托高咏，题襟人试老莱衣。

根源为苏寓公，那是他看到军阀混战，政局日非，便急流勇退，奉母赴苏，他对于苏州山明水秀，林木清嘉，素具好感，认作第二故乡，即在葑门内十全街购买了一所园林式的旧住宅，伺奉定省，克尽孝道。某岁，他为萱堂祝寿，那时他虽高蹈远引，不问政事，但究属阀阅簪缨，门生故旧，都一时显达，晋觞上寿的来自四方，轩屋厅堂，极富丽繁衍之盛。当杯酌笙箫、群情欢动之际，他忽然想到左右邻舍，也应当请他们来热闹一番，可是邻居的老媪们，生活贫困，衣服褴褛，见不得人，又送不起贺仪，坚决不肯参与以贻羞。根源探知其情，婉言谢绝送礼，并由其母亲检出自己的服御，给邻媪穿着，前来饮酌。这些平民化举动，受到众口的称颂。直至一九二八年，他的母亲仙逝，就在距城西南四十里的穹窿余脉小王山，卜葬其母，且种松万株，名之为松海，加以其他点缀，小王山竟成为风景区。一九六五年七月，他自己临终，遗嘱，把他骨灰埋葬小王山，在他母亲的墓侧，经过"文革"，幸而没被摧毁。

当他居苏时，章太炎、金鹤望等名宿，也在苏州，常谈艺论文，甚为相契，便结为金兰兄弟。而苏州为吴王阖闾故都，数千年来，古迹累列，有许多是素来著名的，还有许多尚待搜幽索隐的，甚至断碑仆地，淹没丛棘芜草间，非有好事者，不克发见考证。他却好古成癖，特地备着一只小船，他的居处，临着河埠，就在门口上船，是很便当的。苏州是有名的水乡，有东方威尼斯之称，循着纵横的河道，到处可通，由小船深入探寻，往往泊在港畔，登岸陟阜，披蒙翳，驱狐虺，得一碑碣，摩挲辨认，走笔录存。夜则宿于小船中，一灯荧然，和他的伴从相对。这样经过了二十多天，以饱受霜威雨虐，加之饮食失常，归家一病几殆。既愈，他把搜集的资料撰成《吴郡西山访古记》，且又参加吴荫培探花主持的吴中保墓会，到处访觅古代名人的墓穴，一一为之封植。当时有位王秋湄讥讽他："与冢中枯骨为伍。"他回答说："这与临摹古碑、摩挲古物同一意义。"用以还讽秋湄的好古物而集藏六朝造像的习性。

根源在小王山辟有别墅，城郊往还，路过木渎，经常在石家饭店进膳，该饭店有十大名菜，尤其鲃肺汤，为于右任所称赏，曾有一诗：

> 老桂花开天下香，看花走遍太湖旁。
>
> 归舟木渎犹堪记，多谢石家鲃肺汤。

且写了"名满江南"四字的横额，潘泽苍很熟悉该店的往史，写了一篇记录。又我友许舒风，乃该饭店主人石仁安的女婿，见告李根源和该店的关系，最早该店的招牌为"石叙顺"。有一次，仁安请根源为该店更名，根源大笔一挥，径书"石家饭店"四字，于是邵力子、叶楚伧、吴敬恒、白崇禧、李济深、汤恩伯、钱大钧、陈果夫等，都来品尝。果夫尝到仁安亲自为他烹制的番茄虾仁锅巴汤，这菜先把番茄虾仁在滚油中熬透，然后浇在锅巴上，嗤的一声作响，饶有妙趣，这看现在很普通，当时由石家饭店创始，果夫大为惊异，问："这叫什么？"锅巴是素来不上席面的，仁安说："没有名堂。"果夫说："菜肴怎能没有名堂，我认为不妨叫作'天下第一菜'吧。"于右任吃鲃肺汤，那是根源邀请他来的。据说石家饭店的所在，乃是有清名臣冯桂芬的旧宅。

根源的交好，据他的嗣君李希泌所撰的《回忆先父李根源在吴县的岁月》，叙述甚详，知道他和张一麐友谊更深，小王山的"阙茔村舍"四字，即出于张氏手笔。张氏的祖墓，距小王山数里，建有庐屋，但张氏很喜欢住在阙茔村舍，和根源晤谈，根源特为张氏辟一卧室，大有徐孺下陈蕃之榻之概。两位老人都习惯早起，黎明起身盥洗，张氏打太极拳，根源则做健身操，两老锻炼后，坐在相对的沙发上，张氏捧水烟袋，根源吸旱烟长管，边吞吐，边谈话，一直到吃早饭，以为莫大乐事。一九三二年，根源和张氏有志于办新农村，倡议在善人桥立实验农村以示范。又办成人夜校。仿日本式修公共浴池。"九一八"事件发生，二老一致主张抗日，且义愤填膺，组织老子军，参加前线作战，卒被当局劝阻，未得成行，乃转为后方支援工作，埋死救伤，不遗余力。根源有五言绝句：

> 霜冷灵岩路，披麻送国殇。
>
> 万人争负土，烈骨满山香。

当时郭沫若深赞二老的行径，称根源与一麐为"天下之大老"，撰文报道其事。此后敌寇日迫，城居危急，根源携带随从，于深夜杂在难民中，步出金门，经横塘、朱墩、西跨塘、木渎等地，途中数遇敌机轰炸，幸未遭殃，至次晚始抵小王山，又有诗云：

> 救难扶伤今已矣，老夫挥泪别苏州。

这诗是很沉痛的。及敌军侵占吴江，去小王山仅三十里，一水可达，加之敌机空袭木渎，火光烛天，根源大为焦灼，这时工兵总指挥马晋三驶车来小王山接根源和张老，因晋三的父亲马程远，是根源讲武堂的老学生，有师生之谊的。奈张老为了难民尚待疏散，未能离走，根源被晋三强拉登车，前往南京，辗转到重庆，住在化龙桥畔，徐悲鸿去探望他。他有感于根源以往的义举，为绘《国殇图》长卷，绘着根源执绋走在行列的前面，满怀悲愤，栩栩如生，为悲鸿生平得意之作，可惜现陈列于北京徐悲鸿纪念馆中，仅一悲鸿为根源所作的画像，那《国殇图》已不知去向了。

最近，上海辞书出版社所刊行的《中国名胜辞典》及《中国历史文化名城辞典》都列入了苏州，但在苏州名胜中却遗漏了小王山，不毋遗憾！幸而李希泌的那篇《回忆先父李根源在吴县的岁月》，纪载很详，吴县文史资料委员会，又刊有《吴县小王山摩崖石刻选编》佐以图片。兹摘存一些，以留鸿雪。根源在苏州前后十四年，一九二七年春，其母逝世，殡于石湖治平寺，乃在寺内守灵。翌年，葬母于善人桥小王山东麓，从此他经常住在小王山，他乡居的时间，还多于城居的时间，在小王山植树造林，引道开山，濬泉凿石，欲辟小王山为名胜之地。山后万松蓊蔚，翠黛染衣，即就峰头建一石亭，章太炎篆书题"万松亭"三字。一九三五年陈石遗诗人来游小王山，登上万松亭，看到万松成为松海，对之胸襟豁然，大为兴奋，题名"松海"，并写了"松海"两个大字，刻在松林深处的崖壁上。根源喜悦之余，复鸠工在松林内建了两座三开间的平屋，南边的一座，叫"湖山堂"，面对岳峙、烂柯两山，峰岚缺处，可见太湖，凭槛远眺，顿有山色湖光扑面来之感。北边的一座，叫"小隆中"，章太炎篆书题额，并有识语，如云："予昔为印泉作楹联、附语，称'治世之能臣，乱世之奸雄'，盖戏以魏武相拟，以印泉尚在位也。退处十年，筑室松海，自署小隆中，又追慕武侯，则仕隐不同，故淡泊宁静，亦山林之趣，予因据其所称榜之。"小隆中的题名，是有来历的，太炎夫人汤国梨有次来访松海，口占了一绝：

探胜不辞远，栖山莫怨深。

苍茫松海里，应有蛰龙吟。

根源和了一首：

苟全于乱世，不觉入山深。

高卧小隆中，聊为梁父吟。

因据诗意，名此屋为"小隆中"了。堂中悬有冯玉祥在泰山所绘的巨幅《蜀道难图》，是赠给根源的，悬在这儿，却有些不伦不类。小隆中后面有一丛石峰，张溥泉（继）来游，题名为"卧狮窝"，又题了一诗：

大王卜宅小王山，野服芒鞋意自闲。

遥指吴宫无限恨，太湖明月一沙湾。

人称根源为印公，这儿又称大王，递升了一级，他引为笑谈。小隆中之北，有座石台，广二三丈，刻有九七老人马相伯写的"枕涛"二字，其上为"寒碧石"，其下为"听泉石"，再北有石亭。篆额"听松亭"也是章太炎题的。"卧狮窝"的西侧为"吹绿峰"，因石峰遍滋苔藓，浑然一碧，故名。这三个擘窠大字是陈石遗写的。可是这儿嶙嶒矗立，缺的是潺潺的流水，有了石，没有水，未免减少了活气，所以根源动了脑筋，把对面岳峙山涧的流泉，引导过来，开辟了一个池塘，注玉跳珠，风起细浪，李烈钧为题"灵池"二字，上建"池上亭"，登临其间，令人有濠濮之想。池塘的南面，有旷地数弓，植梨多株，花时笼烟浥露，剪雪裁冰，称"梨云涧"，加上前山的"孝经台"，成为"松海十景"。那"孝经台"，是一块三四丈见方隐伏在山坳里的平整岩石，刻有章太炎篆书所录的"孝经、卿大夫章"，每个字一尺二寸见方，几欲与泰山经石峪先后相辉映。

从一九二七年至一九三六年，知名人士来游小王山留下题字的，除上面所述诸子外，尚有陈巢南、金鹤望、张大千、范烟桥、周瘦鹃、吴兆麟、汪旭初等，也有未履其地而寄来手迹的，如吴昌硕、谭延闿、谭泽闿、章行严、邵元冲、张默君、张维翰、蔡锷、黎元洪、程潜、陈锦涛和根源的老师赵端礼、孙光庭等。根源雇了两名刻工，历两寒暑，才把题字都镌凿在小王山和岳峙山的岩石上。最特殊的，其中有一块是曾任苏州博习医院院长美国人苏迈尔博士的西文题名，为摩崖的创举。根源将小王山的石刻与题咏，汇编为《松海》一书，包括"松海集""松海石刻""阙茔石刻"，与徐云秋"穹窿杂写"四部分，此外又请四川诗僧大休上人绘《阙茔村舍图》。云秋能画，又画了《松海图》，云秋和我相识，著有《卓观斋脞录》，"文革"前曾把晤于上海，不久他就下世了。总之，小王山是湮没无闻的，经根源加以点缀，山因人而名，也就成为胜迹了。

一九五〇年，根源从北京回到苏州，忙着去锦帆路拜谒了章太炎的灵厝，又访问了经学大师曹元弼。旋即驱车到小王山，幸茔墓和村舍依然如旧，但郁郁松林，经战乱被伐，根源大为嗟惜！一九五一年，根源迁居北京，时常萦系着小王山，奈年衰体弱，未能成行，便主张在抗战时期从十全街寓所疏散到小王山那些古籍、书画、文物，以及故意沉在小王山关庙前小池中的唐代墓志九十三件，其中尤以唐诗人王之涣的墓志，为最珍稀，悉数归诸公家保存。根源于一九六五年七月六日，病逝北京，后人按他的遗愿，安葬小王山，他有一弟根云，也埋骨于此。

现在掩映在绿荫丛中的小王山小学，原名阙茔小学，是一九三一年根源创办的。教室门前有一口井，名曰"冈极泉"，是办学前一年开浚的，也就成为遗迹。那时在这小学读书的有一位金云良，今尚健在，擅文翰，缅怀师门，撰写了《李根源与小王山》一文，足补李希泌所写的挂漏，并把题名题诗列为一表，也是一位有心人哩。那本《吴郡西山访古记》我最近向图书馆借来，始得寓目。书为线装本，为日记体，凡五卷，《虎丘金石经眼录》《镇扬游记》附在其中，题签出腾冲李日垓手笔。末有根源识语："此书为余今岁游览所经，随笔记录，疏舛知所不免，未敢遽出问世。乃上海泰东图书局主人赵君南公强索刊印，辞不获已，尚冀海内鸿硕，匡教是幸。"冠金鹤望一序，略云："公之载酒买艇挟两健仆而西也，太夫人亦不之知。荒山破寺，披榛丛，剔藓迹，甄录宋以来石刻无遗。历访先贤兆域百余所，凭吊其松楸，其或幽隐芒昧，则咨于亭长野老，证以史志，相以阴阳，间得佚石于畦陇间，于是韩襄毅、徐武功、董香光、钱湘舲、王惕甫、曹秀贞夫妇诸墓，近百年来文人学士，课虚叩寂于荒径穷谷，茧足不知其所往，一旦骨脉呈露，昭晰无疑。其尤久且远，如吴朱桓、梁陆云公、钱氏元璙，佳城幽壤，绵历纪祚，亦复披豁以诏当世，公之功于是为勤。其他题辞者，尚有张一麐、赵石禅、孙光庭、亢维恭、陈荣昌、王佩铮、何秉智、方树梅、吴荫培、彭云伯、费树蔚、周迦陵、李希白、陈直、李维源、尤宾秋、卧云法师等，珠玉纷披，均极可诵。"他访古凡二次，第一次是一九二六年四月十二日到四月三十日，第二次是同年五月二十四日到三十日，共计二十六天。当时交通颇多阻塞，每天寻访的往往有五六处之多，很为劳累，晚上在船舱灯烛下，涉笔纪载，动辄至三鼓始息。他为了访寻那著《治家格言》的朱柏庐（用纯）之墓不得，乃辗转访得吴县生员程敬之的儿子叔渔，盖柏庐墓被人所掘，而敬之出于阻止的。便请叔渔为导，舟泊周家圩，步行里许，由权墩登山，得见墓穴，土已削平，无复隆然之概，他即斥资为之整葺。又访经学家惠栋（定宇）之墓不得，归求惠氏后裔亦不得，既而张一麟偶遇惠而溶，知为惠栋的六世孙，以告根源，始由而溶导往光福镇倪家巷村南百步，地广二亩，尚有祭台，乃设香花瞻拜，以志敬仰。

根源自己也擅书法，具北魏体，朋好求书，他立即应付，他很随和。有时村民及田舍郎请他挥毫，他从不拒绝，甚至主动写了联对，亲自送到野老们的陋室中，谈生活，话桑麻，野老也忘掉了他曩时是显赫一时的国务总理，留他吃饭，佐饭的都是什么荠菜、马兰头、金花菜，他笑着说："这些时鲜蔬菜，比鱼羹肉脍，胜过多多，我是很配胃口的。"我喜罗致书画扇，颇以没有李根源的手迹为憾，一天在丁暗公的后人丁柏岩处，看到一柄根源写的隶书扇，最为珠联璧合的，一面为马树兰的花卉，淡雅清疏，得无伦比，马树兰为根源的夫人，这柄夫妇合作扇，尤为可珍可贵，我和柏岩相商，卒由柏岩割爱让给了我，作为纸帐铜瓶室长物了。

根源的后人，有挹芬、希泌等，希泌是他第五子，孝思不匮，以父亲著述，久已绝版，最近把根源在不同时期的文电、题跋及研究云南金石文章，共一百七十篇，总计三十万言，请缪云台作序，楚图南题签，名"新编曲石文录"，由云南人民出版社刊印问世。这是民国史料，也是地方史料，更是南社史料，因他老人家也是籍隶南社的。

陆士谔之龙泉剑

故青浦陆君士谔，擅小说家言，本我道中人。后以鬻文为苦，乃改操长桑君术以问世，然兴至仍不废撰述。日前予往访谈。陆君谓："业医往往可得意外之物，前为江南刘三治病，获苏曼殊山水真迹一幅，君已睹赏之矣。兹者浙江龙泉人蔡起澜之夫人来信求方，蔡君赠龙泉宝剑一柄。"脱鞘见示，则寒光凛然。执之令人作杀敌诛仇之想，不觉把玩者久之。又指案头之盆卉一，曰："此玉叶树，产于檀香山，以珍异故，禁止出口。"予视之，则一树根，作片面劈截之状，蓄于水中，根茁芽发叶，湛然深碧，而光泽可喜，尤为难得。陆君曰："前应诊于虹口卢宅，为一少妇治症，仰首构方，适见架上玉叶树，不禁注目者再。病者之父，知予爱好，遂举以相赠，即案头佐静添幽之物也。"予曰："此无异曩日查伊璜在吴六奇将军府赏英石峰，题以'绉云'二字，六奇乃舰运辇载，送绉云查家故事。"陆君莞尔曰："病者之父，风义固不让六奇当年，惜予非风情潇洒才华丰赡之查孝廉，此未免有惭佳贶矣。"按：陆君尚有一事足述。女子某沦为某家婢，某略知文墨，并喜读岐黄书，慕陆君名，致书叩询。陆君知其身世之可怜，乃设法招之来沪，供给衣食，认为义女。某既出樊笼，得遂所愿，专心学习，居然深知脉理。陆君抽暇更授以古文辞，于文章义法，亦耳熟能详。予访陆君，辄见某服御朴素，端庄凝坐，言笑不苟。洵末世罕觏之好女子也。

周庄三友之一费公直

有人这样说："黄山集中国山林之美，周庄集中国水乡之美。"一九八六年，举行周庄建镇九百年纪念，陈从周教授曾率领上海同济大学建筑系学生来此测绘，给予高度的评价："周庄为国内仅存的水乡古镇，是淀山湖畔一块碧玉。"并知周庄之名，自北宋元祐年间，周迪公舍宅为寺而起的，地灵也就产生了人杰，那位传奇人物富甲江南的沈万三，即周庄人士。明太祖定金陵，欲广其外城，府库虚乏，难以成事，万三愿斥半数，那是多么豪阔啊！仅就数十年来谈，南社社友隶属周庄的，便有叶楚伧、王大觉、费公直，都是绩学劭闻抗衡当世的。有一位张寄寒，写过一篇《苏曼殊和周庄三友》，所谓三友，即叶楚伧、王大觉、费公直。这篇文章中，谈到曼殊与公直的交往，如云："苏曼殊和费公直，在日本就认识。一天，公直刚从上野图书馆出来散步，夕阳西坠，樱花历乱，风景绝佳，公直在沉吟观赏，忽然隔着篱笆的一条狭巷里，有人喊他的名字，这声音很稔熟，于是循声走去，原来是曼殊大师，便邀曼殊到寓所，谈笑甚欢。进餐时，曼殊想吃鲍鱼，公直叫使女到市廛去买，曼殊吃了犹嫌不够，又到外面续购三次，顷刻间，曼殊脸色骤变，公直急忙给他煮咖啡，加了不少糖，饮了才好些。晚上，又给他服药。次日，疲惫不堪，偃卧了两天，乃告辞而去。一九一二年，公直在上海，重遇曼殊，曼殊把他从印度带来的一枝藤杖，送给公直留念，公直喜，作《曼殊上人赠印度藤杖歌》。"两人的交谊，于此可见一斑。

最近晤及苏州花桥巷的潘慈中，少年英俊，爱好文史，交谈之下，始知他是公直的外孙婿，从他那儿借阅了大批有关公直的资料。又承慈中辗转介绍，由许南湖老人写了一篇《回忆南社诗人费公直》，很为详赡。公直的女婿沈恩惠，补充了一些，又蒙朱云光的弟弟云平，写了《费公直先生纪事》，外间均没有发表过，凡此种种，都是信而足证的，在我纪述方面，左右逢源，也就滔滔不绝了。

公直原名善机，又名启之、起志，号一云，取颜渊"一箪食、一瓢饮"之意，号一瓢，以示其清贫自守。家有秋明阁，别署秋明。又取《易经·乾象》"天行健，君子以自强不息"，又署天健。又慕明末高士傅青主，拒清不仕，擅书画，家居治医，著有《霜红盦集》，公直也深于岐黄之道，平生境况和傅青主相类似，因号霜红、霜盦。又和常熟钱南铁友善，参加虞社，邮筒传诗，相互酬唱，一次赴常熟访白茆之红豆山庄，为钱牧斋、柳如是双栖的别业，奈园已湮废，遗迹渺然，仅留几株红豆树，南铁以数十颗红豆贻赠公直，其中有二颗色泽特别殷红，光润可喜，公直赋诗，有"红泪枝头春带雨，绛云楼外绮成霞"等句，乃名其斋为双红豆簃。周庄为水乡，桥梁很多，公直的家门口，有二座成直角形的石桥，一名世德，一名永安，王大觉给他的诗，称他为"双桥词宗"，他便自称双桥词人，或双桥居士。有一位画家陈逸飞到周庄写生，绘了一幅双桥油画，后逸飞赴美，在纽约画廊中展出，被美国巨商阿曼德·哈默所购去。一九八五年，国际邮票节，发行印有双桥的首日封，可惜公直已下世，不能目睹这小小双桥，沟通了太平洋两岸的友谊。公直于清光绪庚辰（一八八〇年）生在吴江县南汀乡，后迁周庄，便定居于此了。

公直的曾祖费玉成，嗣祖费若卿，都做武官，为干城之选，所以他也学习拳棒射击。父费养和及母亲早世，嗣祖若卿乘轮船，从上海到嘉兴，因行驶过速，翻船遇难，家道就逐渐中落。公直由姑母抚养，故公直侍姑母甚循孝道。后从顾莒臣读书，十八岁，考入宁波中西储才学堂，接受新学识。为了功名前程，一八九九年，辞别了新婚的夫人（嘉善朱氏），以荫生应试，中式庚子科二等第一名，分发浙江金叙候补通判，可是他对此一官半职，并不满意。加之，八国联军焚掠京津，接着签订《辛丑条约》，清廷屈辱求和，国家行将被瓜分豆剖，使公直起了反清思想，毅然赴日本留学，先在东京同文书院学日文，即进正则理化速成专科学习，时国内人民，掀起拒俄运动，反对沙俄在八国联军侵华中，占我东北。消息传到日本，激起留日学生的愤怒，黄兴首先发起组织拒俄义勇队，在东京发表演说，留日学生纷纷响应，公直积极参加。这个队，由清士官生蓝天蔚、敖正邦为军训指导员，旋被日方警署出面干涉，因之改名军国民教育会，密派钮惕生、汤尔和、黄兴、程家柽、龚国元、费公直六人首批回国，进行革命活动。与章太炎、蔡元培、吴稚晖所办的爱国学社相联系，这时柳亚子进入学社，才和公直相识。

江南刘三（季平）在他的家乡华泾镇，创办丽泽学堂，公直与秦效鲁、吴一青、刘东海等襄助建校，为革命机关。两江总督端方奉命查缉，公直亦列入被缉的名单中，他不能容身，又避地日本，攻医学。及形势缓和，才由友人介绍，任安徽新安中学理科教员，与黄宾虹同事一堂。尝赴新安，道经芜湖，为雨潦所阻，暂住芜湖中学之宿舍，晤陈巢南、刘光汉介绍入同盟会。此后同盟会在某处开会，摄有集体照，他和孙中山、黄克强、廖仲恺等都列席在内，他把这帧照片，作为革命文献。辛亥起义，他应沪军都督陈英士之招，任总务科一等科员，及南北统一，他功成身退，行医为生。齐卢战争，在乡组织红十字分会。他的女儿西因，也送之入上海中德产科医校肄业。当卢沟桥事变，他一度移家吴中萧家巷七十一号，仍不辍医业。他和严工上友善，严是电影界人士，在银幕上饰教授、士绅等角，雍容大方，甚为融洽。严来周庄，常盘桓公直家，大有徐孺下陈蕃之榻之概。严的女儿严月娴，为三十年代电影明星，轻盈婉丽，人以姑射仙人、洛川神女为喻，芳誉甚噪。奈因病沾染烟癖，严知道了，大加训斥，偕来周庄，请公直为之配方服药，住了一个多月，嗜好摈绝，始回上海。

公直昆仲三人，一为公肃，一为公威。公威名善衡，亦擅文翰，与公直同隶南社。柳亚子把自己的诗写了把扇子，赠给公直，公直和之。亚子的《迷楼集》载诗很多，公直一一和韵，无不李艳温香，倾炫心魄，我初不知迷楼在哪里，是怎样一回事？兹又从张寄寒所撰的《柳亚子和迷楼》，才知这所迷楼在周庄西鱼平桥畔，是一个小酒家，在半个世纪前，亚子和公直、楚伧、巢南、大觉、沈君匋及亚子堂弟柳率初，同集该酒家吟啸酣饮，这是一幢旧式的木楼房，楼上朝南有六扇蛎壳窗，楼下的窗是玻璃的，后门临河，至今尚保存着。店主人之女阿金，年方二九，虽属村姑，却出落得娇憨明曼，楚楚可人。这时革命趋向低潮，亚子、公直等深感悲愤，遂抱信陵君醇酒妇人的态度，做了几百首赞美阿金的诗章，兼及水乡的风景，这本《迷楼集》乃柳率初编刊的。经此宣传，这个小酒家和村姑阿金声名大震，大家都要来看看阿金究属美得怎样。很可笑的，那位沈君匋的夫人就想见见这个小酒家的美女，于是特地命佣人到阿金的小酒家去叫菜，可以看个仔细，可是阿金送菜到了沈家门口，把菜交给佣人就走了。沈夫人不甘心，又和另外几位夫人约好一起来到这个小酒家，只见小楼破破烂烂，一张半新旧的八仙桌，几条狭长的凳子，墙壁都给烟煤熏黑了。在这样简陋的环境中，阿金乱头粗服，周旋其间，可是那明眸皓齿，柔气低声，简直令人把这很差的环境忘掉了。阿金吸引人的魅力，的确不小。公直知道了这件事，做了一首很风趣的打油诗，载之地方报上。

亚子和公直的游戏生涯，是无独有偶的。迷楼外，又来一个乐国，这是怎样一回事呢？所谓乐国，在吴根越角斜塘烧香浜之畔，也是一个卖酒之所，寿石工绘了一幅乐国图，古屋数楹，杂列若干座樽壶在案，境绝清幽，疏梧丛竹间，一婵娟拔剑起舞，是否这当炉的卓文君，兼擅武艺，那就不得而知。据吴又陵的题辞："丝竹中年唤奈何，银瓶卖醉且婆娑。罗裙青镜当炉日，锦瑟瑶笙对酒歌。红拂才高知李靖，相如游倦论荆轲，穷途阮籍谁能识，独向尊前感慨多。"则粉黛之气，溢于言表，总之，此中有人，呼之欲出哩。亚子做了很多诗，公直和了十多首，又有凌昭懿、沈昌眉、沈昌直、许半龙、柳率初、陈巢南、王大觉、徐弘士、陈绵祥等都有和诗，汇刊为《乐国吟》。书脊有"磨剑室"三字，可知是柳亚子所刻的。亚子一短跋有云："曩在蚬江（周庄别称），颇事游宴，酒酣耳热，击缶歌呼。予季率初，辑而刊之，今世所传《迷楼集》者是也。斜塘三宿，又堕软尘，帕首靴刀，经过李赵，钗光鬓影间，乃隐隐有桃花马上之风，盖狷狂弥甚已。陈子巢南谓，盍编《乐国吟》，以匹《迷楼集》，增千秋韵事乎！"可知这两种刊物，属于姊妹篇了。

公直多才艺，诗散佚无存，仅留载《南社丛刻》及《迷楼集》与《乐国吟》中，慷慨豪放，近龚定庵一路。常熟有虞社，社友之多仅次于南社，社刊若干集，公直亦社友之一，诗载社刊，具相当数量，可是难以寻访了。他又悟禅悦，当时周庄全福寺僧善缘、智缘，和公直往来很熟，公直有时借宿寺中，曲径通幽，禅房花木，西方自在，南海非遥，不觉使人作出世之想，寺有巨钟，重三千斤，悬于大雄宝殿之左侧。一阁名指归，可供游客登眺，因此周庄八景，有"全福晓钟""指归春望"，那个钟，那个阁，却占八景之二。智缘和尚，以募化所得，别建三层经阁，奈缺少佛经，有名无实，公直斥资购得佛经数百卷，列置大橱，贝叶蒲团，始得相称。公直又工国画，《中国美术家人名辞典》根据陆丹林之《枫园画友录》载入费公直一条："费公直，原名善机，字天健，号一瓢，江苏吴江人。工诗，花卉得华岩遗法，秀雅轻灵，富有诗意。抗战胜利后不久逝世，享年七十余。"那生卒年，生年未列，卒于一九四六，加上一问号，那是不肯定的。顷由潘慈中出示《霜盦历年简略记事》一册，知公直生于一八八〇年，即清光绪六年庚辰。一九五二年九月患脑出血，病逝于苏寓，七十四岁。足订《中国美术家人名辞典》之误。慈中见到公直作品，辄复印留存，且赠我公直亲笔所绘的梅花小幅，没骨折枝，绛葩数朵，极清逸疏落之致，左角钤一公直小印，我什袭藏之。慈中犹珍藏公度所绘之《江湖行乞图》共二十幅，每一图，题一诗，装为一册。首页为前言式之诗题，如云："'贫富能均事有无，齐民术亦古今殊。江湖满地何人见，写出监门第二图。'此册绘于乙酉之秋，成己三载。今春病后，索居无俚，偶尔检得，已近浸蚀，爰手自装裱，并各题一绝，初寒短日，借以消遣，敝帚千金，得毋可笑耶？记数言留以自玩。"署款霜盦，钤"费公直"三字白文印。这些画和诗，多少带些讽刺性，如画盲人乞食，题云："道听途说只盲从，噩噩浑浑似梦中。宇内难寻干净土，不教滓秽入双瞳。"弄蛇丐云："乞丐于今胜昔强，弄蛇绕体比人长。假威勒索如官吏，无赖原来出五坊。"江湖医生云："不学无成最可伤，一知半解笑荒唐。真名伪药欺人世，浪说传来官禁方。"卖唱女云："糊口年年赖鬻歌，凄音哪得比韩娥。乱头垢面风尘里，一曲琵琶涕泪多。"难民云："世沸蜩螗内乱多，无年不在战征过。一番兵燹成焦土，流落江湖唤奈何。"行脚僧云："做日和尚撞日钟，香厨法食叹空空。饥驱无分深山住，托钵沿门乞市中。"当时周庄有青年画家许南湖、戴天闻，和公直为忘年交，常在公直秋明阁中，调朱弄粉，合作画件。曾有一巨幅，公直画梅，南湖画松，天闻补竹，题为岁寒三友，笔墨苍莽妩媚，兼而有之，送给全福寺，悬诸佛龛。曾几何时，公直捐馆，天闻已卒，而南湖也白发盈颠，垂垂老矣。

公直艺事，犹不止此，尚能刻印，且藏印很多，慈中又钤拓了一册给我，我喜搜罗南社文献，这也是文献之一吧。其中他的姓名斋舍印，占其大半，如费公直、公直长寿、吴江费公直诗书画印、公直五十后作、秋明、霜盦及公直审定，由此可知他还是一位鉴赏家哩。此外有怀瑾楼、无私心、诗中有画、志静、双红豆簃、东方仲马等，有圆的，有方的，有白文，有朱文，但都属小型，大的没有。他又懂得园艺，好养花，家中庭园虽不宽广，却杂莳凤仙、海棠、红蕉、月季、天竹、茑萝以及先生之柳、处士之梅、隐逸之松、飘香之桂，兰花尤多佳品。有一次，他送给王大觉兰花三十多本，附有关于兰花的考据，谓《楚辞》中之椒兰就是《本草》中之泽兰，大觉以诗酬答："芳草多君考据高，十年愧我读《离骚》。拗春时节双桥路，香湿筠篮趁雨挑。"总之，他的环境中，芳芳菲菲，四时不绝，书室中插瓶之花，姹紫嫣红，也得烂然盈眼。他又喜研究生物学，这时尚在清末，国人懵于科学知识，只听得人说"拼死吃河豚"，河豚是有毒的，吃了毒死人，究属河豚之毒，毒在哪部分，河豚为什么有毒，怎样能解毒，都没有人追究其故，公直亲自解剖，潜心察探，得悉其根源，制为标本，加以说明，这个标本和说明，陈列南洋劝业会，得优等奖凭，转送德意志万国卫生博览会。他又擅摄影，所摄的照片，一帧帧粘存在黑纸的照相簿上，凡若干册，用白粉笔标题，小楷一笔不苟。上面不是说他喜欢栽花吗？所栽的都有照片，尤以菊花为多，东篱秀色，映入眼帘，倘有送酒的白衣人来，那么俨然陶靖节了。其他花木，应有尽有，照相簿成了百花谱。又有许多符合诗意的照片，如春江水暖鸭先知，山色空蒙雨亦奇，停车坐爱枫林晚，青草池塘处处蛙，充满着野逸之趣。可惜这些照片，以越年久远，已泛黄色，再过若干岁月，恐模糊不辨了。又足资纪念的，如己巳暮春，他游虞山，访红豆村庄，用自摄机摄于红豆树下，红豆树三株挺拔，后为丛草杂树。他穿着长袍，戴着眼镜，神气是很足的，这时他五十岁。虞山的胜迹入镜头的，如剑门初平石、拂水岩、破山一角、桃源涧、橘仙磴、涟珠洞、仲雍墓、言子墨井。王石谷故居有三帧，一拜石园，泉石纵横，占地甚广，一庭院，磊磊菁菁，出墙有木，一来青阁，瓦屋数楹，通着曲廊，大约乃石谷起居之所。这三帧照片，倘印入王石谷画集中，岂不耐人玩索。又钱牧斋绛云楼遗址，土陇上一石凌空，那就是所称的舞袖峰了。昭明太子读书台，一正面，一侧面，台隐现于柯交草蔓中，具萧疏之致，这却引起我深深的回忆。其时我在童年，肄业吴中第四高等小学，某岁秋季旅行，到了常熟，遍游尚湖虞山，夜间即宿于石梅昭明太子读书台旁的祠堂屋中，铺着稻草，睡在地上，松风一夜，飒飒生凉，油灯耿耿，似明似暗，这种境界，幽凄虚廓，仿佛别有天地非人间，给我印象是难以忘怀的。吴中的照片，有留园、西园、狮子林、虎阜、五人墓、寒山寺、瑞云峰等，虽现尚存在，但今昔不同，也足使人留恋。上海的风景，如黄浦江、南京路、静安寺，也今非昔比。尤其半淞园照二帧，有拱桥、有茅亭、有水榭、有假山，夹岸花开，绚烂可喜，这许多，目前一无所有，园址建为市廛，尘嚣万丈，年轻的人，大都没有领略该园的景色，这也可谓历史的见证了。

他爱国心长，当"五四运动"，抵制日货，他对此大力宣传，而以身作则，不购东瀛物品，更把家中所有的日本瓷瓶、漆匣、绸布、玻璃杯盘等数十件砸碎，抛诸门外，以示愤慨和决心，致全镇人士，纷纷效仿，因此日本货物，散弃市廛巷陌间，无人拾捡，影响了其他村镇，采取一致行动，并摄了许多照片寄给各机关、各学校，扩大声势。

信手写来，未免漏列，杂撼一些，作为补充。他交游很广，最莫逆的，当推王大觉，大觉才华风发，著有《咒红忆语》《风雨闭门斋遗稿》等，致亚子一书中说："与公直时时相过，抵掌谈时事，每至击桌狂呼，声震屋瓦，把酒问天，拔剑斫地。"大觉为公直诗作序："年甫弱冠，仗剑出门，注名党籍，亡命江湖。濯足扶桑之岛，勒马泰岱之巅。"公直的豪气壮举，亦唯大觉知之最稔。和高天梅也多翰墨缘，曾为天梅绘梅花四幅，各题一诗，有云："韵事孤山消歇后，高人今又见天梅。"又为天梅题《风木秋悲图》，及天梅所藏冯柳东《杨柳岸晓风残月图》。又和江南刘三同游春明，公直写了一组《丙辰燕游杂诗》，刘三能书，作一楹联给他补壁。公直一度与戴天闻、孔云白在上海同孚路的同孚里办了一个晓风社，经营书画业，并聘黄宾虹、马孟容（公愚之兄）为社长。又在上海浙江路天保里办吴越译书编辑局。又佐陈巢南辑《警众报》，销行不畅，数期即停止。很有趣的，当陈英士攻打江南制造局，既克，公直还叫战士们，把制造局的门匾，掮来作为战利品。他的故乡周庄，风气闭塞，蓄辫者不敢剪掉，他返乡当众剪辫，为周庄人士剪辫的首创者。

南社画师楼辛壶

南社多诗人，而能画者也不在少数，如黄宾虹、李叔同、苏曼殊、胡石予、余天遂、蔡哲夫、谈月色、易大厂、邓尔雅、陈蜕庵、孙雪泥、汪旭初、沈尹默、沈剑霜、陆子美、经亨颐、郁曼陀、周人菊、俞语霜、姜丹书、费龙丁、尹笛云、楼辛壶等都是，现在我来谈谈楼辛壶其人其事：

　　辛壶生于晚清光绪庚辰即一八八〇年。卒于一九五〇年。浙江缙云县新建镇人。名村，一名虚，一名卓立，字肖嵩，又字新吾，厥后和吴昌硕相友善，为改辛壶，取其谐音，号玄根居士、玄朴居士、麻木居士、缙云老叟及玄道人。他幼即颖慧，为清优附贡生。受新潮流影响，鄙弃科举，赴杭州求学，读书武备学堂及蚕桑学堂，以卫国兴实业为己任。既毕业，先后任杭州仁和、安定等校教务。其父酷嗜书画金石，熏陶濡染之下，他也工书擅画，又精篆刻，锲而不舍，参加西泠印社，印社创始于光绪甲辰之夏，仁和叶品三、钱唐丁辅之、山阴吴隐避暑于孤山，小住人倚楼，研究印学，适仁和王福庵、山阴吴石潜由沪来，朝夕过从，谋创印社，同时安吉吴昌硕，雅慕西泠，信宿湖上，遂推昌硕为社长。辛壶加入较早，《西泠印社志稿》列其名，谓："楼村，缙云人，游杭，爱西湖之胜，遂家焉。善画山水，能诗工书，篆刻宗秦汉。"西泠印社丁亥重九题名，参与其盛的，有丁辅之、王福庵、王个簃、方介堪、马叔平、马公愚、张大千、高野侯、张鲁庵、秦彦冲、唐吉生、唐云、夏承焘、邵裴子、童大年等，裙屐联翩，济济多士，辛壶也是题名之一。当丁辅之七秩寿诞，诸社友有征集金石书画启。若干年后，此启收入《西泠印社志稿》。编者附语："此启当时列名者，沪杭各地，共四五十人，录之以见辅之先生及各社友于印社之殷切。乃不转瞬间，辅之先生即谢世，而社友中，如王竹人、叶品三、朱畅甫、童大年、高野侯、吴待秋、邹赜孙、马叔平、楼辛壶、武如谷诸君，一二年间，先后逝者已及十人。"大有人生朝露，寂寥湖山之感。一九八三年《书法研究》第三期，艺乐撰有《西泠早期社员楼辛壶》一文，甚为详赡。

辛壶和吴昌硕交谊特厚，他的篆刻受吴昌硕指导，他的印稿，昌硕为之评识，如"楼村印"，评为"绝妙"，"缙云楼村长寿"，评为"好"，"辛壶"评"此宜再得空气，壶字略收小便佳"，等等，褒多于贬，深中肯綮，辛壶得益良多，后来成为大家，这部附有昌硕评识的印稿，迄今犹藏其后人浩之处，目为珍贵遗物。《印人传》《中国美术家人名辞典》及《工余谈艺》等，均载辛壶治印的造诣。他的印稿，名《楼辛壶印存》，是失而复得的，其时西泠名印家韩登安，撰有一跋，略云："我归来，惊悉辛壶先生已归道山，为之深悼，不能自已。先生为吾社前辈，书画篆刻，卓然成家，名重艺林，更为余平生所服膺者。此册于戊戌年间，得诸冷摊，又于友好中，借拓三十余纽，贮藏有年，今获交先生哲嗣浩之仁兄，何幸如之。"推重如此，我所看到他的印拓，以"辛壶""楼虚"为多，其他如"无始斋""楼太虚""玄根簃""辛壶墨痕""会心不远""不善工巧""有竹令人瘦",一反前人"无竹令人瘦",不知其取义何在?"畏人嫌我真",这方白文印,仿汉之急就章,是他得意之作,刻有边款,有云:"读杜诗而见'畏人嫌我真'之句,余拍掌狂叫,真先得我心矣。因爱此句,复集为联,上句为'失学从儿懒',时为庚辰二月二十六日。"又一印"我生百事皆随缘",于此可见他为人的简率。陶冷月藏他的印较多,也有一跋,述及"印存",略云:"老友辛壶居士,精于山水,又擅铁笔,古朴秀逸,造诣邃密。庚辰辛巳间,时来北河楼,谈艺甚相得,即为余治印二十三方,均精绝。现居士早归道山,余每用其印,辄思故人,今其哲嗣浩之过访,别来已三十余年,几不相识。浩之出辛壶印存一册,阅之,如晤老友,能无慨然,爰以辛壶为余所治石,另钤一册赠之。浩之能宝爱其先君遗泽,而又能于业余揣抚其书画,已入其先君堂奥,辛壶得后人矣,可喜也。"是跋作于甲寅仲冬,距今十有余年,冷月亦离世,成为遗翰了。浩之将其父为冷月所刻二十三印,出示西泠印社社长沙孟海,孟海谈及辛壶曾刻十八面印,尤为仅见之作。辛壶之所以为冷月刻印如此之多,这是有一个原因的。当冷月居北河楼,那是气功大师尤彭熙所赁之居,彭熙与冷月,都学拳于乐焕之,冷月精于行意拳,辛壶对此颇感兴趣,每向冷月讨教一次,必刻一印章为酬,成为印坛佳话。孟海的跋语,又提到辛壶的家学渊源,谓:"辛壶的父亲,是以耕读为主的清贡生,善写大字。画山水,落笔苍润,缙云人,浙江美术学院教授李震坚曾亲见他作书作画,现在只记得他的名字叫楼狮山,因此印家范晋侯,为刻石章'三代书禅',指的是楼狮山、楼辛壶、楼浩之,都工诗能文,擅山水刻印。"据浩之告诉我，有一大，辛壶刻一朱文闲章，刻就，面有喜色，特地呼浩之来观赏，辛壶平素很严肃，不苟言笑，这时笑容可掬，给浩之印象很深，原来这方印章，是"心无所知"四字，章法和刀法，骎骎入古，确是胜于寻常，浩之也为之欣赏，一再端详，忽有所悟，对他父亲说："这'心无所知'，不是'辛壶所制'四字的谐音么？"辛壶经浩之一语道破，大为高兴，立即赏给仿宋青绿山水一帧，并题着款识，辛壶为儿辈所作的书画，是只有下款，没有题识的，浩之奉为至宝。此外楼墨琴，为辛壶长女，亦能承家学，得老人欢，也有一帧有题识的山水。

谈到辛壶的画艺，有人说他的治印，在画艺之上，印名为画名所掩，也有人说，他的画艺，在刻印之上，迄无定论，我在这儿，为之调解一下，认为"并皆佳妙，不分轩轾"。他的画友很多，如马公愚的长兄马孟容、马一浮以及余绍宋、王一亭、赵叔孺、童大年、黄宾虹、汤临泽、郑曼青、郑午昌、许徵白、高络园、贺天健、刘海粟、徐邦达、陈定山、丁辅之、郭兰祥、吕十千，当辛壶的尊人狮山七十双寿，十千仿黄公望山水，丁辅之画松，郭兰祥画牡丹，以代晋觞，那么丁辅之、郭兰祥、吕十千，尚是辛壶的父执。谢之光卜居沪市山海关路山海里，辛壶所居，和谢之光为比邻，常请辛壶为题，如题梅石美人云："倚语春归问小鬟，可怜无复旧时颜。梅花冷淡谁知己，待月吟风相伴闲。"从此引起辛壶画人物的兴趣，在山水外别辟蹊径。又和张善孖、大千昆仲，切磋丹青，三人都蓄长须。今尚健在九十六岁的摄影界前辈郎静山，为三人合摄一影为《三胡图》。他和吴昌硕，谊在师友之间，昌硕每次游杭，辄由辛壶伴之，饮龙井，访孤山、涉九溪、登三竺、谒岳墓、赏潭月，或昼或夜，或步或舟，在在行吟，处处挥笔，无不引为至乐。辛壶这样，敬事昌硕，应当是莫逆无忤的了。可是他率真耿直，具十足的书生气，不解什么人情世故，有一次为了细故，竟和吴昌硕闹起别扭来了，这是怎么一回事？说来是很堪发笑的，一天，辛壶因多时不见昌硕，很为怀念，他吃了中饭，就作不速之客，探访昌硕，适值昌硕午睡，司阍者是个新人，不认识辛壶，便挡驾谢绝，辛壶向司阍者说明来历，和他商量，讵意商量不通，辛壶吃了闭门羹回去，兀是气愤填膺，誓与昌硕绝交。及昌硕起身，闻知这事，便立赴辛壶家回访，说明原委，可是辛壶余愤未息，不肯出来接见，辛壶夫人陶雪梅一再向辛壶劝告，辛壶不纳，说："人贵自重，他既不肯见我，我当然也不愿见他。"陶夫人没有办法，只得向昌硕道歉，昌硕说："请嫂夫人放心，我自有别法，让辛壶消除意气。"说毕赶忙返寓，展纸伸毫，绘了一幅梅花，梅极苍古疏野，好像如纵横的荆棘，梅下一石，嶙峋可喜，石上且飘落着数点雪花，尤为有致，题着："古雪，楼村老兄，壬戌夏，老缶年七十九。"画的含义石为昌硕，因昌硕有时署仓石，荆棘为负荆请罪，加之辛壶夫人名雪梅，更属双关，昌硕携了这幅画，再往辛壶家，昌硕出画示陶夫人，夫人看得呆了半晌，即唤出辛壶，辛壶听得有画，投其所好，也就直奔客室，立在画前，凝神细审，大呼妙！妙！前嫌尽释，欢然握手，并激动地说"不敢当""不敢当"。这事，有位名记者王维友知道得比我更详，已传为翰苑趣闻了。辛壶画了幅《松泉云壑图》，昌硕为题一诗："披图如读丹青引，画树能通水石缘。毕竟楼村诗有学，白云来往似飞仙。"又云："楼村此帧，着墨孤秀，神韵欲飞，移娄东之妙笔，写浙派之苍厓，近时作手，罕有其俦。"辛壶和梅王阁主高野侯，也有深切的友谊，不仅在画梅方面，有所商榷，且极喜野侯的楷书，曾请野侯写一小楷扇面，十分珍视，卧病时犹出以展玩。及辛壶归道山，别无长物，浩之即把这扇殉葬。辛壶又有一山水卷亦为其生平精品，胡朴安、商笙伯、沈钧儒、沙千里、高吹万等名宿为之题。辛壶和吹万同隶南社，曾为吹万画山水条幅，我曾在吹万寓所见之，半岭白云，四山黄叶，也是杰出之作。又绘西湖十景册，时有市隐吴修暗，同居山海里，见之，以珂罗版影印问世，原稿现存浩之处。又《雷峰夕照图》直幅，现藏画家陆伯龙家，王一亭题句有："雷峰塔圮余经卷，瑰宝飘零奈若何。"深致惋惜。雷峰塔倾圮于甲子年，一九八四年又逢甲子，恰恰六十年。回忆我揽胜西湖荡舟归来，天将垂暝，恰巧领略了雷峰夕照的绝妙景色，此后再度游湖，舟行至此，总觉得眼前空宕宕，缺少了一个点缀品，不但失掉了物质上的美，并心灵上的美感也付诸乌有了，引为莫大遗憾。事有凑巧，我正在涉想旧游，忽邮递员送来一挂号件，打开一看，却是文史馆员王映霞女士赠我一柄那年甲子雷峰塔倾圮的纪念扇，一面为映霞的祖父王二南所书，写着一段雷峰塔的考证，及倾圮的日子，一面便是辛壶所绘的雷峰塔，淡淡着笔，塔以浅绛出之，杂草丛生塔砖之隙，益形荒芜寥落，寒鸦点点，与远岭相衬发，颇具元人笔意。辛壶作诗，罕作长短句的，在这扇上，却题一词："去年羁旅吴淞畔，倏报浮图陷，可怜西子堕云鬟，几点飞鸦哀怨总关情。夕阳无语红衰草，那个心如捣。湖居怎不管闲愁，一任晚钟凄咽六桥头。"所谓晚钟，乃指南屏钟声，悠悠扬扬，荡入湖水湖烟中，别有一种韵律哩。又抗战前夕，辛壶曾为著名金石家韩登安画了一柄山水扇，很为精湛，韩登安用以拂暑，非常珍爱。不知怎样，在千密一疏中，把扇丢失了，这一下，登安大为懊丧，食不甘味，寝不安席，没有办法可以找到，也就算了。及抗战胜利，辛壶一探兰亭、禹陵，及沈家园之胜，到了绍兴，无意中在道旁看到一个老妪，持着折扇，扇着风炉，似乎扇上有画，很面熟，走近一看，果然就是自己找寻不到的这把扇子，他来不及询问这把扇子的来踪去迹，便出了高价，将这扇买回，失而复得，大为高兴，到杭州后，立刻将此喜讯告诉浩之，为了纪念此事，特检出一方绝佳的冻石，仿着辛壶在扇面所钤"楼村"二字的阴文小印，并加上边款，给浩之留存。

谈到辛壶的书法，他是学颜柳的，受其父狮山的督促，黎明即起，就得写字，大的小的，规定若干纸。所以他幼年即为乡人写门联，逢到春节，一大批的春联，都由他挥毫，停匀凝重，大为其父狮山所奖励。后应童子试，其父为他提考篮，居然中了秀才，一领青衫，乡里称誉。他养成习惯，天将曙，盘膝入定，借以清心，起床后，打太极拳，借以健体，接着洒扫，借以洁其环境，凡此均作为写字的先决条件，及执笔，潜心潜意，临摹碑帖，一度为了画上的款识，学倪云林的题款体势，以符其用。他受了父训，对自己的子女督责也很严格，晨起先洒扫，后习字，《黄庭坚》《兰亭》《洛神赋》不许松懈偷懒。因之其后人墨琴、浩之，都在书法上有所成就。浩之取字"步辛"，无非学步于辛壶，以示不匮的孝思。辛壶虽逝世多年，凡名胜处迄今犹有他的题字，镌石留存，如缙云仙都的问渔亭、杭州西泠印社的仰贤亭，且有其所书的长联。壬子冬，辛壶伴同吴昌硕游灵隐，曾刻题名于飞来峰下。"吴昌硕石鼓本"影印，题签即出辛壶手。这"石鼓本"原迹，由浙江书法家姜东舒收藏，以浩之为题签者乃辛壶的哲嗣，持之以赠浩之，浩之拘泥小节，不肯受，越年久，鼠牙所啮，变成残本，姜再以为赠，方始收下。

谈到辛壶的诗，有《意庐诗抄》《清风余集》等，杭州徐仲可为作序，有云："楼君辛壶，以画名于时，尝来海上，得读其画，见题句，乃知其又能诗，谓有异夫今之画师也。"又云："君以清风馆集示予，则所为诗词具在焉，夷愉真率，远乎鄙俗，有萧闲自得之趣。方今斯文将丧，波辞诡辩，风靡一世，黠者且饰之以弋富贵，而君独不然。顾君又尝治兵家言，习蚕桑，皆有用之学也，乃惟以鬻艺自给，不求显于时，其微尚清远，不尤难能可贵耶！"他的诗，大都游踪所寄，抒发他怀古伤今的情感，以及朋好往还有所酬唱，如题柳亚子的《悲秋图》，与陈叔通、高吹万的和韵诗也有多首，尤以和吴昌硕同游名胜所作者为最多。

俗语有所谓"秀才遇着兵，有理说不清"，这儿所说的"兵"是指十年"文革"中那些蛮横肆暴的"红卫兵"而言，"红卫兵"一到，什么都被抢掠一空，甚至纵火，玉石俱焚，辛壶家由浩之顶着极大的风险，想出千方百计，才得大半保存，但损失还是有的，比较少数。此后又复四处访觅，戚友有存，归回他家，如辛壶为高吹万绘过一图，吹万的图，据我所知，有《寒隐图》及《风雨勘诗图》，我已不忆是哪个图了，吹万的后人君范，送给浩之，以归赵璧。诸如此类，恐尚有人在，所以最近缙云故里，举行"楼辛壶、楼浩之暨再传弟子书画展览会"，展品很夥，轰动一时。

辛壶有一女弟子章以邯，多才艺，辛壶极钟爱之，奈战乱频仍，失去联系，不知生死。辛壶生前颇有再传一个女弟子之意，浩之遵嘱得一女弟子王莹，学画已入门，曾北游长城，三上黄山，并涉足华山、龙门、三峡、雁荡，作画得力江山之助。我曾见过她的画，淡雅没有火气，很耐人观赏；也见过她的人，秀外慧中，沉静含着微笑，在青年中也是难得的。

写到这儿，浩之自杭来信，告诉我许多琐碎的事，在我来说，这些竹头木屑，都是有用之材，爱摘取若干，以增篇幅。辛壶的夫人，原配为叶可书，育一子二女，子早殇，继配陶雪梅，今尚健在，八十四岁，育二子一女，浩之即陶夫人所生，也年届花甲了。有黄君素女教授，乃章太炎弟子，和辛壶在羊城相遇，及别，辛壶画萍草为赠，以寓萍水相逢之意，及君素来上海，浩之从之为师，学诗古文辞。又浙江美术学院教授陆维钊，浩之也以师礼事之，为订《楼辛壶印存》，且作一序推崇辛壶，谓"近时诸家，无有出其右者"。辛壶每治印，先必端坐凝思，及思考成熟，即以石就刀，非常神速。生活朴素，长袍布鞋，外出访友，大都安步当车，节省车资，补助贫困好学的学生，有关辛壶的记载，如《缙云文史资料》、丁立宪所撰的《金石书画家楼村》，又《西泠印社社员印集》，辛壶的印，占着很大的篇幅。杭州有逸仙书画社，为一大规模之组织，浩之任秘书长，王莹为艺术研究室干事，在风雅薮中讨生活，正乐此不疲哩。

东南硕彦柳诒徵

　　谈到柳翼谋，是名重东南的硕彦。他瘦瘦的脸，鬖鬖的须，戴着眼镜，很健谈。说到得意处，一手捻须，一手拿着一根旱烟管，不时大吸一口，这给我的印象很深，一闭目，好像就在我的眼前。我很早就听到他老人家的大名，可是没有拜访的机会。一九四九年，柳老由南京来上海，寓居海防路他的哲嗣岠生家，我因和岠生交好，得一挹芝仪，获得教益。并以拙作《人物品藻录》进呈，深蒙奖勉，引为平生幸事。那时柳老所居湫隘，而后人很多，我所认识的除岠生外，尚有文孙曾符等，全家共有十一口，局处一室之内。岠生治学，文理科兼长，他曾说"吉人天相"这四个字，见诸"元曲"，原意是对受过病患和其他灾厄，幸而平安的颂祷，把这四字来形容他家的居室，却使我莫名其妙，好在我和岠生相稔，就请教这四个字取义所在。他说："这四个字对我而言，非常贴切。且望文生义，'吉人天相'，不是十一口人住一大厢么！'相'姑作为"厢'之简写罢了。"我听了不觉莞尔。柳老谈吐非常风趣，哲嗣当然也有他的遗型了。不久，柳老得到及门弟子茅以升的介绍，移寓沪西中山公园对面的中央研究院屋子。适南社耆宿高吹万往访，我又随着吹万的杖履同去，这是榴红艾绿的夏天，他书桌后面，设一凉榻，张着纱帐，因这儿和园林密迩，池蕖藻草，滋生蚊蚋，不得不具备一帐，以便晚间安息。柳老手拂葵扇，边拂边谈，更觉得他和蔼可亲，一点都没有大名士的架子。他治学是多方面的，史学、教育、诗古文辞、书法及图书馆学，无不兼擅，且巨细不捐。这时他正在研究刺花的习俗，刺花见于《左传》，所谓"断发文身"是具有历史性的，可是从来没有谈刺花的专书，他颇想写一本《刺花史考》来填这个空白。承他不耻下问，并托我随时留意前人笔记中，如有涉及刺花的，录写给他，借以充实史料。既而谈锋展开，谈及有些无知青年，认为什么都是西洋的好，摒弃国学，有似敝屣，这种风尚，流毒社会是要不得的。一次，有一具偏激性的所谓新学者，对他说："线装书陈腐不堪，在新社会简直一些没有用处，不如付诸一炬。"柳老对他一笑说："你这样的提倡，我非常赞同。但我有一建议，这行动不做则已，要做须做彻底，否则这儿焚毁，别处没有焚毁，还是起不了大作用。务必大声疾呼，号召全国，一致把所有线装书统通焚毁净尽，且这样做还不妥当，因为我国所藏的书都焚毁了，世界各国的图书馆还尚有难以计数的我国线装书，他们什袭珍藏着，也当动员他们如法炮制，采取共同运动。否则外国有些汉学家，正在孜孜不倦地研究汉学，他们倘来我华，对于我国的经史子集提出问题，和我们商讨，那时我们瞠目不知所对，似乎太说不过去，未免贻笑于国际吧！"说得那个偏激的所谓新学者，面红耳赤而去。

清光绪戊申（一九〇八年），柳老受两江师范学堂监督李梅庵（清道人）之聘，在两江师范授课。这时两江总督端午桥（方）派幕友梁鼎芬（星海）至各学堂视察，鼎芬乃遣左全孝其人听柳老的课，归报鼎芬，谓："所有各校教师，教导有方，以柳诒徵（柳老之名）为第一。"鼎芬固善书法，写了一柄纨扇赠送柳老，并附一信，介绍他拜谒总督。可是他不喜攀附权贵，始终没有去见端午桥。

当时，对于教师是很尊敬的，每月束脩（即教薪）例由会计员亲送教师，以表敬意，可是两江师范却没有此例，月必由教师自赴会计处领取，柳老认为如此行径，有失师道尊严，不去领取。这样一学期，会计员把他的教薪搁置着。学期结束，柳老力辞两江教职，监督李梅庵固留不允，乃挽同事陈善余婉询其辞职之原由，善余得其实情以告梅庵，梅庵立嘱会计员，向柳老一再道歉始已。他对于梅庵有知己之感，且深佩梅庵的书法，后来柳老弟子陆维钊对梅庵所写北魏体颇不惬意，认为颤抖太做作，且以残蚀为古，未免欺世。柳老闻之，即出梅庵早年杰作，为他母亲鲍太夫人工楷所书的墓志铭及行楷尺牍，融黄山谷与董香光于一炉，维钊大为叹服。

我所知道柳老的遗闻轶事，究属不够详赡，便就询于他的文孙曾符，当然是很确实又极珍贵的了。柳老是江苏省镇江市人，生于清光绪庚辰（一八八〇年）十二月二十五日，幼孤，赖母鲍太夫人十指及戚族资助，寄食外家，境极艰苦。此后学成，讲授上庠，岁入较丰，奈子欲养而亲不待，萱堂下世，柳老引为遗憾。故终柳老一生，服御饮啖均不敢逾太夫人生时，自奉极俭，家居经常蔬食，罕备鱼肉，时语家人，彼自童年迄成立，母姊三人，日啖腐乳一方，如此者十二年。又常持八饼主义，所谓八饼，柳老自云："每日有八个烧饼，便可度日，即早餐二饼，中餐二饼，午后及晚餐又各二饼，用以果腹。"偶煮面条，已引为佳餐。柳老于一九五三年，中风偏枯，不良于行，直至一九五六年二月三日卒。遗物一床一桌一椅，旧书稿及日记二十箱，另有定额存款单，凡四百元，适付丧殓之费。盖平素所余，大都资助孤寒的戚族，不欲养成儿孙的依赖性，使之各自努力，以成学业。

柳老十七岁，即以诗文名乡里。应秀才试，首场主考在卷后批："未冠能此可称妙才。"因此乡里都以妙才称之。二十三岁至南京，为缪艺风、张季直所激赏，季直曾有诗云："白门英彦共论才，柳子清通众所推。"一度由缪艺风携游日本，返国后，掌教东南大学，撰《中国文化史》，声誉日隆，然布衣、布袜、布履，手持一旱烟管，冲和平易，笑容可掬，依然书生本色。抗战时避难某省，大府优礼有加。时有同客某，知他为主人优礼之上宾，因与寒暄。询及柳老之里居，告以镇江人，客固问："镇江有柳诒徵，负德望，先生识其人否？"柳老惶谢，言："柳诒徵即鄙人。"客闻言急辩，谓："吾误记，非柳诒徵，乃柳翼谋。"柳老笑告："翼谋即鄙人之号。"客闻言，向柳老端睨半晌，仍自喃喃，终疑此所见之人，非所闻之人哩。柳老曾为曾符谈此趣事，不觉掀髯。

柳老早年在乡，他的外祖父鲍仲铭，即很赏识他，此外有茅子贞、丁传靖，也加以青睐。子贞精昆曲，与柳老父亲逢源友善。子贞孙以升，从柳老学，为当代桥梁工程权威。传靖工诗文词曲，所刊诗文集外，尚有《沧桑艳传奇》，演吴三桂、陈圆圆事，又《宋人轶事汇编》。传靖一八七〇年生，长柳老九岁，两人皆美须髯，一时比之毛西河与朱竹垞，以西河、竹垞都是以美髯见称的。一九三〇年十一月，传靖在天津病故，柳老闻之怆然，为联挽之："以竹垞竹汀相期（传靖曾誉柳老，在学术上可与朱竹垞、钱竹汀相埒），晚岁恒思论旧学；继横山（陈姓）、东山（张姓）而逝，江乡共叹失通儒。"传靖子遽卿、柏岩，均克绍箕裘，和柳老仍相往还。丙戌秋，倡淞滨茗集，镇江同乡在沪的，每星期日下午为品茗之会，柳老和蘧卿、柏岩昆仲，及柳贡禾、鲍扶九、吴眉孙、尹石公、胡邦彦、赵渭舫等，曾符亦随侍，每集，各出近代诗文或旧书画文玩，相互欣赏，书画有疑议，辄由柳老一言而决，可见他也精鉴别。按：柏岩名淇，居沪市威海卫路，和我很相熟。撰有《中国妇女艺文志》，收集妇女书画扇百页，有柳如是、马湘兰及随园女弟子等。

柳老于胜利后回南京，适为七十寿辰，淮安任玉岑购得清人所绘钱竹汀遗像，高五尺，神态萧朗，贻柳老以代华封之祝。柳老获之甚喜，悬诸壁间，朝夕相对，而柳老年于七十有七，恰和钱竹汀相同。

柳老以书法负盛名，他的《自述》就谈到他学书的渊源，略云："我何以学会写篆字？我舅父的朋友孙永之先生（维祺），真草隶篆都写得好，常到我舅父书房内闲谈。我看见他写篆字，我就要学着写。他说：学篆不仅学写，要看《说文》，才晓得每个字的来历。我那时不知《说文》是什么书，听见一位张先生家有这书就向他借，他有一部江阴祁刻的《说文系传》，不肯全部借与我，只肯一本一本地借。我借得一本，就把每字抄下，再去换第二本。我自幼读过《尔雅》，也就将《尔雅》一字一字照《说文》写去，这是我学写篆字的经过。后来孙先生去世，家境不好，他生平所得的碑帖，亲手装贴，有数十百本，我买得数十本，内有《西狭颂》《石门颂》《尹宙碑》《史晨碑》诸碑，我就学着写分隶。后来遇着同乡吴芝瑛先生（诵清），佩服他的篆隶，在南京时常去请教他。后来又见到李梅庵先生（瑞清）、欧阳竟无先生（渐），遂更学习钟鼎、魏碑和《泰山金刚经》等。"他的法书，以巨幅为多，吴中虎丘陈巢南墓碑，即出他手。他又曾为我写一册页，行书绝秀逸，惜毁于"文革"中。他既擅书，当然需要印章，陈师曾为刻"柳诒徵"三字名印，陆维钊认为唯一佳品，十年后，维钊犹致书曾符询及此印，始知印尚留存，唯缺一角，既而觅得残角，维钊即委其弟子朱关田，为胶合复原，引为幸事。其他又有丁二仲、叶玉森、杨千里等所刻之印章，然柳老特喜同乡赵蜀琴所镌"一生书里活"，蜀琴三世铁笔，父芍亭，子遂之，俱有声，柳老文集有《蜀琴传》。此印亦幸存未失，至今曾符宝之，曾符作书，偶或钤盖，以寓不忘先泽。

柳老治史学，早年著《历代史略》，此后著《中国文化史》，参考书目达七百余种。柳老有《柳诒徵史学论文集》，陆渊雷为序，谓："《中国文化史》为体大思精之作，自群经诸子，廿五史，历代各家著述，旁及国外汉学家论著与近代报章杂志，统计资料，靡不广为搜集。主题鲜明，叙事详尽，论断谨严，引文完整，复以小字低格，附列于章节之后，以收相得益彰之效，此实著作体例之创格，沾溉后学至为深远。"余如《中国教学史》《中国商业史》《中国奴隶史》《中国人民生活史资料》《国史要义》《东亚各国史》等，大都行世，间有未刊的。

柳老致力教育事业，历任南京高等师范、东南大学、东北大学、北京女子大学、北京高等师范、浙江大学、贵州大学、中央大学文史教授。又尽瘁于图书馆，成为图书馆学专家，又为版本目录学权威，著有《中国版本概说》，学者奉为圭臬。旧时图书，按四库全书分类法为经部、史部、子部、集部，他有所发展，增加志部，收入地方志；丛部，收入丛书；图部，收入地图及各种图册，影印珍本秘籍一百多种。一九二七年，担任江南图书馆馆长，该馆在南京清凉山南麓的龙蟠里，因此俗称龙蟠里图书馆。这儿原是道光年间陶澍所建的惜阴书院，光绪年间改建为图书馆，缪荃孙（艺风）任馆长，费七万三千余元，从杭州购得清季四大藏书家之一丁丙的八千卷楼藏书，在这基础上又搜集宋元明清各种善本、孤本、稿本、名批校本，凡五万多册，俨然天禄石渠，但不对外开放，一自柳老继任馆长，改称为江苏国学图书馆，大事改革，外地来馆阅览者，且为办理膳宿，得以安心研究和抄录，有疑难问题，并可向馆长请教，这给人带来不少方便。又复编印《国学图书馆总目》四十四卷，刊布《国学图书馆年刊》十巨册，为全国图书馆大型书目的手创。抗日战争行将爆发，柳老为保全图书馆藏书，先期和故宫博物院院长马衡（叔平）相商，拟藏诸南京朝天宫地库内，因故宫博物院一部分文物图书已南运藏于朝天宫，而朝天宫地库坚固宽广，足避空袭损失。复报省当局同意即以宋元精刻本稿本名校本等，装十箱，继将丁氏旧藏武昌范氏旧藏等著本，又分装一百箱，均暂贮地库。及南京将沦陷，故宫所藏于地库的，用江轮运往黔中之安顺，对于国学图书馆的书，不能兼顾，旋即沦陷，这时柳老已赴武汉，探问消息，不得要领，为之悬系不安，忧愤交并。胜利后，以全力收复馆藏，得十七万多册，再奔走查访，又得先后从敌伪劫散在各地的图书，经过艰难曲折，收还十八万册，柳老劳瘁之余，致发中风宿疾，幸小休得痊。

龙蟠里图书馆，馆员只十余人，其中颇多学者，如向达、缪凤林、王焕镳、范希曾，后皆成名。馆员某喜谈道家修炼事，窃以为柳老虽博学，于此恐茫无所知，乃自矜其能。一日正侈谈间，柳老自室中出，谓："诸位精通道术，我亦陪座聊抒鄙见如何？"谈不移时，某始知柳老深窥道藏之奥秘，为之倾佩无已。柳老又与杨仁山、欧阳竟无、汤用彤、濮一乘、李证刚诸居士交往，又精通禅理，故编图书总目，子部道家类，无不井井有条。章太炎弟子朱季海谓："我们所知于柳老的，都是浮在面上的学问，那些沉在底下的，还不知有多少哩。"

柳老注意保存旧档尺牍，长龙蟠里时，即整理馆藏清代名人翰牍，影印《陶风楼藏名贤手札》一册，及《国学图书馆名人手札目》一册，而他的师友所贻的，也手自粘存。其时侯官黄秋岳（濬）在南京任行政院秘书，著《花随人圣庵摭忆》，常以函来馆中，托代检资料，如翁同龢日记，及杨乃武案件，大都由柳老供应。彼此书信往来颇夥，此后秋岳以附逆论诛，载之报端，柳老夫人吴氏欲尽焚秋岳所致书札，借以灭迹。柳老笑止之曰："书札往来，彼致我的付诸一炬，我覆彼的在其家，早为人检得，一炬何用？"结果仍得留存。又留秋岳集宋人词联："镜湖元自属闲人，柳外寻春，花边得句；青笺不妨娱老眼，池香洗砚，山秀藏书。"书法《道因法师碑》，极挺逸，令人有佳人作贼之叹。柳老逝世，曾符编次柳老所存朋好手札，都一百余家，拟影印问世，秋岳札被摒未列，我却向曾符索得一短笺，我是抱着不以人废言的观念的。

南京有胡园，为文人雅集之所，清末，王湘绮老人到南京，南京名流，即在胡园宴请湘绮，一时参与其盛的，有缪荃孙、陈三立、朱仲我、易实甫、刘龙慧、梁公约、宗受于、刘申叔，柳老亦列席，当时摄取一影，是影大十有二寸，清晰度甚高，经过兵燹乱离，保存不失。及柳老作古，犹藏于上海南昌路宅中，"文革"中"造反派"以照片中人长袍马褂，都目为地主，在打倒之列，是影没有下落，多么可惜。甲戌夏，丹徒尹石公，邀柳老及金松岑、徐沄秋等赴京口，设宴焦山涵虚阁为鲥鱼会，列席者共四十人，或许也有照片。又一九四九年，为管理上海市图书文物，组织委员会凡九人，柳老外，尚有尹石公、徐森玉、李亚农、沈尹默、沈迈士等，检理图籍，地点在淮海中路，旧名霞飞路，柳老因请谢稚柳绘《霞墅检书图》，足见雅人深致，此图今藏曾符处。又有沈迈士绘《劬堂课孙图》。曾符犹藏有柳老的《劬堂日记》，劬堂为柳老的别署，乃手稿本。内容什九谈文物书册，深希付诸印行，这是很具文献价值的。曾符最近又搜罗和柳老有关的诸家笔记，及一九二八年五月二十五日，柳老与南京国学图书馆同人合影等辑成《柳翼谋先生纪念文集》。朱东润题签，为《镇江文史资料》专辑。

柳老又工韵语，少作存有一册，辛亥革命至抗日战争，自录三册，此后自录诗七册，约存一千百八首，拟请曹纕蘅、王伯沆代为删订。旋曹、王二人逝世未果。曾符保存下来，乃询之柳老弟子徐震堮，徐以为不必删，皆当存。当时汪辟疆，认为劬堂诗不让杜陵诗史，汪著《光宣诗坛点将录》，录入柳老诗。陈衍之《石遗室诗话续编》，吴宓之《空轩诗话》，都录入柳老之诗，钱仲联的《近代诗评》，誉柳老诗："端笏敛容，所恃者正。"印水心谓："翼谋所作，不待思索，振笔直书，有黄河之水天上来之势。至奇妙处，亦精微，亦锤炼，能壮阔，能静穆，有杜陵、有柳州、有长吉、有东坡，真所谓能者无所不能。"他一度从陈庆年之劝，专事经史之学，否则诗什之多，或不亚于当代的樊云门。柳老很赏识明阮大铖诗，以为人虽奸佞，诗实卓绝。在龙蟠里时，为之印行流传。我于柳老诗，曩曾摘录一鳞半爪。如"鸟外更知城郭大，田闲哪识市朝非""笑口且缘红藕启，尘容倘使白鸥轻""清谈味胜鲥多骨，佳侣欢于扇聚头"。

柳老后人，都具才能，子屼生，号慈明，毕业中央大学，精英、法、德三国文字，记忆力之强无与伦比。又精今古文《尚书》，任交通银行秘书，既而命司出纳，便拂袖去。廖世承介之任光华大学教数学，后历任华东文通工专、南京航空学院、苏南工专、上海南洋工学院、交通大学、上海工学院教授，二十余年，一九七七年卒。女定生，号静明，继柳老图书馆事业三十寒暑。孙七人，曾符为长，号申耆，以常州学者李兆洛，号申耆，取此以示追慕之意。柳老钟爱长孙，亲自督教，经史外，又授以书法，曾符四岁，即抱至堂中，指壁间李梅庵大篆书以导之，五六岁课以大小楷，柳老书联，曾符侍立于侧，为之磨墨伸纸。此后楷书授以小欧《道因碑》，隶书授以《张迁碑》，草书写《书谱》，篆书写杨沂孙《说文部首》，又请益于沈尹默，更和顾廷龙、陆维钊、翁开运相商讨，集书法之大成。一九七八年，由朱东润、吴文祺、许宝华之推举，任教复旦大学"古代汉语""尚书""文字学""说文解字"诸课，迄今已八年了。次孙曾典，习化工机械，历游苏联、英、美、德、比、日、澳诸国，为高级工程师，世界高压容器学会副会长、安徽省科协副主席。幼孙曾修，亦具异秉，自学考入中国科学院，得硕士学位。今年且应美国威斯康辛大学之聘，行程在即。总之，柳老七孙，习理工者六，习文的仅曾符一人，而柳老遗稿，亦卒得曾符始终整理考订。曾符父执，有吴敬恒、冷御秋、潘伯鹰、瞿蜕园、陈训慈、钮永建、胡先骕、张世禄、张其昀、苏渊雷、蔡尚思、卞孝萱、顾颉刚、狄君武、张小楼等，有在有不在，柳老生前，固与之往来较熟的。

费龙丁之遗砚

　　南社中擅金石之学，而工诗与书者，则推华亭费龙丁。龙丁，初名某，后获秦阿房宫十二字瓦砚，遂易名砚，字见石，又号商金秦石楼主，无非借以志喜，不啻周公得禾，以名其书，汉武得鼎，以名其年也。龙丁视砚为瑰宝，某有力者欲强得之，龙丁不忍割爱，乃寄藏其砚于海虞平襟亚家。龙丁与襟亚，交谊素厚也。越岁始持归，既而事变起，龙丁被难而死，斯砚不知流落何处矣。今夏襟亚忽于骨董商手中见一秦瓦当砚，则赫然龙丁旧蓄也。立购之，以为物之得失，自有前缘，为之摩挲不已。一昨予造秋斋访襟亚，襟亚方拓砚文，且撰识语。予索阅是砚。襟亚出锦匣以示，砚圆形，大似碗，篆文凡十有二字，四周亦镌字累累。据襟亚云："曩时龙丁寄藏，尚配有紫檀底盖，今则原底盖已失，遂以锦匣为代，无复古香古色矣。"吴缶庐生前甚欣赏是砚，为之作铭。襟亚为诵铭语，惜已不能记忆。我友施叔范获黄晦闻砚，广征题咏。襟亚此砚，胜之万万，题咏之征，更属允当，深望襟亚好为之，而裒集成书，留为他年文献也。

刘介玉取名天台山农之由来

自天台山农之名，震于艺林，而其真姓名，反湮而不彰。实则山农刘姓，原讳青，字照藜，更讳文玠，字介玉，浙之黄岩人。七岁而孤，母鞠育之，从徐尔藩受书。不数岁，尽毕四书五经，为文才气骏迈，唯书法欹侧不中法度。某嘲之曰："此子书成，城隍须白矣！"隍城须白者，禾中俗谚，犹曰乌头白马角生也。刘大愤，立诣善书者，叩以书决，或曰："书无他决，唯勤习尔！"刘以贫，不能具纸墨，乃市二巨砖，置之庑下。每日晨兴，取巨笔，蘸清水作擘窠大字，一砖即渍，复易一砖，必尽清水数巨瓯始止，祁寒盛暑不辍也。如是者数载，书乃大进。

初学苏、赵，后遍临南北朝碑，自《爨龙颜》《爨宝子》《瘗鹤铭》《郑文公》《张猛龙》《张黑女》，以及龙门造像，云峰残石，无不手摹而心领之，雄豪茂密，駸駸入古。后来海上鬻书，与李梅庵、曾农髯争一席地。某大惭，刘反慰藉之，不啻淮阴侯当年受市中少年胯下之辱，不之较也。

刘喜谈政。某岁，有考试县知事之举。刘应试三场毕，主试者拟以高等中式。忽有争名者，指之为民党，缇骑汹汹，祸几不测；幸程雪楼力保无他，始得放归。自是刘绝意进取，易曰天台山农，以寓归田之意。天台山者，与黄岩故乡为邻，刘尝于山中购地艺橘。今海上市肆所售之天台蜜橘，即刘所手种者。刘与报界诸人善，借以宣扬，于是天台蜜橘之名，几乎妇孺皆知，销行殊广，而刘旋以下世闻。

张善孖向冒鹤亭索诗

　　虎痴张善孖，与大千为兄弟行，具艺术天才，而同出一门，比诸有宋徐崇嗣、崇勋，无多让焉。善孖布袍朴素，长髯飘拂。以喜为山君写照故，乃蓄一虎，饲之以肉。虎偎依驯伏，善孖手抚之，有如狸奴也。予识善孖于吴中，时可园有苏州文献展览会，予与星社诸子往参观。而善孖居附近网师园，邀予一赏虎姿。奈予羁于职务，亟欲返沪，未果。不意此后即起烽烟，江浙沦陷，善孖入蜀，又复以艺事游海外，载誉而归。未几，即以逝世闻，论者惜之。善孖不仅工于六法，又擅韵语。五十初度，曾自撰寿诗，有云：

> 五十飞腾过，艰难憩海滨。
>
> 青山如可卖，白屋未妨贫。
>
> 老去神犹王，诗成句渐醇。
>
> 魏塘鱼茨足，卜筑奉慈亲。
>
> 匹马怜予壮，纵横关塞间。
>
> 拂花猿可学，入画虎能闲。
>
> 东渡留残稿，西行忆故山。
>
> 虚名愧相误，浪墨几时删。

　　盖平日常以唐宋诗揣摩遣兴也。如皋冒鹤亭，为水绘园主人，自淮安关监督致仕归，寓居海上，不废吟咏，著有《小三吾亭诗集》，其名句如：

> 旧人渐少黄幡绰，新句平添白练裙。

　　陈石遗亟赏之，捃入诗话中。大千绘山水贻鹤亭，鹤亭报之以诗。善孖慕鹤亭甚，为鹤亭作《讽经图》而索诗焉。鹤亭以人事卒卒，未即应。既而战变遽起，音问隔绝，渐付淡忘。及闻善孖死耗，乃大恸，且颇有以负宿诺为悔，诗以悼之，有"有诗无路寄黄泉"一语，尤为沉痛。此次大千自蜀来沪，鹤亭出善孖遗作《讽经图》以示之，并倩大千加跋，并悼词而录入跋中。大千多交游，酬酢无半日暇，不克宁息以从事，为书跋故，坚闭其户以谢客。既成，鹤亭张之于壁。予访鹤亭前辈于模范村，前辈以此见告。惜天已垂暝，予目力又不济，跋语累累，未能尽读也。

张善孖之《三虎图》

晚近善画虎者，前者胡郯乡，后有张善孖。善孖，讳泽，蜀之内江人。因画虎，遂豢虎一。有为述虎之来历者，谓赣有一军官郭姓，猎于山中，生获乳虎，本拟赠何应钦将军。而善孖慕之甚，乃索之归。载之汉上，由大江顺流而下，运抵白门。时善孖居吴中网师园，自宁至苏，火车可达，奈车上可载牛马犬豕，却无载虎之例。无已，特制一木枷，因之以当犬。既抵苏，蓄虎园中。虎渐大，食量亦渐宏，每日啖鸡卵四十枚，又牛肉一二斤。善孖为虎写照，成十二幅，颜为《十二金钗图》，请乃师曾农髯题之。髯曰："向不喜为闺阁作绮丽之辞。"善孖曰："虎耳！"及展示，果十二虎，即持笔为题。师生之情殊笃，农髯死，善孖衰至恸哭，似丧考妣焉。善孖不但能画虎，且能伏虎，使驯如柔羊。虎有笼，然常开放而任其活动。善孖睡，虎乃蹲于榻畔；客至，虎随主而送迎如仪。一日，叶誉虎至，善孖携虎同摄一影，称为《三虎图》，盖善孖有虎痴之号也。善孖好佛，时印光法师卓锡吴中之北寺。善孖牵虎往，请印光为虎摩顶而受戒。不意寺之门限，高逾寻常，虎临行一失足，足微伤，不良于行。不得已为雇人力车，而许以重酬；车役恐虎之噬人也，不肯应。卒由善孖坐车上，抱虎于怀，始得归园。从此虎病，奄奄半载死。未几，事变遽起，善孖随政府西移焉。一昨予应马公愚之邀，与夏剑丞、方介堪、郑午昌、陈仲陶、谢啼红诸子，同尝其所制永嘉名肴。酒酣，公愚示照相二，一善孖弄虎，一公愚跨虎，虎金睛荧荧，其文炳然。公愚悼善孖之作古，对影而情不能已，作古风一首，书于其隙，有"我闻欧母传字荻画地，不闻盘礴垂训丹青笥"云云。公愚谓善孖画，由母传授；其九弟大千，丹青享盛名，亦得母教为多也。四弟文脩，辟农场于郎溪，因奉母以居。及日军侵华，无可避氛，其母本信基督教者，其地无基督教堂，遂托庇于天主教，受弥撒而改奉天主，卒逝世于郎溪。善孖闻之，兴风木之悲，以纪念其母夫人，亦入天主教为教徒。赖于斌教主绍介之力，作海外之游，以扬其艺术。画虎外，其他如山水人物，花卉虫鱼，无不工。及返国，即以捐馆闻，惜哉。

苏曼殊遗墨《莫愁湖图》

记得柳亚子先生传苏曼殊，说他为"独行之士，不从流俗，奢豪好客，肝胆照人，而遭逢身世，有难言之恫。绘事精妙奇特，自创新宗，不依傍他人门户。零缣断楮，非食烟火人所能及。小诗凄艳绝伦，说部及寻常笔记，都无世俗尘土气。殆所谓却扇一顾，倾城无色者欤！"这几句富有概括力的对于曼殊的评价，确是允当无疑的。

我旁的不谈，只谈他的绘画。他不轻易作画，所以流传不多。据我所知，他的画汇成集子的有三种：一是他的女弟子何震所辑的《曼殊画谱》，这书我没有见到过；二是南社蔡寒琼所辑的《曼殊上人墨妙》，共二十二幅，有章太炎题序，由李印泉斥资影印；三是萧纫秋所藏的曼殊画稿二十四幅，由柳亚子辑为《曼殊遗墨》，北新书局铜版印行。

他的绝句有"多谢刘三问消息，尚留微命作诗僧"，可见他和江南刘三有特殊交谊的，因此他绘赠刘三的画便有好多幅，如《黄叶楼图》《白门秋柳图》，又山水横幅、团扇、折扇，更为刘三夫人陆灵素绘人物扇等，都是很精的。某岁，刘三抱病，请陆士谔医师诊治。陆士谔不受他的诊金。刘三病愈，没有什么报答他，便把《白门秋柳图》作为酬谢品。士谔的儿子清洁瞧见了喜爱得很。这画就由清洁珍藏。清洁行医杭州，画带到杭州去点缀他的医寓。不料抗战军兴，清洁仓皇避难，这画失诸兵荒马乱中了。《江湖满地一渔翁》，这幅画是曼殊绘寄程演生的；《风絮美人图》，是为黄晦闻绘的;《汾堤吊梦图》，是为周庄叶叶绘的;《万梅图》，是为高天梅绘的。自演生、晦闻、叶叶、天梅先后逝世，这几幅遗墨，不知流落何处了。

曼殊在南京，常和赵伯先饮酒啖板鸭。既醉，相与探骑于龙蟠虎踞之间，一时称为豪举。曼殊为赵所作的，有《终古高云图》《绝域从军图》，最后请他绘《饮马荒城图》，没有绘成。伯先因黄花岗失败呕血而死，埋骨香岛，曼殊表示不负宿诺，特地赶成，托友人把画焚化于伯先墓前。结果友人未曾焚去，大约尚留天壤之间。

曼殊来上海，往往寄寓邓秋枚所主办的国学保存会的藏书楼中。有一次，他和秋枚弟秋马秉烛夜话，绘成山水直幅寄赠秋马。秋马视如瑰宝，曾出示同赏，尺幅虽小，但很精炼。《丙午重过莫愁湖画寄申叔盟兄》的一帧，现今庋藏在我处，这画曾印入《曼殊上人墨妙》中。纸本，纵七八寸，横一尺许。画作远山荒堞，水波浩渺，垂柳板桥间，泊一小舟，僧人立堤畔似欲唤渡，意境很是超脱，墨笔不设色，更觉高古，原来这画是画给刘申叔的。申叔也常寄寓邓秋枚的国学保存会中，申叔留画会中没有携去，后来申叔病故，画归秋枚保存。数年前秋枚逝世，画为其弟秋马所有。秋马喜欢搜罗明代名人尺牍，我把旧藏一部分明人信札赠给他，他慨然把这幅《莫愁湖图》让给我，我就请吴眉孙老诗人题写了几个字，配着镜框，悬挂在我的纸帐铜瓶室中。前年秋马又下世，那幅秉烛夜话所写的山水直幅，不知如何着落了。

这幅《莫愁湖图》山水苍茫中著一僧人，为秋马所绘的山水直幅，也有一僧人独立高冈，又他生平杰构《白马投荒图》，那个僧人更突出。据云他的画中一僧人，即为自己写照，寄托他的身世之感，这和郑大鹤画山水必著一鹤，同一风格与意义。

其他曼殊的画，陆丹林那里有一幅，寥寥数笔而已。梁烈亚有一扇，据烈亚告诉我，扇上山水是出于曼殊手笔，惜乎没有署款。又某岁曼殊东渡省母，临行画纨扇十余柄，分送朋友，留作纪念。听说柳亚子处尚有留存。现在亚子已逝世，所藏的文物，捐助苏州博物馆，不知道曼殊画扇是否在里面。

胡汀鹭目中无倭卒

"少别遽千年，心性相孚，下走实深知己感；天才高一代，丹青余事，先生竟以画人传。"此钱名山挽梁溪画家胡汀鹭之联也。汀鹭，讳振，号瘖公。幼嗜丹青，师事朱逊甫。逊甫擅花卉，鸳湖外史之入室弟子也。汀鹭又从吴中顾鹤逸游，艺益精进，名满大江南北。主持无锡美术专门学校，金箴度世，得艺人綦多。曩岁，予与赵眠云及胡石予先师，偶作鼋渚泉之游。览胜之余，又复访及当地贤彦，谒江南老画师吴观岱，谈宋元画派，并展赏其所作东坡诗意册。既而又晤汀鹭。汀鹭家陈设殊简陋。天暝，无电炬，而画案又狭小，巨幅不便挥洒，不得已，乃张素楮于壁间，左手执油灯，右手握管，为意象中之丘壑。见我侪至，遂辍其绘事，相偕赴酒家楼以谋一醉。同座尚有诸健秋、孙伯亮诸子，雅谑清言，倾爵无算。石予师即席赋诗，汀鹭、伯亮，俱有和什。翌日，地方报章竟载其事，以为佳话。而后，日军全面侵华，不久苏锡沦陷，汀鹭避氛吴塘门。一日返城，取其所藏画件。倭卒驻守城关，出入必向之馨折为礼。汀鹭昂然直入，倭卒阻之，汀鹭不之顾，于是倭卒肆暴而加以殴辱。从此汀鹭自号大辱道人，以示不忘，后又谐声为大浊道人，作画常以之为署。旋来海上，寓居哈同路之慈厚里，予与眠云及蒋吟秋同往访之。所居益湫隘，四周皆楮素，似积槁枝，客至无坐处。我侪问其卧床何在，则指杂列卷帙图册之搁板曰："此即予偃息之所也。"夜则搬移卷册画轴而空之，昼则又复叠置，不嫌烦劳也。我侪又约之赴静安寺酒家同饮。时方初冬，汀鹭外出必须

197

御一长袍。则于搁板下，出一字纸篓，长袍即塞于篓中。皱襞甚，汀鹭披之于身，不之意也。而含杯接席，谈古今艺事，缅缅如贯珠，见解之高超，非寻常粗知六法者所能望其项背也。翌日，作枯木小丘立幅三，分贻我侪三人，予获其一。有题云："惊看执手君犹昔，我已苍然作老翁。身世同悲绕树鹊，生涯应叹转丸虫。非关疏懒居人后，不惮箪瓢付屡空。历劫相逢岂易得，一樽且尽醉颜红。辛巳冬日，老友赵子眠云，偕郑逸梅、蒋吟秋过访沪上寓庐。予与眠云别已十年，避身针孔，劫后余生，一朝相晤，其快何如。同醉市楼，归成此咏，即呈逸梅先生斧政，汀鹭录稿。"又附识云："过字上脱两先生三字，殊属不恭。迩来脑力非旧，衰老之兆也。幸谅之。"果未久，以败血症逝世，年六十。

主盟南社的柳亚子

一九八七年，为柳亚子一百周年纪念，为了百年祭，当然有所点缀，并有柳亚子和南社纪念研讨会的成立，拟在苏州定期举行。我在南社，忝列末座，曾和亚子联杯酒之欢，追念之余，岂能不有所纪述。至于亚子怎样创办南社，怎样参加社会活动，这些荦荦大端，我都不谈，因这些早有人谈过，再谈似乎赘余，多此一举了。前人所谓"不贤识小"，我甘居不贤，记些琐屑小事，以充篇幅吧。

亚子在《南社纪略》上，写过一篇自传式的文章，人传不及自传的正确，这是第一手资料，我先来做个誊文公，但这篇文章较长，我把它简略一些，偷工减料，尚希读者鉴谅：

> 我是江苏吴江县北厍镇大胜村人。原名慰高，字安如，更名人权，字亚卢，再更名弃疾，字亚子，现为了名号统一，只以亚子两字作为我的符号了。我的高祖古楂先生，讳树芳，曾祖蒔庵先生，讳兆薰，祖父笠云先生，讳应堮，都是以文章道德，望重一乡的。我的父亲钝斋先生，讳念曾，清廪生，能写小楷，散骈文和小诗都可下笔。我的叔父无涯先生，讳慕曾，是以酒量、书法、算学三项著名的。我生平倔强的个性，遗传于父亲者为多。我母亲姓费，名漱芳，晚号德圆老人，从小跟一位女先生徐丸如读书。这位女先生，便是乾嘉时代吴江名士徐山民先生的女儿，她的母亲吴珊珊，还是随园主人袁子才的女弟子呢。我母亲虽然后来废学，但《诗经》和《唐诗三百

首》却滚瓜烂熟地能够背诵，我小时候读《唐诗》，就是在她膝下口授的。我们的家族，世居大胜村，清光绪二十四年秋，才搬到黎里镇上来。那年我是十二岁，记得先前一两年，就学作诗文，到这时候，可以写几千字的史论了。父亲头脑很新，戊戌政变时代，左袒康、梁，大骂西太后，我受他的影响很多，我曾有拟上光绪的万言书。光绪二十八年，到吴江县城应试，始和陈巢南相识。我的父亲和叔父都是长洲（今吴县）大儒诸杏庐先生的弟子，而巢南曾从学于杏庐先生，所以从辈分上讲，我还是应该叫巢南作师叔呢。光绪二十九年春，我因巢南和同邑金鹤望先生的介绍，加入中国教育会为会员，到上海进了爱国学社，认识章太炎、邹威丹、吴稚晖、蔡孑民几位先生。爱国学社解散，我回到家里闲住了半年。光绪三十年，到同里进鹤望先生所办的自治学社念书，醉心革命。光绪三十二年，又到上海，进钟衡臧先生所办的理化速成科，想学造炸弹，结果生了一场伤寒大病。后来想进健行公学读书，却被高天梅拉去教国文，就在这个时候，加入中国同盟会。同时，复以蔡孑民先生的介绍，加入了光复会。这年旧历九月九日，回到乡下和郑佩宜结婚。光绪三十三年冬，薄游上海，偕刘申叔、何志剑、杨笃生、邓秋枚、黄晦闻、陈巢南、高天梅、朱少屏、沈道非、张聘斋小饮酒楼，便孕育了南社组织。直至宣统元年十月一日，这晚清文坛上的怪物，居然呱呱坠地了。

亚子的出身和他的品性，此文具有大概的轮廓。他的取字亚卢，以亚洲的卢梭自居，更慕南宋词家辛弃疾的为人，辛氏号稼轩，所以他袭用弃疾、稼轩为自己的字号。辛氏别署青兕，他复请顾青瑶刻了"前身青兕"四字的印章（青瑶为顾若波的女孙，能画、擅诗、工篆刻）。他的旧居大胜村在分河之滨，有一古柏，高耸入云，树身又极巨大，当年叶楚伧往访，楚伧南人北相，体颇魁梧，抱之不能尽其围。筑有养树堂，堂有联云："无多亭阁偏临水，尽有渔樵可结邻。"为境绝佳，后因地方不靖，亚子与父柳钝斋迁居黎里，亚子不忘其旧，乃请南社社友黄宾虹、顾悼秋、余天遂、楼辛壶、陆子美等，各作一画，名"分湖旧隐图"，又征社友题咏，汇成一帙。以上所谓南社孕育者，不尽为南社社友，如刘申叔、何志剑、杨笃生、邓秋枚，便没有加入南社。

亚子绘图寄意，尚有《旧隐第二图》《江楼秋思图》《江楼第二图》《辽东夜猎图》。一九二七年，他亡命日本，著《乘桴集》，明年四月回国，作《樱都跃马图》，至于作《秣陵悲秋图》，那更沉痛出之，原来他的同乡张秋石女烈士殉难南京，时为一九二七年，亚子由日本回国，赴南京访寻秋石骸骨，不可得，便请陈树人绘了这幅《秣陵悲秋图》，亚子自题上《摸鱼儿》一词；还有一幅，出于山阴诸宗元手笔，宗元在画上题了诗，如云："天下伤心又此秋，蛾眉肝胆世无传。石头城下栖霞道，痛哭应登扫叶楼。"亚子又撰了一篇《张应春女士传》，应春是秋石的字，后来在黎里镇莲荡南岸无多庵旁建了个衣冠冢，和明末叶天寥女小鸾埋骨处相近。亚子又撰了《礼蓉招桂盦缀语》三十二则，都是为秋石而作，那秋石本名蓉城，曾化姓名为金桂华，这是礼蓉招桂的由来。我和秋石的堂叔张仲友同事某校，颇多往还，承仲友赠我一帧秋石的遗影，貌很娟秀，温文尔雅，遭这惨祸，能不惋惜。南社诗人沈长公，是秋石的父执，长公子哂之，擅刻印，刻了"礼蓉招桂之盦"一印，赠给亚子，亚子写了一对联答谢他："虎父从来无犬子，凤雏终见卧龙韬。"有一次，亚子的女儿无垢以玫瑰花乞父题诗，亚子作一五律，读了觉得似为秋石而作，见者引以为奇。

一九三一年，亚子致书其友姜长林，追忆往事，又谈到秋石。最近上海图书馆编《柳亚子书信辑录》一册，付印问世，其中致姜长林的很多，可是我看到的这封信，却没有收入，大约是铁网遗珠了。现在把这封信，节录于下："我的生命史中最热烈的一段，就是在闸北的情形，甚么武力统一，甚么做余兴，大概你也忘不了吧！最奇怪的，我似乎离不了春姊（指张秋石应春而言）和你两个人，你们一出去，我就感到烦闷和无聊，夜间非等你们回来后畅谈一下子才睡觉不兴。搬到法租界后，还是这个样子，常常谈到十二点或一点钟不肯睡觉。大家都像小孩子一般，一点也没有大人脾气。在史冰鉴将来的以前，我心中很恐慌，怕来了一位大人，就把我们都拘束起来了，谁知她也是一个小孩子，我们兴致愈弄愈好，这时候的情景，我有点忘不掉啊！现在死的死了，活的又天各一方，真是不堪回首，奈何！"亚子另有一诗，涉及秋石与史冰鉴："张娘妩媚史娘憨，复壁摇摇永夜谈。白练青溪厄阳九，朱栏红药护春三。"

亚子的《书信辑录》中，除姜长林外，致柳非杞的也很多，且饶有趣味，如云："老不给你回信，因为你硬要我写毛笔信的缘故。砚台和笔墨，早有一位尹瘦石先生送给我了，但要我磨墨开笔，实在太讨厌，因此，只好索性不写。你直接写信给我，最好写平信，不要挂号或快信，因为打图章，太麻烦了。"又云："题牛诗如下：'吹笛骑牛谁氏子，沈吟我自念犹龙。函关倘遣戍西出，会见流沙尽向东。'末句的意思，我自己也不甚了解，哈哈！我的字，弄得不好时，是什么人都不认识的（某次，有人把亚子信中不识的字，剪给亚子辨认，亚子也认不出来）。"又云："倘然你能到金刚饭店请我吃一次酒，那就更好了，（假定）你身上还是麦克麦克的话。"亚子在信中，谈到汪旭初，谓："旭初是我姨丈，我的姨母和我年龄差不多，也许比我还小，死去已十多年了。旭初先生对我批评'个性极强'四字，深得我心，我非常高兴。我是王仲瞿，他不愧为舒铁云。"

汪旭初著《寄庵随笔》有"南明史稿待杀青"一则，谈及亚子，如云："安如（即亚子）为费敏农甥，敏农，韦斋从兄也。安如少慧，尝读书舅家，舅家诸兄弟多病口吃，安如戏效之，已而成习，其吃乃甚于诸兄弟。年十六七，投文《江苏杂志》，始相把晤，叙辈次，余为尊行，而安如年长于余，志业相契，故脱略形迹，欢若平生。性率直无城府，喜怒毁誉，皆由中发，初每以卧龙况余，及论事不合，则于报端著文诋余曰：'卿本佳人，何苦作贼。'家饶裕，而以奔走国事，挥斥殆尽。南社草创，其经常之费，亦取给于安如。自余浮游南北，安如蛰居乡里，中间三十年唯费韦斋丧时，一聚首而已。中日战起，安如以直言除党籍。先是避寇香港，香港陷，徙居桂林，时余方卧病歌乐山，从非杞处得其消息，始复以诗札相存问。安如属草南明史，精力所殚，又因余为介，从朱逖先质疑事，并搜集资料，今俱老矣。"亚子和费韦斋也因细故闹翻，誓生死不相往来，及韦斋辞世，亚子去吊丧，刊《韦斋诗集》为撰一序，述及诟谇事以致歉悔。亚子诗崇唐，辑有《全唐诗精华》，由正风出版社刊行，反对宋诗，实则他具有强烈的民族思想，因一些遗老，喜效宋诗格调，他痛恶遗老，迁恶到宋诗罢了。南社中颇多崇宋的，掀起唐宋诗之争，朱鸳雏起而和亚子对抗。亚子一怒之下，在《南社丛刻》二十集上载一布告，驱逐朱鸳雏出社，及鸳雏死，亚子撰了《我和朱鸳雏的公案》说："这是我平生所很追悔而苦于忏赎无从的事。"此后亚子编《南社社友姓氏录》，那被除名的朱鸳雏仍旧列名在内。亚子和高天梅是同学，天梅为高吹万的侄子，当然天梅呼吹万为叔，亚子随之亦以叔称呼吹万。天梅颇自负，称"江南第一诗人"，亚子不服气，有诗讥讽天梅云："自诩江南诗第一，可怜竟与我同时。"《南社丛刻》第一集，是天梅编的，亚子认为编制太杂乱，没有条理，说"天梅书生习气，做事太马虎"，引起天梅的不欢。一九一五年夏，亚子和吹万、姚石子，各带了眷属，同游西湖，归来刊印了《三子游草》，为了赠送和出售问题，又和吹万闹了意见，事后亚子逢着社友，总是说："这是我少年气盛，和一时误会的缘故，到现在，我是由衷地向高先生道歉。"林庚白参加南社，常到亚子寓所谈天。一日论诗不合，争闹起来，亚子大发脾气，举起一棒，向庚白掷去，庚白逃，亚子追，环走室中。亚子深度近视，行动不便，大声叫骂，他的夫人郑佩宜听到了，阻挡了亚子，庚白才得溜走。过了些时，两人又复言归于好。庚白且贻诗云："故人五十尚童心，善怒能狂直到今。"亚子得诗欣喜，谓："入木三分骂亦佳，胜于搔痒搔不着。"亚子的行径的确带些童性的天真，令人可恼亦复可喜。他的夫人郑佩宜，名瑛，通文翰，辑有《太原闺秀比玉集》一卷，亚子和夫人伉俪甚笃，因刻了一方印章"佩宜夫婿"。但有时也会和夫人闹别扭，佩宜没有办法，乃请姚鹓雏来解围，因鹓雏的话亚子是能接受的。

亚子对于抄书，是不怕麻烦的，他为了研究南明史，自取笔名为南史。一次，借到一部《南疆逸史》，较任何本子都完备。他就不惜功夫统抄一过。又一次请人在素纸上打好朱丝格，把苏曼殊所有的诗，抄成一整本。每集的《南社丛刻》，都是由他把社友交来的诗词和文，誊抄了给印刷所，原来交来的稿，有行书，有草书，手民不易识得，又纸张大小不一，很难编排，且有些用极精雅的笺纸，写作俱佳，经手民之手，沾上油墨污迹，是很可惜的，不如誊录了，可以把佳笺留下来，付诸什袭。在亚子来说，这是不得不如此的事，抄在规定的每页二十四行，每行三十格的红格纸上。在第五集抄成后，交给胡朴安，请他经手交印刷所排印，不料朴安偶一疏忽，把这稿本丢掉了，亚子对此大发脾气，一定要朴安赔偿损失，但这损失是无法赔偿的，成为僵局。幸而叶楚伧做了调人，因这时亚子由楚伧拉去任《太平洋报》文艺编辑，兼编专电，朴安也在该报，彼此同事，楚伧提出解决办法，就是亚子所兼专电职务，归朴安担任，这样亚子工作减轻，得重抄第五集稿，亚子也就一笑了事。

亚子的南明史料，广事搜罗，不遗余力，有些是钱杏村（阿英）帮他收集或赠送，有些是谢国桢（刚主）帮他收集或赠送，凡代收集的都需抄录后还给人家，所费的精力和时间，是难以计算的。一九四〇年，亚子旅居九龙柯士甸道，他的外甥徐孝穆随着亚子寄寓九龙，亚子蓄志编《南明史稿》百余万言。稿本很潦草，由孝穆为之重抄，亚子的字，不易认识，他看惯了，也就顺利进行，且抄得很快，几个月便全部抄完。及香港沦陷，仓皇出走，什么都不便携带，那部《南明史稿》被毁于锋镝中了。

徐孝穆既是亚子的亲属，当然对亚子的情况比我更知道的多，蒙见告一系列亚子的生活琐事，为外间不易得知的。亚子患神经衰弱症，时发时愈，发时什么都废置，愈时却极兴奋，诗啊酒啊，闹个不休，游杭酒醉，欲跳西湖，幸由朋辈阻止。他衣着素不讲究，喜买书，花钱在所不计，衣着上花钱，他是舍不得的。经常穿着极普通料子的长袍，一件花呢袍子，年久色变灰黄，佩宜夫人拟为他重制一件，他大反对，结果由夫人亲自把它拆洗，翻过来再做，他穿上身很高兴，一再称他的夫人能干。穿西装的时间不长，除非在应酬场合，尤其亡命日本，不得不穿西装。穿中山装，这是他崇拜孙文学说，当孙中山就任临时大总统，他又当过总统府秘书。对孙中山的印象很深，也就喜把中山装章身了。饮食方面，喜欢吃肉，东坡肉及红烧蹄子，或豆脯栗子烧肉，他吃得津津有味，为之健饭，这些菜肴都是他夫人亲下厨房为他调制的。他以言论激烈，触犯了当局，一九二七年五月八日，突来缇骑逮捕他，躲入复壁中，幸而免祸，这也是他夫人急中生智，想出这法儿来。总之，亚子完全书生本色，在家一切，都是夫人一手料理，真正成为十足道地的贤内助。对外一切，都是朱少屏为之应付，所以亚子虽是南社的主任，可是认识的社友，没有少屏多。所以创造南社为亚子及陈巢南、高天梅鼎足而三，有人认为遗漏了少屏，应当列入少屏为四位创造人，这的确是有道理的。他家由大胜村迁到黎里镇，他把黎里这个名儿，美化一下，常称为梨花里。这座屋子为清乾隆年间官府的邸第，共有四进，屋宇轩敞，因此足够储藏图书，他又广收地方文献，坐拥百城，引为至乐。那磨剑室，就是他的书斋，复壁是现存的。他时来上海，居住旅馆，从不讲究设备，自亡命日本回国后，住过上海黄陂路、西门路，都是旧式房子，直至他担任上海市通志馆馆长，才搬到复兴中路四二四号，后又迁居复兴中路五一七号的花园洋房，为了避免有人注意，底层给唐惠民医生设立诊所。"八一三"抗日战争，上海沦为孤岛，他就秘密离沪，避居香港，太平洋战争爆发，香港沦陷，他辗转到了桂林，桂林被轰炸，又迁居重庆，生活都很艰苦，他的斋名，如什么羿楼，隐寓后羿射日之意。又取王船山"从天乞活埋"的诗意，之为活埋庵，以及更生斋，这些都是流浪时期所取的。最后住在北京颐和园的益寿堂，和故宫附近的北长街，榜为上天入地之室，为他平生最安适的住处。

亚子寓居桂林时，诸同文如尹瘦石、熊佛西、何香凝、端木蕻良、欧阳予倩、谢冰莹、林北丽、宋云彬、陈孝威、司马文森、王羽仪、李玉良、巨赞、吴枫、黄尧、安娥等，觞亚子及佩宜夫人于嘉陵馆，一时裙屐联翩，觥筹交错。瘦石擅速写，即在席上一一绘像，像旁各签一名，成为《漓江祝嘏图》。李一氓书引首，题识者有俞平伯、夏承焘、聂绀弩、廖沫沙、黄苗子、任中敏等，承瘦石采及葑菲，要我题写，我集龚定庵诗成一绝以应。"秀出天南笔一枝，中年哀艳杂雄奇。只今绝学真成绝，坐我三薰三沐之。"亚子当时有自题二律，我仅记其二句："班生九等分人表，青史他年任品题。"曾几何时，同文纷纷辞世，存者不多了。

在此之前，有一次盛会，时尚在民国十三年，柳亚子夫妇，约刘季平（即江南刘三）、朱少屏、陆丹林游苏，时丹林任职道路协会，取得特别免费票，适冯文凤女书家由港来沪，乃邀之同去。到了苏州，住阊门外铁路饭店。第一天午饭及晚饭，在冷香阁与留园进之，亚子作东道主，次日，苏地社友陈巢南等，设宴拙政园及狮子林，为一时胜会。文凤携有摄影机，摄照数十帧。又预先写了聚头扇，以赠亚子伉俪，在席上传观，季平初见文凤隶书，大为赞赏。返沪后，季平特邀文凤到华泾黄叶楼做客，与其女刘绷相见，从此时相往来，不幸刘绷短命而死，数年后，文凤也客死异乡。

他的外甥徐孝穆，在上海市博物馆工作，能书、能画、能刻印、刻竹骨、刻砚台、刻紫砂壶，属于艺术上的多面手。一度他随亚子寓居北京，因得识何香凝、叶恭绰、郭沫若、沈雁冰、傅抱石及老舍等，都为他题竹拓专册。亚子有一端砚，石质极佳，孝穆为之镌刻，砚背刻亚子像，须眉毕现，神情宛然，亚子非常喜爱。亚子逝世，佩宜夫人便把这砚还给孝穆，以留纪念。孝穆在上海，居住进贤路，亚子来沪，到他家里，为他写"进贤楼"三字匾额，作为他的斋名，钤上汾湖旧隐及礼蓉招桂盦印章。孝穆又为亚子刻印，拓有印存册子，亚子为题："刻画精工值万钱，雕虫技小我犹贤。何当掷去毛锥子，歼尽岛夷奏凯旋。"金鹤望为印存作一骈文序，如云："游心于阳冰之间，蹑足及安庐之室。"所谓安庐，便指亚子字安如而言。

亚子头脑较新，他对新诗和旧诗问题，有这样的说法："我们自己喜欢做旧体诗，尽做也不妨，至于因为自己欢喜做旧诗，就反对新诗，那未免太专制了。"由于民族思想很激烈，十多岁即撰《郑成功传》，发表在《江苏》杂志上，吴江吴日生，明季抵抗清兵，壮烈不屈死，亚子征集其旧刊，又得吴尧栋的手抄本，奈次序凌乱，错讹较多，亚子因请陈巢南重为编纂，印成《吴长兴伯集》为《国粹丛书》之一，附有《唱酬余响》《袍泽遗音》等，得者珍之。

亚子双目近视，懒于行动，他自己说："坐黄包车怕跌交，坐电车怕挤，汽车又嫌太费，除非有人拉了我走，一个人实在没有自动出门的勇气。"他坐车怕跌，原来在京口曾经覆过一次车，受到轻伤。后到绍兴，那《绍兴日报》的陈编辑，把自备车供亚子乘坐，并嘱车夫加意扶持，他的《浙游杂诗》即有一首云："余郎婉娈故人子，重遇樽前已十年。更喜陈生能厚我，一车供坐最安便。"所谓余郎，指同社余十眉之子小眉，这次是不期而遇的。

尚有些零星事，足资谈助，他认重阳为诗人节，家乡有八角亭，为胜迹之一，所以他每逢这天，经常邀集诗友，登亭眺赏，对菊持螯，尽永日之欢。他作诗不大喜欢集句，因其缺乏性灵。他主持上海市通志馆，不常到馆，所有的事，致书胡道静，托他代办，因此道静所积亚子手札，约有四五百通之多，不意"文革"来临，全部被掠而去。那《亚子书信辑录》仅载有二通，这是其友吴铁声喜集书札，道静分给了他一些，才得留存。事后道静深悔当时没有全部交给铁声，或许全部留存哩。亚子有义女三人，一谢冰莹、一萧红、一陈绵祥。绵祥，陈巢南之女。亚子晚年远离家乡，把家中所藏的书籍图册，分捐苏州博物馆、北京博物馆及上海图书馆。如今把黎里故居作为柳亚子纪念馆，所有捐献的东西，以及复制品，都陈列馆中。亚子的长君无忌，从美国归来，在纪念馆前摄了照片，我获得其一。影中人无忌与夫人高蔼鸿，亚子女儿无非，无忌女光南，无忌外孙女郑婉文，亚子外甥徐孝穆，徐孝穆子维坚，雁行而立，亚子有知，定必掀髯色喜哩。

臧伯庸与黄楚九

我纪述过臧伯庸为毕倚虹治病，不但不取医药费，反而资助其生活用途。继为顾明道治病，亦不收诊金，诸如此类很多很多，我仅把目睹者而言，其医德之高，为岐黄界所罕有，是足以表扬的。

伯庸于一九六八年逝世上海，距今将近二十年，其人其事，颇多风趣，又饶史料，据我所知，并多方探询，既悉其荦荦大端，复闻其生活琐屑，凡此均足为他年修医史者的参考，也就不辞拙陋，奋笔记之了。

伯庸名霆，别署守愚，原籍浙江吴兴，一八八八年生于四川成都。父臧瑜，号次郎，在清季匏系一官，非其素志。一九〇五年，资送伯庸及佩鸣二子赴日留学，使伯庸学医，佩鸣攻药，俾将来回国，在业务上起辅车相依的作用。时清政腐败，有志青年，纷谈革命，他们二人受此影响，亦即参加同盟会。辛亥武昌起义，伯庸结合学医的同盟会会员，组成红十字救护团，往鄂救护伤员，旋来上海，而孙中山先生已在南京任临时大总统，伯庸即转赴南京，谒见中山先生，留在总统府任礼宾工作，中山先生很器重他，时常晤见。一次，伯庸颌下生一疖，较大，且化脓，中山先生谓"疖已成熟，容我为汝动手术。"伯庸婉言谢之曰："总统万端待理，怎敢以小恙烦劳清神。"中山先生察觉伯庸的心情说："你别忘记，我也是学医做医生的。"伯庸无奈，就由中山先生为之开刀，敷上药末。此后每日自己换药，若干天痊愈，唯颌下留一疤痕，终未消失。伯庸指着对人说："中山先生治理国家大事，昭彰人目，为众所知，替人治病，恐知者不多吧！"此后熊克武执四川军政大权，熊氏和伯庸素有交谊，伯庸参加同盟会便是熊氏介绍的。乃邀伯庸入蜀，任军医处处长，中山先生开玩笑说："军医处处长为人治病，我却曾为军医处处长治病，那么我的医术大致不错罢！"未几，袁世凯谋帝制，伯庸离职，再赴日本继续深造，一九一六年，毕业于名古屋医科大学。回国后，一直在上海悬牌行医，达五十年之久，初设诊所于九江路口大庆里，这时所有诊所，统称之为医院，这伯庸医院的招牌，由名书家天台山农（刘介玉）手书，作魏碑体，壮肃稳健，甚能引人注目。后为发展计，移至爱多亚路大世界游乐场对过，附设药房，声誉益著，交游更广，诸名流纷纷书匾为赠，如于右任的"神明自得"，张溥泉的"一视同仁"，汪兆铭的"志气如神"，尤以章太炎篆文"心有大游"最为突出。此外还有居正、叶楚伧、胡汉民、戴季陶等书幅。极名贵的，则为孙中山先生所赠亲笔的"博爱"二字横匾，且有"伯庸医院属"五字，署款"孙文"，钤白文"孙文之印"章，伯庸引为殊荣，即将"伯庸医院"四字放大，制成匾额，作为诊所的招牌。抗战胜利后，为求实际起见，把诊所区别于有病床设备的医院，遂请于右任写"伯庸诊所"，那是新招牌了。一九四九年后，以于氏籍隶国民党，所书市招不合时宜，不得已，把于氏所署名，用油灰填平，涂以黑漆，但卫生局执事者，仍认为不够妥善，换上仅一市尺的小招牌，也就不着痕迹了。这块小招牌，是伯庸的孙婿奚志澄，向某招牌店定做的。有位年逾花甲的老工人说："曩年他当学徒，曾做过伯庸医院的招牌。"据年份推算，做的便是孙中山先生所书的那块。

伯庸与诸名流交往，亦有些珍秘史料为外界所未知。当孙中山先生愤辞大元帅职，离穗赴沪，寓居香山路，手头甚为拮据，将近年关，颇难应付。伯庸知之，为告四川颜德基之驻沪代表，请以孙先生之窘状，转达颜氏，未几，该代表得川中回电，令付五千元，交伯庸转赠孙先生为度岁资，伯庸喜出望外，携款前往拜谒，孙先生拟当场书一收据，伯庸力阻之曰："颜先生既然信得过我，才嘱我转呈，何必多此一举。"孙先生乃点头应允。一九五六年，为孙先生诞生九十周年，民革组织要求伯庸写一些回忆孙先生的材料。这事见于伯庸遗下的手稿中，平素是从不与人谈的。又伯庸与章太炎，有这样一段趣闻，原来太炎在日本主办《民报》，伯庸在其手下任发行员，因此朝夕相见，甚为熟稔。太炎不喜沐浴，朋友力劝无效。一日，伯庸和诸同事，准备浴水，硬给太炎解衣，使他不得不就浴，太炎虽不怪，然碍于众人之面，不得不任人摆布，一时传为笑谈。有一次，太炎子女患病，由伯庸治愈，太炎感之，许为书件，伯庸知太炎有一惯例，无论高官显宦，求彼作书，一概没有称呼，但一次，有以"楚公"款备润金求书，太炎径书"楚公"上款，岂知这是商人黄楚九所弄的玩意儿，楚九获之，夸炫于众，谓："太炎虽傲慢，却称我为公，足见我的声望，足以压倒太炎。"伯庸力请太炎破例，加一称呼，隔数天，送来篆文立幅，竟称"伯庸仁兄"，伯庸视为瑰宝，定制红木镜框，挂于诊所内，直至二十世纪六十年代才取下，十年"文革"中被抄后不知下落。于右任写给伯庸的，有十多幅，伯庸哲嗣寿琪，也是留学日本名古屋医科大学，毕业回国后，开业行医，声誉很隆，不亚乃翁。当赴日本留学时，于老以碑帖拓片一包，并附一信，托寿琪带往日本，交前首相犬养毅，及抵东京，蒙犬养毅亲自接见，寿琪引为荣幸，及寿琪结婚，于老又任证婚人。一九四八年，伯庸父子到南京，于老又伴同谒中山陵，而伯庸备有电影摄影机，摄取了纪录片，藏于家中，岂知十年"文革"，凡此种种，均引为罪行，备受折磨，实非始料所及。

伯庸和熊克武交谊已见上述，北伐期间，熊氏兵败，退至广州，脚气病大发，电请伯庸去穗为之诊治，伯庸接电后，即放弃每日数百元的诊金收入应邀前往，岂知到穗，熊氏已被某方拘禁于虎门炮台，伯庸亦几被株连。及熊氏获释抵沪，伯庸每日赴其寓所，悉心医疗，直至恢复健康。熊氏撰一题记，详述治病经过，末云："君之术神矣，君之情不尤可念耶！使君以医人者易之医国，其功必不止此……"这篇题记，今尚存于臧氏后人处。

谈臧伯庸，不能不牵涉到黄楚九其人。黄名承乾，字楚九，号磋玖，晚年自署知足庐主人。清同治十一年三月初二日生，浙江余姚人，兼陶朱端木之长，尤多智谋，营商往往出奇制胜。一九三一年一月十九日病逝上海，年五十有九。社会舆论，对他毁多于誉，实则一分为两，也有可取的一面，如为了避免资源外溢，提倡国货，创"龙虎人丹"抵制日本在华倾销的"仁丹"。办福昌烟公司抵制英美烟公司。又在西藏路上筹建急救时疫医院，救活了许多人。又在龙门路上开设黄楚九眼科医院，向贫民施诊给药等，这些都是有益于国家，有利于人民，决不能一笔抹煞的。他有五位快婿，一为曾焕堂，一为陈星五，一为裘维德，一为许晓初，一为沈家锡。此外即长女婿臧伯庸。清季，伯庸父臧瑜，游京师，与黄楚九适同寓一旅邸，彼此交谈，颇相契合。此后楚九经商沪上，伯庸赴日本留学，由上海登轮，以父执礼拜访楚九，楚九殷勤接纳，见臧伯庸少年英俊，甚为钟爱，便致函臧瑜愿结丝萝。一九一二年，伯庸遂与楚九长女黄淑贞，在上海举行婚礼。翁婿关系相当密切，但行径各不相同，原来楚九常自夸生财有道，谓"一缸清水，一经其手，立刻成为一缸黄金"。他营业面很广，办日夜银行，办大世界游乐场，和新世界对垒，大世界中设寿石山房，为其运谋决策的帷幄，并礼聘孙玉声及天台山农主编《大世界报》，附设萍社文虎会，一时裙屐联翩，名流麋集，在文字上加以宣传，生涯之盛，为任何游乐场所莫及，楚九在这方面，获得大大的利润。又办烟草公司，某岁，《新闻报》封面上登一巨幅广告，广告不着一字，仅一红色的蛋，这时报纸尚没有套色，很足引人瞩目，且登了这样大的怪广告，阅报的很为讶异，莫名其妙。这没有文字的广告，连登了数天，最后揭破了谜底，乃是福昌烟草公司新产品"小囡牌"香烟问世，苏沪习俗，生了孩子，例须染红了蛋送给亲友的，大家被怪广告所吸引，都想品尝一下，这一下便推广了销路。楚九有些业务，却因伯庸而成就，那轰动一时的"百龄机"，即其中之一。楚九染阿芙蓉癖，自谓："吃与睡，为人生两大乐趣，但不能同时并进，唯有一榻横陈，吞云吐雾，才得同时享受，岂不乐哉乐哉！"可是瘾君子易患便闭，从而食欲降低，精神不振，当然楚九也不例外。伯庸为配一润肠开胃剂，给楚九试服，楚九试之见效，大为喜悦。即把这方剂交他自办的九福公司大批生产对外销售，楚九取名"百灵剂"，说是能治百病。伯庸认为世上绝没有能治百病的灵药，若硬称能治百病，无异告诉人们该药什么都治不了，故建议楚九，把"灵"字改作"龄"字讨个口彩，服之延年益寿，楚九当场点头同意，及该药出品，登上广告，将"剂"字改为"机"字，伯庸问楚九这"机"字作何解？楚九笑着答道："将错就错，无所谓也。"一方面又请了许多耄耋之年的老头儿，合摄了一张照片，登上广告，说："这许多百龄左右的老人，都是日服百龄机的。"当时楚九的女婿曾焕堂，更凑着趣，说："广告上不妨加上'有意想不到之效力'这几个字，不是更具吸引力吗！""百龄机"畅销全国各地，楚九得利甚丰，不毋饮水思源，便向伯庸说："百龄机是你所处的方剂，当从其中提取成头，借以酬报。"伯庸坚持不受而止。

还有"乐口福"，也是九福公司的出品，这"乐口福"的来历，为外界人士所未知。外界人士大都认为是黄楚九所创始，连得一九八四年中华书局所发行的《民国人物传》，那黄楚九传中，也误为"乐口福"是黄楚九的产品，实则不然。楚九于一九三一年逝世，原本主管九福制药厂的，为楚九第三婿陈星五，楚九破产，星五立刻和伯庸相商，将九福盘下，伯庸乃招股继续营业，仍由星五主持，奈有部分股东对星五啧有烦言，伯庸知之，直言劝导星五自动退职，星五悻悻然离去，带走九福"补力多"处方，自办正德药厂，把"补力多"方剂改头换面，称为"康福多"大事宣传，和九福"补力多"对抗，使九福几乎处于瘫痪状态，窘于资金，伯庸不得已，把每日诊金所入，借以挹注，勉渡难关。但这样总非久计，乃动了脑筋，聘药剂名师胡振汉任厂长，共同研究冲剂饮料，结果创出"乐口福麦乳精"，大受社会欢迎，九福才免于倒闭。董事会为酬劳起见，通过协议，销售数中提出利润若干，分给伯庸与振汉，伯庸当众把协议撕毁，宣布放弃此款。振汉亦继伯庸之后，撕毁协议。当伯庸六十诞辰，九福公司特请著名雕塑家张充仁为伯庸塑半身铜像，该像大过于人，像座有于右任题"仁者寿"三字，直至"文化大革命"时认为四旧，作废铜处理。一九八四年，伯庸文孙增嘉、增姚晤见张充仁，充仁询及此像，以实情告之，充仁亦为之叹息。

伯庸为了更利于为人治病，不惜重金，向先进国家购进最新医疗器具，如爱克司光机、人工太阳灯、镭锭等等，在当时即很大的医院尚没有此等设备，他却应用新型医疗器具为病家诊察，且不计较诊金，对于贫苦病家，不但不收诊金，还施送药品，因此有人以"医圣"称之。他喜欢医疗器具，对于什么机械，都感兴趣。曾购了一架电影摄影机，摄取了许多影片，如数十年前的上海景色，各地名胜古迹，陪同熊克武观看吴淞炮台。关于名流出丧，仪仗显赫，也摄了多种，如黄楚九、段祺瑞，以及美国飞行师罗勃脱·肖特等。罗氏是日本侵华时在我国，为了扫射日机，壮烈牺牲，更有意义。又有谭延闿之墓以及日本著名外科医生斋藤来中国访问，离沪之时，在船埠送行的镜头。斋藤是伯庸的老师。最名贵的是孙中山逝世灵堂前所摄。这些影片经常放映，使过去的事呈现在目前，且家有银幕，很为便利。伯庸目近视，所戴的眼镜亦自己设计，因看远物和看近物，非调换眼镜不可，这是多么不方便啊！他便设计一特殊眼镜，由四片镜片组成，看近物把二镜片翻起，看远物把它翻下，托银楼制金质镜框，灿然生辉，非常美观。在六十多年前，这种眼镜是很少见到的。他又喜收藏各种钟表，什么挂钟，落地钟，都有若干座。他晚年谢绝医务，为消遣计，常自修钟表，机件复杂，他都弄得一清二楚，说这也和医理相通的。

他诊务极忙，门诊每日不下百号，出诊十余处，往往深夜才得晚餐，餐后，浏览医书，从不间断。时绑票盛行，伯庸屡接恐吓信，但依旧出诊，雇用两名壮汉任保镖，并随带护士多名，每当新病家出诊时，挂号处必先问明为谁介绍，然后与介绍人联系证实后，才去应诊。且每日出诊路线，秘不告人，出诊先后也不按路的远近而分，使人难以捉摸。并在自备汽车上，装有秘密机关，临急，用足一踏，车即停驶，不能开动，如此妥善，仍遇到两次绑票，由于事先有所准备，俱能化险为夷。

伯庸又喜蓄芙蓉鸟，大都为德国种，不下百头，有一对羽毛作橘黄色，尤为少见，雇人专司饲养。其时上海双清别墅主人徐凌云，与伯庸为亲家（徐氏内侄女佩华嫁寿琪为续弦）善蓄芙蓉，伯庸所蓄鸟有病或产雏，凌云辄为调理，因此凌云对伯庸说："我家人患病，由你包办。那么你家的鸟，倘有事故，当然由我包办了。"厥后，伯庸所蓄的一头，品种特别优良，鸣声啁啾，伯庸也就特别珍护，不料一日被猫破笼抓死，伯庸痛惜之余，把所有的鸟，全部送人，不再蓄养。伯庸晚年喜书画扇，他西装革履，照例是不持折扇的，他却破例，一扇在握，拂暑招凉，有人以吴东迈所绘的芍药扇赠彼，东迈为昌硕哲嗣，渊源家学，亦擅画花卉，绚碧煊红，纷披枝叶，极活色生香之妙。一日伯庸持扇偶往公园，正摇拂间，忽被东迈所见，彼此交谈，遂成莫逆。伯庸固喜与文人墨客相往还，如钱芥尘、张丹斧、戚饭牛、丁福保、严独鹤、周瘦鹃、沈吉诚、徐卓呆、平襟亚、余空我、唐云旌等，结缟纻之欢。毕倚虹死，其夫人缪世珍无归宿处，伯庸即延之为护士长，更名毕世珍，后且悬牌为助产士，其招牌即挂在伯庸医院旁。许多文艺界人士凡有疾病，辄施妙手，因此伯庸处颇多以上诸人的手迹。又有何香凝的画幅，黄克强的手杖，这根手杖为木质，柄是牛角的，江翊云、周善培的书件，都是治病的谢仪。照片很多，"文革"中都被丢入垃圾桶中，在桶中检得了若干帧，也就留为纪念了。又增嘉为颜文樑、胡粹中、李咏森诸美术家所摄的电影片，幸得无损。又伯庸在浙江绍兴、萧山等处研究姜片虫，有一论文，发表于日本《消化机病学会杂志》，今只存该杂志封面复印件了。家中有汽车三辆，一伯庸自用，一其夫人黄淑贞用，一其子寿琪用，一九五九年后，全部变卖。

伯庸读书时，各门功课，最差的便是数学，所以他头脑中没有数字概念，除处方中的药量，从不有错，其他连票额都弄不清楚，外出购物时，他身边不带分文，均由其随从者为之付款。他凡看到最惬意的东西及欣赏品，任何巨值，都不还价，携之而归，以为至乐。日常生活，其夫人黄淑贞为之安排，无不井井有条，真可得称一位贤内助。伯庸生平不涉花丛，不事赌博，一切规律化，所以身体一直保持健康，及晚年受到委屈，才促其寿命。今年为伯庸诞生一百周年，一子寿祺，三女佩娟、凤娟、顺娟，二孙为增嘉、增猷，长孙女增熙，在美国旧金山，次孙女增璐、小孙女增诗在澳门，为祖父伯庸做佛事，慎终追远，孝思不匮，伯庸地下有知，定必欣然色喜。

还有一些琐事，足资谈助。伯庸为人医病，病历卡，都分姓名，贮藏不失，以备复诊检查之用。年积月累，充满一室，在"文革"中作为废纸处理。又名须生刘鸿升，行腔别创一格，"斩黄袍"的一句"孤王酒醉桃花宫"，响遏行云，在民初时代，大街大巷，常听得有人哼唱这一句，因此他被比喻为"流（刘）行病"。一九二一年，他在上海大舞台演出第七天夜场，演"完璧归赵""雪杯圆"双出，扮好"雪杯圆"的莫怀古，忽然晕倒，立请伯庸急诊，及伯庸至后台，鸿升已气绝了。又地产权威程霖生，喜玩金石书画，一般骨董商人，纷纷携些古玩来兜售，那司阍者辄索门包，成为一种陋规。一次，程氏患病，电请伯庸来诊，岂知被司阍者所拒绝，因伯庸没有小惠，伯庸即转而向其他病家诊治，程氏直等待至晚，杳无音踪，翌日，他亲打电话邀请，才知乃阻于门禁，及伯庸来，询其情况，伯庸据实以告。程氏怒，立呼司阍者至，斥罢其职，司阍者向伯庸泣求，代为挽回，伯庸亦不欲为彼而使人失业，即为缓颊，从此程霖生家中的门房陋规，顿然绝迹。

徐枕亚小说风靡民初

自五四运动开始，作家别辟新途径，提高思想认识，涉笔以语体为主，把词藻纷披的文言小说，摈诸文坛之外，称之为"鸳鸯蝴蝶派"。指该派行文，缠绵悱恻，动辄有所谓"卅六鸳鸯同命鸟，一双蝴蝶可怜虫"等俳句，成为滥调。尤其以《玉梨魂》作者徐枕亚，为"鸳鸯蝴蝶派"的代表人物。

实则以文采取胜，而骈散出之，开山鼻祖，当推唐代著《游仙窟》的张鷟。这部小说韵散并用，在我国已失传，却保存在日本，收入汪国垣校录的《唐人小说》中，上海古籍出版社付诸印行。

直至清代，陈蕴斋（球）所作《燕山外史》，根据明冯梦祯所撰《宝生本传》，把宝绳祖遇合李爱姑事，演衍为三万一千余言的骈俪小说，统体四六成文，当时吴展成认为千古言情之杰作。陈蕴斋，浙江嘉兴人，落落寡交，家贫卖画自给，这书本备插图，以短于赀力，不得不作罢。宝绳祖为燕山人，因称《燕山外史》。此文错翠镂金，不参散句，那就比"鸳鸯蝴蝶派"还要"鸳鸯派"了。

大兴胡文铨题词有云："丽制推张鷟，新编托董狐。"可知他是《游仙窟》的继承者。

那著《玉梨魂》的徐枕亚，属于再继承之后起，代表"鸳鸯蝴蝶派"是不够格的。此后学步枕亚，自郐而下，一味淫啼浪哭，甘居下流，凡此都归罪于枕亚，似乎尚须加以公允的评判。

枕亚生于光绪己丑年，名觉，别署徐徐、眉子、辟支、泣球生、东海三郎、东海鲛人、青陵一蝶等，江苏常熟人。其兄啸亚，后易名天啸，别署天涯沦落人，著有《天啸残垒》《太平建国史》《神州女子新史正续编》《珠江画舫话沧桑》《天涯沦落人印话》，两人有"海虞二徐"之称。啸亚喜篆刻，枕亚擅书能诗，其父亦翰苑中人，著《自恰室杂抄》，有句云"伴我寂寥饶别趣，一勤铁笔一勤诗"，深喜二子之能传其业，而书香不替哩。枕亚十一岁即作元旦诗"愁人哪有随时兴，锣鼓声休到耳边"。及弱冠，积诗八百多首，己酉做客梁溪，诗稿散佚，乃追忆若干，标之为"吟剩"。读书虞南师范学校，既而迁至虞山北麓的读书台，为梁昭明太子选文处，如此胜迹，益增潜修咀含之乐，为其他生平最得力处。同里有陈啸虎、俞天愤、姚民哀、吴双热相交往，和双热尤为莫逆，啸亚、枕亚本属同气连枝，三人更订金兰之契。民国初年，周少衡（浩）在沪市江西路创办《民权报》，三人联翩应少衡之招，同任该报辑务。尚有李定夷、蒋箸超、包醒独等互执笔政，这时文艺篇幅，占很大版面，枕亚撰《玉梨魂》，双热撰《孽冤镜》，都为骈散式的说部，两篇相间登载，仿佛唱着对台戏，因此所称"鸳鸯蝴蝶派"，双热亦与枕亚并列，均成"逆流"中人。

那《玉梨魂》，究属是怎样的一部书？魏绍昌所编的《鸳鸯蝴蝶派研究资料》，在作品部分，载着《玉梨魂》的片段。有全书内容提要，我不惮辞费，做个誊文公，把它录在下面：

《玉梨魂》，徐枕亚著。全书三十章，民初发表于《民权报》，一九一三年九月出版单行本。写的是当时一个青年寡妇和一个家庭教师的恋爱故事。这个家庭教师叫何梦霞，苏州人。父亲潦倒以终，他自己又怀才不遇。因此，只不过二十来岁的人，就觉得世上的艰苦辛酸，都已尝尽，成天郁郁寡欢，多愁善感。那年，他被介绍到无锡的乡村小学来当教师，住在远房亲戚崔姓的家里。崔家只有一个老翁，一个媳妇，一个孙子，女儿在外地上学，儿子前两年死了，全家笼罩着一层寂寞凄怆的气氛。梦霞是崔老翁请去顺便教小孙子读书的。某日，梦霞看见庭前一棵梨树落了一地的花瓣，勾起一番哀思，于是效学林黛玉，将花瓣拾起，用土埋好，并立石为志，题名"香冢"。不料到了晚上，他将就枕，忽然听得窗外有一阵幽咽的哭泣声，急忙披衣窥视，只见梨树之下，站着一位脂粉不施、缟衣素裙的美人，满面泪痕，哀痛欲绝。又一日，梦霞从学校回来，发觉室中少掉一部他写的《石头记影事诗》稿本，却多了一朵曾在发髻上簪过的荼蘼花。梦霞又惊又喜，立写一信，交给每晚来上课的小学生，要他转交母亲。翌日，小学生带来了回信。从此梦霞和寡妇白梨影的恋爱，就这样开始了。这一对男女的感情非常热烈，然而他们都不敢打破当时礼教的设防，坚守着"发乎情，止乎礼"的古训。只是通通信，作作诗，借此吐露相思的苦闷。他们很少见面，即见了面，双方都拘束着、矜持着，不敢有所表示。一次，梨影病了，梦霞去慰问，两个人你望着我，我望着你，一句话也不说，流了几点眼泪，各人做了一首诗，写在纸上，给对方看看而已。梨影想自己决不能跟梦霞结合，就打算把小姑介绍给他，以弥补这个缺憾。事情得到崔翁的同意，已说定了，可是男女双方都很勉强。梦霞的心上人还是梨影，小姑也为这不自主的婚姻而伤怀。三个人都怨，都恨。小说着意剖析梨影那种陷入迷惘之中苦闷而不能自拔的心情，爱这个人而无法得到这个人，又舍不得放弃这个人。她要梦霞跟小姑结婚，其实就是藕断丝连的意思，那么成了自家的近亲，以后还能接近他。可是梦霞来信，却说："欲出奈何天，除非身死回。"梨影百感交集，一面为梦霞误会了自己的深意而悲伤，一面又为梦霞这种坚定不渝的爱情而铭感。再这样做下去，要给家族诽议，社会指谪的，只有断绝的一途，要断绝，又只有死的一途，忧忧郁郁，梨影得了病而死了。死后不到半年，小姑也自怨自艾地死了，小姑死了一年多，梦霞参加革命战役，又在战场上死了。

情节是这样，笔墨很纯洁，主题是抨击旧社会的封建礼教，为了婚姻不自由，牺牲了不知多少的男女青年，在当时来讲，这书是有进步思想的。全文在报上登载毕，即徇读者之请，刊为单行本，由民权出版社出版，不知重印了多少次，为民初最畅销的说部。第一版封面，出于吴兴沈伯诚手绘，封面作茶褐色，用玻璃版精印，在月色朦胧中，一淡妆婵娟，倚树饮泣，大约玻璃版不能多印，此后重版，封面易去，无复初版的工致了。书以"葬花"一章始，三十章"凭吊"结束。书中人的梦霞，即枕亚夫子自道，他确在无锡乡间蓉湖教过书，喜读《红楼梦》，著有《红楼梦余词》，由他的好友陈惜誓加以评点，如什么元春省亲、李纨教子、黛玉葬花、探春征社、湘云咏絮、香菱学诗、紫鹃试玉、小红遗帕、宝玉晒情、晴雯撕扇、宝钗论画等，凡六十阕，书中所谓《石头记影事诗》，即指此而言。据刘铁冷见告，梨娘、鹏郎，实有其人，云间沈东讷和枕亚同事，曾见到梨娘、鹏郎。

《民权报》对袁世凯的刺宋教仁，首先揭发，大肆挞伐，袁氏痛恨极了，但民权报社在租界江西路上，没法封闭它，结果釜底抽薪，不准该报销行内地，仅仅限于租界范围，销路不多，难于维持，只得停版。枕亚失了业，应上海中华书局的招请，编撰几本尺牍一类的书，既脱稿，那位主持辑政的沈瓶庵，随意窜改，几致面目全非，枕亚拂袖而去。恰巧这时胡仪鼲、刘铁冷、沈东讷等合办《小说丛报》，创刊于一九一四年五月，以枕亚的《玉梨魂》声望很高，即请枕亚担任主编，别撰《雪鸿泪史》，在《丛报》上登载，这一下，轰动了许多读者。《雪鸿泪史》，故弄玄虚，托言为《玉梨魂》主人何梦霞的日记，首列识语，有云："《玉梨魂》出书后，余乃得识一人，其人非他即书中主人翁梦霞之兄剑青也。剑青宝其亡弟遗墨，愿以重金易《雪鸿泪史》一册，余慨然与之曰：此君家物也，余乌能而有之。剑青喜，更出《雪鸿泪史》一巨册示余，余受而读之，乃梦霞亲笔日记……余既读毕，乃请于剑青，为抄副本付刊……为之细分章节，每节缀以评语，以清眉目，凡与《玉梨魂》不同之点，无不指出。此后《玉梨魂》可以尽毁，而余于言情小说也未免有崔颢上头之感。江郎才尽，从此搁笔矣。"实则都非事实，原来出于他一手笔墨。这书在《丛报》上没有登完，即抽印单行本，为什么这样急迫呢？是有原因的，那时接近年关，社中须付许多账款，单行本出版，读者争购，一切账款都靠此应付过去了。可是出版不久，就有人检举，其中部分诗词，是攫取他人的。枕亚也承认因为赶写匆促，不及自作，后当补易，以赎前愆。果然后来重作，把他人作品删去，笔墨也就一致了。

　　《玉梨魂》一书，既轰动社会，上海明星影片公司把这部小说，交由郑正秋加以改编，搬上银幕，摄成十本。张石川导演，王汉伦饰梨娘，王献斋饰梦霞，任潮军饰鹏郎，郑鹧鸪饰崔翁，杨耐梅饰小姑筠倩，演来丝丝入扣，且请枕亚亲题数诗，映诸银幕上，女观众有为之揾涕。既而又编为新剧，演于舞台，吸引力很大，那《玉梨魂》一书，再版三版至无数版，竟销至三十万册左右。可是枕亚当初在《民权报》披露时，是不取稿酬的，此后印为单行本，乃民权出版社广告部马某私人所经营，版权归马某所有，对于枕亚，不给酬劳，枕亚是个文弱书生，憾之而无法对付。直至他自己在交通路创办清华书局，费了许多口舌，才得收回版权，作为购《雪鸿泪史》的赠品。各地又纷纷盗版，复有译为语体，称为《白话玉梨魂》，枕亚为之啼笑皆非。当《雪鸿泪史》在《小说丛报》上抽出印行单本，枕亚别撰《棒打鸳鸯录》，具《红楼梦》的雏形，以补《丛报》之缺。及清华书局成立，把《棒打鸳鸯录》易名为《双鬟记》，由清华印为单本。又印了他的《余之妻》，及所编的《广谐铎》《谐文大观》。数量最大的，为《枕亚浪墨》四集，分说蠡、艺苑、艳薮、谭荟、杂纂，除他的长篇小说别刊外，凡他所作的零金碎玉，一股拢儿搜罗其中，复有短篇小说若干种、笔记若干种，以字数计，约一二百万言，洵属洋洋大观。小说如《自由鉴》《弃妇断肠史》《神女》《碎画》《红豆庄盗劫案》《芙蓉扇》《平回传信录》《洞箫怨》《香莲塔》《蝶梦花魂录》《孤村喋血记》，笔记如《经传并观》《辟支琐记》《蕾腾室丛拾》《花花絮絮录》《清史拾遗》《诗话》《古艳集》等。他喜文虎为萍社巨子，录入他所作的谜语。他又喜诗钟，又录入他的分咏、碎锦、鸿爪、鼎足等格，标之为

"诗梦钟声录"。该书局又复刊印了许指严的《新华秘记》、李涵秋的《侠凤奇缘》、姚鹓雏的《燕蹴筝弦录》、徐天啸的《天啸残墨》、闻在宥的《野鹤零墨》、蒋箸超的《诗话》、吴绮缘的《反聊斋》《芙蓉娘》等。又主辑《小说季报》，布面烫金非常精美。他为什么要这样做，是有原因的。那《小说丛报》风行一时，内部却发生了矛盾，枕亚是书生本色，没法对付人家，愤而脱离，办清华书局，主编《小说季报》，和《小说丛报》相竞争，多少带些赌气性质。《季报》每期容纳三十余万言，用上等瑞典纸印，成本较大，定价每册一元二角，这时的杂志，如《礼拜六》，每册只售一角，其他亦在四角以下，那《小说大观》，每册一元，购买力已成问题，销数不多。《季报》定价，更超出一元，那就使一般读者，望书兴叹了。枕亚为挽救计，每定全年，赠送天啸书联一副、枕亚书屏四条，都是以宣字手写的。但自一九一八年创刊，出至一九二〇年即停刊了。此后枕亚遭到家庭变故，情绪殊恶，既沉溺于酒，又沾染了阿芙蓉癖，精神萎靡不振，惮于动笔，即《季报》所载的《让婿记》《蝶花梦》，都由许廑父代笔。又撰《刻骨相思记》，分上下集，登报征求预订，奈撰了上集，下集延搁着，没有办法应付，也由廑父捉刀。许出笔迅速，每晚可写万言，有"许一万"之称。此外有《兰闺恨》及《花月尺牍》，为陈韬园代撰。《燕雁离魂记》，不知出于谁手。又《秋之魂》《泣珠记》，都有头无尾，没成全书。清华书局，奄奄无生气，难以维持下去，不得已，把所有书盘给福州路的大众书局，归樊剑刚其人发行。枕亚的变故，是怎样一回事呢？他的母亲，满头脑的封建思想，性情暴戾，虐待媳妇，天啸夫人吟秋，不堪恶姑的凌辱，自经而死，枕亚有《余归也晚》一文，述其事，如云："嫂之死也，殆必有大不得已者，其致死之原因何在？嫂自知之，余兄亦知之，余虽未见，亦能知之。嫂知之而不能活，兄知之而不能救，余知之而并不能言。"为什么不能言？那是他在封建礼教之下，不能直揭母氏之恶，这是一种隐痛。不久，他的妻子蔡蕊珠，也不容于恶姑，硬逼枕亚和她离婚，他没有办法，举行假离婚手续，私下把蕊珠迎来上海，秘密同居，及生了孩子，产后失调，遽尔逝世，他伤痛之余，撰了《亡妻蕊珠事略》《鼓盆遗恨集》，《悼亡词》一百首，又《杂忆》三十首，也是为蕊珠而作。事有出于意外，那北京刘春霖状元的女儿沅颖，平素喜读枕亚的《玉梨魂》，又读到了《悼亡词》，深许枕亚为一多情种子，备置钦慕，由通信而诗词酬答，我索枕亚写一尺叶，枕亚录寄给我《有赠》诗四首，下面不署名，我当时也不知其所赠者为何人，盖其恋爱史尚没有公开哩。诗云：

误赚浮名昧夙因，年年潦倒沪江滨。
却从蕊碎珠沉后，又遇花愁玉怨人。
风絮动中初入梦，绮罗丛里早抽身。
天公倘有相怜意，甘侍妆台作弄臣。
心灰气绝始逢君，目极燕南日暮云。
瞥眼华年销绿鬓，铭心知己拜红裙。
余生未必情根断，不世终嫌世累纷。
等是有家抛不得，茫茫冤海一相闻。
断肠人听断肠词，渺渺关河寄梦思。
骨肉成仇为世诟，肺肝相示有天知。
鹃啼已是无声血，蚕蜕终多不了丝。

爱汝清才悲汝命，教人何计讳狂痴。

双修福慧误三生，忧患深时命易轻。

令我空挥闲涕泪，知君难得好心情。

尺书碧血缄身世，小印红钤识姓名。

呜咽津沽一条水，为谁长作不平鸣。

大约过了半年，枕亚向刘家求婚，可是刘春霖认为择婿应是科第中人，徐枕亚是掉笔弄文写小说的，在门当户对上有些问题，犹豫不能决定。幸而沉颖出了点子，先由枕亚拜樊云门（樊山）为师，云门和春霖素有交谊，云门作伐，春霖也就应允了。不久，枕亚北上，举行结婚典礼（我藏有这帧结婚照，惜在"文革"中失去），当时《晶报》上登载《状元小姐下嫁记》记其事。枕亚曾为我写一扇面，右端钤着朱文小印"令娴夫婿"，可知沉颖尚有令娴的别署，也足见伉俪之笃。可是沉颖是娇生贵养的，下嫁之后，生活很不惯常，既而一病缠绵，就香消玉殒了。枕亚一再悼亡，颓丧消极，即悄然回到常熟南乡黄泥镇。旋抗战军兴，他一筹莫展，人亦憔悴落拓，无复张绪当年。一天，他正仰屋兴嗟，忽有人叩门，家无应门之僮，自起招纳，来客挟纸一束，说自上海来，因慕徐先生的大名而求其法书，且备若干金作为润笔，他大喜收受，来客说必须和徐先生亲洽，他自道姓名，即为本人，来客看他衣衫不整，颇加怀疑，经枕亚一再说明，才把纸束并润资付之而去，及期取件，其人展视一下，谓这是伪品，徐先生的书法珠圆玉润，不是这样僵枯无力的，坚欲退件而索还原润。可是枕亚得此润金，早已易米，于是交涉不了，恰巧枕亚有友来访，知道这事，便斥私囊以代偿。实则枕亚固能书，以境遇恶劣，所作或稍逊色，不如以前的精力弥满，加之其人先存怀疑之心，以致有此误会。然枕亚的晚境可怜，真有不堪回首之慨哩。他贫病交迫，一九三七年逝世，一子无可依靠，由天啸携往重庆，不听教诲，天啸没有办法，只得任之。其时张恨水亦在重庆，大不以天啸为然，结果如何，不得而知了。

写到这儿，觉得尚有些可资谈助的，索性附在篇末。枕亚虽一时享着盛名，可是有名无实，生活一向是艰苦的，所以他所著的《刻骨相思记》书中主人江笑山，便隐射他自己。在第一回的楔子中，有这样几句话：

> 落落青衫，一文之钱不值；叠叠黄卷，千钟之粟何来。梦里名山事业，自知辜负千秋，眼前末路生涯，竟叹艰难一饭。

读之者为之一掬同情之泪。他曾编过《旭报》，时期很短。一九一六年，他创刊《小说日报》，其中容纳长篇小说，如天愤的《薄命碑》，逸如的《未来之中国》，星海的《换巢鸾凤》，他的《余之妻》，也连载该报，后来都刊为单行本。该报停刊了数年，许廑父复刊《小说日报》，枕亚的《杂忆诗》，载在《日报》上，也是为悼亡而作，诗有注语，详述经过事迹，且登载了他的夫人蔡蕊珠的遗影。他又撰写短篇小说，如《侠骨痴情》《战场客梦》《不自由的离婚》等，为《枕亚浪墨》的遗珠。又和吴双热合辑《锦囊》，其中大都分咏红楼人物及其他零星杂志。他嗜酒，某夜醉卧路旁，身边时计和资钱，被人窃去，乃作《酒话》，誓与曲生绝交，大约过了半个月，又复一杯在手了。有一次，和许廑父在清华书局对酌，各醺然有醉意，时为中午，一人力车夫把空车停在门侧而赴小饭摊谋果腹。廑父笑着对枕亚说："请你坐着，我来拉车，一试身手。"枕亚俨然果为乘客，窜父在附近拉了一个圈子，还到书局门前，骤然停下，枕亚在车座上几乎摔下来，才想到人力车夫到了目的地，把车杠缓缓放下，这是在力学上有讲究的，两人异口同声说："什么微小的事，其中都有学问，不能忽视哩。"

章太炎大弟子汪东

称汪旭初为词人，未免浅乎言之，狭乎言之吧！实则他的资望是多方面的，他是新闻界老前辈，诗古文辞家，书画高手，大学名教授，同盟会会员，早期日本留学生。

他是江苏吴县人，出身于书香簪缨的家庭。祖父和卿，官镇江府训导。父凤瀛，字荃台，从定海黄以周学，通群经大义，被清总督张香涛（之洞）聘入莲幕，后任长沙知府。辛亥革命，任大总统府顾问，袁世凯野心勃发，设筹安会，谋称帝，凤瀛为文述七不可，反对美新的"六君子"，不畏逆鳞遭殃之祸，会袁氏死，竟得安然无恙。长子荣宝，号衮甫，任驻日大使，又出使比利时，一度任法律馆总纂，董绶经（康）任提调，当时颁布之刑法，即荣宝、绶经二人所修订，于民国二十二年逝世，年五十有六。旭初行三，名东宝，一八九〇年生，与荣宝均诞生于金焦京口间，因乃祖任镇江府训导达数十年之久，不啻第二故乡哩。旭初和荣宝友于殊笃，荣宝卒，他有感雁行折翼，改单名为东，取旭日东升之意，以旭初为字。又于气候喜秋令的爽朗，及读汤卿谋文："秋可梦乎？曰可。"遂署梦秋，镌刻"秋心"二字小印，钤诸书札。厥后又署寄庵，他所著《梦秋词》《寄庵随笔》，都是以别署为书名的。

他早岁肄业于上海马相伯所办的震旦学院，一九〇四年，东渡日本，先后入东京成城学校及早稻田大学，结识孙中山，翌年参加同盟会。当时同盟会人，认为鼓吹革命，首在文字，因在东京创办《民报》，由陈天华、胡汉民、章太炎先后任主编。旭初为《民报》撰稿，自署寄生，自谓具三种意义："人生如寄，一也。栖息客帝之下，等于物之寄生，二也。象译之名，东方日寄，三也。"一九〇六年，太炎离去，由旭初继任笔政，这时撰文者，济济多士，如廖仲恺笔名"无首"，寓群龙无首之义；汪兆铭笔名"扑满"，扑满原系贮钱土罐，满则扑之，暗含扑灭满清之义；黄侃笔名"信川"，《说文》侃字从信从川；等等。时梁启超主编《新民丛报》，主张君主立宪，和《民报》主张革命，两相抵忤，引起笔战，有徐佛苏笔名佛公其人，阴助立宪派，而劝《民报》转变舆论，两相息争，旭初以"弹佛"为笔名，撰文抨击，自《民报》十期起，直至二十期止，论战甚剧。

清廷嫉视《民报》，派溥伦去东京交涉，日方出动便衣侦探，监视同盟会活动，孙中山首当其冲，被迫出境，黄兴、宋教仁、田桐、章太炎、胡汉民、汪兆铭、刘申叔、张继、汪旭初及宫崎寅藏等齐集东京赤坂区红叶馆为孙中山饯行。翌年《民报》被封。同盟会陈陶遗，由日乘轮返国，即在上海轮埠被逮（按：陈陶遗本字道一，幸由端方释放，因改为陶遗，端方别署陶斋），旭初先一班船抵沪，便去镇江省亲，常镇道刘燕翼派人到训导处查问，旭初又回苏州，未遭缧绁。

一九一一年，武昌起义，全国响应，太炎在上海筹办《大共和日报》，章任社长，旭初为总编辑，钱芥尘经理其事，沈泊尘主插画，日出两大张，金松岑日撰论文，李涵秋的成名作，即排日刊载报端，取名《广陵潮》。章又办《华国月刊》，请旭初任编辑，旭初有侄汪星伯为助编（星伯工书法，晚年与费新吾、祝嘉、蒋吟秋，为吴中四大书家），共编二十七期，旭初著有《法言疏证别录》

等，甚为精审。不久，江苏省都督程德全（雪楼）聘旭初为秘书。二次革命，都督府取消，他任总统府内务部佥事，礼制馆主任及编纂等职。一九一七年，他出任浙江象山、於潜、余杭等县知事，在余杭时，曾探索杨乃武与小白菜档案，未有所得，为之怅然。一九二五年，去南京，任江苏省省长公署秘书，越年，南京东南大学合并江苏各公立专门学校，成为国立中央大学，聘旭初任文学院教授，兼中国文学系主任，其时文学院院长为谢次彭，一九三〇年，次彭奉命出任比利时公使，旭初代理院长，此后，次彭归国，别有他职，旭初便为正院长，擘画经营，增聘名教授，校誉益著。

旭初性耽风雅，秉铎之余，常和同事吴瞿安听曲论艺，觞咏秦淮画舫中。又组织畸社，同社有张冷僧、傅抱石、郑曼青、张书旂、彭醇士、商藻亭、黄君璧、冯若飞、陶心如、陈之佛、金南萱等，旨在聚友朋，纵谈辩，遣郁闷，陶性情，旭初谓："每会或携书画，或歌皮黄，饮必极欢，醉或相忤，虽所业不同，而交契无间，于此一刹那，信足以泯人我之分，忘斯世之忧，以其行类畸士，故名为畸。会友合作画幅，大抵花卉为多，山水则非笔墨较近者不能强合，余偶写半幅，君璧为补成之，几不可辨，因戏题其上云：'溪山随处足清游，载笔还欣得胜俦。异日有人征画派，岭南江左亦同流。'"此外，旭初又参加如社，该社提创词学，林半樱（铁尊）主其事，该社起始于春二月，取"尔雅""二月为如"之意。同社有吴瞿安、陈倦鹤、乔大壮、唐圭璋、庐冀野、仇述庵、石戬素、蔡嵩云、吴白匋等，皆一时俊彦。每月一会，饮秦淮老万全酒家，地与邀笛步近，故临水一轩，榜为"停艇听笛"，会期经常在此轩中。他又参加正社，与吴湖帆、张大千同隶社籍。又参加西山画社，同社有汤定之、吴待秋、陈师曾、金拱北、陶宝如、陶心如。他和吴江柳亚子有戚谊，亚子拉之入南社，历时甚久。

一九三七年，抗战军兴，旭初辗转入蜀，旋任重庆行营第二厅副厅长，与邵力子（震旦学院同学）、叶元龙（中央大学同事）交往甚密。翌年十月，任国民政府监察院监察委员。一九四三年，在重庆黑石冲养病，改任为礼乐馆馆长。

旭初在蜀时，常莅陶园，园本品茗听书之所，在上清寺，又名苣园，政府西迁，监察院与考试院，即以该园为办公室。又访鹅项岭、浮屠关之胜，随处布置亭林，疏銮涧石，因地造屋，园林山水，兼而有之，旭初谓："平生所览，以此为第一佳地。"又赴成都万里桥边枕江酒楼，啖醉虾羹鱼，朵颐大快。又和叶元龙在晋临酒家进姑姑筵，馔味醇厚，以煎炒为上，所谓姑姑，传说不一，他亦莫知其所以。

抗战胜利后，他返苏居住，家在东北街道堂巷，更于老宅北墙后筑楼屋一座，题名寄庵。院内植有海棠、黄梅、樱桃、篁竹，垒以丘石，极芬敷掩冉之致。友有来访，先询其径迹，他撰了一阕《踏莎行》为答：

> 骚客词心，绛唇歌谱，吴城合共天随住。新巢元与老巢临，飞来燕子知门户。　　拙政园东，华阳桥堍，深深曲巷通蔬圃。杖藜若叩寄庵家，隔墙先见樱桃树。

苏沪近在咫尺，他时常往还，一日，在宴会席上，晤见了《新闻报》副总编辑严独鹤，独鹤兼主附刊《新园林》，连载刘成禺所撰《世载堂杂忆》，历年余完毕，独鹤以读者欢迎掌故性笔记，便请旭初排日撰《寄庵随笔》，凡一百数十则，兴尽始辍。《随笔》

词藻斐然，清淑深博，又多入蜀名流的活动情况，和《杂忆》相媲美，有加以品评的，谓《杂忆》以质胜，《随笔》以文胜，一为荆山之璞，一为灵蛇之珠。《随笔》条目精彩，所涉的面是很广的。

我是爱读《随笔》的一分子，当时逐日剪存，奈以事冗，往往遗漏，粘之于册的，仅十之三四，过后深悔，然欲补无从了。越若干年，偶于邻人韩非木（中华书局编辑）家发现他曾剪存一部分，自第一则至六十则止，后半亦付阙如，我就在六十则以内的借来补抄。既而探知陆丹林也有剪贴本，又相借补抄六十则以外的，总算拼拼凑凑，成为全稿，但丹林剪贴时，每则截去小标题，因失顺序，我乃随意加题，并为排列先后，与原编稍有出入，势所难免。至于手民之误，可改者改之，有怀疑者，姑存之，不敢妄事变易，致失其真。

我这个本子草草率率，有剪贴的，间有抄录的，给上海书店刘华庭看到了，认为和《随笔》称一时瑜亮的《杂忆》，早已印成单本行世，这个《随笔》独未付梓，引为遗憾。他就向我借去，重行誊抄清楚，拟谋出版，果能成为事实，则引领而望，海内外一定大有人在哩。

旭初的长短句，脍炙人口，凡一千余首，乃一生精力所萃，便亲自用工楷缮录，选辑为二十卷，名曰"梦秋词"。这部词稿，由其后人汪尧昌什袭珍藏，经过十年"文革"，尧昌守秘掩护，外间传说已不知去向。直至一九八五年，才归山东齐鲁书社影印问世，闻由南京大学教授程千帆介绍。千帆是旭初大弟子，他的夫人沈祖棻，著《涉江词》，人比之为李清照，也从旭初游。当时旭初有一小文，谈及祖棻："余女弟子能词者，海盐沈祖棻第一，有《涉江词》。传抄遍及海内，其《蝶恋花》《临江仙》诸阕，杂置《阳春集》中，几不可辨。余尝年余不作词，沈尹默以为问，遂戏占绝句云：'绮语柔情渐两忘，茂陵何意更求凰。才人况有君家秀，试听新声已断肠。'君家秀，指祖棻也。冯若飞获《明妃出塞图》，乞余题《高阳台》，词成，若飞甚喜，不知亦祖棻代作。惜体弱多病，常与药炉为缘，恐遂妨其所业。婿宁乡程千帆，于十发老人为从孙辈（此程十发与当今画家程十发为别一人），学术文辞，并有根柢。老人名颂万，字子大，有《美人长寿盦词》行世。"祖棻与千帆同车出游，不料突遭车祸，千帆受伤轻，经治疗痊愈，祖棻伤重死。其时旭初已逝世，否则不知要怎样恸惜焉。海上吕贞白擅版本目录学，以诗词自负，但倾倒旭初，每见新什，必录之于册，日久盈箧，且有崔颢上头之叹。时人论旭初词："蜡泪蚕丝消费尽，不辞垂老近辛刘。"贞白许为的当。旭初尚有《梦秋诗》，亦由尧昌保存，珍重世泽，可能也归齐鲁书社出版。

旭初和贞白时常往还，曾绘梅花册并附之以词，赠贞白夫人。一次，贞白以夏敬观为彼所绘的《碧双楼图卷》，请旭初撰一跋文，旭初携置车中，不意下车时遗忘失掉了，乃向贞白致歉，贞白不以为意，谓"此亦一佳话"。旭初之画法钱叔美，钱有《燕园八景册》，燕园本常熟蒋氏园（后归张鸿，称燕谷老人，著《续孽海花》），图存蒋家，旭初从吴湖帆处转借得之，留玩数月，从事临摹，又向义宁陈师曾问六法，师曾致力石涛、石溪，主雄浑。谓钱叔美笔弱，为闺秀画，不足学，旭初作一诗云："气力应难到莽苍，不辞妍色赋春光。凭君为诵蔷薇句，淮海新诗是女郎。"但旭初终好叔美，谓："钱亦一代名手，以气息胜，不能厚非。"他喜画梅花，曾以画梅扇赠吴湖帆，湖帆力誉其清逸可人。他为了画梅，到处访梅，在南京中山陵，观赏一种作姜黄色的梅花，大为称述。又观明孝陵的梅。有一次，黄季刚、胡小石、王伯沆等结伴来苏，观梅邓尉香雪海，旭初和吴瞿安作东道主，酣饮联咏，做了许多梅花诗。他自己家园中，也植梅花，有小记："寄庵植红绿梅数株，顷盛开，余游宦时多，在家看花，尚为第一次也。平生观梅胜处，孤山最清，邓尉最盛，冷香阁（在虎丘）兼有之，然清不若孤山，盛不及邓尉也。重庆则南岸之清水溪，江北之杨园（杨少吾之家园），皆所常至。"旭初姊春绮，为师曾夫人，娴雅能文，尤工刺绣，当旭初娶妻费氏，陈师曾画百合梅花，倩春绮绣之，持以为贺，乡里传为韵事。

旭初书法绝隽佳，吴中韩家巷，有鹤园，具水石之胜，本为洪氏产，词翁朱古微曾息隐其间，琴剑书囊，寄其啸傲凡二寒暑。后归庞蘅裳，复加修葺，池畔有一巨石，兀立亭亭，镌有"掌云"二字，便出于旭初手笔。记得某岁中秋之夜，星社诸子在此作赏月雅集，当时摩挲是石，同社吴闻天忽嚷："请赵眠云走远些，以免被掴。"大家都为失笑。又留园一名涵碧山庄，结构疏密有致，那一座冠云峰，嶙峋透剔，为海内奇石之一。峰畔有"林泉耆硕之馆"，这个六字篆文匾额，也是旭初书写的。又清初陈迦陵客冒辟疆家十年，递传至辟疆嫡系冒鹤亭（广生），因乞朱古微书"陈楼"二字为榜，旭初为赋《金缕曲》，有"水绘佳名传奕世，别起陈楼堪配"，写作俱佳，鹤亭为之大喜。

旭初家有一砚，那是吴中耆宿沈挹芝赠给他的。原来这砚镌"寄庵"二字很工致，挹芝以旭初号寄庵，便把这砚归诸寄庵，实则那寄庵不是这寄庵，亦在所不顾了。旭初赋《江南春》谢之，有"要助我梅窗记曲，竹屋分图，端溪小砚如笏"语。旭初喜啖桃，其友罗良鉴居苏葑门东小桥，隙地二十余亩，植桃都属佳种，约旭初桃熟时举行啖桃会，奈旭初旅游在外，未克践约，及听到良鉴去世，大为嗟叹。旭初又和画家吕凤子友善，一日，吕为卢冀野画人物，既成自视，这画中人，酷似汪旭初，谓"相念之极，故下笔逼肖"。姚鹓雏和旭初交谊也很深，鹓雏诗集，即请旭初撰一序文，当时诗集没有付梓，直至前数年，始由其女婿杨纪璋为之蜡印，惜序文已散失，旭初文稿，于"文革"中付诸一炬，成为遗憾。旭初所娶费氏，为费仲深（韦斋）诗人自族，早卒，续娶陶孟斐，白头偕老。旭初诗，有那么一句："一生受尽美人怜。"或许他尚有些罗曼史呢。旭初生于花朝，有花木癖，喜海棠，有地名海棠溪的，专程往访，岂知有名无实，大为失望。他从天龙禅院，移植紫竹。早年嗜酒，晚年戒绝，每晨必瀹茗，七碗风生，助其诗兴。他善顾曲，时昆曲旦角韩世昌，声誉几和梅兰芳相伯仲，赴白下演剧，吴瞿安邀往听之，旭初评为："容态有余，唱白终带北声，不能尽合法度。"既而世昌拟往吴中献艺，旭初私语瞿安劝阻，谓："吴人擅昆曲者多，往不利。"世昌不听，果铩羽而归。他赏识孙菊仙，谓："菊仙行腔极简，几类念诵，然敛之若游丝，放之若震霆，喷薄而出，无不如意。"的是行家之言。民初有"冯党""贾党"之分，所谓"冯党"，捧旦角冯春航，所谓"贾党"，捧旦角贾璧云，旭初和璧云相往还，人便目为贾党。他在昆剧外，又好川剧。谓："其腔简直，其声激楚，朝猿夜鹤，同此悲吟。"深许川剧旦角筱蕙芳演《拜月亭》《白蛇传》诸剧，静穆闲雅，无太过不及之病，时大鼓名手董莲枝，亦在陪都，胡小石大为称誉，旭初戏占两句："爱莲周茂叔，揽蕙屈灵均。"

我在苏时，赁庑胥门外枣墅，旭初居道堂巷，相隔城厢，无缘把晤，闻声渴慕而已。抗战胜利，旭初由渝东归，苏沪相距不远，常来海上，访旧小住，借以疏散。那孙家鼐殿撰的后嗣孙伯群，和旭初有世谊，辟屋莫干山路，闹中取静，室宇轩畅，每次旭初来沪，伯群辄下陈蕃之榻。伯群留学异邦，和胡适之同一班级，学成返国，从事货殖，办阜丰面粉厂。可是人极风雅，沉酣文史，素标缃帙，粲然照眼，作魏碑书，熔铸入古。又富于收藏，旭初与之论文谈艺，乐且宴如。事有巧合，缘有后先，伯群哲嗣，从我读书，因此我和伯群亦相识有素。我喜书画扇，伯群藏扇以千计，如明代文徵明、唐伯虎、陶宗仪、王孟端、杨士奇、沈石田、祝允明、文嘉、王宠、海瑞、陆深等，清代的王渔洋、傅青主、王夫之、顾炎武、陈洪绶、王觉斯、金俊明、邵僧弥、吴梅村、周亮工、徐俟斋、毛奇龄、褚廷琯、笪重光、王鸿绪、朱竹垞、姜宸英、张得天、李复堂、高其佩、郑板桥、金冬心、丁敬身、刘石庵、翁方纲、钱竹汀、王梦楼、钱南园、邓石如等，更较明代为多，伯群把它部居类汇，各有其次，镜框凡数十具，每框装配四扇，悬诸壁间，过若干时日，换置一批，一新展玩，我常往观赏。一次，适旭初在座，由伯群介绍，握手言欢，这时我谋刊《味灯漫笔》，蒙他宠题一诗：

> 月旦评量古有之，偶拈世说亦堪师。
>
> 多君闲话淞云后，又对青灯忆旧时。

他所著的《寄庵随笔》，又提到了我的《小阳秋》，殆所谓翰墨因缘吧!

　　某年，旭初主持文艺会堂的词学讲座，我和王佩诤（謇）教授同往听讲，旭初滔滔不绝，上下古今，佩诤提上一条，请他作倚声的传统唱法，他引吭高吟极抑扬顿挫之妙，满座为之击节。

　　旭初同母为行三，异母为行八。他尚有《集外词》，存上海图书馆。他又有《辛亥革命前后片段回忆录》。我在《南社丛谈》中，列有一小传。沈延国别有《吴门二汪》一文。

酒国诗人陈柱尊

　　南社最盛时期，社友达一千余人，曩年我辑《南社丛谈》，列入一百七十人的传记，当然遗漏甚多，可是具有代表性的中坚分子，是不会遗漏的。可是陈柱尊的传记，以所知不多，未免简略了一些。最近晤见他的后人陈松英、陈三百，告诉我关于他父亲陈柱尊往事，我把它综合整理，和我所知道的重写一篇，作为南社文献吧！

　　陈柱尊名柱，一名郁瑸，广西北流人，一八九〇年生，一九四四年秋逝世，得年五十五岁，距今相近半个世纪了。他的父亲干丞，也是一位名宿，家学庭训外，又师苏寓庸、唐文治，而得文治熏陶更深，曾获文治早年试卷，珍如拱璧，把它付诸装池，纷请名家题咏，借以缅怀师门，永为纪念。他的夫人杨静玄，贤淑温文，伉俪甚笃，因此他自号抱玄居士，斋名为守玄阁，无非为静玄而取。其他斋名，尚有变风变雅楼、十万卷楼。他为沪上寓公，一度卜居辣斐德路的辣斐坊，一座半中半西的楼房，标着十万卷楼，我曾到过，和他老人家倾谈了两小时，吐属渊博，令人如坐春风，迄今犹留印象。所谓十万卷楼的确册帙琳琅，不啻杜家之库、曹氏之仓，左图右史，晨夕披览，虽寒暑不辍。不久前，泰国曼谷的《中原日报》，载有《陈柱尊的勤苦三层读书法》，一是思辨，要求疑所当疑，信所当信，如此，才是纯粹的客观现实。二是考证，不能凭空设想，务使语必凿确。三是校订，流传典籍，往往经肤浅陋士谬加窜改，以及愆文夺字诸弊病，非慎重考核不可。还提倡五步法，那是阅读、探索、深涉、研究、贯通，这和目前国际上流行的读书法，分浏览、发问、精究、演绎、复习，颇具异曲同工之妙。

柱尊的一生，是读书、教书、著书的一生。历任大夏大学、暨南大学、交通大学，在交大任教十八年之久。以及任无锡国学专修馆教授、安徽大学校长。著述有《待焚诗稿》《守玄阁诗抄》《变风变雅楼文集》《十万卷楼说诗文丛》《中国散文史》《四十年来吾国之文学略论》《国学教学及自修法》《研究国学之门径》《公羊家哲学》以及诸子百家诠释，因他出笔迅速，记忆力和分析能力又强，数日成一专书问世，那就不胜枚举了。举凡教薪所入与卖文的酬润，除家庭开支及子女教育费外，大部分用于买书，那十万卷楼请南海康有为题匾额，曾作诗，有"春秋点勘朝夕诵"之句。他对子女说："积钱不如积书，钱有尽时，书是取之不尽，用之不竭的财富。"他的《买书歌》有云：

> 柱尊好书如美女，一顾不恤千金予。
>
> 春申日暮书肆中，忘食废寝不知苦。

他是朱柏庐"家训"的实行者，黎明即起，琅琅书声，便把子女们从睡梦中唤醒。由于他日间忙于工作无暇教育子女，辄利用晚餐时间，酒兴方酣，向子女谈论读书的好处和乐趣。常谆谆教诲，古今中外凡在学问上有成就的人，大都从勤苦中得来，天才尚属次要。清朝的阎若璩，虽性质愚钝，勤苦却使他著了《古文尚书疏证》，成为经学家兼考据家，给子女们很大的启迪。他又有诗云：

> 人之有学问，如车有轮舆。
>
> 若书都不读，乃类禽兽初。

他的夫人杨静玄，也是好书的，每年四季，为他曝书以免虫蛀。常笑道："人家曝谷我曝书，人家数钱我数书。"柱尊为之欣然色喜。

柱尊嗜书外又嗜酒若命，诗以颂酒，如云：

人生患多欲，忘欲莫酒若。

一饮忘名利，再饮忘然诺。

三饮忘大地，万象归寂寞。

四饮忘身世，物我无所着。

所饮能愈多，所志乃弥博。

有时慷慨谈，壮气凌寥廓。

有如颜常山，骂贼不畏却。

有时说良心，历历无隔膜。

有如鲁仲由，闻过心乃乐。

有时夙昔仇，欲得快剑锷。

偶然相聚首，一醉百怨削。

有时新相见，两心隔城郭。

偶然相集宴，一醉订盟约。

把饮酒之乐，说得天花乱坠，可见他老人家癖酒之深。他酒量很宏，家中备一簿，标题为"酒国春秋"，那是他和一班酒友如朱大可、胡粹士、傅筑隐等排日会饮的纪录。以多寡为高下，他自封为酒帝，大可不服气，乃以酒相慰劳之。其他尚有王霸之分，酒德好的为王，酒德差的为霸。同时南社顾悼秋，著有《服媚室酒话》，又仿《乾嘉诗坛点将录》，编《酒国点将录》，自称"神州酒帝"，有人以柱尊亦有酒帝之号，作打油诗，有云："谁道铮铮南社士，神州称帝竟成双。"我晤见悼秋，同饮于沪市香粉弄的方壶酒家，女儿酒虽极醇厚，可是他病足，所饮不多，无复昔年的豪情胜概。不久，他就下世，病足就是由酒而起，酒对于身体健康是有影响的。即和柱尊同为酒侣的朱大可，既吸烟，又喝酒，曾问一位医生："烟能吸，酒能喝么？"医生说："烟能吸，酒不能喝。"又别问一医生，医生说："酒能喝，烟不能吸。"始知先一医生自己是吸烟的，后一医生自己是喝酒的，大可认为都是一偏之见，不加考虑，一支烟，一杯酒自我陶醉，也以饮酒过甚，一足瘫痪，未几病死。柱尊享寿仅五十五岁，未及花甲，恐也和饮酒有关。目前有人提倡戒烟，或建议亦当同时提倡戒酒。

柱尊所嗜，书和酒外，第一就是诗。他的《待焚诗稿》自叙其学诗过程：

> 自少好作诗，年十三四，见年辈稍长的，作七律数首，即仿学之，已不失法度。然时已废诗赋，用策论取士，长老劝勿学。其后游东瀛，一日，友人舟中成律诗半首，邮寄相示，自道其得意处，且言作诗之难，乃故意试作，某君来见之，谓："作诗心要精巧，汝疏狂不能学。"心大异之，以为李杜何如人乎？取李杜韩白之诗，偏观而熟读。未几，容县苏寓庸先生至，以所作就正，先生曰：是大可以学也。于是大喜，乃更进而研诵《文选》。归国后，肄业南洋公学，友人马平钟震吾，同邑冯振心二君，笃好古学，时时以诗文相质，于是兴味益厚，复肆力于诗骚及汉魏乐府六朝诸名家之作，以至唐宋元明清，凡力之所能及，无不吟诵。

有人以其诗境多所变易，未免前后矛盾相诘责，他很妙地作答："此今我故我之异耳。安知今我之必是，而故我之必非，有十年之今我，有一年之今我，有一月之今我，有一日一时一刹那之今我，则亦有十年前之故我，一年前之故我，一月前一日前一时前一刹那前之故我。我之为今为故我，千万变而未始有穷，则我之思想，我之诗体，亦当千万变而未始有极。"他在金陵，识陈斠玄、叶长青，因陈叶之介，请业于侯官陈石遗，石遗作《石遗室诗抄》《近代诗抄》，诗道乃益广。那《待焚诗稿》，分上下二册，是从其友冯振心之请，而付诸排印的。有人问："既欲焚，何必作？既欲作，何必焚？"他说："诗付剞劂，暂以就正于同道，且以待异日之焚燔。我志苟达，则此稿必焚，此稿而焚，是我之幸，而此稿之不幸也。此稿而不焚，则我之不幸，而此稿之幸也。将拭目以俟之，看其孰为幸，孰为不幸者矣。"亦妙语如环。

他的师友，除上述外，据我所知，他的师事唐文治，那是在南洋公学肄业时，文治适主校政。见柱尊诗文，对他说："吾愿生为孟子荀卿，而不愿生为屈平。吾愿生为王阳明、曾湘乡而不愿生为贾长沙。"那同邑冯振心，既能诗，又喜饮，和柱尊更为莫逆，甚至以酒帝之旨，封之为酒王。

柱尊又和湖南谭戒甫相友善，某年，友自湖南来，传说戒甫作古，柱尊作七律二首哭之。既而戒甫来信，述其连年奔走国事，少所成就，甚多感慨。并言近来专研墨学，发前人所未发。柱尊既喜其身之无恙，又钦其志之卓绝，又成七古一首以慰之。又徐卓英，柱尊称之为"人中龙人中虎"。又刘乐陶、甘云麃、周涤中、宁楚禅、曾景檀、夏瞿禅为诗友，景檀刊有《三省斋诗》。又张友艺、蔡虎臣、龙纯如、钱基博为文友。得意弟子，有冯挥之、黄艺芳、陶绍勤、钱仲联，尤以钱仲联为翘楚。仲联字萼孙，号梦苕，著有《梦苕庵诗》《梦苕庵诗话》等，掌教苏州大学，声誉更在柱尊之上，真所谓青出于蓝而胜于蓝了。

陈柱尊周旋于诸耆宿间，诸耆宿给他的书札，有所奖饰的，他汇存为《赠言录》，如唐文治云："《月赋》遥情胜概，横空而来，足称空前绝后之作。"又云："近著《公羊家哲学》，分门十五类，阐发宏深，切合时势，尤足针砭末俗，激励人心，实于世道大有关系。入著述之林，足为吾道光。"陈石遗云："《墨子闲诂》出，直使仲容失步，曲园却走。使仲容早遇足下，其喜得畏友益友当何如。"又云："子诗才力恣肆，在清代甚似宋芷湾、谭叔裕二家。"曾农髯云："前日读公所著赋，其体博大，摛辞古丽，当世久无此作者矣。"夏敬观云："诗才当今秀起，考据小学，尤为渊博。"丁福保云："所著《三书堂丛书》四十余种，观其提要，已可觇其闳博，他日惠我多士，岂有涯欤！"张孟劬云："宏著两种，循绎之余，仰见沉思挠度，近晚学人，何易得此。"孙益庵云："执事学无不窥，说理真朴，不胜钦佩。"柳翼谋致诗云：

陈侯豪气倾函夏，梅子声华动美洲。

薿此秦淮天一握，相逢樽酒话千秋。

注云："时同座梅光迪，应美国大学之聘，将赴美洲。"略录数则，以见耆宿推崇之一斑。

他兼擅书法，初临《史晨碑》，后临《石门颂》，民国十年起，专力《散氏盘》，民国二十一年后，学章草，摹松江本《急就草》，参与《流沙坠简》，以及张芝《八月帖》，王右军《豹奴帖》，以及赵子昂、宋仲温等作品，融会贯通，成为自己的面目。订有润例，公开鬻书，但例不为人写寿屏，谓"为不相识人歌功颂德，未免玷污了自己"。

他教子女很严，长女松英，栽培她继承家学，考入无锡国学专修馆。次女梧英，进交通大学，攻读企业管理。三女惠英，读上海美专，并拜黄宾虹为师，画山水饶有逸气。嫁沈熙乾，名任堪，晚号补翁，和我相稔，"文革"中，被羁枞阳农场，欲归不得，某岁在农场过年，凄寂孤单，有诗见寄：

> 如此春寒如此夜，梅花输与泪花肥。

我读了为之怃然，及释放返沪，华东师范大学聘任文学教授，以历年磨折，体力亏损，不久下世，惜哉！柱尊的儿子，命名很奇怪，有一百、三百、四百，所以称一百，他有一首《示儿诗》云：

> 我儿我儿名一百，命名取义汝应识。
>
> 人一能之己百之，如此行道谁能敌。
>
> 我之名汝非夸汝，乃欲勉汝彰先德。

至于三百、四百，均使人莫知其所以然。一百自幼随在他老人家身边，涵育更深，一自大学毕业，自费留学美洲，今已为著名的心理学家和翻译家。三百很颖慧，柱尊认为佳材，当三百年甫四龄，他就有诗，加以赞叹：

> 三百我怜汝，聪明绝胜人。
>
> 四岁犹未满，每事必求真。

此后又有诗云：

> 儿时曾说汝聪明，只恐聪明未必成。

爱之深未免策励之切，姑作反语而已。读完中学，令投考上海美专，未一载，美专因抗战内迁，便进无锡国专。其时抗日救亡的呼声，深入人心，三百竟投笔从戎，瞒着父亲，潜赴内地，且一度被日本宪兵队逮捕，这使他老人家大为不安。四百生较晚，柱尊不及栽培，但努力于学，成为科技人才，为高级工程师。至于二百，那是他的侄儿，读国学专修馆。侄女荔英也攻读国专，均有成就。柱尊夫人杨静玄，未及偕老，先柱尊死，为作墓志铭，有云：

> 坟之中，妻之宫。坟之外，苍苍松。千万年，归清穹。

夫人既逝，子女尚未成立，由友人介绍粤女郑丽千为续鸾，因不忘静玄，为改名丽玄。丽玄生有四女，名苏英、蒲英、海英、虹英，都具特长，在科技、艺术、体育等方面，有所贡献。柱尊有一弟名绳孟，又名莹，字雪瓯，染鼠疫，死于羊城，年仅二十有五。绳孟好酒，和柱尊有同癖，故其哭弟诗，也涉及酒，如云：

> 闻尔死于疫，临危把酒壶。
>
> 滴泪以为酒，黄泉能饮无？

上面涉及的二百、荔英，都是其弟绳孟的后人。

一九一五年他年二十五岁，即任广西省立梧州中学校长，力倡新学，除设理工科外，辅以英、德、法课文，曾组织学生用英语演莎士比亚剧。对于学生禁止早婚，凡学生的衣履，取整齐统一，并利用课余时间，令学生编制藤器，以补充学校用具之不足。在校园及附近荒地，栽植树木，先后达十余万株，苍苍郁郁，蔚然成林，今之所谓绿化，他确是个先导者。校誉日隆，忌者亦日多，会陈炯明叛变，忌者乃向镇守使韦荣昌诬告，谓："柱尊为陈炯明党羽。"捕之受审，柱尊侃侃而谈，辞严义正，韦氏不能屈，才得开释。后桂军某旅司令刘震寰，拟邀之入幕，柱尊效段干木逾垣以避，遂应无锡国专之聘，作育英才，达数年之久。

他虽治旧诗，但对新诗并不坚拒，主张文白并存。新诗人徐志摩以飞机失事死，柱尊诗以悼之。当二十世纪三十年代，著名歌词作者安娥，在上海百代唱片公司任职，为了力求从古诗词中吸取营养，以提高新诗歌的水平，曾登门向柱尊请教。柱尊热忱接待，应允每周为她授课两次。谆谆循循，这给与安娥和任光为电影《渔光曲》配曲是有密切关系的。安娥表示感谢，特设宴于家，邀请柱尊，由三百陪侍前往欢叙，这天柱尊兴豪，浮白者再。

他喜欢花木，从罗浮山带回故乡萝村一棵小树种在庭院间，人们问他这树叫什么。他信口答着叫罗浮树，后来这树渐渐长大，树不高而枝干很粗很韧，孩子们在树上攀爬，成为儿童乐园。他说："这棵树不妨改称儿嬉树吧。"庭院中又栽重瓣绛梅，各种杜鹃，花时芳菲一片，暄丽殊常，他往往在花下衔杯，引为至乐，他在上海，饲养一对黑灰色白点的洋种鸡，非常爱护，又蓄鹦鹉，巧舌能作人语，晨间看到主人，会说："先生早、先生好。"又有一头白猫，毛色雪白，壮硕可喜。他对于家畜，不喜欢的是狗，说："狗脏，只会摇尾乞怜，没骨气。"他家藏有一只古瓷花瓶，上面绘的是一条狗向乞儿狂吠，题有："一双势利眼，专咬破衣裳。"他认为题得好，也就珍爱这个瓶。由此可见他的风趣。他的老师苏寓庸家中，有石假山数峰，他见而爱不忍释，因作诗二十五首，乞其一峰以归。某岁首，他率子侄及同乡诸生二十人，携花炮千数百枚，登龙山石门，分为两军以作战，声震山谷，他居佛殿，作壁上观，每当激战得意处，辄倾一觞。且成一古风云：

忽然肝胆成吴越，兄弟阋墙战壕掘。

烽火连天动地来，劫杀声嘶万窒哀。

眼中但争尺寸地，谁复敢计生灵灾。

战矣乎！战矣乎！

但得将军威名荣斯须，

何惜同胞鸡犬牛羊驱。

追奔逐北空悲叫，长老但知拍手笑。

高居宫殿聊顾盼，道是私斗不紧要。

谁非谁是且莫说，有能战胜酬汝庸。

呜呼劝君莫作儿戏看，

今之为国将毋同。

借此把那混战的军阀，痛骂了一顿，的是快人快语。他也看不惯一些摩登女学生，有讽刺诗云：

摩登女子入学堂，屐高腰细气昂昂。

略习 ABC，不闻尧与汤。

朝到学堂去，暮入跳舞场。

一跳中国富，再跳中国强。

三跳四跳跳未已，富国强国皆沦亡。

慨乎言之，聊作针砭。

他镇日忙碌，早晨五点钟起身，盥洗毕，即在交大校园散步，约二十分钟，进面一碗，就在小客厅展卷朗诵，或写字，或作诗。七点三刻，赴中文系处理教务。这时中文系主任有聘任教授、讲师、助教之权，所以比他人更忙。他还兼光华、大夏、暨南等大学讲座，每天忙到下午五点半钟，才得回寓，稍事休息，又忙着写信或写诗文，到吃晚饭已是八点钟了，这顿饭要吃两个钟头，因为他每晚必进高长兴的花雕陈酒，边饮边和子女们谈笑。长女松英时常陪饮，因此饮量亦宏。每星期五，友人冯振心自无锡来交大任课，就寄寓在交大，振心善饮好吟咏，与柱尊甚为投契，乃请振心为松英讲诗，讲《文选》，讲荀子、老子，松英在振心的指导下，获益良多。柱尊诵诗文，音殊高亢，唐文治称之为"陈惊座"，朱祖谋太史有一联，上联已不忆，下联云"我陪惊座饮，收拾万古河山"，即指柱尊而言。那座南社有两酒帝，且有两惊座，原来革命前辈陈汉元（最近在台逝世许君武别号许大头之岳父）亦有"陈惊座"之号。

柱尊喜邀游，读书日本成城学校，东瀛名胜，涉猎殆遍。至于国内，亦到处登临，如自苍梧游罗浮，从羊城发绿兰关。又飞云峰、大荔口、野牛角、八塘、荆南滩、蟷钓滩、潜龙滩、大结滩、平乐、马皇渡果园、小龙岩、阳朔、水晶洞、马山、浪城、豆子井、闹鸡山、七星岩、月牙岩、独秀峰、伏波山、白龙岩、万顷堂、梅园、龙山、句漏洞、虞山、白鹤山、桃源洞、浮玉山、北固山、焦山以及诸名刹，如华首寺、冲虚观、腾蛟庵等，所至有题，他自述诗有云：

> 柱尊爱山如爱酒，每一见之欲入口。

> 柱尊好酒如好诗，多多益善夫何辞。

写到这儿，忆及尚有些琐碎事，可以补述一下。有一贫士，艰窘无以为生，不得已，出其家藏佳砚，用以易米，奈何没有识者，砚无受主。柱尊见之，与之谈，不但爱砚材之胜常，并怜其人之怀才不遇，愿斥巨值作为代价，半买半恤济其困厄。不料其人认为知音难得，竟不受值而以佳砚为馈赠，柱尊为作《卖砚篇》，时属民国三年。又柱尊夫人杨静玄以柱尊远行，为制布鞋一双，柱尊珍惜之，不忍穿御，置诸箧中，以为纪念，及归示其夫人，夫人笑斥，乃作《青鞋篇》，均存其《待焚诗稿》中。

柱尊早年任侠使气，在乡里间疾恶如仇。村中有一富家子，横行霸道，欺凌一贫儿，致被殴伤，柱尊见之，立即斥责富家子说"你无理，仗势欺人，我就教训你"，且说且挥拳头打去。富家子不敌，啼哭回家，告诉了他的父亲，他的父亲溺爱其子，拟率领一群打手上门责问，并扬言："如不把那陈家小子交出来赔礼道歉，非报复不可。"柱尊父母觉得事情闹大，对儿子不利，就主张儿子到他处暂避其锋。柱尊到了容县，遇到名儒苏寓庸，即从之求学了。既而柱尊留学日本，逾年，寓庸亦东游，旅居相近，乃日夕问业，寓庸不欲柱尊多作诗，常勉他尽心科学，可是柱尊性近于诗文，未能舍去，深叹有负师门。

柱尊自言："所著经史子集之属，将五十种，然刊布者不过数种而已。"那么他的未刊稿甚多，今不知尚留存与否了。他又参加了中华学艺社、新中国建设学会，主辑《学艺杂志》《国学杂志》《学术世界》等。

钱基博对诸健秋画艺的品评

锡山多画家，大都奉吴观岱为祭酒。而诸健秋为观岱的嫡传弟子，师徒合作，称为双璧。如汪大铁的《芝兰草堂图》，观岱未竟其功，由健秋补成，笔墨苍润，别饶气势，尤属佳构。

健秋名鸽，字射侯，生于一八九〇年。童年时，即喜绘画，家中悬有王小梅（素）的仕女，轻倩灵秀，是和改七芗、顾西梅、费晓楼同一规范，健秋就之临摹，被他的父亲海萍看到了。海萍本邑中丹青家，深喜他能继承衣钵，便任他涂抹，一方面授以基本技法，什么是工笔，什么是写意，以及线描、勾填、晕染、设色等等，不多久，他已有门径了。这时，赵鸿雪的人物仕女，有声乡里，健秋即拜鸿雪为师。鸿雪画不泥古法，参以新意，健秋亦步亦趋，得其神似。数年后，健秋画境更上一层。又深慕负有"江南老画师"盛名的吴观岱，所作风骨清俊，浓淡得宜，而阴阳向背，更足取法，因此奉贽投入观岱门墙，事之终身。

文史家钱基博，和他同娶张氏女，谊属连襟。健秋刊《健秋画存》一书，基博作一序文，对于他的画艺，给以允当的品评。略云："健秋仕女，由华新罗以参宋元人笔意。山水则兼用石涛石溪，苍深不如观老，而特以轻秀出逸趣，此如韩昌黎之文，怪怪奇奇，雄变不测，而欧阳永叔效为之，往复百折，不能为韩公之至，而能为其不至者也。观老能取己者之长而时济之，健秋则避其所短而不犯焉。"

一九三一年左右，健秋作品参加德国柏林画展。欧人见之，大为称叹，谓："足为西画借鉴。"因此启发了他，认为国画可资西画借鉴，那么西画难道不能供国画参考，两相映带，自臻妙诣。所以他后期的画，也就起了变化，越发恢宏壮阔了。

曩年，我与赵眠云侍胡石予师游梁溪，和健秋有杯酒之欢。及抗战，他避氛海上，寓居锡金公所，和我晤叙多次。新中国成立后，他应聘江苏省文史馆，又任无锡市文联副主席，主持梁溪画院。他患肠胃病，于一九六四年春病逝，年七十有四。

袁寒云的书法

袁寒云的书法，清道超逸。在贵胄公子中，可推景星乔岳。他既具云霞意气，又抱泉石襟怀，当然不同凡响了。

他的家在河南彰德洹上村，称为养寿园的便是。可是他不乐居此，原来他和长兄袁克定不洽，几似曹子桓和曹子建，有煮豆燃萁之概，所以彼此参商。他经常避居天津的地纬路，或在上海赁屋为寓公。他的生活日记，我珍藏了两册影印本，都是写在佩双印斋的自制笺上。一册为《丙寅日记》，这是在津沽间所写的。一册《丁卯日记》，这是在寓沪所写的。作玉版十三行体，一笔不苟，简直可充小楷字帖。我什袭珍藏，时出玩索。有人说，这些日记，往往是卧在榻上，执笔仰书，这是何等的功力啊！

他擅簪花格，又能作擘窠大字。他登报卖字，润例是由方地山、宣古愚、张丹斧、范君博等所代订。如云："寒云主人，好古知书，深得三代汉魏之神髓。主人愈穷而书愈工，泛游江海，求书者不暇应，爰为拟定书例。"易一润例如云："三月南游，羁迟海上。一楼寂处，囊橐萧然。已笑典裘，更愁易米。拙书可鬻，阿堵倘来。用自遣怀，聊将苟活。嗜痂逐臭，或有其人。廿日为期，过兹行矣。彼来求者，立待可焉。"说得这样贫困，竟欲与马公愚、黄蔼农、曾农髯、天台山农争一席地，是不是故作玄虚，言不符实。大家都知道，他是袁世凯的第二子。袁氏拥有巨资，逝世后由徐世昌代为分家，每一子女都分得若千万金。寒云也不例外，加之他兼祧某房，例得双份。得此遗产，大可优游岁月。岂知不然，他所得的双份，完全给他的夫人刘梅真所掌握。梅真认为寒云挥霍成性，金钱到手辄尽，为了栽培儿孙，靳而不与。寒云也就有名无实了。

我所庋藏寒云的手迹较多，有他写给人的书札，汇装一本，对联累累，以及诗笺小幅，都失于十年"文革"中。重行搜罗及朋好所贻的，有其照片一帧、自制笺二纸、书札数通。一对联写给其姬人的，辞句风华，书法的佳胜，也就不必说了。

袁寒云的癖好

袁世凯之子、著名科学家袁家骝之父袁寒云，初居彰德养寿园，和乃兄克定意趣不洽，几似子桓之与子建，有煮豆燃萁之概，便避居天津地纬路，韬晦不问政事，以典籍自遣。夫人刘梅真能词，媳妇方初观能诗，成为一门风雅。初观为名士方地山之女。方与寒云为亲家，可是他致书地山，称呼为"地山夫子亲家"，很觉别致。时地山亦寓天津，因此二人往还甚密。寒云擅昆剧，一日，在某剧院客串《惨睹》，地山往观，至悲凉婉转处，地山为之泪下。盖地山有感寒云之身世，有不期然而然者。

寒云尚有侍姬栖琼，温婉多姿，夫人梅真也很喜欢她，寒云常相偕同往光明社观电影，或赴共和春及百花村酒家宴饮，引为乐事。这时朋好过从者，有傅源叔、侯疑始、吴桐渊、张聊止、吕碧城、张伯驹、吴静庵江南苹伉俪。他和海上友人钱芥尘、毕倚虹、冯叔鸾也频通翰札。

寒云喜集邮，和邮票大王周今觉及邮票鉴赏专家陈复祥，凭函札多所商榷，著《邮券杂话》。又有古泉癖，著有《泉简》，廉南湖为之题。其时张丹斧和别署黄叶翁的宣古愚，俱为海上寓公，以癖泉故，鱼雁往还不绝。他又喜罗致各国稀币，集有相当数量。奈他不谙外文，便拓了寄给周瘦鹃，请作译文，后两人结为异姓兄弟。又徐世昌的纪念银币，有范制金质的，和袁世凯洪宪金币，他也兼收并蓄了。又喜古代铜器拓本，曾以所藏明申时行行书、周之冕画梅扇为易。余大雄办《晶报》，向之索稿。寒云撰《沽上春痕》，又随手录存其所知所见所闻为《小箧子》，及哀挽况蕙风、林白水、毕倚虹诸文字，且为倚虹撰《娑婆生传》寄大雄，发表《晶报》上。他是不取酬的，所以大雄很巴结他。

寒云的书法，清劲遒上，求者纷纷，甚至日写联帖二十余件。为栖琼书屏，录鲍明远的《舞鹤赋》更推精绝。步章五别号林屋山人，寒云作嵌字联寄赠："林下疏泉清绕屋，山中幽鸟静随人。"

寒云日作日记，寒暑不辍，写于佩双印斋自制笺上，工楷一丝不苟，所得珍稀货币，墨拓其中。日记按年份分册，在津沽者为《丙寅日记》，在上海者为《丁卯日记》。寒云四十二岁逝世。这两册日记，被嘉兴刘少岩以五百金购得，影印分赠戚友，签题出于褚德彝手笔，陈甘簃、刘成禺为序。以印数少，已属珍本了。

袁寒云手稿

顷获袁寒云手稿，署名抱存，唯一角为蓝墨水所污，虽字迹尚可辨识，然白圭之玷，殊可惜也。是稿标题为《篆圣丹翁》，盖为张丹斧而作，未免有标榜溢誉处。但张丹斧书法确有功力，奈彼疏狂成性，不肯精心为之，故流传遗墨，往往瑕瑜互见耳。其文如云：

今之书法家学篆籀者多矣，而能真得古人之旨趣者盖寡，或描头画脚，或扭捏作态，则去古益远。在老辈中，惟昌硕丈以猎碣为本，而纵横之，而变化之，能深得古人之真髓者，一人而已。昨丹斧兄见过，出示所临毛公鼎。予悚然而惊，悠然而喜。展读逾时许，而不忍释。盖丹翁初得汉简影本而深味之，继参殷墟遗契之文，合两者之神，而浧以周金文之体，纵横恣放，超然大化。取古人之精，而不为古人所囿，今之书家，谁能解此耶！其微细处若绵里之针，其肥壮处若庙堂之器，具千钧之势，而视若毫毛。予作篆籀，尚拘守于象，而丹翁则超之于象外矣。俗眼皆谓予为工，而不知其荒率者，难于工者百倍犹未止也。工者循象迹求，犹易以工力为之。率者神而明之，不在方寸之间，无工力不成，无天才亦不成。岂凡夫俗子一所得梦见者哉。予能知之，黄叶师能知之，恐再求知者亦不易也。予读其所作，憬然有悟，它日作书，或可有进钦！予尝曰："秦以后无篆书，晋以后无隶书。今于数千载下，得见古人，洵予之幸也。"

按：黄叶为宣古愚之别署，曾几何时，而寒云也，丹斧也，黄叶也，先后下世，留此数行笔墨，供人探索而已。

风趣老人朱孔阳

　　若干前，我曾采用宋代刘政之一句话"精神此老健如虎"作为标题，纪述了老友朱孔阳的许多趣事。那时他年八十有九，的确身体挺健，唯两耳有些失聪，但备着助听器，和朋好谈话，也就解决了问题。一般失聪者有一惯例，自己听不见微弱的语音，认为他人也如此，发音特别提高，尤其孔阳精力充沛，嗓子洪亮，更在其他失聪者之上，几乎隔邻都能听到，人们劝他不要如此费劲，他总是改不过来，习惯成为自然了。

　　他一八九二年三月二十四日生，江苏松江人。松江别名云间，所以他署名总是称云间朱孔阳，为什么这样不惮烦，那是有原因的。这朱孔阳三字的名姓，实在太现成了，《诗经》豳风篇有那么一句："我朱孔阳。"姓朱而取名孔阳的便不乏其人。他和郁达夫为杭州之江大学的同砚友。一次，郁达夫看到报纸上刊载着朱孔阳升任某官职，即致书同砚友朱孔阳，商恳为其戚属某安插一个位置，同砚友朱孔阳接到了这封推荐信，为之莫名其妙，原来他一介书生，依然故我，没有登上仕途，那位腾达的朱孔阳为另一人，与他无干，孔阳把这信留存，作为笑柄。此后他便在姓名上冠上云间二字，限以地域，免致混淆。他的同砚友操笔墨生涯的，尚有吴江范烟桥，所以孔阳鬻书润例，就是烟桥为他修定的。小引云："云间朱云裳（孔阳早字云裳，晚年谐声为庸丈），振奇人也。好学不倦，任劳不怨，能贾余勇，从事翰墨。以居西子湖边久，得山水之助，故弥多秀气，而砬砬之操，每于挥毫落纸时吐露一二，宜其所作，斐然可观矣。闻武林人之识云裳者，莫不爱其人兼及其书画（孔阳兼擅六法，偶作花卉，洒然有致），求之者踵接，云裳颇以为苦，爰为重订润例以节之。"在寥寥数语中，孔阳的为人，不难于此得其概况。记得某年夏天，他和陶冷月举行扇展，冷月作画，由他作书，在报上登一广告，标为"陶朱公卖扇"，陶朱公为古代范蠡的别署，他们两人一姓陶，一姓朱，凑合起来，令人发笑。他和著名的经济学家马寅初为相交四十余年的老友，当一九八一年六月十日（农历五月初九），为马寅初诞辰一百周年，北京大学为庆祝百年大寿，拟为寅初刊行文集，孔阳因制《马寅初百岁好学图》以进，特请王退斋画像、唐云画松、程十发画竹、施翀鹏画兰、陆鲤庭画石，孔阳补以梅花，并集甲骨文书"百岁好学图"五字。最为难得的，敬请南汇百岁老人苏局仙题词，合南北两寿星，借祝双百长寿。当弘一法师李叔同诞生一百周年，刊纪念文集，孔阳亦以书幅应征。在一九七六年的初冬，他和刘海粟、高络园合作一花卉直幅，时孔阳年八十五画梅，高络园年九十一画竹，刘海粟年八十一画朱竹，有人戏称他们三艺人为"海陆空三军"，海当然是刘海粟，陆是络的谐音，空是孔的谐音。苏局仙知道了，立撰一联，书赠孔阳："海上三军抱绝艺，云间一鹤独闻天。"按：络园为梅王阁主人高野侯的昆弟，即在这年逝世，孔阳于一九八六年四月一日作古，只留海粟一人，也就溃不成军了。孔阳先后两夫人，我都会面过，先为惠新华，有松江女才子之称，能绘事，常和孔阳合画花卉，后为金启静，他是刘海粟的女弟子，又留学东瀛，亦擅丹青，乃中国女子书画会发起人之一。我九十寿辰蒙他们夫妇合作一画为赠。钤印为"联铢阁"，铢字为金和朱的联合体，抑何其妙。孔阳子德天，雅善辞翰，女德九，曾从我学文，精乐理，现在东鲁音乐院授声学，可谓一门风雅。

他读书杭州之江大学是属于自助部，那是该校校长裘德生发起的，为清寒子弟着想，半工半读以充学费。孔阳课余专为校方用铁笔写蜡纸，印为讲义，这样奋力为之，养成了他写字刻图章的基本功。此后他在杭州书刻方面颇有声誉，一度寓居杭州龙翔里二弄三号，所以有人这样揄扬他："孔阳先生，云间名士，湖上寓公，秉冰雪之聪明，具湖海之襟抱。书集钟王颜柳之长，画臻苏米倪黄之妙。"他间或为人画像，颊上添毫，神态毕肖，也一度订有润例。我认识他，已迁居沪西太平路树德坊一弄九号。这时我授课徐家汇志心学院，和他寓所相去不远，课后常到他家叙谈为乐。

他好客成性，大有孔北海"座上客常满、樽中酒不空"的风概。每逢休沐日，来客更多，无非谋饱眼福，一窥其清秘之藏。他不怕麻烦，一件件搬给人看，实在所藏东西太多了，客人来到，他总是问您喜欢看哪类的东西，他就把你所喜欢的由你赏鉴，那常在他案头和手边的，累累都是珍品，真可谓触目琳琅，盈眸瑰宝了。他有一宋宣和年间的城砖，原来方腊攻破徽州，城墙被毁，事后由知州卢宗原重修，在砖上刻有"后唐石埭洞贼方清破陷州城，次年秋始平，至大宋宣和庚子，威平洞贼方腊窃发，攻陷徽州，烧劫净尽，盖缘城壁不修，至壬寅年，制砖缮完，可保永固"等文，楷书五行七十七字，重七斤有余，承他拓印一纸见贻，原件捐献博物馆，《考古杂志》制版刊登。又藏清宋牧仲（荦）所遗的纹石，极细致可喜，凡十余枚。顾二娘、顾横波、潘稼堂等的名砚，绛云楼画眉砚，有钱牧斋亲笔题字，砚很纤巧，附一小铜镜，为柳如是遗物，匣盖镶嵌玛瑙珊瑚及碧玉，展玩之余，仿佛尚饶脂香粉泽呢。又有蔡君谟的兰亭砚、徐天池肖像砚、朱为弼红了樱桃绿了芭蕉砚，及王世贞、孙克弘、袁焕、李兆洛、张廷济、李莼客、刘铁云等自用砚。复有笔筒四，砂壶五，其中一壶为改七芗自制的，尤为可珍。彪炳照眼，古气盎然，孔阳自诩他拥有"五湖四海"，壶谐声为湖，那大的笔筒，俗呼笔海，"五湖四海"，并非夸言了。他另有一个笔筒，是用炮弹壳改制的，我动了一下脑筋，便对他说："筒上何不镌刻四个字：偃武修文？"他连称妙妙，后来不知道他镌刻了没有。他藏印章更富，钤成一册，称之为《浣云壶藏印》，这五个字是他自己写的，生前送给了我，印有吴熙载的，瞿子冶的，曹山彦的，潘伯寅的，莫是龙的，孙星衍的，张敦仁的，钱叔盖的，查初白的，吴梅村的，文彭的，陈曼生的，费龙丁的，吴昌硕的，高邕之的，甚至有赋疏影横斜，暗香浮动梅花诗的林和靖的，为"君复"二字朱文。又瓷印"清漪园"三字白文印，"漪"字微缺，清漪园乃颐和园的前身，孔阳逝世，这印由其后人德天捐给上海文史馆，孔阳是文史馆馆员。德天出示一扇，一面钤苏东坡、俞曲园、唐伯虎、六舟和尚、袁寒云、陈季常印，一面钤李时珍、吴弘道、林则徐、姚令仪、汤绍恩、项子京印，在藏扇中堪称别开生面。

他平生节衣缩食，癖嗜收藏，数十年来，物归所好，什么东西都有些，他喜搜罗名人尺牍，和我交流。又书画、典籍、竹刻、古钱、照片等，应有尽有。照片中，以他读书之江大学时，孙中山来校演讲，和师生同摄的集体照，尤具史料价值。别有一帧很奇异的，某年，阳羡储南强辟治善卷洞邀他和顾颉刚、陈万里、都锦生、胡佐卿五人前往探胜，不意车至半途，因天雨泥滑，汽车翻身，坠入下坡，车由数十人拖上，欣幸不但人无损伤，车亦安然无恙，即就出事处留影作为纪念。又有一厘印泥，古艳可喜，是颜若波的。银元宝一只，重十两，刻有宋高宗绍兴年号。又宋徽宗一枚银质印。又董香光临米元章《四十二章经》，有倪承宽、孔继涑题识，他送给上海玉佛寺，由刻碑名手黄怀觉勒石作为壁饰。他应聘上海中医学院医史博物馆，为博物馆收集与医术有关的秘笈、药方及种种宝物，不辞劳瘁，具有相当贡献。

《上海中医杂志》，特辟一专页，载孔阳收集的医史文物，彰以图片，引人注意。某岁，弘一法师李叔同的弟子堵申甫，以乃师弘一亲笔所画的《断食日志》一册出让，孔阳斥三百金购之，为两面开页的日本式簿册，封面有"丙辰新嘉平一日始，黄昏老人李息"等题字，黄昏老人李息，这是弘一的别署，断食分前后二期，每日述及生理变态，经过胸闷、头晕、肩脸痛、舌生白苔、流涕、咳嗽等反应，实则所谓断食，不是绝对的，梨、橘、香蕉，还是少量进啖的。据孔阳本意，是为医史博物馆代购的，不料院方主持者，乃老医师程门雪，认为是书和医史无关，不之采纳，孔阳谓："医术不外乎生理，此有关生理之探试和研究，是求之不易得的。"程意转，孔阳很不高兴，靳而不与，自归笥箧。他又珍藏同邑同光间名医凌鹏飞所著《良医诗》一册，鹏飞为俞廷飓高弟，精医，善绘芦雁，工诗古文辞，此诗包括洪杨前后百年内江浙医家一百八十余人，首冠为光绪治病的陈莲舫，当时称为御医，兹从诗后附识，始知当时在京伺候请脉的，尚有杜钟骏、张彭年、施焕、周景焘。其他有述及何鸿舫、陆润庠父九芝等，为医林掌故。但附识欠详，有些漏遗，孔阳一一为之考释，征询医学前辈，并乞助其姻兄杜诗庭，费时年余，方告厥成，影印一册，以广流传。又藏精忠柏片段，那是在抗战时期，从嘉兴斥重金购到，据说为阮元家物，阮元宦游秀水所获得，辗转入于孔阳手，珍藏数十年，慨然捐献杭州岳墓管理所，以垂不朽。这段精忠柏，长八十三厘米，最宽处二十五厘米，上刻篆体"精忠柏"三字，因越年久，字迹只隐约可辨了。

他撰有《古砚留》《名印云鸠》，所谓"云鸠"，原来他初字云裳，又为云间人，鸠有聚集意。《左传》有"以鸠其民"。又撰"云常语"，稿本没有发表，自序略谓："我是平常人，有的是平常心，做的是平常事，说的是平常语。"凡一二百则，无非是他的人生哲学谈，他的夫人惠新华加以批识，亦含有哲理。孔阳云："余二十三岁学饮酒，至五十九岁，前后三十六年，害多益少，即勿饮，转眼五年矣。书此，愿人少饮，最好不饮。""志过高者难成，愿太奢者不遂。""洁面以水，洗心以诚。""幼少之时所读书，历久难忘，其天性未漓，欲寡心清故也。瞽者善辨，其目无所见，心无所纷，湛然而静故也。""宁循理而死，毋违理而生。""临事须于纷扰中镇静，急迫处从容。""炼心以应变，炼身以习劳，炼识以决几，炼才以经世。"他在抗战中，与费穆等九人，从唐蔚芝（文治）读经史，至胜利为止，他的思想意识，多少受乃师的影响。

他喜旅游，两次赴甪直，在萧梁天监二年建造的保圣寺，瞻仰传说是唐代杨惠之所塑，实则出于宋代高手的罗汉像加以考证。他善于鉴赏，各地所有的书画文物，纷纷邀他去分真别伪，他总是不辞跋涉，凌驾希踪，因此到的地方很多。耄耋之年，独往黄山，攀上莲花高峰，打破了历来老年人上陟绝顶的纪录。他还有豪言壮语："我们和日本一衣带水，正拟渡海而东，登富士山头，作一远眺俯视哩！"

他曾说："为人一世，一世为人。"他忙于社会工作，如任职青年会、红十字会，因此他又诙谐地说："我是青洪帮的别派。"青洪帮，过去在社会上，极占势力，长江一带，尤为通行，起自明末清初，假秘密结合的力量，灌输民族精神，起很大的作用，但他和青洪帮是不相涉的，他的所谓青红指的是青年会和红十字会罢了，听的人为之大噱。他在杭州，一度为了恢复泉唐公墓，到处奔波，马寅初任董事长，他任总经理，所以他常说："我上半世为活人服务，下半世为死人服务。"他的思想是儒家的，有时也参涉释家悲天悯人的观念，有鉴于犯罪青年，身入囹圄，失去自由的痛苦，便请求入狱为犯罪青年作劝导演讲，获得允许，演讲若干次，苦口婆心，罪犯为之感动，甚至有下涕的。但这些讲稿，不知有存与否了。

松江醉白池，有一石刻，"十鹿九回头"，具有悠久历史，他一再接目，也喜画鹿，石刻的鹿，带些象征性，所以他所绘的鹿，也是似是而非，在依稀仿佛中。同邑程十发经常画鹿，神态毕肖，他又开玩笑说："云间昔有二陆，陆机陆云，今日亦有二鹿，小程和老朱，可是后来居上，我愧不如。"他又喜绘不倒翁，题句有褒有贬，褒之为"立定脚跟，仆而复起"，贬之为"空具面貌，全无心肝"。也画人像，戏题："你说像，他说不像，像与不像，人本无相。"他不论画什么，画就了，总是张诸壁间，朋好看到了，赞他好，他便欣然送给你，我处有一画，也是赞好换来的。

关于朱孔阳，尚有一些拉拉杂杂的事可记，扩充一下，作为余兴罢。

他抗战时期，曾任浙江省抗战后援会常务委员，主办伤兵医院，抢救抗战将士数百名。又主办二十四所难民收容所，收容难民二千余人。一九三三年，随最后一批撤离杭州的难民到达上海租界。

一九一〇年，孙中山先生民主革命的思想浪潮影响松江地区，孔阳由南社前辈杨了公的介绍，参加中国同盟会松江支部，那"中国同盟会松江支部"的印章，即是孔阳手刻的。

他有一弟子甘珩，善刻印，他晚年所用闲章，大都出于甘珩手刻，记得他有"休莫阁"三字白文印，意思是退休莫退步，离休莫离责，又有"看看看斋"朱文印，"看看看"三字，各各不同的篆法，大约也是甘珩奏刀的。

他平素诙谐谈笑，和蔼可亲，有一次，戏对一宁波朋友说："你们宁波人，动辄提到四明山，你可称为四明人的代表。"问他为什么，他又说："你明于诗，明于文，明于事，明于理，那是十足道地的四明人哩！"

当他九十岁，他撰写了一联："九秩聋翁翁不老，三江明月月常圆。"他自己解释："这三江指的是我出生在松江，读书在之江，寓居在沪江。"

又把"蓬莱三岛"，谐声为"朋来三祷"，即"祷勿赞我，祷勿让我，祷勿累我"。他殷勤好客，更欢迎我去闲谈，每次上午去，总是留我午膳，他的夫人金启静亲下厨房，添制数馔，金夫人真能干，不但谙艺事，且精烹调，不忙不乱，数看具备。我一方面有感他们夫妇的盛意，一方面又感叨扰太过，过意不去，因此以后每访，改为下午。

某次闲谈，忽然谈到测字，他说你不要小觑测字者为江湖术士，其中确有灵心四映，谈言微中的，曩年有二书生在测字摊上拈得一"串"字，问应试有无得中希望。测字者立刻笑形于面并恭喜道："你们两位平步青云，连中无疑，那'串'字不是很显著的象形吗？"旁立别一书生，即把这"串"字，也请测字者探索试事，测字者却说："他们两人无心拈得一'串'字，有连中之喜，你是有心拈这'串'字，'串'字下加一'心'字，不是成为一'患'，是凶多吉少的。"还有一人问婚姻，恰巧拈得一"死"字，其人未免颓然丧气，测字者谓："'死'字上为一划，下为鸳鸯的鸳字头，一床锦被盖鸳鸯，姻缘美满，可贺可贺。"他说，凡是种种，都属佳话，我虽不擅测字，却能测物，任你持什么小东西，我都能测，当时我即出一把钥匙，请他一测我的流年，他不假思索，立为判断，说得很巧妙，可是所说的今已记忆不起了。他说："这是小玩意儿，信口开河，不足凭信的。"

又他患病在床，自知不起，在纸上还写着带滑稽性的留言："云间朱孔阳不辞而行，抱歉。承诸公还来吊唁，感谢。"

他有一簿册，随意涂抹，字有大有小，又多圈改，是留着给自己看，他的哲嗣却给我寓目了。其中所写的，有些似诗非诗，似铭非铭，似偈语非偈语，耐人玩索。和他晚年往还的，如王凤琦、高君藩、施蛰存、杨松森、彭长卿、施南池、谢凤鸣、邬式唐、王正公诸子。又有一页，写着三多五少，即"多读书，多静养，多藏拙。少应酬，少言语，少生气，少自负，少出门"。

此外尚有"陶朱公手杖"，原来他小住西湖，杭友赠他一杖，后来转赠其友陶心华。陶和朱又复结合起来，以名用具。

他珍视文物，为了使文物更好地获得保存，捐献了重要品一二百件，古籍图册，也归诸公家。南京博物院、上海博物馆、上海中医学院医史博物馆、浙江省博物馆、杭州市文管会、太原市文化局、杭州市佛教学会、上海玉佛寺、上海文史馆等的表彰证及感谢书，纷如雪片。他顾而乐之。

他一九八六年四月一日病逝，年九十五，与画家沈迈士同日捐馆，两老均为文史馆馆员，迈士长一岁，为九十六。

有一遗憾事，补笔于此。我有《味灯漫笔》一书，乃曩年所纪人物掌故的汇编，某书社取去为谋出版，及排版甫就，而时局变迁，某书社负责人不敢贸然问世，即毁版不印，仅以一样书见贻。孔阳固具嗜痂癖者，见之爱不忍释，他乃请其友许窥豹为作抄胥，誊写成册。最近齐鲁书社，裒集我的旧作《近代野乘》和《味灯漫笔》，合刊成书，标之为《逸梅杂札》，赠一册给其哲嗣德天，颇惜他老人家已不及目睹了。德天知我所居的里弄为养和村，这三个字是沈恩孚（信卿）所书的，因检出他老人家所遗书画，有沈恩孚楹联蒙见惠留念，这又沐受他老人家的余泽，我在这儿深深地表示感谢。

星社创始人范烟桥

范烟桥之于星社，无异柳亚子之于南社。柳亚子曾经这样说："没有柳亚子，就没有南社。"我也不妨在这儿说："没有范烟桥，就没有星社。"

我和烟桥，相交了数十寒暑，当然熟稔他的生平，最近承烟桥的弱弟剑威来访，烟桥昆仲五人，佩萸、菊高、系千，剑威是最幼的一位，也是仅存的一位，原来诸昆仲都已先后下世了。年龄越大，念旧越深，我询问烟桥的家庭情况和生活细节，剑威不惮辞费地讲给我听，我就不惮辞费地记述下来，充实故乡的文史资料，不毋有些裨益吧！

烟桥生于甲午六月，乳名莲官。学名镛，别署含凉、鸥夷，又把烟桥两字分拆为西灶、乔木，有时又称愁城侠客，且刻了印章钤用着。至于烟桥的由来，那是根据姜白石"自谱新词韵最娇，小红低唱我吹箫。曲终过尽松陵路，回首烟波第四桥"的诗意。他是江苏吴江同里镇人，吴江古名松陵，今属苏州市。柳亚子为吴江黎里人，美称梨花里，烟桥也美称同里为桐花里了。他在同里，从耆宿金鹤望游，喜发表文章，和同乡张圣瑜发行油印新闻纸，初名《元旦》，继改《惜阴》，又扩充为《同言》，经二三载，地方人士竟视为舆论所寄，且改用铅字排印，为吴江报纸之首创。此后以文会友，结同南社，把乡先贤袁东篱的故居复斋作为社址，发行《同南社刊》，共出十集，我和同学华吟水、胡长风、江红蕉都参加为社友，这是我和烟桥通问之始。他二十九岁，随着他的尊人葵忱，乃清季同治孝廉，移家吴中，购屋温家岸十七号，这是一所具有园林的广厦，价九千元，为什么这样廉值呢？据称屋有狐祟，很不吉利，但葵忱不信这些传闻，居住了也不见所谓异变，因葵心向日，取名向庐。又以墙东为顾阿瑛雅园遗址，又榜其东偏小室为邻雅小筑。旧栽山茶，尚着花繁荣，烟桥因有"一角雅园风物旧，海红花发艳于庭"之句。宅中老榆参天，浓荫长蔽，有池塘一泓清水，奇旱弗涸。这时他继同南社之后，组织星社，我和赵眠云、顾明道、屠守拙、孙纪于、范君博、范菊高、姚赓夔（后易名苏凤），共九人为基本社友，社址即设在烟桥家里，那邻雅小筑，我们经常在那儿聚谈，苔痕阶绿，草色帘青，又复缥帙缃囊，牙签玉轴，到处都是图籍，有时清微的花香，不知从何处飘来，真是个好环境。记得其时施青萍、戴梦鸥，在杭州组织兰社，和星社通着声气。有一次，他们自杭来苏，亦会晤于此。青萍刊印一本《江干集》，每人分赠，青萍后改署蛰存。梦鸥改署望舒，成为著名的新诗人，惜早下世。蛰存和我始终有联系，著作等身，为当代文学专家，近且主编《词学杂志》。烟桥和眠云合编《星报》《星光》及《珊瑚杂志》。当星社十周纪念拟辑《星社丛书》，订有章程，奈战乱纷纭，社友星散，没有成为事实。烟桥交游甚广，来往信札，把它粘存在毛边纸簿册上，给我们随意翻阅，星友如顾明道、蒋吟秋、黄转陶、尤半狂和我都如法炮制，每人各有粘信的簿册，并各标一名目。我的标题为"来鸿集"，这是我集札的开始。很有趣的，我自觉字迹太拙劣，有似涂鸦，不喜友人留存我的书札。有一次，在尤半狂家，发现他的粘信簿上留存了我的恶札，我不征求半狂的同意，立即把这恶札撕去，半狂也在我的《来鸿集》上撕去他的一信，说："你的鸦字不能见人，难道我横行斜上的蟹字能见人吗？"

烟桥的交游，他写了一篇《说海尚友录》，曾谈到了我，如云："我在去年（一九二二年）夏天，得见了神交未面的朋友不少，郑逸梅相识得最先，他那静宛而淡远的神态，是在我家里相值的。但他和我通信，还在两年以前。他要我题《凝香词》，我填了一阕百字令，谁知忘注了词牌，他在《平江日报》上问我，以后我就和他鱼雁往来了。大家都称他郑补白，因为他对于朋友们向索小品文字，总肯应酬的，为了有求必应，所以觉得无白不郑补了。"

他的同乡任味之，又是和他幼年同学，任家世代簪缨，为一花园住宅，后来留学德意志，既归国，在乡创办丽则女学，自任校长，校址即他的花园住宅。曾从德国带来瓷马克，赠给烟桥，承烟桥出示，说是欧战时所制而未流行的，有红白两种，为别开生面货币之一。他知无锡曹次庵，藏中外货币，独缺此品，便转赠次庵了。又赵汉威，也是他幼年同学，汉威留学欧洲，寄给烟桥许多风景照片，异域风光，开人襟抱。及归国，任中央大学教授。还有一位徐稚稚，也是总角交，徐从旧籍中得一装奁簿，首页即列珍珠宝塔一座，其他饰物，富丽等于郡主，标有"颍川喜具"。颍川为陈姓郡名，认为乃《珍珠塔》弹词中陈翠娥的珍珠塔。烟桥为之考证，目为疑案。而剑威谓："明永乐间，同里确有陈姓的监察御史，珍珠塔故事即产生在同里，同里有陈家牌坊，又有九松亭，编弹词的写得迂回曲折，使人莫测而已。"

烟桥肄业苏州草桥中学，那时同学，俱一时俊彦，如叶圣陶、顾颉刚、吴湖帆、江小鹣、庞京周等都是。我和他同学不同班，当时是不相识的。他参加南社，也较早于我，他所识南社人士，也较多于我。他既生于甲午，便和吴湖帆、梅兰芳、周信芳、汪亚尘、杨清磬、李祖夔、秦清尊、郑午昌等二十人，结为甲午同庚会，假魏廷莹的五松园举行千岁（二十个人合成一千岁）宴会，极一时之盛。

他喜考据，如姜白石《过垂虹桥》诗"回首烟波第四桥"，别本作"十四桥"，实误。第四桥，即甘泉桥，以旧时桥下水，清澈甘冽得名。自垂虹以南，甘泉为回，即白石《点绛唇》词，也是："第四桥边，拟共天随往。"周草窗《拜星月慢》词，有"四桥飞缆"之句。李广翁《摸鱼儿》词："又四桥疏柳，惊蝉相对秋语。"罗子远《柳梢青》词："初三夜月，第四桥春。"陈谦诗："第四桥下风水恶。"王逢更有"第四桥阻风诗"，都属明证。又谓，今人都知國字作国，为洪杨时所创，不知元代已有之，那影印元至正本《三国志平话》，國字都作国。《四部丛刊》影印明刊本芮挺章《國秀集》，國字亦作国。又吴中有穿珠巷，实为专诸巷之误。陈巢南诗有云："金板亭下寄侬家，侠骨高风渺莫夸。只有专诸门巷在，明珠穿遍女儿花。"

烟桥著作宏富，在星社中是数一数二的，据我所知，有《吴江县乡土志》《新儒林外史》《齐东新语》《新潮过渡录》《范烟桥说集》《烟桥日记》《花蕊夫人》《唐伯虎故事》《无名之侠客》《侠女奇男传》《江南豪杰》《孤掌惊鸣记》《忠义大侠》《吴宫花草》《别有世界》《孤岛三年记》《太平天国弹词》《玉交柯弹词》《家室飘摇记弹词》《敝帚集》《待晓集》《北行杂诗》《诗坛点将录》《三十年文坛交游录》《明星实录》《鸥夷室杂缀》《中国小说史》《小说概论》《诗学入门》《烟丝》《书信写作法》。又为《社会日报》写连载的笔记，专谈吴中食品，名其篇为《苏味道》，借用唐凤阁舍人的姓名，颇具巧思。当一九三四年，我主持中孚书局辑政，为他刊行了《茶烟歇》笔记集，题签者章太炎、吴湖帆、曹纫秋，烟桥在扉页上缀着数语："酒力醒，茶烟歇，卅年闻见从我说。等闲白了少年头，讲坛口舌，文坛心血。"

序凡若干篇，而尤半狂序，谓："仆所识以文人为多，顾于吴江，得两人焉，曰：叶楚伧、范烟桥，皆才高八斗而为仆心仪者也。之二君者，状貌之魁梧奇伟相若，文字之清丽绵芊相若，其酒量之宏，才气之盛，殆莫不相若，丰城之剑，合于延津，斯岂其俦欤！"那么烟桥的状态和嗜好，在数语中已可得之。此后魏绍昌辑《中国现代文学资料丛刊甲种》，邀我撰写民国以来的文艺期刊和小说沿革，我仅担任了一部分《民国旧派文艺期刊丛话》，约十万言，后香港汇文阁书店，曾抽印为单行本。小说部分，则推荐烟桥为之，因烟桥撰有《中国小说史》是具有基础的，烟桥写成《民国旧派小说史略》，亦十万字左右。

烟桥一度应上海明星影片公司之请，担任编撰事宜，并兼教郑正秋之子小秋读书。时金嗓子周璇参与电影工作，在古装片《西厢记》中饰红娘一角，《拷红》中有一段唱词，即由烟桥编撰，娇喉宛转，大有付与雪儿，玉管为之迸裂之概。且灌了唱片，因此男女青年，都能哼着几句。周璇在旧社会受了许多冤屈，而玉殒香消。这些唱片，成为此曲只应天上有，人间难得几回闻了。不意过了数十年，去岁，上海唱片公司，重制了一套"金嗓子周璇录音带"，别配了新颖的音乐，较原片更为美备。其中有《钟山春》一曲，即烟桥当时所编撰的，我在家里的收音机中听到："巍巍的钟山，龙蟠虎踞石头城，啊……画梁上呢喃的乳燕，柳荫中穿梭的流莺，一片烟漫，无边风景，装点出江南新春。"听了，未免兴韩娥不再，石湖云亡之叹。

烟桥撰稿，尚有一趣事。他写了一篇《离鸾记》小记，叙述一个被遗弃的妇女，楚楚可怜，无人加以援助，由于描写逼真，似乎此中有人，呼之欲出，小说发表在《申报》"自由谈"上，忽有一读者，自金陵来函，托报社转致作者范烟桥，问书中弃妇的姓氏里居，愿为之偶。烟桥告以纯出虚构，才罢。烟桥写作，开始发表在《时报》的附刊《余兴》上，编辑是包天笑。所以烟桥有一段文字纪载着："我在许多小说作者间，通信最早的是包天笑。那时他主编《时报》的《余兴》和《小说时报》，那娟秀如簪花妙格的海月笺，还有几纸在敝箧里呢。可是和他相见，这是在青社席上，中间相隔，约莫有十年。"《余兴》以诙谐讽刺见称，我最早读到烟桥的作品，即在《余兴》上，记得其时有一个写稿的，署名劣鬼，始终不知他是谁。青社，是个小说家的集团，天笑和烟桥，都是社友。烟桥又参加云社，这是喜爱杯中物的一班笔墨朋友的组织，宋痴萍、顾悼秋都是酒星，尤其悼秋有"神州酒帝"之号，我虽不胜杯酌，也厕列其间。月必举行一次酒叙，常假香粉弄的方壶酒家为集中地，原来该酒家以女儿酒为号召，主人秦姓也是彬彬有礼的。因此我和烟桥月有良晤，引以为乐。又赵苕狂，不仅狂其名，复狂于酒，和烟桥对酌，烟桥亦有一段纪载："苕狂好酒量，我在去冬（一九二三年）和他饮过一回，两人都喝得大醉，走到《新申报》馆，和江红蕉胡缠了长久（时红蕉主编《新申报》附刊），回到旅舍，倒头便睡，直到明天晚上，酒性才退。我写信给他，说是甘拜下风，他回信说："天下英雄，惟使君与孤耳！"烟桥饮酒，不需多看，有一次，我和他饮于王恒豫酒家，有梅酱一簋，他津津有味地佐着酒，一再赞许，我归家讲给内人周寿梅听，这时黄熟梅子充斥于市，寿梅购来，去其核捣之成糊状，拌以糖霜，加工煮透，盛一瓷盘，贻送烟桥，烟桥立撰一诗为谢："王家酒店试梅酱，一种甜酸醒酒肠。多谢梅妻贻妙制，更添齿颊十分香。"他又喜饮茶，有卢仝七碗之量，采购洞庭碧螺春品之，谓："足发诗兴。"又喜吸烟，不离口。

他喜花木，购了盆兰，安置在花厅正中的圆桌上，及红木大理石的方桌上，紫茎绿叶，疏疏着花，厥香飘来，清幽淡远，在若有若无之间。他又购得白兰花，香气浓烈，相形之下，雅俗顿判。其他如牡丹、芍药、绣球、海棠等等，加之庭园中有红白二梅，乃数十年的老桩，独占花魁，更不寂寞。尤可喜的，窗前植着芭蕉，如张翠幄，夏天可以避日，雨时作清响似戛玉，别饶情趣，大有南面王不易之乐。

他固多才艺，书法得其舅父钱云翠的指导，工于行草，写扇册甚为得体，楷帖则少见，有时绘折枝墨梅，纯属文人戏笔。他又好事，和徐稚稚（平阶）往来信函俱填成《离亭燕》小令，一月间凡二十余阕。他又绘图寄意，有《回首烟波第四桥图》《鸱夷室酿诗图》，这图是沈雪庐手绘的，曾登载《茶烟歇》集中。雪庐有题云："鸱夷，酒器也。扬雄《酒箴》云：'鸱夷滑稽，腹大如壶，终日盛酒，人复借沽。'今则以之酝酿诗肠，绘图以应烟桥仁兄雅属。庚申岁杪，雪庐沈塘。"烟桥喜征题咏，时彼尚不识袁寒云，托我代求，因我的内兄周梵生设绛帐于彰德养寿园，教寒云诸儿辈读书。

不料经年不答，以为石沉大海了。有一天，却快函寄来，写作俱佳，笺纸又极清雅，顿使烟桥喜出望外。此种行径，有类于柳亚子，朋好致亚子信，往往搁置不理，忽心血来潮，早夕连覆三信。

烟桥执教一辈子，早年任八测小学教务，后为八测乡学务委员，兼县之劝学员。年二十七，被举为县教育会会长。及移家吴门，掌教东吴大学，授小说史，讲课庄谐骈臻，学生乐于接受。又兼附中国文，其时那位蒋纬国正在附中读书，好开玩笑，有一次，那拉人力车的小三子，停车在校门口，纬国和他相商，暂借一用，他效着小三子的口气，向同学兜揽生意问："黄包车要哦！"同学抬头一瞧，原来是蒋纬国玩的把戏，为之哈哈大笑。东吴大学图书馆，储藏古今稗史笔记很多，烟桥尽业余时间，在两学期中，悉数阅读一过。他行文迅速，金鹤望评之："扬帆千里，速不求工。"他于一暑假中，挥汗诵读古今人诗文集，几乎废寝忘食，其痛下工夫有如此。他对于金鹤望，始终敬礼，鹤望哲嗣季鹤，绝顶颖慧，喜作风华冶艳的杂著，乃翁是不知道的。一次，寄来报刊，适落在乃翁手里，鹤望一睹，认为如此涉笔，有失体统，呼季鹤来大加斥责，并追问："是谁教你写的？"季鹤没有办法，推托受烟桥之托，鹤望又遣人唤烟桥来，一顿排头，使烟桥啼笑皆非，代人受过，传为趣闻。

"百无一用是书生"，这是一句古老话，对于持筹握算，是不克胜任的，尤其在卖空买空的交易所，市价忽上忽下，难以捉摸，如廉南湖，在交易所失败，把一座小万柳堂都售去了。画家吴湖帆，蚀了本，卖去了家藏的书画。烟桥在这方面，也陷了覆辙。原来这时他的同乡老友凌颂美，为金融界巨子，任金业交易所经纪人。当然手面阔绰，生活优裕，烟桥忽地见猎心喜，家里装起电话，俾灵通市面，也做起金子生意来。投机初试，居然获得利润，于是放胆为之，金价有上涨趋势，巨量买进，岂知受国际风云的影响，金价骤然下降，这一下，烟桥几乎倾家荡产，设法弥补，才得应付过去。烟桥始终讳言其事，深恐贻人做黄金梦的讪笑。

烟桥晚年居苏，与周瘦鹃、程小青、蒋吟秋推为四老，热心桑梓，各有贡献。烟桥主苏州博物馆，为搜罗文物，知吴湖帆藏有清一代状元扇七十多柄，便动员湖帆捐赠，湖帆慨然应允，仅提出一要求，有清状元凡一百多人，他所藏七十有余，为三分之二，希由公家征求，俾成全璧，此后是否如愿以偿，那就不得而知。闻去夏，苏州博物馆曾经举行状元扇展，惜我腰脚不健，未克前往一观。又柳亚子逝世，烟桥北上燕京，拜访亚子夫人郑佩宜，请以亚子所藏书籍及南社文献捐诸博物馆，佩宜即以书画典籍以及照片等为贻，烟桥满载而归，更充实了馆藏。

十年"文革"，烟桥被批斗，甚至被扫地出门，卒致患脑出血不治而死，时为一九六七年丁未二月二十一日，享年七十四岁。烟桥交游甚广，一定素车白马，吊客盈门，岂知不然，除家属外，往吊者仅周瘦鹃一人，瘦鹃深叹涉世如蜀道之难，人情比秋云之薄，实则其时株连罗织，哪里有人敢来执绋，敢来奠觞。不久，瘦鹃被迫投井，除家属外，吊者并一人而无之，直至重见光明，两人均得平反昭雪，追悼会是很隆重的。

烟桥除辑《星报》外，又应张叔良之聘，编《苏州明报》的附刊，当时苏州的地方报撰稿者什九是庸俗作品，自经烟桥为《明报》执笔，又邀请许多文友多所点缀，并出沈三白、黄摩西、陈佩忍等专号，声誉益隆。又一度与江红蕉等应聘主无锡《苏民报》笔政，星社社友纷纷撰稿，文采风流，一时称盛。且在梁溪惠山间举行一次星社雅集，并摄了照片，作为鸿雪。又与孙东吴、陈莲痕、尤半狂赴山东，编《新鲁日报》及《新鲁月刊》。时局变迁，报刊停办，才还苏州。又一度来上海，与其弟佩荑同任早期《文汇报》编辑，是报附有画刊，登载风景照片兼及书画，曾借了我的藏札，分期发表。时平江不肖生（向恺然）所著《玉玦金环录》三十四万言，分十四章，版权归平襟亚，襟亚创中央书店，拟刊单行本，以是书虽具回目，而分量不匀，乃托烟桥整理，重定回目，分四十四回，一编出世，风行南北。烟桥对于名胜古迹，备极爱护，以虎丘塔日益倾侧，有堕圮危险，立请当轴，从事修葺，并请园林建筑专家陈从周亲自探察。从周历级上陟，借知损坏程度，研究之余，用数十只大铁圈，围固塔身，更以粗钢丝紧紧扣住，塔基低陷处，填以大量水泥和石子，才得保住至今。且从塔顶取得晶莹如玉的越窑青瓷莲花碗，精致的檀龛宝相，及涂金塔、铜佛像、铜镜、锦绣经帙，为全国重点文物保护单位。

烟桥夫人沈姓，是吴江名绅沈临庄的第七女，说来也很有趣。当烟桥的堂兄剑英娶沈家第六女，烟桥参加贺礼，看到新娘容仪之美，妆奁之盛，兀是艳羡不置，其时随来的喜娘，都是心灵口巧的，其中之一，窥测了烟桥的心理，便嫣然一笑说："大阿官！你看得中意吗？我来为你做媒，她家还有一位七小姐，品貌也是很好的。"说得烟桥羞羞地躲开了。这位热忱的喜娘，又去问烟桥的母亲，母亲点头说："好啊！要拜托你去请请帖子。"不久，得到沈家老夫妇的同意，竟结为秦晋之好，筵开金玳瑁，谱证玉鸳鸯，烟桥的志得意满，是不言可喻的。生了长女慧静，产科学校毕业，任职顾志华产科医院，后在家自设诊所。次女春螺，现在美国旧金山。夫人患乳癌，春螺犹自美汇款，为母治病，夫人直至一九八六年逝世，比烟桥多活了二十年，九十四岁。当时烟桥死于"文革"中，火葬后，把骨灰偷偷地堆在郊区田陇间，日久，无从辨认，只得取衣冠冢意，和夫人合葬上方山麓。

烟桥弟佩萸，肄业东吴大学，仅二年，以患胃溃疡辍学，潦倒以终。又菊高，小名梅官，幼堕水几死，怕雷，雷声响，便躲进被窝中不敢动，至老犹然，读书工业专校，喜撰小说，曾刊《甜心》《玲珑》，娶妻苏漱芳，甚相得，执教鞭，一九八二年，心脏病发卒。又系千，自费留学日本东京工业大学，致力于建筑，娶妻金月娟，笃于伉俪，但所如辄左，学不能致其用。抗战时，颠沛流离，不胜其苦，兼擅绘事，作《向庐十胜画册》，一九六九年卒于台湾，年六十有九。剑威年最幼，小名蒨官，毕业上海同德医学院，治医五十年，今七十六岁，双鬓未斑，腰脚甚健，为范氏昆仲中之鲁殿灵光。

附带一谈，烟桥面有痘瘢，戴墨晶眼镜。有一妹璇珠。幼从其叔父范蔼人读书，蔼人管教严，背诵不出，例施夏楚，烟桥记忆力强，是从幼锻炼的。来沪，常寓静安寺旁的庙弄十九号管家，那是任味之的亲戚。烟桥的父亲葵忱，一九三〇年捐馆，其母则卒于一九四四年。

《荒江女侠》作者顾明道

顾明道，原名景程，这个名儿一望而知是由仰慕宋代的两位程夫子程颐、程颢而取的，大有立雪程门之意。原来程颐号伊川先生，程颢号明道先生，既有程明道，不妨再来一个顾明道。二程夫子是治理学的，那么顾明道也是一位理学家了，岂知不然，他不治理学，治的是小说家言。他别署虎头书生，又署石破天惊室主，撰武侠小说，所叙述的，大都光摇冷电，气凛清风，百夫之防，万人之敌，那么，顾明道一定是一位昂藏七尺的伟丈夫了，岂知又不然，他是体弱身矮、扶杖而行的病足者，这真出人意料之外了。

他生于一八九六年二月十日，江苏吴县人，肄业教会所办的振声中学，因此他也受了洗礼，为基督教徒。他中英文成绩斐然，是突出的高才生，所以毕了业，便留在该校，担任讲席。他十四岁丧父，有弱妹三，其母抚育成人，在求学时，胫膝间生了一个疽，治疗无效，从此不良于行，每出必乞助于挂拐，据医者断为骨痨，非药物所能奏效，这样在思想上未免有了负担，加之萎萎缩缩，缺少运动，以致日益屡羸，而生活艰困，营养不良。又复环境恶劣，情绪纷乱，致不永年，死时只四十八岁，不毋令人天丧斯文之叹！

我和他认识，是诗人范君博介绍的。这时他在振声中学任教，可是家居陋巷，加之不良于行，往返不便，乃寄宿校中，我和君博到该校去访他，他喜欢撰哀情和武侠小说，便和我们大谈其小说，并评论各家的作品，足足谈了两小时。从此每有余暇，辄访他聊天。他任《小说新报》特约撰述，我也贡拙于《小说新报》，既属同文，交谊益形密切，嗣后我时常和他在同一刊物上撰稿，不是他联系我，就是我联系他，声气相通，数十年如一日，友道能如此，总算很难得的了。

范烟桥自桐花里（本名同里，因柳亚子称其家乡黎里为梨花里，烟桥也把他的家乡同里称为桐花里，借以媲美）移居吴门，就和赵眠云、范君博、顾明道、范菊高、姚赓夔（即苏凤）、屠守拙、孙纪于及我组织星社，我们九人为星社最初的基本社友，每星期集会一次。明道的书室，明窗净几，位置着炉香茗碗，壁画瓶花，雅洁之气，使人心自爽适，我们时常到他那儿去集合。后来社友越聚越多，我们的兴致也越发的遄气飚举。每次雅集，明道必雇着车很高兴地前来参与其盛。他不能饮酒，可是常想出些新玩意儿来助我们的酒兴。

明道最初的作品，刊登在许啸天和他夫人高剑华合辑的《眉语》杂志上，该杂志多载女作家的文章，明道就化名梅倩女史，撰着短篇小说，有一位读者，是登徒子之流，写信追求"她"，悱恻缠绵，大有甘伺眼波作妆台奴之意，明道接到了信，大笑之下，用梅倩具名答覆他，那个登徒子，欣喜欲狂，寄给"她"一帧照片，请"她"以芳影为交换，并约"她"会晤某公园，明道到这时，才用真姓名自行揭破，这一段趣话是明道亲自讲给我听的。

明道的武侠小说，可和向恺然（平江不肖生）、赵焕亭（绂章）鼎足而三，他的《武侠小说丛谈》有那么一段的自述，如云：

> 余喜作武侠而兼冒险体的小说，以壮国人之气概，曾在《侦探世界》中作《秘密之国》《海盗之王》《英雄喋血记》《海岛鏖兵记》诸篇，皆写我国同胞冒险涉海之事，

与外人抗拒，为祖国争光者。余又著有《金龙山下》一篇，则完全为理想之武侠小说，刊入《联益之友》旬刊中（该旬刊为我和赵眠云合辑）。又曾写《黄袍国王》长篇说部，纪叙郑昭王暹罗之事，刊《大上海报》，后该报停版，余亦中止，他日拟出单行本以飨读者。又新著《龙山争王记》，则方刊于《湖心》周刊中，该刊为西湖小说研究社出版者也。曩年余为《新闻报》副刊"快活林"撰《荒江女侠》初续集，尚得读者欢迎，今由三星书局出单行本，三集亦在付梓中。又为《小日报》撰《海上英雄》初续集，则以郑成功起义海上之事为经，以海岛英雄为纬。以上两种，皆由友联公司摄制影片。又尝作《草莽奇人传》，则以台湾之割让与庚子之役为背景也。

明道的武侠小说，当然以《荒江女侠》为代表，其时《新闻报》附刊，主编者严独鹤，他对于连载小说甚为审慎，撰写者必须笔墨风华，见识广泛，知名度高，否则平平庸庸，没有吸引力，未免影响报纸的销数。前于明道的，有李涵秋、向恺然，在这些大手笔之下，继承者谈何容易，明道即以《荒江女侠》排日见报，尚在张恨水《啼笑因缘》之先。当初独鹤是请明道撰写中篇小说，岂料一发表，获得很高的评价，因此独鹤便通知明道，把中篇扩为长篇，这一下，颇使明道为难，原来中篇的排场，和长篇不同，用了九牛二虎之力，逐步展开，如春云的卷舒，成为自然迹象，《女侠》的一、二、三、四集，是在吴中涉笔，第五、第六集，那是避日军侵略，来到上海，寄居八仙桥某戚家续写完成的，共八十七回，既刊单行本，倾销一时，友联影片公司摄了影片拍成十三集，映诸银幕，由陈铿然导演，徐琴芳为主角，琴芳演来剑影刀光，有声有色，人们便把徐琴芳呼之为荒江女侠了。书的内容，那荒江女侠姓方名玉琴，家住东北荒江之滨，她的父亲擅使大刀，因有方大刀之号，行侠仗义，恶徒邓百霸突来寻衅，把方大刀刺死。玉琴曾拜昆仑山一明禅师学剑，具有神力，到处找仇人，认识了同派的师兄岳剑秋，从此琴剑相伴，闯荡江湖，后来终被他们探听到邓百霸所在，交锋下邓氏也被玉琴一剑殒命。他们鉴于奸恶横行，到处都是，便驱驰南北，做了许多锄强扶弱的豪举，和他们先后一同干过侠义事的岳剑秋的老师云三娘，师叔余观海，以及闻天声、宋彩凤母女等蹈险破坚的惊奇情节，一环扣一环，一套复一套，极曲折复杂之妙。往往绝处逢生，凶来化吉，读了使人击破唾壶，称快不止。结果一琴一剑成为美满夫妇。这部《荒江女侠》拍摄电影外，又京剧院亦演为连台本戏，卖座率很高。这书早已绝版，闻吉林某出版社拟为重印，委我撰一序，文未成而台湾已重印出书，为先登之捷足了。

　　明道著书宏富，上述诸种外，据我所知，有《侠骨恩仇记》《怪侠》《国难家仇》《龙山争王记》《红妆侠影》《血雨琼葩》，此书登载在《申报》附刊《春秋》上，奈日军入租界，以小说中多激昂慷慨语，非常刺目，勒令《申报》停载，该小说只得告一段落。又《奈何天》《惜分飞》，也由国华影片公司搬上银幕。放映时，明道曾去看过，说大醇小疵，尚称满意。又《美人碧血记》《红蚕织恨记》《蝶魂花影》《芳草天涯》《哀鹣记》是叙述陆放翁的钗头凤故事。又《章台柳》，叙述柳如是故事。《柳暗花明》《蓬门红泪》《念奴娇》《江上流莺》先后出版，我记得曾为《江上流莺》作序，略云:"江上摇落,风雨鸡鸣,我侪丁斯乱世,应变无方,干禄乏术,臣朔饥欲死,乃不得不乞灵于不律,红茧缫愁,绿蕉写恨,借以博稿酬而赡妻孥。社友顾子明道,固与予相怜同病者也……"明道读了,亦为之感喟百端,不能自已。又《磨剑录》主要叙述明代开发东南亚及马来群岛的华裔志士之故事,兼及明末清初抗清复明的史迹,无非寓着对日军入侵的忿怒和反抗。这时柳亚子治南明史,遂和明道通着书函,明道拟把吴三桂与陈圆圆事,撰一小说,亚子提供给他许多珍贵资料。又曾精心撰成一部《啼鹃录》,为求称心惬意,办明道出版社,自印自发行,可是不善推销,一大堆书堆积在家里,没有办法,只得把存书和版权一起让给书商,到了书商手里,书就不胫而走,一版再版而三版,且出《啼鹃新录》,他慨然叹息:"书商的本领,不是我辈操笔墨生涯的所能企及的。"他还有一种《茉莉花》,本拟自印,结果也给了书商。又《明道丛刊》,复归国华书局重印,改名《情波》,又世界书局刊行《福尔摩斯探案大全集》,由程小青主持,明道熟谙英文,翻译了好多案,加速了《大全集》的出版,又大东书局发行各地的导游册子,约我和明道担任其事,我编撰了《苏州游览指南》,明道编撰了《西湖探胜记》,同时出版。

明道结婚很迟,一九二六年,才和田希孟女士成室家之好。这时,明道已著述风行、名满大江南北,真可以媲美清代袁子才所谓"玉堂春在洞房先"了。为什么这样迟呢?因为他最初认为足疾未愈,不宜成家室的,所以问医访药,治疗足疾,便把婚事延搁了下来,但他的母亲抱孙心切,结果和田女士结为伉俪。记得我们吃他的喜酒,索喜果,闹新房,种种印象,尚在目前,讵料他已与世长离人天永隔了。闻他的夫人田希孟女士尚健在，八十余岁，居住吴中西支家巷。

犹忆民国二十年左右，我饥驱海上，和明道会晤的机会较少了。但鱼雁往来，月辄一二次，我返吴中，必去访他一倾积愫。他偶到上海，虽不良于行，也必雇车来访，以图一晤。抗战军兴，吴中风声鹤唳，不能安居，这时他住在胥门内，似乎是长春巷吧，便把一切什物封扃的封扃，寄存的寄存，由他的妹婿刘廷枚照料下，偕着太夫人和妻孥一同来沪住八仙桥某戚家，原是暂时性质，不料没有多久，得到一个消息，苏寓附近，敌机投弹，把垣壁震坍，一切家具什物，被宵小偷窃一空，即寄存的东西也都付诸兵燹，明道懊丧得很，尤其嗟惜那些文物书籍，为之不欢者累月。这么一来，知道军事在短时期不能结束，倘返苏已一无所有，不得不另作打算，赁屋同孚路同孚新村，度着写稿教书的生活。在寓所中设着明道国学补习馆，邀朱大可、朱其石两昆仲和我去分任教务。可是不久，房屋被二房东顶替给人，不得已，移居威海卫路萱椿里六号的楼下，地位偏促，光线很差，这怎能开馆授徒呢！恰巧我和赵眠云主持国华中学，该中学分两部，第二部即在威海卫路，和明道所居望衡对宇，明道因把他的国学补习馆，附设在国华中学。后来国华中学校址翻造，我们被逼停办，明道又复把补习馆迁回寓中，局促狭隘，在所不顾。在这艰苦困厄之下，精神大感不济，时常失眠。越失眠，精神更不济，肌体消瘦，咳嗽频作，甚至潮热不退，请范补程医生照爱克司光，才发现肺部有一小洞，已到了严重阶段，嘱他节劳休养，他为了维持一家开支，依旧教书写稿，挣扎不休，程小青、严独鹤、周瘦鹃、范烟桥、蒋吟秋、陶冷月、徐碧波、丁健行、芮鸿初和我，一同婉言劝阻他，才把国学馆解散，他廉介得很，把所收学费退还学生，学生为之哭泣。

明道平生所撰长中篇小说，如《新闻报》的《明月天涯》，《永安月刊》的《处女心》，《小说月报》的《小桃红》等，完全中辍，生活费及医药费由同文公摊，并代向外界募捐，钱芥尘、周瘦鹃在《大众杂志》及《紫罗兰》上为他呼吁，平襟亚、黄转陶、张珍侯、丁健行斥资慨助。我任《永安月刊》编辑，和郑留等同人及读者，也尽了些力量。并由臧伯庸医生义务诊治，但肺病到了第三期，没法挽救，情况一天不如一天，而他的卧室，限于地步，光线空气都很差，严独鹤为他向《新闻报》主持者请求，由馆方担任了医药及住院费，送入新闸路胶州路口的中国红十字会医院。实在病症患得太深，毫无效验，明道感觉到住院费用太大，对于报馆方面过意不去，一方面又因母亲和妻子来照料，离家太远也不便利，所以住满了月，仍回到家中疗养，胃纳不佳，只进些流质食物，并请方嘉谟医生打葡萄糖针及钙针，苟延残喘。以卧床日久，背部和臀部肌肤被草席磨擦破溃，痛楚不堪，欲易一较软的台湾席，无力置备，且市上亦缺货，他不能忍受，声言不如早日离世。我想到大舞台京剧院正在排演《荒江女侠》，拟向大舞台申请资助，但我和该院负责人不相识，未便冒昧，幸而同社朱凤蔚代为接洽，仅得五十金，戋戋之数不能解决问题。他对我说："我一生薄福，却修到了朋友的帮助，这也差足自慰的。"这时我的眼泪，几乎夺眶而出，好不容易忍住了。临别他呼杏官从书架上取一册单行本《江南花雨》赠给我说："这是最新出版的，也是生平从事小说家言的最后一本。"所唤杏官，便是他的哲嗣德骥的乳名。这书是春明书店特约他写的，没有写完，他因病辍笔，末后数回，他在病榻口述，由德骥记录出来的。春明书店赶印出版，把稿费给他，充医药之需。书中的主人翁程景，清贫自守，煮字疗饥，那是他夫子自道，好比《断鸿零雁记》的主人，就是曼殊上人自己，读了使人回肠荡气，同情之泪，渍透字里行间。他又托我说："《胭脂盗》长篇，在《金刚钻报》施济群处，可向济群索回，家中尚有续稿若干回，合拢来所缺已不多，不妨置在你处，如能烦你补撰数回，作一个结束，便能出版了。"我也一口允承了他，一方面对他说："深愿吉人天相，病势转机，请勿顾虑太多，以静养珍摄为宜。"岂知即此一别，以后竟没有再见之期了。

明道的逝世，是一九四四年五月十四下午三时，临死的前一天，他忽然想到几位朋友和他很关切而最近不见面的，便嘱家人打电话请他们来，作最后的一晤，独鹤、小青、吟秋、烟桥，都为他洒泪，他一方面叩母别妻谕子，各有遗言，甚为惨切。十四日那天，我们在八仙桥青年会贺同社孙筹成哲嗣云翔燕尔新婚之喜，我们几位熟友，如陶冷月、徐碧波、严独鹤、程小青、方慎盦、芮鸿初，都集坐一隅，正在讨论明道病危问题，果不多时，一个电话，报来噩耗，明道已脱离人世而去，身后问题严重，我们一同商讨。商讨的结果，殡殓假较熟的大众殡仪馆，开支可以节省些，一切丧仪，由明道妹婿刘廷枚主办，我们十余位同文具名，由文艺界及平日爱读明道著作的热心朋友募捐，《新闻报》服务股代为收款，俾孤儿寡妇，得以维持生活。

十六日，狂风骤雨，明道在延平路大众殡仪馆大殓，那延平路一带地形低洼，积潦没胫，但吊唁的客人，都冒着积潦风雨而来，电影界也来了多人，徐琴芳即其中之一。我到那儿，独鹤、瘦鹃、吟秋、小青、烟桥、鸿初、碧波伉俪及丁慕琴、朱其石、赵芝岩、刘廷枚，都已先到，致送赙仪最丰的为郭企青一万元，其他千数百数不等（这时币制虽和目前不同，但都是较巨之数），是日用宗教仪式，由谢颂三牧师领导行礼，廷枚报告明道生平事迹，独鹤致诔辞，声调哽咽，大有既伤逝者，行自念也之慨。从叔父志诚致谢词，礼毕，我离馆数百步，犹闻声声哭泣，凄断人肠，事后，且知惨痛之外，更有惨痛之事继之发生。原来明道后人，一子二女，一女名粟官时方八龄，又其一，二岁左右，稚弱不能行走，当明道入殓，不及照料她，竟从凳上摔下，颅破殒命，父女先后离世，能不悲哉！

我为明道悲，亦可为明道喜，他哲嗣德骥，幼喜文学，五岁在校读书，即登台讲演故事，背诵诗词。后转学理工科，在企青、独鹤资助下，毕业东吴大学，此后走上工作岗位，六次出国访问，曾到瑞典、西德、英国、奥国、瑞士、日本参加国际会议，任国内硕士研究生导师，培植硕士多人。粟官名德昭，现任江苏农学院副教授，其丈夫沈君，留学美国康乃尔大学，专业农业化学。德骥夫人，从事化学分析工作，为助理工程师。明道地下有知，亦必为之欣然色喜了。德骥孝思不匮，正在搜罗乃翁遗作，我很希望他为乃翁编年谱，那纪念性不是更大了么。

附带可谈的，明道除喜文学外，也喜数学。书法秀逸，曾为我写过一柄折扇，明道写扇外间是很少见的。我曾请友好各写一梅花句，汇成《百梅集》，有些很切合，如陶冷月写"梅花习与冷为缘"，徐卓呆写"春来诗半说梅花"，卓呆别署半梅，也浑成自然。

正巧谢闲鸥赠给我一方印章，"梅花溪上人家"六字朱文，明道即凑现成，把这六字句，写上我的《百梅集》了。

上面所谈及的郭企青，是广东人，幼年和明道为同窗友，后从事纺织业，和明道交谊甚厚，《江南花雨》，涉及企青事甚多。又有一幼年好友，便是原十九路军师长戴戟，"一·二八"之役，曾在沪浴血抗战，因而明道也把抗日事迹写入小说中。那位昆剧家顾传玠，与朱传茗等同为传字辈，擅小生，后忽弃其舞台生活，从事货殖，和明道家虽为同宗，似乎不很密切。又其时在上海负大力士盛名的查瑞龙，拍武侠影片，曾亲访明道，希望把他的事迹作为小说题材，后来明道是否如其所请，那就不得而知了。他写作余暇，喜作方城之戏，搭档者，有包天笑、程瞻庐、范烟桥、严独鹤等，今并搭档者均先后离世了。他的笔名，尚有日月生、正谊斋主。《中国文学家辞典》现代第三分册，有顾明道一传。

钱瘦铁东渡受厄

　　一代艺人钱瘦铁，生于一八九六年，江苏无锡人，名厓，字叔厓，瘦铁是他的号。早年在苏州护龙街某刻碑店当学徒，那时，金石家郑大鹤经常到某刻碑店裱碑帖及其他拓片，裱好了，瘦铁送到大鹤家，大鹤喜欢他诚朴好学，也就循循加以指导。又介绍他和吴昌硕、俞语霜相识，因即拜三人为师，这时瘦铁年仅十九岁，后来的成就，于郑大鹤得其雅，于吴昌硕得其古，于俞语霜得其苍，终而成为瘦铁自己的面目。在篆刻、书画、金石考据几方面都有了成就。他到上海鬻艺后，所作饶有特殊风格。他以画会友，参加了"海上题襟馆"，认识了陆廉夫、王一亭、赵叔孺、丁辅之、黄宾虹、任堇叔、吴待秋等许多画家，得切磋之益。一九二二年，主持"红叶书画社"，后又创办"中国画会"，其他如"素月画社""停云书画社""古欢今雨社""蜜蜂画社""上海美术协会"等多种组织，他都是其中的中坚分子。

　　有一年，我国画家应日本文化事务局的邀请，赴日参与"中日美术展览会"。画家们回国时，和日本西京名画家桥本关雪一同来沪，"解衣社"同人宴请桥本关雪于武昌路春晖里徐小圃医寓的庭园中，瘦铁这天参与其盛，和关雪一见如故，关雪看到瘦铁的画幅，称许他为"东亚奇才"。一经誉扬，在沪日人，都很仰慕，一再为他开书画展，如鹿叟的"六三园"，饭岛政男的"翰墨林"，都陈列了瘦铁的山水和花卉，博得很高的评价。关雪在日本，又为瘦铁宣传，造成他东渡的有利条件。所以他每次前往，总是满载而归。一次，他的老师俞语霜把所作的书画和收藏的文物，托他带去，求善价以沽，这事守着秘密，并俞氏家人也没有知道。既而瘦铁不负所托，把所带去的尽行卖掉，归沪报命，岂知语霜已遽尔逝世，瘦铁大为痛悼，谓俞师身死而画未死，就把这笔钱为师用珂罗版印成《春水草堂遗墨》一大册，如《红杏山庄图》《峰青馆图》《钟阜谈龙图》《寒江独钓图》《可斋读画图》《祭诗图》《横琴待月》《女萝秋思》都是语霜的精品。

当"八一三"事变前，瘦铁流寓日本东京，这时日本军阀，野心勃勃，蓄意侵华。瘦铁和郭沫若友善，同在彼邦，郭老义愤填膺，联络留日学生，起而反抗，日警窥伺多时，正拟拘捕，不料被瘦铁先行探知，连夜密告郭老，一方面和金祖同相商，买了船票，备好衣履，约定时间，请郭老在门口等候。郭老穿着浴衣，拖着拖鞋，立在门口作闲眺状，瘦铁雇了一辆小汽车，开到门口，乘没有人发觉，汽车载着郭老辗转到了神户，再乘加拿大邮船回国，之后将浴衣拖鞋丢掉，换上西装革履，化名杨伯勉，居然金蝉脱壳，脱离危险。于是日本警察，就怀疑到瘦铁，正想对付他，恰巧某处举行文艺会，瘦铁前往列席，他竟在大庭广众间发表言论，对于日本的阴谋诡计，直截痛快加以辛辣的讽刺，结果当场被警察抓了去。隔天受审，法警要他跪下，他抗不服从，说文明国家绝没有逼人下跪的野蛮举动，法警厉声呼叱，且捉肘硬拉，非屈辱他下跪不可。瘦铁这时怒不可遏，就抓了案上的铜墨盒，向法警头部掷去。这么一来，秩序大乱，审判官认为他大闹法庭，罪上加罪，叛为徒刑五年，瘦铁虽身入囹圄，态度仍很强硬，铁窗风味，苦不堪言，瘦铁凛然不为所动。幸而桥本关雪暗地里为他疏通关节，在监禁中得有特殊照顾。囚室也较大，有一桌子，可以作画。且该案在报上揭载，瘦铁的画名，反而引起一般日本人爱好中国画的崇仰心，纷纷请他作画，不论山水花卉，大幅小帧，都视为瑰宝，甚至法官也有请他作画的。他又擅刻印，运刀似笔，苍劲入古，和吴昌硕别署苦铁、王冠山别署冰铁，素有"江南三铁"之号，求刻的也纷至沓来，所以润资收入，出于意外，狱中生活不算太苦。由于关雪的疏通关系，只三年半，就提早释放。他出狱即返国，上海许多书画家设宴欢迎他，摄有照片，以留纪念。有一天，他接到一封日本人寄给他的信，信中附有一当票，这人说明爱好他的画，可是囊中无钱，向质铺当了衣服才买到一幅，作为珍藏，这当票无非表示敬慕和爱好。瘦铁大为感动，认为唯一知音，特地精心绘了一二帧送给对方，作为朋好缟纻之赠。

小说家徐卓呆，曾赴日本研究园艺，和瘦铁同为彼邦寓公，往还很密。瘦铁入狱，其时卓呆已先返国，瘦铁还时常和卓呆通讯。卓呆知道笔者素喜搜罗时人手札，便把瘦铁的狱中书数通见赠，大约狱中条件较差，信用钢笔写，且字迹也很草率，信上地址"日本东京市丰岛区西巢鸭三二七七"，即监狱所在地。信中有云："狱中听蝉，心烦头晕，想必沪地更热，炎天苦人，饮食珍摄，宜多休养，少用脑力为是。"又一信云："来示忻悉，承关注，心感无已，弟自入狱以来，安心修养，读书静坐，颇有益于身心。近得裁判所通知，定于本月二十七日九时开第三次公庭，罪名为违反治安维持法。"又一信云："本月十日，乃开辩护庭，请岛野武律师出庭辩护，或得缓刑出狱，亦未可知。弟近情请速致江新，或能有助吾家用，则感德吾哥不浅矣。"署名钱厓，信中提到的江新，即美术家江小鹣。

金祖同和瘦铁设法护助郭老归国，祖同善自韬晦，没有被日警注意，不久就扬帆来沪，署名殷尘，撰《郭沫若归国实录》，由言行出版社刊行，用小说体裁撰写，很是生动。瘦铁就是小说中的主要人物，惜这书印数不多，早已绝版，看到的人寥寥无几。

中华人民共和国成立后，瘦铁应聘入上海画院任画师，这时他画兴很高，泼墨作巨幅，苍古胜昔。逢到星期天，常到襄阳公园，与笔者时常共叙，狱中经历，都是他自己讲给笔者听的。他最擅长为梅花写照。当时家藏王元章画梅而自题其斋为"梅王阁"的高野侯，喜画梅，刻有一印"画到梅花不让人"。有一次集会，画家各抒彩笔，争奇斗胜，野侯画了一幅梅花，瘦铁在旁瞧到了，挥毫也画梅花。有人开着玩笑说："画到梅花不让人的梅王在此，您好大胆啊！"瘦铁边挥毫边回答道："我是画到梅花不怕人的。"大家为之哄堂大笑。瘦铁因笔者署名有一梅字，便把他最得意的一帧有桥本关雪题跋的梅轴送给了我，借以留念，岂知十年"文革"，付诸荡然，而瘦铁本人也由于迫害，含冤而死，时为一九六八年。

马孟容蓄置昆虫

沈三白《浮生六记》有云："爱花成癖，闲居，案头瓶花不绝。芸曰：'子之插花能备风晴雨露，可谓精妙入神，而画中有草虫一法，盍仿而效之？'予曰：'虫踯躅不受制，焉能仿效？'芸曰：'有一法，恐作俑罪过耳！'予曰：'试言之。'曰：'虫死色不变。觅螳螂蝉蝶之属，以针刺死，用细丝扣虫项，系花草间，整其足，或抱梗，或踏叶，宛然如生，不亦善乎！'"画师马孟容仿着这玩意儿，捕到昆虫，一一地用针儿钉在壁间。入他画室，累累都是。那时他住在沪上西门斜桥，我去访谈，总见他忙着挥毫，那些昆虫，就是他绝妙的范本。他还有一件趣事，当时斜桥一带，颇多乞丐。他的弄口，就有乞丐盘据着。一天，他忽发奇想，叮嘱丐儿："看到我出入，呼'万岁'一声，我给你三个铜元。"丐儿大喜，如其嘱咐，大呼"万岁"。他笑着对人说："从前九五之尊，亦仅三呼万岁，那么我化了若干铜元，不是做了皇帝么！"

惊才绝艳王大觉

王大觉名德钟，字玄穆，一作穆堂，号幻花，经常以大觉为署。清季光绪二十三年（一八九七年）生于江苏青浦的渔郎村，地滨淀山湖的西岸，邻近商榻镇。他有弟德绮，字振威，号秋厓，别署二痴，也擅文翰，都籍隶南社，由二痴的笔名来看，恐大觉也署有什么"痴"的名号哩。他六岁，父世垣下世，家道中落，乃迁居周庄，旧称东江，因此大觉于名号上冠着"东江"二字。幼从族伯王颂阁读书，既迁周庄，贴邻即为吴江望族沈氏所设之一所新式小学，便肄业其间，性颖慧，每届作文，辄名列前茅，字又娟秀，深得校长沈屋庐的爱赏，原来他世代书香，具有家学基础的。小学毕业，校长希望他投考苏州中学，以求深造，可是他笃喜文史，与数理无缘，但又不能不遵从校长的善意，应考时，竟在试桌上瞌睡，致试卷不着一字，当然名落孙山，无从录取了。

在沈氏小学读书时，和朱云光为同砚友，云光号灵修，文采斐然，也籍隶南社，又和大觉同创正始社。某岁除夕，云光新建水西精舍，大觉约朱璧人、朱琢人，同往守岁达旦，大觉为赋诗五首，其一云：

> 宵来一梦一年过，失笑真成痴梦婆。
>
> 酌酒眼看经一岁，吾曹只此胜人多。

云光于一九八七年逝世，其弟云平幼年常随其兄云光同赴大觉家中，大觉颇喜其颖慧，为讲故事，给他印象很深。他看到了云光为大觉所写的《幻花忆语》，摘存了若干则，别撰《王大觉诗文纪事》，分二十目，如少年时代、青箱系集、缅怀先烈、初入南社、乡居百绝诗、讨袁之檄、在民国日报馆、伉俪情深、正始社、魂断夔州吊故人、风雨闭门斋、编燕子龛遗诗、钓月舫感事、鸥社、迷楼集、乐国吟、留都游草、一瓢诗酒结芳邻、组织红十字会、不信风华亦化灰。那是参考了许多资料而成的。我为了撰写王大觉一文，很想阅看这篇《纪事》，恰巧小友潘慈中，乃朱云平弟子，便由慈中作介，借到了这份宝贵的资料，给我撰写上很多便利和采纳。慈中的热忱、云平的慨助，我在这儿表示深切的感谢。

凡读《古文观止》，没有一个不诵读张溥那篇《五人墓碑记》的，这五人激于魏阉党羽冤逮蓼洲周公的义愤而被杀的，蓼洲名顺昌，谥忠介公，有一遗扇，曾为大觉先祖所珍藏，这个文献，是值得一提的。当一九一四年，大觉翻检其高祖宾竹之《琴言馆诗稿》，曾祖静波之《吟香馆剩稿》和祖父伯瀛之《伯瀛诗草》，把三者合辑为《青箱集》，又因宾竹有题扇长歌，知此扇来历不凡，乃加以查证，编"扬风雅唱"一卷附在集后，且作一序，略云："吾家旧藏周忠介公顺昌遗扇，系明万历朝叶文忠向高、陈眉公继儒、僧公，访赵凡夫宦光于寒山，下榻长白庵，文忠赋诗纪事，眉公画梅其上，诚为一时名笔，因以赠公（顺昌）。公既殉国，兹扇益为世重。公曾孙上玉公一传无后，我六世祖思堂公，其女婿也，由是扇归我家。我高祖宾竹公复系以长歌，遍征题咏，忠贞手泽，历久弥光。百余年来，沧桑屡阅，而是扇竟不可知……惜乎当时题咏，大半零落，余力为搜求，仅得十余首，录成一帙，署曰'扬风雅唱'。"

大觉认识柳亚子，并参加南社，这和印行《青箱集》有关。大觉和亚子素为远戚，但不相往来，《青箱集》成，彼自序外，又请陈巢南、陈厓厂、叶楚伧为弁言，因慕柳亚子之名，不得不求他一文以为光宠，而借联戚谊，即致函亚子黎里家中，亚子欣然命笔，从此两人频通音问，唱酬不绝。亚子且以《蜕翁诗词刊存》《太一遗书》和《哭仇亮诗》寄给大觉，原来蜕翁为湖南陈范，在沪创办《苏报》，宣传革命，致成大狱。太一为醴陵宁调元，以反对洪宪帝制被杀。仇亮，字蕴存，二次革命失败，被逮遇害，这些都是烈烈轰轰的南社成员，志凌霄汉，气挟风雷，大觉读了，一再赋诗，激发于怀，不能自已。

亚子的黎里故乡，每逢中秋佳节，例有湖船灯会之盛举，那金镜湖上，画舫兰桡，桨声灯影，青衫红袖，联翩不绝，这时为一九一五年秋，亚子兴致很高，邀了顾悼秋、凌莘子、沈剑霜等，结合酒社，并请悼秋撰了《酒社小启》，邮寄各地南社诸子，如云："风景不殊，河山已异，腐鼠沐猴，滔滔皆是。洁身自好之士，辄欲遁迹糟窟，以雪奇恨，此酒社之所以作也。时维中秋，丹桂飘香，招集鸥盟，觞于吾里，踏灯秋禊桥畔，泛月金镜湖头，结一段因缘，留他年佳话。乙卯八月五日，神州酒帝顾悼秋。"也寄了一份给王大觉，大觉接到了，届时欣然命驾，和亚子把晤，亚子欢迎大觉，有《集金镜湖舟中》诗，如云：

哀弦豪竹中年感，吊梦歌离大雅才。

一笑筵前成莫逆，太原公子褐裘来。

即指大觉而言，大觉也就参加了南社。并在酒社的三日夜狂饮中结识了周芷畦、费公直、朱剑芒等，时大觉年仅十九，作《述怀诗》十章。

一九一六年六月四日，南社举行第十四次雅集于沪上愚园，大觉赴沪参列，这次社员来会者较多，旧雨新知，一堂欢叙，引为至乐。此后他参加了酒社十多次，醉后大发狂态，甚至有一次写诗无纸，即撕了顾悼秋的长衫后裾，濡笔写数绝以示人，悼秋为之啼笑皆非。

大觉族兄王彤九主持乡校，邀大觉来渔郎村小住，彤九居汪洋村，与渔郎村仅一水相隔，一自大觉徙居周庄，离此已八阅寒暑，不毋有桑梓之情，此次看到老屋玉燕堂、洲南草堂、煮石轩、卷石山房等建筑，依然存在，不毋感触，原来卷石山房，为其幼年族伯颂伯教他读书之处。煮石轩是他先祖辈文酒宴会的所在，大觉有诗：

> 六十年来成寂寞，今宵唤起草堂灵。

彤九又为他邀诸诗友来会，时黄菊初绽，紫蟹方肥，联句飞觞，兴益飙举。而渔郎村在淀山湖的西岸景色绝佳，大觉有"乡居百绝自叙"，以纪其事，略云："淀湖胜景名东南，渔郎村位其滨，予家宅在焉。湖渌山光，云涛烟雨，皆几席间物，清旷之福，飨吾者洵厚矣。乃卜筑他乡，不遑厥居，偶返故庐，亦未有友朋尊酒之雅；山水遨游之乐，得毋令故乡云水笑人耶！乙卯秋九月，得族兄彤九书，招余归乡，余徇焉。时万子觐旒、顾子造英等，咸客吾乡，风日晴朗，则斗酒扁舟，荡漾湖上，或寻花木于孤村，或读残碑的古刹，或月下论文，或灯前谈鬼，幽怀既惬，诗思斯发，酒后茶余，辄有所作，汇得百首，录成一帙。"（现在上海新建"大观园"，有"怡红院""潇湘馆"等，极雕镂组绣、花月交辉之胜，即在淀湖之东岸，轰动了中外游客。）这次，大觉在故乡，由秋而冬，为日较久，淀湖泛雪，更饶清趣，小记有云："时值大雪，乃折简招友，携酒肴，唤小舟，作淀湖之游。沿途村落岑寂，鸡鸣犬吠遥闻，篱畔野梅，暗香浮动，幽怀倏然。未几，舟放中流，气冱风峭，四顾苍茫，寒云累累欲坠，若可探焉。湖被薄冰，晶莹如镜，阳光返射，红紫灿然，舟逆之，森森送碎响，林木积素，冻禽无声，遥指天马，九峰如点黛。少焉，泊舟苇丛，小饮篷底，僮复取雪煮茶进，清甘冽齿，酒酣耳热，相与推篷长啸，予扣舷唱夏存古'雪夜渡太湖歌'，风水相激，声调甚遒，二三子相顾动容。"写来历历如画，的是妙笔。大觉又访旧日驻处，如登商洋第一楼。又过云隐寺、莲花池，为当年杨铁厓建风月社处，大觉诗有云：

> 幻花斯愿亦非奢，只要风流继铁厓。

此后大觉果与柳搏霄、朱灵修、朱璧人、朱琢人组正始社，和南社通声气。又夜饮如意馆，诗云：

> 蔡家小女善调羹，灯后横波劝一觥。

凡此种种，都收入《乡居百绝》中。

大觉很风趣，如索我师胡石予画梅，径致一书云："钟与公未识一面，未通一札，读公诗文窃仪其人，今忽尔以寸笺达公者，欲乞公画梅耳！则绿萼华为我二人作绍介矣。西向发此言，想见剖函时掀髯一笑也。寄奉《青箱集》《乡居百绝》各一册，为先施之馈，法画亦祈早日见饷，此函专为乞画而发，不及他语，留他语作第二函资料也。"石予师画以贻之，谓："喜画巨幅，纸小便无用武地。"大觉戏占一绝云：

> 画梅幅小负君才，却似幽花撑壁开。
>
> 试问乾坤如许大，可能容得几枝梅？

大觉醉了还不自认为醉，他说："世无所谓醉与醒，彼自命为醒的，自吾曹观之，是非莫辨，皂白不分，桀犬吠尧，跖客刺由，我辈纵醉死，犹不至此，孰醉孰醒，余欲无言！"无非借此讽世罢了。他有时又壮怀激烈，什么都不顾虑，当袁氏称帝，反对者辄遭毒手，大觉却撰了《讨袁檄》载之报端，并自题一绝：

　　　　未得荷戈事北征，犹能草檄驰幽并。

　　　　一千一百十余字，字字苍生痛哭声。

大觉又复悱恻多情致，如《春夜辞》长古，小序有云："侧帽灯前，低鬟花下，翠绡封泪，罗袖分香，一时韵事，盖相见之始也。"此中有人，呼之欲出。又有"镜里桃花图序"亦隐藏其绮事。他的《咒红忆语》，那是代人所作，清愁欲揭，幽怨难偿，非多情者曷克臻此，我曾录存数则："伊人妆阁前，有白秋蓉一株，高可及檐，花时闲庭雪映，清芬袭衣，伊人每帘卷斜阳，欹鬟小立，真觉人花俱淡。夫秋蓉之为花也，凄清之色，寂寞之状，以拟伊人，差堪仿佛，今我竟以秋蓉名伊人矣。一自彩云化去，深院沉沉，无主寒花，曷胜憔悴，忍忆门闭黄昏，秋风自冷哉！"又："秋蓉铅华弗御，约略梳妆，璃窗倦绣，湘帙闲翻，晚雨凉初，每添半臂，灯花红小，时写秋心。教新诗于鹦鹉，艺小院之芭蕉，月华似水，怜呵镜之微寒，春暖如烟，懒卷帘于清晓。"

大觉著述，尚有《断梗飘蓬记》《琅琊碎锦》《掌珠劫》《海天新乐府》，其中数种，那是来上海主《民国日报》副刊笔政而作。这年，大觉参加南社第十四次雅集，而《民国日报》为陈英士所创办，邵力子为经理，叶楚伧为总编辑，胡朴安、姚鹓雏、闻野鹤等，分任报事，都是南社人士，况和楚伧又为中表。因此大觉也愿意襄助，奈大觉看到军阀混乱，时局日非，不到几个月，便悄然返乡。翌年新春，便和吴江莘塔镇凌莘子的妹妹凌蕙缠结为夫妇。莘子著有《惜秋花馆诗草》。蕙缠亦渊源家学，擅于文翰，当然伉俪甚笃。吴俗，蜜月后，例须归宁小住，蕙缠请大觉书写一扇，聊当面规，大觉固工小楷，即挥毫作《赠别》七绝四章，极缠绵温馨之致。

大觉书室，本名百花百卷草堂，岁久敝败，一自夫人来归，乃庀材重建，为屋三楹，改署为"风雨闭门斋"，几净窗明，图书满架，一窗帘幕，六曲屏风，益饶雅泽，匾额出于李叔同手笔，阶前玫瑰成丛，月季应时而发，这是蕙缠夫人所亲栽，斋后一泓清泉，流波照影，尤以月夜为宜，亚子特来访之，当时聊天，谈及苏曼殊的诗才，有却扇一顾、倾城无色之誉，大觉对于曼殊，亦颇心折，既而曼殊病死，亚子以搜集编辑曼殊遗诗，交托了大觉，大觉穷月余之力，成《燕子龛遗诗》一卷，得诗六十五首，刊印问世。直至亚子及其哲嗣无忍编《苏曼殊全集》，《燕子龛遗诗》，增补二十一首，共八十六首。数年前，施蛰存又笺补曼殊诗，这是我从香港《大公报》《艺林》抄给蛰存的，大觉皆不及寓目了。

亚子以唐宋诗之争，退出南社，由姚石子维持残局，社籍出至二十二期，即告停刊。南社旧社员胡朴安、傅钝根等别组鸥社，一九一九年六月，鸥社举行第一次雅集于上海杏花楼酒家，大觉被邀参加，同时尚有潘兰史、汪兰皋、汪子实、徐仲可、王莼农、陶伯荪、宋痴萍、俞慧殊等联翩而来，极一时之盛，胡朴安的女儿沛平擅丹青，为绘鸥社雅集图，大觉题之以诗，且寓沪数月，鸥社雅集凡四次，得诗甚夥，录存《海天吊日楼诗抄》，这和《海天新乐府》

各成一卷。

大觉诗酒之兴甚豪，时一九二〇年，陈去病寄寓周庄舅家沈氏的南湖草堂，不甘寂寞，约了柳亚子来周庄，一叙酒契，亚子一到，情形就热闹了，便邀了费公直、凌莘子、王大觉辈，在周庄西湾贞丰桥畔的一家酒楼为酒会，这酒楼小阁临流，橹声欸乃，可平眺南湖，苇岸渔矶，错落于目，亚子认为境绝清幽，以女主人金宝，小名阿迷，既美丰姿，复精烹制，称之为迷楼，首作题壁诗二律，大觉依韵和之，有"小占南湖一角天，剪灯楼上月如烟"等句，自那年十二月二十三日始，三十日亚子归黎里止，辑诸友诗为《迷楼集》，大觉诗是占数很多的。

一九二一年冬，俞十眉邀了同社柳亚子、陈去病、王大觉等，会饮于其家乡嘉善西塘镇来鸿桥畔的乐国酒肆，来会的，有沈禹钟、郁慎廉、郁佐皋等，轰饮三日夜，亚子、去病、大觉三人联句，亚子为《乐国词》，大觉和之，大觉又成《乐国续词》，这次欢饮，识得一少女彩云，秀外慧中，亚子作《彩云词》，大觉又和之，后编刊《乐国吟》一书。此种醇酒妇人，无非有鉴于时事日非，有托而逃罢了。

俞慧殊同社，貌既不扬，服饰又复怪异，人罕与交接，大觉却与之相善。慧殊供职南京农业试验场，招大觉往游，游踪遍及鸡鸣寺、豁蒙楼、玄武湖、雨花台、清凉山、秦淮河诸地，时姚鹓雏在南京，也做了东道主。大觉诗成一卷，名《留都游草》。盖民初建都南京，既北迁，乃以南京为留都了。

大觉不仅风雅成性，隐遁为怀，而对于民生疾苦，却又不忍置之度外，当卢永祥和齐燮元因争夺地盘，发生江浙战事，硝烟弹火，及于昆山、黄渡、白鹤港。周庄早有驻兵，在风声鹤唳之中。大觉恐战场将临，又有鉴苏州名绅费仲深等筹设红十字会，他感到责毋旁贷，即在周庄发起红十字会分会。当时他的亲友，如费公直、朱璧人、蒋霞城等都是医生，响应大觉的号召，可是主要的任务，还是大觉负担着。所以朱云光的《幻花忆语》这样说："君办事不苟，当成立红十字会时，文稿之撰写，经济之规划，会务之进行，无不独任艰巨，躬亲视事，心力交瘁。"幸而战事以卢永祥失败而结束。大觉便转移其工作，为公共卫生，种痘防疫，并施症给药，惠及贫民群众，那时在乡镇上这种免费的义务事项，是很少见到的。

大觉体弱病肺，一经劳累，咯血不止，一度进苏州省立医院治疗，夫人蕙缠随侍在侧，病院环境却很佳胜，梧叶荫窗，帘波映月，他又动了诗兴，有养疴金昌之什。住了月余，病情好转也就出院返家。奈他对于军阀祸民，豺狼当道，总是愤恨忧虑，念念不忘，消极厌世之心，油然而发，见之于诗的，如：

> 谁遗吾徒终寂寞，仰天俯地发哀吟。
>
> 干戈满地春如海，只合悲吟过此生。
>
> 埋忧埋骨寻常事，不要残碑碍马蹄。

这年冬日，旧症复发，一病经岁，于一九二七年八月十六日，终以不治逝世，年仅三十一岁。夫人蕙缠，以悲惨过度，年余亦卒。有女三人：长之泳，现为台湾作家；次之湘，亦在台湾；三之泓，无子，以其弟德锜子之泰为嗣。德锜少大觉四岁，为搜罗乃兄的遗书，汇刊《风雨闭门斋遗稿》，有诗稿、文稿、词稿及《乡居百绝》《留都游草》《外集》，陈去病、刘季平、胡朴安为之题签，作序者为丁逢甲、沈昌直、凌莘子，柳亚子作记。陈去病一传冠于卷端，涉及其仪容和交游，有云："神情秀朗，风度翩然，尤有谢家玉树之誉，以是南社隽流，民党魁杰，闻其名者，莫不折节倾倒与之交。"如柳亚子深叹其缘情体物，绝艳惊才，所编的《南社丛刻》第二十集中，载大觉个人文三十篇，诗二百有四首，词六阕，数量之多，为任何社友所莫及。他致亚子书，有"安得与亚子日日醉、日日哭，奈何天地中，便葬我二人于酒国泪窟中也"，投契有如此。费公直所居，和大觉家后院相邻，两人几乎朝夕相见。公直年长，门前有双桥，乃呼之为"双桥老词宗"，有"赠费公直先生序"。魏塘余十眉，悼其夫人胡淑娟，撰《寄心琐语》，丙辰二月，往访十眉的探珠吟舍，得读是篇，比诸沈三白之《浮生六记》，为作一跋。凌莘子作诗，后于大觉，二人为内兄弟，莘子常出所作，属为加墨。可取者只十之三四，此后莘子杜门谢客，镇日吟哦，诗境突飞猛进，大觉喜为之序。与朱剑芒相知很早，剑芒结婚，大觉译英吉利诗为古风，以之祝贺，又题剑芒小影：

> 冰样情兼玉样姿，风流才调美人知。
>
> 花间吟就凝香句，轻扣红窗索和诗。

剑芒夫妇，某岁来沪，我和陆丹林宴之某酒楼，剑芒口微吃，印象尚在记忆中哩。又和芦墟许半龙称性情交，为半龙题"寿萱图"，并为《静观轩诗抄》作序。又为叶楚伧序《古戍寒笳记》，谈及楚伧于辛亥革命参姚雨平将军戎幕事，气概昂然："楚伧尝被酒，搔短鬓，喟然叹曰：甚矣我衰也。曩在辛亥，挟策兵间，前军克敌，夜半渡师，指顾河山，笑语岭南姚将军曰：苟得关中响应，率精锐千骑，晨发徐宿，而夕收蓟燕矣，将军深然之，谓异日国家罗绾兵之雄，当弗外江南叶生也！”又周志伊为革命而被逮，大觉入狱探访。又为汾南渔侠周斌作《柳溪竹枝词》序，称其为："云林铁厓之流，岂寻常鸥鹭盟主可得而比。"他如交陈秀元、蒯啸楼、范茂芝、范君博、陆子美、李康弼、刘筱墅、杨了公、姚民哀、金松岑、姜可生、胡寄尘、宋痴萍、徐慎侯、徐仲可、朱梁任、李汝航、陆简敬、田名瑜，均一时名流，缤纷联欢，诗酒酬唱，是盛称骚坛的。大觉不仅是机趣蕴蓄，神采照灼的词章妙手，在学术上也有那么一套的研究，我曾读过他《与苏浙太湖水利工程督办王清穆书》，清穆字丹揆，崇明人，为水利学专家，这信长达数千言，洋洋洒洒，排除时议，宣泄太湖下流之谈，提出四不可，谓治太湖，必先治泖湖与淀湖，历陈泖淀的今古变迁和沿革，从根本上着想，说得头头是道，清穆为之首肯。

上面谈到的小友潘慈中，是费公直的外甥婿，公直又和朱云光、云平昆仲及大觉都是好友，有此关系，慈中认识了大觉之女之泓，之泓现寓吴中，从之泓处借到大觉手书的诗稿，为《风雨闭门斋诗稿》之辛酉第五卷，经过"文革"，已属残存了。蒙出示，诗以行书写在朱丝格的本子上，很工整，稍有改易。慈中更复印一份见赠。又借给我《社会生活》杂志第四期，内载有张寄寒、陈益二位合撰的《甘背黑锅的贫家女》一文，那是叙述大觉身后的事，很为详赡，笔墨又很生动，该文所谈，主要是大觉家一位很侠义的女佣杨明娟，的确是了不起的人物，值得钦敬。且附来一近照，神气壮健，具寿者相。她乃和大觉后人之泓共同生活，之泓以"好恩娘"呼之。

这究属是怎么一回事，我把它概括一下，以殿我文。大觉先故，其夫人蕙缥，过了年余，也即下世，其太夫人却寿命很长，活到八十八岁，及大觉的女儿之泳、之湘、之泓，先后成长，明娟在王家，服侍了整整三代，真可谓历经沧桑了。明娟出生在青浦苏家港的农家，以家贫，自幼即在大觉夫人凌家操劳动工作，蕙缥以其能干勤俭，把她看成为闺中贴心的女友。蕙缥既嫁，和明娟不忍分离，也就随到王家，成为王家的佣人。及蕙缥临终，便把王家一老三孤托付了明娟。

当之泳、之湘，读书于离乡六十里的苏州女子中学。一天，之泳在校患了伤寒重症，明娟立即上了航船，把之泳护领回家，设法抢救，始得转危为安。过了二十年，抗战胜利，之泳、之湘都已成家，随了丈夫，从香港转赴台湾定居，一道海峡的相隔，彼此不通音讯。大觉的母亲和女儿之泓被定为地主分子，逐出原屋，住在三间低矮湿陋的平屋中，老太太经不起折磨，病倒在床，明娟忠心耿耿，始终如一地坚持不离。适逢那年发大水，正须修筑防洪圩堤，王家是地主，例须派一名义务工上工地，王老太太老迈不能去，之泓有肺病也不能去，一切都由明娟去顶替。既而街道组织了居民委员会，不知怎样知道了王家和台湾的关系，限令代表地主的明娟交代问题，明娟拒绝不谈，被居委主持者打得鲜血淋漓，还是咬紧牙关，不挠不屈。直至"文革"过去，重见光明，之泳知道祖母弃养，之泓和"好恩娘"明娟都在苏州，即写信来慰问，那是由美国转来的，信一开头，就是"你要好好照看'好恩娘'，她一辈子为我们王家作出了牺牲，我醒里梦里想念着她老人。她，大概有八十五岁了吧！我太想念她了"。又有些很饶情趣的话，如云："也许是年龄的缘故，特别想念遥远的故乡，周庄古老的石板街，石拱桥，过街楼，清清澈澈的小河流，还有那比任何菜肴都鲜美十倍的蚬子、银鱼、莼菜、面筋。"明娟知道之泳喜欢吃她所制的熏青豆，便做了寄一大包给之泳，之泳高兴极了，谓："这熏青豆由'好恩娘'亲手做成，浸透了家乡泥土的温馨和湖水甘甜的食品，使我重又回到了童年时那天真烂漫的天地中。"

张伯驹的鉴赏和珍藏

　　河南项城张伯驹，号丛碧，为袁寒云的表弟，鉴藏之精富，海内堪称巨擘，有人比诸项子京、安仪周，的确有相似之处。但项子京、安仪周所藏，奉为秘宝，传给子孙。伯驹却不据为私有，捐献公家，俾人民大众得认识研究祖国书画传统的遗产，他引为无比的快慰，那就较项、安二氏要高出多多了。他所捐献的东西，一度在故宫博物院的绘画馆展出，邀他亲去参观，更使他内心有说不尽的喜悦，写了一篇《把个人收藏化私为公》来勉励国人，语重心长，读了没有个不感动的。

　　伯驹所有文物，实在太多，不胜缕纪。最珍贵的，当然要推晋代陆机的《平复帖》和隋代展子虔的《游春图》，一为我国书幅留传至今最古的手迹，一为我国画留传至今最古的希品，成为书画艺术上两大瑰宝。《平复帖》共八十四字，书法奇古，为由隶变草之体。原藏清恭王府，恭王后人溥心畬（儒）遭母丧，需款甚急，以四万元出让。伯驹深恐此帖外流，摒挡如数，购归收藏。抗战时，伯驹把此帖缝入被絮中，携往西秦，乱离跋涉，未尝去身，幸得保存下来。《游春图》也属宫廷之物，经乱散出，辗转落于琉璃厂商人之手，居为奇货，行将出境。伯驹委人向之商让，商人虽抑价为黄金二百二十两，奈伯驹没有这笔巨款，然又非买不可，不得已，乃售掉房产，把这图收归。因榜其居为展春园，自号春游主人。

　　展春园中其他的珍品，如唐杜牧《书赠张好好诗》，书作右军体，共四十八行。宋徽宗亲题标签，且加宣和印玺。又有贾似道秋鉥图章，经项子京、梁清标先后收藏，各钤收藏印，及年羹尧观款，乃末代皇帝溥仪携带出京，仓惶间散失于长春，由伯驹斥五千数百金购得，因此自署好好先生。又宋范仲淹的《道服赞》，楷书，跋识累累，都出名手，也是溥仪散出在长春的。又宋蔡襄自书诗，行书，诗十一首，有欧阳修批语。又黄庭坚《诸上座帖》，草书师怀素，有宋内府印，历经贾似道、严嵩、梁清标收藏。至于宋徽宗的《雪江归棹卷》、曹雪芹祖父曹寅的《楝亭夜话图》、陈其年的《紫云出浴图》、钱牧斋与柳如是夫妇双砚，都是他收藏的长物。外传李香君的这把桃花扇在伯驹家，实则伯驹见有此物，一面为杨文骢就血迹绘成的折枝桃花；一面题识殆满，都出有清一代名人的手，可惜失诸交臂，没有购得。凡研究红学的，都以脂砚斋本为最珍贵。这方脂砚，为薛素素物，曾经伯驹鉴赏，归吉林省博物馆。砚质地细腻，微有脂晕及鱼脑纹，装有珊瑚红漆匣。匣盖刻薛素素凭栏小立像，风致嫣然，篆有"红颜素心"四字。砚背刻王伯穀行草书五绝。

伯驹多才多艺，鉴赏外，又能画花卉。他的夫人潘素，固丹青能手，伯驹特用《论语》"绘事后素"句刻一印章，自谦画在潘素之后。又工词，刊有《丛碧词》。又擅诗钟，往往别具巧思，为他人所不及，如分咏医生及八字，集唐人句为之："新鬼烦冤旧鬼哭，他生未卜此生休。"又分咏杨贵妃及近视眼，集白乐天、李义山句："承欢侍宴无闲暇，对影闻声已可怜。"又分咏废园及月份牌："主人不在花尚在，世事何时是了时。"又分咏科甲翰林及聋人："一朝选在君王侧，终岁不闻丝竹声。"集《长恨歌》和《琵琶行》，何等浑成自然啊！又分咏歌妓及髑髅："十二珠帘金缕曲，三千红粉玉钩斜。"他对于京剧又有高度的修养，著有《红氍回想录》，上海京剧女演员张文涓，擅唱须生，慕伯驹的名，一度专程北上，拜他为师。

伯驹在长春主持博物馆时，和罗继祖、于思泊、裘伯弓、恽公孚、阮威伯诸子常相往还，集议每周一会。谈笑外，无论金石、书画、考据、词章、掌故、轶闻、风俗、游览等，各随书一则，由伯驹整理，积数十篇，付诸油印。间亦向他处征稿的，如我和陆丹林，也有稿刊入，先后装成六集。及第七集衰成，而"文革"起，即作罢。内容每则少者数十字，多者数百乃至千字，颇多史料。闻中州书画社，拟印汇刊本，可是伯驹于壬戌二月二十五日病逝北京，不及目睹了。

谢闲鸥的《竹林七贤图》

谢闲鸥，名翔，别署海上闲鸥，师事沈心海，为青溪樵子钱慧安的再传弟子。结长虹画社。长虹弟子，凡数十人，传钱派衣钵。闲鸥山水花卉，无不擅为，尤工人物。有一次，我到他家里，看到他所绘的竹林七贤扇面，凡五六帧，章法位置，各极其妙，绝无一帧雷同。他边谈边指示，孰为阮籍，孰为山涛，孰为王戎，孰为向秀，其他阮咸、刘伶、嵇康，都态度安详，自得逸趣。我问他："同具古衣冠，怎能辨别甲乙？"他回答说："下笔之先，已考诸典籍。嵇康龙章凤姿，身长七尺八寸，故绘嵇不可不嶷然秀出以传其神。向秀喜佐嵇康治锻，那么嵇侧当属向秀。阮咸喜弹琵琶，故以乐器自随。王戎眼烂然如岩下电，那么目光炯然的，非戎莫属。阮籍容貌杰伟，光气宏放，那么傲然挺立，也自有其标识。山涛年事转高，非苍颜皓发不可。至于刘伶，貌陋而喜饮，则携酒一樽，放情肆志的，不问可知了。"最使人叹服的，每帧七人，或正或侧，动作各不相同，而其相貌，却举一可推认其余，有如西人绘福尔摩斯像，虽千态万状，然在任何图幅中，使人一望而知孰是福尔摩斯，孰是华生，是同具机杼的。

潘博山搜藏尺牍

　　岁首，予参与丁氏之宴，而潘博山亦翩然莅至，接席剧谭，快慰无已。岂知此乃最后之一睹！君未久即病，缠绵床第者凡数十日，竟药石无灵而死。一昨予吊之于孟德兰路之某兰若，瞻拜遗容，如亲謦欬。然幽明永隔，怆痛何如。君讳承厚，字温甫，号博山，又号蘧庵，为文勤公之后人。世代望族，书香不替。其先德遗集虽经刊布，奈岁久漫漶，毁失殆尽；君力主重雕，又复与其介弟景郑搜辑佚稿而付诸剞劂。君博闻强记，嗜古成癖；余事搜罗典籍，访求书画，虽捐衣食而无所恤。鉴别精审，尤为名流所推许。曾任故宫博物院顾问，及故宫书画在沪鉴审甄选之役。他如全国美术展览会、江浙文献展览诸会，所至辄相委重。少学诗词于吴霜厓先生，随作随弃，什不存一。兼擅六法。山水初学石谷，近习麓台。花卉宗南田，设色尤工致，曾为予绘山水扇一，于"一·二八"之役失之；又为予绘花卉草虫扇一，今尚存。所藏前贤尺牍甚夥，辨别真赝，考订故实，穷析毫厘，不爽锱铢。生平敦品励行，于明季忠贤墨宝，搜罗不遗余力。比岁从事整理，将分别部居，授诸墨版。客冬辑印《明清画家尺牍》成，士林珍重，称为创举。今春续辑《书苑尺牍》，印未及半，而君已病作，不复可待杀青矣。遗著有沈石田、文征仲、毛子晋三家年谱及《蘧庵书画录》若干卷，俱未刊，其他诗词杂著散佚待辑。君既殁，其弟景郑抱鸰原之痛，嗫然而言曰："颜介有言，江左贵游子弟，跟高齿屐，驾长檐车，熏衣剃面，目不知书。吾家自高曾以来，鼎盛未及百年。回忆先人即世，门庭寥落。兄年十五，弼才十二，群季皆在襁褓，藐藐诸孤，栖依重闱；追维祖泽，恐及我斩，每读颜训，未尝不以此相励。二十年来考德问业，同命相依；兄支外内，任其艰巨，使弼得优游文史，不以外骛相驰逐，而今不可得矣。"所谓弼者，景郑名承弼也。景郑曾从朴学大师章太炎，以博雅闻。予尝一度把晤之。

王季迁发现郑所南兰卷流入美国

　　我友王季迁，近作新大陆之游。季迁固收藏家，颇注意我国流入域外之书画。曾于华盛顿获见李公麟群仙高会图、郭熙绢本山水卷、顾恺之洛神赋卷、钱选紫茄卷、李嵩人物卷、马远扇册，皆极精粹之作。有一富孀名马亚者，善鉴赏，有赵子昂三马卷、夏圭山水卷、郑所南兰卷，什袭珍藏，视同球璧。年八十，双目失明，乃以所藏五六十件精品，悉数捐赠某大学。季迁展现画兰卷，则赫然吴湖帆之旧藏也。所南，宋连江人，应博宏词科。会元兵南下，隐吴下承天寺。邑宰来，闻其精墨兰，不妄与人，贻以赋役取之。怒曰："头可断，兰不可苟画。"宰奇而释之。其画兰也，多露根，不写地坡，效首阳之意。生平所作不多，越年久，水火蠹蚀之阨，留存于宇内者，只湖帆处一卷，余皆厥鼎。曩岁，予曾过眼于湖帆之梅景书屋。兰著笔殊简，而古逸之气，盎然于楮素间，所南题："一国之香，一国之殇。怀彼怀王，于楚有光。"跋识者累累，如钱逵、俞济、祝允明、徐祯卿、王世贞、宋景濂、文徵明、张梦晋皆是。而梦晋笔墨极罕见，题云："帝泽汪汪满部州，群生开瘁予人谋。兰英谁不知怜护，却揾幽香弃楚丘。"晚清则有孙原湘、樊云门、沈寐叟、张香涛、朱彊邨、端匋斋、王胜之、吴郁生诸题。郁生云："北风凄历，关塞萧条，纫兰衔愁，美人不见，倚装记此，百感横集。"所南是卷为吴人沈润卿名源者绘画，清道光时归常熟屈竹田，后辗转入湖帆手。吴兴庞虚斋坚欲得之，一再商诸湖帆。湖帆以情不可却，割爱归庞。自事变起，此卷不知如何失散于外，今竟流至异邦。惜哉！当湖帆转让于虚斋时，将卷摄取一影，今尚存。深希铸版印行，否则多经岁月，影片黄淡，渐至失真，则并痕迹而无有矣。

刘铁云遗物散失

《老残游记》，名为游记，实一绝妙之社会小说也。作者刘铁云，名鹗，别署洪都百炼生，丹徒人。同事白君善甫固识刘，因为述刘之生平。谓刘面团团，白皙而蓄髭。家素封，侨寓淮安。蓄龟甲兽骨七千余版。罗振玉设帐于其家，凡十有二年，得其蕴奥，遂以成名。

世传刘于庚子之乱，以贱价购太仓储粟与欧人，政府治以私售仓粟之罪，流徙新疆。实则刘购粟以赈饥困，全活甚众，其所以徙流，乃别有故。刘藏有宋坑端砚，为端午桥所见，亟欲得之。刘以宝爱不忍割让。端怒，故构其罪，而砚卒归端有，此刘所引为莫大痛心者也。

刘嗜酒成癖，《游记》什九酒后所成，致稿字大小不一，或细若蝇头，或硕似胡桃，未全脱稿而死，故末数回乃其友某君所作。死后，遗书綦富，文玩亦不计其数，紫檀座架，装满四大箱，悉归之骨董贾。

刘料事如神，《游记》中有北拳南革语，其时二者尚未见端，不数年而竟验。光绪十四年，河决郑州，刘以同知投效于吴窸斋，治河有功，声誉大起，渐至以知府用。在北京二年，知世界潮流，首重交通，上书请筑铁道；又主张开山西矿。称之先知先觉，谁曰不宜。

刘善岐黄术，推崇仲景《伤寒论》，奉为金科玉律。一日，友有延之诊病者，至则友坐于书室，神色如若。问其何所苦，友叹曰:"予所患者贫耳! 乞为予治贫。" 刘探囊以五十金赠之。

又擅八法。同事白君藏有其墨迹, 缓日拟借观之。

间事吟哦, 有《夜坐》一首云:

> 日下居难久, 秋时感易深。
>
> 灯前孤坐影, 笔底远归心。
>
> 窗纸虫声扑, 床书鼠迹侵。
>
> 宵分人籁寂, 清响出修林。

其他散佚, 不复得读也。

西泠印社的金石篆刻收藏

西泠印社，位居杭州西湖的孤山南麓，距今已有七十七年的历史。从艺术角度来谈，它是一所金石篆刻的宝库，也是中日两国文化交流的场所。孙智敏太史说得好："西泠印社，占湖山之胜，撷金石之华，裙屐蹁跹，楼台掩映。"情况的确如此，并无半点虚夸。

为什么称它为金石篆刻宝库？原来印社收藏非常丰富，所有印章分着门类，拓着边款。那钟鼎碑碣，也搜罗相当数量。至于雕塑方面，如丁辅之从九曜山获得人状的巨石，便命工匠造成丁龙泓像，又别造邓石如、赵捣叔、钟矞申、吴石潜等像，供人瞻仰。日本人朝仓文夫为吴昌硕造了一个铜像，从东瀛运送而来。昌硕不据为私有，把这像献给印社，列于缶龛中，因昌硕别署老缶，又建缶亭，且昌硕为最早的社长，那更相得益彰了。其他又有奚铁生、陈曼生、张叔未、金冬心、桂米未、包慎伯、胡鼻山、黄小松、蒋山堂、钱叔盖、丁砚林等二十八像，钩刻壁间，筑有仰贤亭。八千卷楼主丁立中，为撰《仰贤亭记》，详述其事。

每逢春秋佳日，四方人士，泮奂优游，大都集中在孤山印社之间，积帙盈堂，排签压架，觞咏尽欢，观赏足乐。更珍贵耐人摩挲的，有汉三老碑。这碑迭见名人著录，如俞荫甫的《春在堂笔记》、魏稼孙的《绩语堂题跋》、谭仲修的《复堂日记》、方药雨的《校碑随笔》、傅节子的《华延年室题跋》、顾鼎梅的《梦碧簃石言》等，都把这碑目为浙东第一石，历劫二千年，碑文尚存二百十七字。辛酉岁，这碑转徙到了上海，行将运往域外，张石铭、毛经畴、沈宝昌等六十五人醵金八千元，载归印社，于印社隙地筑汉三老石室。最近修葺一新，供人观赏，启功、沙孟海、陈巨来三人，在三老石室门前摄影，即称三老图。又南社诗人李叔同，皈依佛门，披剃于虎跑寺，世称弘一法师。他平素收藏印章很多，临出家时，把所有印章，埋于社旁，叶品三为题"印藏"二字，兹已发掘，为公家所有。这儿既号印社，印谱当然蔚为大观，如《周秦古玺印谱》《遁庵秦汉印选》《师让庵汉铜印谱》《龙泓山人印谱》《秋影庵印谱》，以及蒙泉外史、吉罗居士、求是斋、种榆仙馆、补罗迦室、胡鼻山人、师慎轩、二金蝶堂、金罍山人、七十二侯等印谱，可谓应有尽有。它如魏侯悟墓志铭、隋羊本墓志铭、周萧遇墓志铭、唐徐处士妻朱氏墓志铭、宋冯宪等砌街记，都有证考价值。那明清二代的，更多不胜计了。

钵水斋藏品

　　我索观苏渊雷所藏的尺牍，他每人汇装一袋，均一时名流。尤以潘伯鹰、钱锺书、陈铭枢、李拔可、李苏堂、陈蒙安给他的信为夥。我又索观了他的诗稿，总称《钵水斋诗》，内分《玄黄集》《听鹃集》《鞭影集》《梦尾集》及《大战杂诗》，附有诸家评语，如汪旭初云："不矜才华，不堕理障，而才与理俱足。钵水著书成一家言，于诗亦然，畏服畏服。"胡光炜云："沉思独往，悯物恟悲，古狷者之言。"程学恂云："包孕闳深，风骨遒上。入秦后诸作，尤见笔力雄健，洵文字得江山助耶！以君乡诗格论，固已远轶四灵矣。循诵再三，不忍释手。昔率更见索靖书，至卧旁不能去，吾于君诗亦然。"评语累累，多不胜纪。我在他的集中，翻到一首绝句："不须闻笛怨飘萧，取次春风拂灞桥。百尺柔条千尺水，未曾断送是明朝。"我吟诵了几遍，认为风神独绝。沈伟方对我说："这首诗，渊老自己也许为得意之笔。"我知道他尚藏有"苏东坡墨妙亭诗残刻十七字断碑砚"。经过明王阳明、黄石斋及清潘祖荫、袁爽秋、王仲瞿收藏，民初在杭州杨见心之丰华堂，新中国成立后，供养钵水斋中，为一长物。可是座有他客，不便多扰，只有留待下次瞻赏了。

唐乃安嗜瓷成癖

海上交际之花，昔以陆小曼与唐瑛，有绛树双声之誉，今则绿叶成荫，红颜难驻，二妹芳名，无复喧腾社会人士之口矣。唐瑛之兄为腴胪，工蟹行文，充宋子文秘书。民国二十年七月二十三日，有狙击宋于上海北车站者，腴胪与宋并行，遂遭无妄之灾以死。瑛与腴胪，皆乃安之后也。乃安治西方医术，蜚声于沪，设诊所于河南路之某药房。活人无算，且医德之高，莫与伦比。某寒士借贷以就医，唐察知之，及处方剂毕，璧还其诊费，更胰以廿金，俾充药饵资，并嘱：“下次来，不必挂号，径入我室，则诊费可免矣。”即寻常病家，往复诊，辄不取费，谓：“原方略加增损，殊便易也。”人无不感颂之。唐嗜瓷成癖，其诊所中供一某窑花瓶，颇思配之成对，但一时不易得。唐与谢闲鸥画师为忘年交。一日偶与闲鸥谈及，闲鸥默识之。是岁，沪南国货路开全国美术会，闲鸥往观，见会中有附售佳瓷者，唐所欲得之某窑列入焉。闲鸥亟往告唐，请彼自行物色。唐适诊病，闻讯欣然，即向诸病家致歉意，并请稍待，立与闲鸥驶摩托车往，择一最精者捧之而归。唐对于书画，亦极爱好，以怡养性情之特效剂称之。于饮食甚重卫生，但嗜进罐头食物，罐头太宿，往往含有毒素，卒以胃癌丧其生命。

《月屋樵吟》的翁氏手录本

《月屋樵吟》是元代黄庚所撰的诗集。按：黄庚，浙江天台人，字星甫。尝客山阴，参列越中诗社，为当时所推重。其诗风致婉约，具晚唐之一体。《四库全书》曾把这诗集收入其中，可是只有一卷，书名《月屋漫稿》，那显然是不完全的。某岁岁暮，吴中袁容舫以急需偿债，持所藏《月屋樵吟》四卷钞本托我出让。我就如其让数归我珍藏，纸帐铜瓶室多一长物，这是非常欣喜的。

《月屋樵吟》，装成两册，出于常熟状元翁曾源工楷手录。首冠翁心存行书序文，并钤"遂庵"印章，亲笔无疑。从序文中可知是书的来历，序文较长，节录其下半篇，如云：

> 道光戊戌夏，予乞养归里，有书贾持是书旧钞本来售，为吾邑张氏爱日精庐故物，索值甚昂。予长子同书，长女绛龄，以故纸录之，并详记其篇页行款，一夕而毕，以原书还书贾。予手钞八页，以事中辍，藏其稿行笈。今年冬，乃命次孙曾源缮成之。呜呼！予自归田后，遂天伦之乐者二年耳。庚子以来，干戈儆扰，骨肉凋零，寻至大故。绛龄适俞氏，殁逾十载。同书壬寅冬入都供职，出使黔南，不相见者一纪。今年春，秩满北还。复从命从军邢上，间关戎马，备历艰辛。而长孙曾文遘疾而夭，死生契阔，何以为怀！回忆十六年前，一堂融泄，家室团圞，此乐何可复得耶！诵集中"劬劳空起蓼莪悲"之句，不禁泫然。咸丰三年癸丑冬十二月廿八日，大雪盈尺，拙叟翁心

存书于京邸之种竹轩。

封面上有"曾源珍藏"四字，钤"翁曾源"朱文印。末页印章累累，大都是收藏或过目者所钤，由此更可见该书的文献价值。

第一卷为五言律诗，第二卷为七言律诗，第三卷为七言绝句，第四卷为古诗。

吴瞿庵藏曲六百种

　　曲学大师吴瞿庵先生，兹以死于滇南闻矣。先生吴人，颀然身长，微髯，洒然有清致。与人谈论，词锋犀利，殊不让人。然人与之触忤，事过，先生亦不介然于怀。居吴中双林巷，一度掌教东吴大学，嗣后应北京大学、中山大学、中央大学之聘，奔走四方，不遑宁处。先生渐有倦游意，沪上某名流延之为西席，兼司私人牍札，月致修三百元。其时先母六十寿庆，某名流以贺联见贻，书撰均出先生之手，予弟润苏，至今宝庋之。席绛帐生涯凡一年，海内诸最高学府，又复聘书纷至，莘莘学子，一致推崇，不得不襆被长征，出就讲座。诸词曲家如卢冀野、王玉章、童伯章、任仲敏辈，均尝沐其教泽。谓先生之上教室也，御尖顶瓜皮帽，足登双梁鞋，修饰边幅，容止俨然；闲出马致远、关汉卿杂剧曼声讴唱之，听者为之神往。先生以治曲学故，藏曲之富，海内无与伯仲，计之凡六百种。某大学图书馆拟出若干万金收购之，先生不之让也。先生尝曰："诗文词曲并称。诗文固难，而古今名集至多，且论文论诗诸作，指示极精。惟词曲难于入门，而曲为尤甚。何者？词自南唐两宋，名家著述，可以购取，学者有志，尚可探索。曲则自元以还，关马郑白之作，不可全见，吴兴百种而外，存者不多。有明一代，名世者不过王于一、阮圆海二三十人，而其所作，已在有无之间。且填词宾白之法，素乏专书，词隐之《南词谱》，玄玉之《北词谱》，不易得。所依据者，不过《西厢》《琵琶》数种而已。"先生耗数十年之精力，集其大成，其供献洵有足多者。先生著作有

《风洞山传奇》《血花飞传奇》《顾曲麈谈》《南北九宫简谱》《奢摩他室曲丛》《百嘉室曲选》诸书。先生讳梅，瞿庵其字，一字灵鸦，号霜厓。

《紫云砚题咏册》

幼时读东坡《记承天寺夜游》一文，给我印象很深，至今犹能背诵："元丰六年十月十二日夜，解衣欲睡，月色入户，欣然起行。念无与乐者，遂至承天寺，寻张怀民，亦未寝。相与步于中庭。庭下如积水空明，水中藻荇交横，盖竹柏影也。何夜无月，何处无竹柏，但少闲人如吾两人耳。"寥寥不满百字，而描绘月色澄清，柯影在地，从实感而来，令人如身临其境。按：承天寺在黄州（今湖北黄冈南），为一古刹。其时东坡被贬为黄州团练副使，这个官是个闲职，所以他没有事就找他的朋友张怀民谈谈，有时且和张同宿寺中。记夜游的前一天，即在寺中手刻所得端州马肝石砚。马肝石带紫色，一称紫云石，因称该砚为紫云端砚，与他所蓄涵星砚、龙尾砚、月石砚，同为摩挲爱物。

紫云端砚长五寸，厚七分，阔三寸，一边镌"紫云端"三隶书，下为"宋元丰六年十月十一日，东坡刊于承天寺中"。又一边有铭文云："尔本无名，托乎云水。云尽水穷，唯一坚粹。夫常遇之，顾鉴之外。"作行书，古朴有致。砚辗转流传，曾入大内。至清嘉庆丙子春日，被罗田陈瑞琳九香所获。陈瑞琳平素极慕苏髯之为人，有《集苏诗》一卷，得东坡砚，为之欣喜欲狂，计元丰至嘉庆凡八百年，便以"食古砚斋主人"为别署。且所交都一时名流，乃遍征题诗。年前我在古玩市场获得《东坡紫云砚题咏》一册，即陈瑞琳旧藏。附有砚拓，旁有张祥河题识："道光丁酉秋七月既望，华亭张祥河观于大梁柏署。"红木板面，有何蝯叟题字。题咏者十九为嘉道间人，如祁嶲藻、叶名澧、王柏心、朱濂甫、许乃钊、乔松年、孔宪彝、方浚颐、汪叔明、殷谱经、冯誉骥、何凌汉、姚石甫、张维屏、唐子方、曾宾谷、黄爵滋、张莲涛、赵蓉舫、周仲礼、陈小舫、汪澹余、蒋子潇、徐莲峰、周艾衫、周昺潢等，写作俱佳，甚为可喜。且所题颇多涉及承天寺夜游事，如云："元丰六年癸亥岁，时公正赞黄州治。十月十一此砚成，明夜清游有佳致。月下横斜竹柏影，露湿砚池结寒翠。"又云："此砚刊自元丰时，承天寺中手制词。云尽水穷一坚粹，其中真妙唯砚知。"又云："承天夜色人间无，独留紫云伴竹柏。"又云："涵星月石两无存，相依独尔同萧寺。"又云："欲向承天寻旧迹，空留竹柏影婆娑。"又云："承天寺里订石交，云水苍茫导灵脉。"经若干年，题咏册并紫云砚，归支恒荣所有。再经若干年，册归敝庐所收藏，而砚则不知流落何处了。题咏册亦于十年"文革"中，付诸荡然。

古月轩传说之纷歧

凡玩瓷者，无不知古月轩，但传说不一。许守白之《饮流斋说瓷》有云："古月轩彩瓷，为有清一代最珍贵之品，价值奇巨，而同时仿者，值亦相等也。古月轩为内府之轩名，当时选最精画手为之绘器。所绘有题句，上下有胭脂水印章，引首印一文曰'佳丽'，或曰'先春'；下方印二文，曰'金成'，曰'旭映'，大抵即绘画之人名欤？所制不多，当时即须饬工仿制，故仿古月轩彩者，亦系乾隆之物，其价值与之相埒。若直书古月轩三字者，乃属后来伪制，而近亦罕见，故精者亦为值不赀也。"或谓："有胡姓其人，精画料器，多烟壶水盂等物，画笔之精细，一时无两。其曾否画瓷器，未可臆断。而乾隆御制，乃取其料器精细之画而仿制入瓷耳。"或谓："胡氏之款，凡三种，有'古月轩'三字者，有乾隆年制者，有大清乾隆年制者，均非伪托。"此则与前说异。或谓："无论雍康乾诸朝之器，概称之古月轩。盖历代此种最精之瓷品，藏庋于此轩，故以得名。"或谓："古月轩，属于乾隆之轩名，画工为金成字旭映。"或谓："古月轩为清帝轩名，不专属乾隆。历代精制品，均藏于是轩。"《辞海》古月轩条，谓："清乾隆间苏州胡学周之瓷窑名，所制瓷瓶、烟壶，皆以古月轩为号。高宗南巡，见其所制精美，诏赴京师，使管御窑，仍号古月轩。"赵之谦《烟壶考》云："烟壶别有古月轩，质则车渠，亦具五色，上为画采，间书小诗，壶题'古月轩'，其题乾隆年制者尤美。"《辞海》肯定其人为胡学周，不知何所据而云然。而李涵秋之《沁香阁随笔》，则别有一说，且涉神怪，如云："老友杨丙炎，酷嗜鼻烟壶，藏烟壶无数，谓清帝亦好此。壶之制，若金，若玉，若翡翠，若晶石，多不可以数计。帝悉玩而生厌，特召良工，以料坯制成壶状，然后施以雕刻，加以采色。工人出其绝技，制就多不合帝意。帝一日御别室，座间遍置料壶，摩挲者再。偶一睨视，忽觉案前跪一老者，须发皓白，双手呈一壶，匍匐奏曰：'以此供陛下之赏鉴。'帝亦不测其所由来，接而视之。阳面绘宫殿，殿额书字，历历可辨，阴则鹤鹿苍松，咸奕奕有生气。帝惊喜，叹曰：'此真神品也！'及一回视，老人已不见。帝疑为仙，亦不穷究，遂索纸作书，颜其室曰古月轩。古月为胡，胡与狐同音。后之售鼻烟壶者，咸沿古月轩名，此其所本也。"虽属不经，然亦足资谈助也。

《辛丙秘苑》之纠纷

我友俞逸芬，为其亡师袁寒云搜罗遗稿，有刊印以传之说。予以为寒云生平杰构，当推《辛丙秘苑》为第一。是作按期发表于《晶报》，虽未免有偏袒乃翁慰亭处，然此中珍秘，什九为外间所未悉，的是极有价值之野史也。如张振武之死、江朝宗之喜功妄杀、北京兵变、袁克定之受惑谋帝制、筹安会中之杨度、冯国璋忌郑汝成、陆建章畏妇、张镇芳忘恩负义、段芝贵兵围蔡松坡寓、洪宪时期之女官制、荣禄园中之游艺会、流水音之寓客方重审、段祺瑞于雀戏创无奇不有例、袁乃宽子几遭杀身之祸、易实甫以艳诗取消肃政史、徐世昌好金石不辨真赝、吴廷燮议定祭祀冠服、陈其美之谋士沈翔云等，凡数十则不仅事迹翔实，且复文字华赡，予甚喜诵之。其时《晶报》主辑张丹翁，于西安市上，获陶瓶三，其中以汉熹平元年朱书一瓶为最。寒云欲得之，而未遽启齿焉。《秘苑》撰至若干则，忽戛然而止。报主余谷民请之续，寒云始吐露其欲得匋瓶意，谷民为言于丹翁，三面互商，结果瓶归寒云。寒云撰《秘苑》十万言，即以稿值为丹翁报，且以三代玉盏，汉曹整印，宋苏东坡石鼓砚，汉玉核桃串，存丹翁处为质。不意《秘苑》未及其半，寒云如夫人唐志君之妹志英逝世，志君欲以三代玉盏，贮酒醑其妹，向丹翁索还质物之一。丹翁以其背约，不允。双方各趋极端，大开笔战，《秘苑》遂辍止。后虽由谷民调停，寒云别撰《新华私乘》一稿，续刊《晶报》，然远不及《秘苑》之精彩矣。

月份牌之演变

自欧风东渐，市贾注意于广告，于是有所谓月份牌者。每逢年尾岁首，借以投赠其主顾。中为彩色画，货品之名附列其下，俾张诸壁间，以宏其广告效力。及易岁序，又复更换一新者，使之不替，法至善也。

最初画月份牌者，为周慕桥。慕桥，元和人，讳权，擅六法，私淑胡三桥，因以慕桥自号。客游沪上，应飞影阁石印画报之聘，为吴友如后之佳手。晚年为人作月份牌，大率为《三国演义》故事，如《长坂坡》《华容道》之类，戎马纵横，刀戟林列，备极军容阵伍之盛，当时固极受人欢迎者也。

未几，徐咏青以风景起而代之。咏青幼失怙恃，由徐家汇孤儿院授以画艺。及长，居然一鸣惊人。事变前，与予往还颇稔，今则不知去向矣。

继之为丁云先之仕女。吴娃越艳，尽收笔底。周柏生、郑曼陀、谢之光更鼎足而三。柏生年事较长，近以多病辍其绘事。曼陀、之光，均予之友好也。

曼陀初名不彰。某次赴剧院观电影，时早，尚未开映，游目四瞩。睹其邻座一粲者，佳冶窈窕，楚腰如柳，而一笑嫣然，足以倾国。曼陀目逆而心印之。翌日，于报端见商务印书馆告白，征求仕女月份牌画稿。曼陀即摹写粲者之姿态神情而应征焉。及揭晓，曼陀获选为第一名，大有一登龙门声价十倍之概，求其画者户限为穿。

333

之光多模特儿，二八如花，光丽艳逸，而装束新颖，为其特长。

今则曼陀与之光，悉鬻画海上，所作仍以仕女为多也。

同时有但杜宇、胡伯翔，亦擅妙艺，运笔栩栩如生，杜宇后从事电影导演，伯翔则为实业家矣。

稍后者，为杭稚英，仕女以苗条多姿胜，享名甚久，客岁死于沪上。

晚近以还，作者辈出，竞趋俗尚，往往一丝不挂，裸逐为戏，不啻《汉宫春色图》，殊欠大方也。

书画润例漫谈

历来书画家鬻艺，大都订有润例，无非藉此为生活之计。也有因求者太多，普遍应酬，精力不济，有了润例，聊以限制。而润例的方式有若干种，兹胪列于下。

一、自订的最为直截痛快。如李瑞清的玉梅花庵清道人直例、程子大的十发居士笔例、胡士莹的霜红龛润例、谢闲鸥的海上闲鸥画例、吴青霞的篆香阁主书画润例、邓粪翁的厕间楼书刻诗文直例、袁希濂的江南书丐书例、王师子的墨稼庐书画润例、蔡震渊的玉蝉砚斋主书画例、夏敬观的吷庵润例、王胜之的栩缘老人书画润例、吴待秋的抱鹃庐书画例、袁梦白的八百里湖荷花词馆画例、顾鼎梅的非儒非侠斋鬻文书画润例、马一浮的蠲戏斋鬻字润例、胡郯卿的醉墨轩润格、赵眠云的心汉阁书例等。也有几位翰苑人物，鬻书自标太史的，如章一山、李搢臣、刘未林、商衍瀛、张豫泉、蓝云屏等。最滑稽的要推汪国垣，润例钤印"己未翰林"，人们遍查己未那年没有朝考，哪里有翰林，诘问他，他说："我从没有自居翰林，所谓'己未翰林'，无非说明我自己并未点翰林。"也有在润例上标以官职的，如金息侯称少保，陈荔汀、王幼棠称观察，陈无咎称参军，徐芷湘称部郎，孙沧叟称议长等。也有不具斋名，不加头衔，径以姓名订润例，如章太炎、曾农髯、朱彊村、褚礼堂、吴湖帆、叶遐庵、高野侯、俞剑华、蒋吟秋、沈尹默、张善孖、马企周、胡石予、钱剑秋、柳亚子、费龙丁、江南刘三等。也有自订润例而缀以小引或诗的，如高吹万云："学书卅年，老而愈劣。嗜痂者多，腕几欲脱。靦颜订此，意图在却。既不能却，亦期稍节。役使太劳，惟有谢值。书以市道，其书可知。取非得已，索者鉴之。"丁辅之云："寒暑频更笔未停，多蒙识者眼垂青。田园自是荒凉后，辛苦生涯愧老丁。""论交话旧乐陶陶，故事敢师郑板桥。我写松梅他写竹，却因生计太飘萧。"原来板桥润格最为爽率，如云："大幅六两，中幅四两，小幅二两，条幅对联一两，扇子斗方五钱。凡送礼物食物，总不如白银为妙。公之所送，未必弟之所好也。送现银则中心喜乐，书画皆佳。礼物既属纠缠，赊欠尤为赖账。年老体倦，亦不能陪诸君子作无益语言也。画竹多于买竹钱，纸高六尺价三千。任渠话旧论交接，只当秋风过耳边。"吴子深云："橐笔何须计毁誉，卅年结习未全除。高情敢比王摩诘，心似严寒自卷舒。"王莼农云："短墨磨人不自聊，秋心卷尽雪中蕉。家风惭愧红鹅换，润格亲题学板桥。"

二、由友好代订的。如王一亭的白龙山人润例，乃吴昌硕代订。庞蘅棠的莪暗润例，乃陈夔龙代订。陈平斋的呆翁润例，乃赵叔孺代订。徐孝穆的润例，乃容庚、王欣夫代订。刘麟生的宣阁润例，乃瞿兑之代订。因为代订，也就由代订者加以称誉，如曾农髯订群碧楼润例有云："江宁邓孝先先生，以洪容斋之博综，兼陆渭南之老学。既谢尘鞅，颇肆力于书画。鉴藏凤富，濡染弥工。小楷入晋贤堂奥，复擅大小篆，精模周秦文字，出以方浑。书则取径香光，上窥元四家，高秀温纯，不随时尚。渊然雷声，求者穿限。同人为定润例如左。"叶遐庵为武进谢月眉女士订画例云："珍重江南谢月眉，春风笔底斗燕支。瓣香合奉瓯香好，五叶传灯得太师。"也有出门下士代订的，如龚瞻麓的书例，订者为其弟子钱崇威、高振霄、宋育德、朱元树等，这些弟子都是一时有名的太史公。

三、集体订润的。如罗振玉的鬻书，和他的儿子罗子期刻印合在一起。有昆仲合订的，如马孟容、马公愚书画金石润例。吴待秋的儿子吴彭、吴宏、吴伟三昆仲订三吴润例。有父女合订的，如孙智敏的知足居润例，他自己鬻文鬻书，把其女侔鹤的花卉画例附在后面。有夫妇合订的，如郑石桥、冯纫秋夫妇山水画润例，陶寿伯、强淑萍夫妇合刻鸳鸯印特例。

四、为特殊事而订润的。如袁希洛为捐修海塘鬻书。唐驼为建唐孝子祠堂写联。金免痴为赈灾而鬻画，鬻画赈灾，金为首创者。其他种种，如蔡寒琼书画，收件处多至数十处。范君博书例，介绍者列名数十人。郑苏堪书例，上加一印："精印海藏楼诗每部八元。"康有为书例附录："寿屏寿文，不撰不书，墨浓淡或墨渍不再写，纸破不赔。"君笛云的汉瓦楼润格，分大金榜、二金榜、三金榜、大宣、二宣、三宣计润。潘兰史鬻书，称潘老兰酒例。冯尹木所用名片，反面为其润例。李释堪订有书例，求者寥寥，因于书例上钤一印"不值钱"。陶冷月与朱孔阳于某夏合作扇页，润例登在报上，标题为"陶朱公卖扇"。陈巨来的篆刻例，刻在石碑上，然后拓印的。沈淇泉鬻书，于扇页方面，累赘地加上这么几行："百字以下十二元，百字至百五十字十六元，百五十字至二百字二十四元，二百至二百五十字三十元，二百五十字至三百字四十元。"未免太较量了。

书 札

集藏和收藏有别，收藏非有资力不可，非有鉴赏眼光不可，非有空闲时间摩挲不可，所以海内外称得起收藏家的寥寥无几。我对于书画牍札、铜瓶瓷盎、瓦当砚台、文镇竹刻，以及种种足供清玩的，我都喜爱成癖，且以明代张岱所谓"人无癖不可与交，以其无深情也"引之以解嘲。可是我衡门贫士，海隅浅夫，哪里有这资力、鉴赏眼光和空闲时间，况在十年"文革"中，那积衣缩食所得的，什九付诸荡然，怎能谈得上收藏，只有人取周鼎，我宝康瓠，力之所能及的，摭拾一些，还有许多亲朋见赠，投我所好的。沧桑虽易，旧习不渝，历若干年，复有所聚积，那仅得称之为集藏，究竟集藏些什么？不妨在这儿谈述一下。贫儿炫富，未免贻人笑柄了。

我喜集札，大约也是属于遗传性吧！先祖父锦庭公，他虽贸迁经商，可是很喜欢文墨，朋友邮来的信札，稍有些文艺气息，或字迹秀雅的，都把它留存下来，贴在一本簿册上，粘贴过多，这本簿册，中部突出，好比身怀六甲的孕妇。这时我年龄幼稚，不知道信中所说是什么，因行草书不认识，读不下去，但总觉得可爱罢了。

年龄渐长，开拓了知识面，才发觉到小小尺牍，可以即小见大，举凡政治经济，以及社会的种种现实情况，直接和间接，不难看到，那么积累起来，便是可珍可贵的史料，甚至官书上有所忌讳不登载的，却能在尺牍中找到一鳞半爪，作追探史实的线索。即谈一事一物，似乎无关宏旨，但当时的习俗风尚，物价市面，也可作今昔的对照。且尺牍仅限于彼此二人的交往，不板起面孔说话，有的很风趣，给人以生动新鲜的感觉。还有私人的秘密，当时是不容第三者知道的。况其中有写得很好的书法，颜柳风骨，苏黄精神，很自然地在疏疏朗朗八行笺中表现出来，也有洋洋洒洒叙事说理很充沛透彻的，或寥寥数句，意境超逸，仿佛倪云林画简笔的山水，兀是令人神往，在艺术方面自有它一定的价值。所以我沉浸其中数十年，否认这是玩物丧志的消极玩意儿，且相反认为这是具有积极因素，值得提倡的。

我所集的，以明代王阳明的书札为最早，他如王鏊、王百穀、王雅宜、王季重、李日华、杨维斗、文徵明、文三桥、文震孟、黄道周、黄姬水、顾苓、屠龙、陈元素、祁豸佳、周天球，以及清代的王渔洋、蒋士铨、袁子才、沈归愚、归懋仪、宋芷湾、陆陇其、林则徐、杭思骏、陈元龙、邓一桂，又金石僧六舟，曹雪芹的祖父曹寅，撰《两般秋雨盦随笔》的梁绍壬，《孽海花》说部的主人公洪文卿状元，人境庐主黄公度，《马氏文通》作者马建忠，著《段氏说文》的段玉裁，桐城派后劲吴汝纶，慷慨就义的谭嗣同等，不下数百家，均失诸"文革"中，为之惋惜不置。现在，笥箧中，偶或展赏的，明代只有祝允明短札，是他赠给在畦妹丈的，字迹遒秀，少许可胜多许，承钱镜塘见贻，殊为铭感。又画家程十发赠我董其昌残札一册，那是劝慰夫妇失和的，有云："天下事有傍人极难解分者，莫如伉俪之间，乃因琴瑟之不调，而反致高堂之不豫，凡在相知，未有不为动念者，况情关手足如吾两人者乎！此吾于今日之事，不得不为老弟恳切言之也……"册后有阳湖吴伟一跋，述此册散失经过："右董香光家书墨迹，此其前四叶也，其后四叶，别藏于缪穆庵表兄处。咸丰间，余购此四叶，向穆庵乞其所藏，以成完璧。穆庵既允矣，突被寇乱，各自奔避，此册随余转徙，几弃者屡，幸而获存。穆庵之殁已久，所藏悉归乌有，此册之不得复全，岂亦有数存耶！赭寇扰及十余省，好古之家，法书名迹，淹没不知凡几，此区区者又何足云！而即此数十百字，神采焕发，丰度端凝，非后人临摹所及，况出入兵燹，追随筐箧二十余年，敝帚千金，更当宝贵矣。书中所称老弟，不知何人，后叶既失，遂无所考，重增怅惘。光绪岁次癸未季夏，客新安，重付装潢，因叙缘起于左。"那么这册，流传至今，而归我所有，是很不简单的了。

当我八十寿辰，友人孙伯亮、侯晔华等，以赵尧生手札一册，作为寿礼。尧生，四川荣县人，号香宋，蜀中声望极高，军阀混战，相约在赵老所居五十里内，例不犯扰，江翊云、郭沫若以师礼事之，为刊诗集。是册凡二十余通，均致程白葭者，封面题签"心声献酬"，出于郑大鹤手笔。书札笺纸，都是特制的，或双钩"赵熙"，或双钩"龙远"，甚古朴。札语颇风趣，如云："今年共太夷诸君，排日作社，以图聚饮，亦复为诗，有时行径，略似《儒林外史》，可为一笑。"按：太夷为郑苏堪。

沈曾植，号寐叟，著《海日楼诗》，王蘧常为作年谱，极推崇他的书法，我藏有《东轩尚书遗札》一册。东轩尚书即寐叟。首冠其遗影，微髭正坐，御长袍，外加曲襟背心。书札有致张季直、汤蛰仙、陈石遗、朱强甫、丁恒斋者，也有致凤楼、夕厂、豹南、少猷的，那就不知何人了。共十通。

俞曲园尺牍一册，用曲园自制笺，仿唐人写经格。最可喜的为俞楼图、右台仙馆图，都是许祐身绘，木刻红印。又有曲园梅信、曲园兰讯笺，具见雅人深致。上款为广庵、愉庭、子澄、花农，尤以花农为多。花农，徐姓，为曲园高足。曲园济困拯贫，频见书札中，如云："同乡蔡敏孙之妻朱氏，自去年敏孙作古，携其七龄幼女寓居苏垣，以女红自给，衣食不周，债负交迫，为之恻然。弟勉竭绵薄，允每月助之，用敢函恳吾兄，请酌量资助。如能于同乡诸公，广赐嘘拂，亦盛德事也。"又云："顷有海州才女刘古香，名韵清，能诗能画，兼能制传奇，今年海州水灾，其夫妇挈其二子，逃荒来苏。弟恐其久而流落，拟代为集腋，资送北归，纠合知好十余人，每人出五元，各酬以女史画一幅，若得十二人，便得六十元，弟自出十元，又亲串三家各出十元，合成百数，即可润其归装。因公高义，故敢渎承。"均蔼然仁者之言，令人敬慕。

藏书家陆心源，归安人，斋名皕宋楼，我藏有钤穰梨馆小印的书札一册，上款存斋，即翁心存，中多长札，潘祖荫一通五纸，吴云一通九纸，用两罍轩特制笺。内容都涉金石版本，颇有学术价值。

《急就章》最有名的，为明正统初吉水杨政，据叶梦得所摹旧本，刻于松江者。我有松江本《急就章》一册，反面却粘存了周梦坡上款的书札及诗笺，如潘飞声、恽毓珂、杨钟羲、王蕴章、邹安、陈匪石、姚虞琴、刘翰怡、冯梦华、吴庆坻、金蓉镜、徐仲可等，都一时名流。仲可所用的笺纸，为濯足万里流，绘一美婵娟，赤其双足，涉水为乐，原来这时大家闺秀什九裹足，仲可提倡解放，举办天足会，绘此亦有所寓意哩。这许多名人，都早逝世，周梦坡亦作古多年，因此这个册子，便题一标签"梦幻泡影"。其他专册，有梁山舟的，张寿龄致史云迈的，江阴何悔余所集的，沈景修致荫堂的，姚虞琴的，特请蒋吟秋写一标签"亡琴绝响"；邵松年的，俞锺颖的，缪荃孙的；梁溪女冠王韵香的，韵香，号清微，因题"香清韵远"，其人姚冶多姿，风流倜傥，人比诸唐代鱼玄机。书学《灵飞经》，画多小幅，自题兰册云："十分珍重护芳丛，意在忘言淡荡中。尘外天然见标格，肯随桃李嫁东风。"奚铁生为绘《空山听雨图》，乾嘉以来，名流题咏，凡数百家，丁傅靖为作《福慧双修庵小记》，书札均致金门居士，末有《金门跋识》，这是王凤琦见赠的。杨友吾赠我《曾农髯书札》两大册，字体张黑女，精妙绝伦，颇多致其三弟的。又《近代名人手翰》三册，任兰斋为我书签，有网师园旧主人李鸿裔，藐视长官的杨见山，藏书家傅增湘，龙阳才子易顺鼎，寒松阁主张鸣珂，蝯叟后人何诗孙，金石学家路山夫，吴湖帆的外祖父沈韵初，归石轩主杨海琴，海藏楼主郑苏堪，以及杨文莹、孙诒让、徐树钧、陆润庠、秦绶章、徐世昌、姚菊坡、吴郁生、黄绍箕、蒋式芬、张香涛、张祖翼，其中有俞曲园一通，写在曲园图笺上，也是许祐身绘的，可和俞楼、右台仙馆合为三图。钱荷百见赠的一大册，大都为清廷名宦，如胡林翼、李鸿章、左宗棠、彭玉麟、曾国荃、曾纪泽、刘长佑、何桂清、郭嵩焘、张伯熙、欧阳中鹄、黎庶昌、谭锺麟、陈宝箴、刘蓉、刘岳昭、陈岱云、陈舫仙等都是亲笔，可谓物归所好了。又徐用仪、许景澄、陶子方三家册，是写给笆仙的。又沈荃专册，沈乃华亭名书家，据《国朝先正事略》载："圣祖尝召入内殿，与论古今书法，凡御制碑版及殿廷屏幛，辄命书之，末有杨了公题诗：'书家神品董香光，坠绪茫茫剧可伤。不是华亭沈学士，谁将一瓣蒸心香？'"又兴化李审言翰墨一册，凡十余通，审言工骈文，书法非其所长。又清代名人手翰一册，乃丁柏岩见让者，有恽南田、张夕庵、余秋室、铁冶亭、吴嵩梁、汪端光、潘遵祁、陈寿祺、赵怀玉、周于礼、程瑶田诸家。又杜诗庭见让的粘存本四册：一吕璜致姚春木手札。一名人手札汇存，有徐晋、马通伯、陆廉夫、王咏霓、叶昌炽、吴子重、翁心存、倭仁、田嵩年、陈鸿、朱兰坡、萧穆。一清季名贤手札，有张行孚、黄彭年、朱琦、庞鸿书、丁日昌、王有龄、王凯泰、李仲约、潘霨、张人骏、徐树铭、高心夔、金安清、童宝善、陈遹声、吴仲英、盛宣怀、梁鼎芬、章一山、经元善、王颂蔚诸家。又王柏心专册，亦致姚春木的。

散页凡一二千通，尚待编次，如改七芗、瞿子冶、程庭鹭、李梅庵、顾鹤逸、高邕之、金心兰、吴昌硕、费晓楼、张伯英、沈兼巢、沈尹默、王同愈、高振霄、赵叔孺、叶恭绰、吴湖帆、黄宾虹、张石园、张大千、袁寒云、邓散木等，为书画组。李伯元、曾孟朴、刘铁云、孙玉声、张春帆、李涵秋、包天笑、毕倚虹、张恨水、徐枕亚等为小说组。柳亚子、胡朴安、高吹万、余天遂、俞慧殊、费龙丁、傅屯艮、高天梅、姚石子、姚鹓雏、黄晦闻、黄季刚、汪旭初、李叔同、吴眉孙、任鸿隽、易大厂、林庚白、陆澹安、邵力子、朱剑芒等为南社组。其他诗文、金石、艺技、名流等，亦得各列成组。《孽海花》说部，多真人真事，冒鹤亭作一索隐，约数百人，我所藏尺牍，《孽海花》中人，什有六七，拟搜采完成全数，奈一经"文革"，散失太多，已溃不成军，不作此想了。

笺 纸

笺纸的花式品种，变化多端，缪艺风的《云自在龛笔记》也有相当充实的记载，有什么益州十样鸾笺、雁鸟笺、松毛笺、角花笺、四时花卉笺等。邓之诚的《骨董琐记》又谈到宋元笺纸、松雪自制笺等。按：笺纸中最著名为薛涛笺，那是唐代女校书薛涛所创制，相传薛涛侨寓成都百花潭，亲制深红小彩笺，作录写诗篇之用。直至清末民初，尚有薛涛笺的流行，但都是笺铺所仿造，仅是小幅的红笺而已。真正的薛涛笺，以阅年太久，恐怕世间已少留存了。

一九三三年，鲁迅的《北平笺谱序》略谓："宣统末，林琴南山水笺出，似为当代文人特作画笺之始，及民国成立，义宁陈师曾镌铜作墨匣，复扩其技于笺纸，才华蓬勃，笔简意饶。稍后有齐白石、吴待秋、陈半丁、王梦白，皆画笺高手。"一九三四年，鲁迅又和郑振铎合辑《十竹斋笺谱》，那是借通县王孝慈藏本翻印，由北京荣宝斋发行。最近上海朵云轩复翻印《萝轩变古笺谱》，称为我国现在最早的笺谱巨制，原来这是明代天启刻本，较《十竹斋笺谱》更早十九年，现藏上海博物馆，为海内孤本，郑振铎生前闻名而未见。因成本大，只印二百部，其珍稀可知。

这些印刷品的笺谱，触动了我的脑筋，觉得这些笺谱，是把印刷成品再来一次印刷，虽然雅静鲜明，甚为可喜，但无论怎样，总比原笺差一些。因此搜罗笺谱，总不如搜罗原笺。尽管原笺已年代久远，搜罗不到，不妨把能搜罗到的搜罗一下，所谓犹贤博弈，不是尚有些意义吗？因此我开始注意这些原笺，在原有基础上，而物归所好，增加朋好的赠送，物物的交换，居然积有成数，夹在自制的两本白纸大册中，分为四五册，也就算了。

一般笺纸，大都标着云蓝阁、虚云阁、芸香阁、荣宝斋、松竹斋、虚白斋、九华堂、抱经堂、文苑楼、大吉祥等，这些太普通了，我大都不留，所爱留的是名人自制的笺纸，较为珍贵，如辛未那年，全国发生大水灾，王一亭画家绘制赈灾笺，画作水波汹涌，村树茅屋都淹没水中，一些贫民在水中作垂死的挣扎，又一老赢者据坐岩石，望洋兴叹，上面题着一首古风，附有识语："今岁水灾奇重，有十六省之多，灾民数千万流离失所，绘流氓图，求仁人君子，大发慈悲，布施救命，功德无量。"一亭用艺术手法，以表达他悲天悯人的仁慈思想。画为淡绿色，亦殊醒目。吴湖帆的梅景书屋，因藏宋刻《梅花喜神谱》而取名，以珍稀故，一度影印问世，又复制成笺纸，这一全套，是陈巨来见贻的。湖帆夫人潘静淑喜填词，有"绿遍池塘草"句，脍炙人口。静淑逝世，湖帆哀悼之余，征求题咏，印成一册，并制绿遍池塘草笺和迢迢阁笺、梅景书屋用笺，我都什袭藏之。谢国桢字刚主，为梁启超得意弟子，他自制安阳谢氏佣书堂笺。又赠我五张复印戏单的信笺，真是别开生面。这戏单是第一舞台的，一张是梅兰芳的庆顶珠，杨小楼的水帘洞，王凤卿的战成都；一张是朱桂芳的取金陵，高庆奎的当铜卖马，姜妙香的岳家庄；一张是裘桂仙的御果园，孙砚亭的贪欢报，杨小楼、梅兰芳合演的霸王别姬；一张是王瑶卿的天河配，杨小楼、王长林、黄润甫的连环套说山盗钩；一张是梅兰芳的虹霓关，杨小楼的铁龙山，王凤卿的战樊城，贾洪林的滚钉板，许荫棠的回龙阁。曾几何时，这些名角先后下世，成为此曲只应天上有了。京剧四大名旦之一荀慧生，能画，作《松屋图》，制小留香馆笺。最近湖州徐重庆，又以小留香馆笺数纸由邮寄惠，画着很澹雅的山水茅舍，题有词句，如"千顷翠澜"，又"冷红叶叶下塘秋，长与行云共一舟"，"为黄花闲吟秀"句，又"与鸥为客，绿野留吟屐"，又"倦网都收，归禽时度，月上汀洲冷"，都钤"慧生"二字朱文印，且附云溪山馆舒平桥笺，茗瓯梅花，疏落饶有雅趣。笺色有黄、有青、有蓝、有红，红别有深红淡红之分。又清秘笺，有玉兰、青莲、竹胎、玉苔华等，狭小精致，可谓百朋之赐。江左吴南愚绘制艳影笺，有董小宛、马湘兰、李香君、顾横波、柳如是、陈圆圆、卞玉京等，或执拂，或展卷，或拈花，或凭几。柳氏更作男装，巾袂飘然，具书生气。且每人各题一诗，如董小宛云："茜红衫子艳如仙，荡桨金焦正妙年。寒食桃花怜梦断，影梅遗恨付啼鹃。"又顾横波云："行人犹认旧眉楼，怨煞蘼芜不解愁。莫话南朝金粉事，香严参透证前修。"注有"庚申仲秋，江都南愚吴岳作于京师之揖斯楼"。先师陈摩，号伽仙，从陆廉甫游，绘双钩竹笺，题"报平安"三字。又先师胡石予世居昆山蓬阆镇，经洪杨之役，门庭横额，仅存半个兰字，便称半兰旧庐，制半兰旧庐笺。螺川韵语笺，标有"庐陵周氏"，那是女画家周炼霞所制，吟诗作札，兼而用之。炼霞诗多佳句，如"簪花楷细灯前字，侧帽词新梦里人"，又"一灯细煮愁如酒，化作红笺小字诗"，又"离怀欲写书难寄，密语将缄字又删"，都与笺纸有关。上海瓜豆园主人陆陇梅，有花好迟斋笺，他著《花好迟斋吟草》，我曾为之作跋。虞山翁同龢为光绪帝师傅，有蝴翼居笺。每年端午，辄用朱笔书一虎字，连绵为之，不着第二笔，便有虎字笺，识有"甲申五月五日"，这是光绪十年写的，距今将近一百年了。又其昆季翁同爵，有古柏轩笺。南社陈柱尊擅章草，他的守玄阁笺，即用章草写的。他的夫人名杨静玄，从这斋名上可见伉俪情深了。南社主持人柳亚子有羿庐书简，这是抗战时期所用的，寓后羿射日之意。他老人家的爱国之心，昭然若揭。又有哦诗言事之笺，下注"北京北大长街八十九号"，那是他晚年所居，环境颇好。又亚子请杨了公写"南社"二字，印南社笺，赠送南社诸子作通讯之用。高吹万为南社耆宿，晚年寓居沪西海格路，学佛写经，因有格莈写经笺，有时也作信纸用。他有《望江南》词六十余阕，刊印一书，其中有"鸡抚群雏争护母，猫生一子宛如娘"句，一片慈祥之气，溢于楮素。丰子恺喜作护生画，见而善之，即按句画成小幅，吹万制版为笺，旁注"葄庐七十后用笺"七字（吹万别署葄翁）。吹万幼子君宾，也列籍南社，有籁莈制笺。南社有闽集诗人罗丹，有稚华用笺。朱剑芒为闽集主持人，有剑芒用笺，著有《南社诗话》《南社感旧录》《我所知道的南社》。范烟桥有珊瑚笺，此三字出于于右任手笔。《珊瑚》是一种杂志，取铁网珊瑚之意。这杂志是烟桥主持的。著《二十年目睹怪现状》说部的吴趼人，身后萧条，由诗人杜纯字梅叔者，为之料理丧葬，杜氏有了盦制笺，笺上双钩四字"骀荡万年"。顺德名士苏宝盉，字幼宰，号冬心居士，其笺有"高阳"二字，双钩，旁文"吾苏氏系出高阳，摹汉高阳令杨君碑碑额制笺"。画家往往用素笺，亲自画上几笔，成为彩色笺，这比印刷品更为佳胜，如申石伽的朱竹，商笙伯的西瓜、芍药，王子原的山水，胡亚光画的梅花，又一帧画的兰花赠给我，开玩笑说："这是笺中的梅兰芳。"顾若波的孙女顾青瑶，已于数年前逝世于加拿大，她渊源家学，山水花卉都有一手，制有青瑶笺，写的是双钩草书。我很喜欢读青浦俞慧殊的两句诗："鸡头菱角无边绿，酿作城东一段秋。"他的笺纸为风不宁斋，大约寓"树欲静而风不止，子欲养而亲不待"的孝思吧！《孽海花》说部中的人物费屺怀，制锲不舍斋笺，他居吴中桃花坞，有池馆竹石之胜，后归费仲深。当代画家程十发，善画少数民族的生活习俗，印有画谱多种。他有十发启事小笺，按：其前尚有一位老诗人程十发，名颂万，为谭派名票程君谋之父，程京荪之祖父，也能画，制十发庵笺。考诸《说文》，十发为程，十程为分，十分为寸。原来程是度量的数字，很现成，难怪名字先后相同了。阜宁戴春风，著《守素轩诗集》，他的守素轩笺，蔡元培书。齐白石老人的画笺，我收藏的，有双雀、鹡鸰、野凫、鹦鹉、蜻蜓、翠鸟、蚱蜢、螳螂、荷叶、莲蓬等，那鹦鹉一幅，题着"汝好说是非，有话不在汝前说"，署名有齐大、老萍、白石翁、白石老人、借山老人、二百石印富翁齐璜。张大千的画笺，以花果为多，如梅花、毛栗、荷花。荷花题句云："塘坳闲意思，池面好丰神。"间画游鱼，寥寥数笔，而圉圉洋洋，自具生趣。吴伯宛，号松邻，宝熙称誉他："松邻读书甚多，博闻强记，与人言文章流别、目录、掌故之学，能举其要，清谈娓娓，竟日不衰。"他作札绝精雅，笺纸又很讲究，有侠嘉夜室启事、双照楼词翰。他和娟镜楼主张祖廉为莫逆交。伯宛谢世，祖廉为刊《松邻书札》二册。李根源腾冲人，晚年为吴下寓公，与章太炎、金松岑结金兰契，著有《曲石诗文录》，制曲石精庐笺。蒋吟秋居吴中平桥直街，制平直草庐笺和沧浪诗笺。那平桥直街和沧浪亭相去不远。那篇《沧浪亭记》，即由他书写而镌刻的。他熟悉沧浪亭史迹，辑有《沧浪新志》，并能指出《浮生六记》沈三白所居住的所在地。陈巨来的安持精舍笺，有大小两种，小的太史公王同愈书，大的郑海藏书。朱大可的耽寂宦笺，邮票大王周今觉的今觉盦笺，也是海藏书的。海藏自己用笺，有"海藏楼"三字，出于自己手笔。汪允中的哲嗣己文，辑《黄宾虹年谱》，有改庐便笺，许承尧手书，附记云："以皖人言皖事，必博谘而竭虑。更祝君忠勇质直，强健贞固，导舆论之先路。"杨见山，号葂翁，工书，吴昌硕师事之，他所书的笺纸流传很多，我所藏的，仅千金寿、双钩纪文达藏《瘗鹤铭》拓片，可谓挂一漏万，太仓钱听邠，善制笺，版藏于家，几乎充栋。据他的后人荷百说，"文革"后，尚留一小部分，我所有的，亦仅听邠室金石书画印记，那是集《爨龙颜碑》的，又摹北齐天统造像，又临吴兴新出土砖文写诗言事笺等。年代较早的，有恽南田的画菌笺，题云："呼我饭伊蒲，雨余劚鞭笋；更烹第二泉，手摘松下菌；山斋真供养，画者南田恽。"更早的有沈石田的碧梧清暑图笺，夏日对之，有习习凉风之感。其他如沙山春的竹林七贤，巢子余仿王石谷渔隐图，汪慎生的走兽，萧屋泉的荷花游鱼，赵之谦的梅花，虚谷的画石，顾西梅的仕女，任阜长的瓜蔓，胡公寿的南瓜，戴鹿床的山水，吴昌硕的菊石和枇杷，陈师曾的松。零零星星，尚有黄蔼农的邻谷草庐笺，是吴昌硕所画的。郑曼陀作年画有名，那古装仕女，是为蜀中诗婢家主人作的。顾鼎梅的金佳石好楼笺，时乃风的养拙斋启事，陈夔龙的寿字笺，旁有"丙子五月，庸叟制，时年八十"，钤一印"两度蟾宫游客"。吕景端的小紫薇馆笺，撰有《药禅室随笔》。常州人邵松年刻《兰雪斋法帖》，有兰雪笺。沈景修有欧斋自制笺。

朱良材有书窗余乐笺。严载如有渊雷室笺。潘景郑有宋嘉祐集书影笺。钱化佛有化佛用笺。民初，报刊盛行游戏文，屠守拙是此中能手，他善仿连珠体，人称"屠连珠"，有守拙庐用笺。瞿蜕园有光绪十一年四川新繁出土汉砖文题记笺，并附释文。华亭雷谱琴有味隐笺。"味隐"二字，是张定仿张公方碑书的。青浦金剑花为报人金雄白之伯父，有可无老人制笺，他辑有《青浦县志》。罗振玉有凝清室笺。陈石遗有石遗问事笺。钱塘花卉画家闵钊，有碧痕香馆笺。马叙伦的外祖邹在衡，号红芋诗人，有蓉阁笺。顾云以画墨菊著名，他号石公，有石公书事笺，那是语石双钩《爨龙颜碑》以赠石公的。汪仲山有携琴访鹤笺。张善孖有画马于大风堂笺。凌虚有茫万顷斋笺。摄影家郎静山有桐云书屋笺。施蛰存有无我相室笺。李丁陇有八法草堂笺等，几乎不胜枚举了，别列一格的，有刺宋案主凶洪述祖的如水斋小字笺。

文人制版，由自用而转为售品，那自清初的李笠翁开始。他有韵事笺八种、织锦笺十种，售笺处为金陵承恩寺，榜有"芥子园名笺"五字。亡友张枕绿，办良晨好友社，发售良晨笺，种类颇多。陆文中办《联益之友》旬刊，制联益笺，分组出售，有书画的，有古玉的，有佛像的，有鼎彝的。又有一种恋爱笺，我撰文，蒋吟秋作各种字体，各种形式配合而成。

扇 箑

白彬甫著有《蕉窗话扇》一书，开端即这样说："扇乃夏日必需之品，拂暑挥麈，障面蔽日，每当暑令，不可或缺。"的确，扇的用处很大，但除上述以外，尚有所谓歌衫舞扇，那在翩翩起舞时，扇足以助其姿媚。又戏剧及评弹艺人，扇又为表演时的道具。又谚语："物离乡贵，人离乡贱。"因为尽管你有地位，有声望，一旦到了外地，谁能知道你是怎样一个人。那么，携带一把出于大名家手笔的书画扇，也就知道你有来头，不致受人欺慢了。这是旧社会的一种习俗，等于藉此作为身份证了。

文人大都爱扇，从审美观点上爱书画扇。我虽鄙俗，却也爱扇成癖。若干年来，集扇累累，厥数近千，自经"文革"，损失很大，但归还的，和再度搜罗的，为数仍以百计，其中可分为两大类：一是裱褙成册页的，一是穿在扇骨上用以拂暑的。这儿先谈裱褙品。明代的泥金扇，什九付诸荡然，仅存西园雅集图扇，人物错落于亭台树竹间，具凤翥鸿骞之概。无款，坡石丛草中，钤一章"唐寅私印"，原来出自六如居士手。陆治，字包山，画和文徵明相埒。桂、菊、葵、棠，秋色盈眼，且画在金面扇上，益形古艳。又王毂祥的墨桃。王为嘉靖进士，写生渲染，精妍有法。中年后，绝不肯落笔，流传是很稀少的。又一帧李笠翁的行书扇。笠翁名渔，撰《一家言》《十种曲》，在作曲方面，更著声誉，书法很罕见。又陈眉公为邵僧弥写扇，乃丹徒丁柏岩见让，柏岩识语："吴梅村诗注云：'僧弥后嗣不振，贫窭不能自存，遗物散亡殆尽。'余阅肆数十年，僧弥上款书画，仅见此箑，况又为眉公名笔乎！"冒襄，号辟疆，如皋筑水绘园，董小宛为其侍姬，人传艳福。我得其草书扇，继又获其水仙梅花，以相匹配，那就以瑰宝视之了。桐城派祭酒姚鼐，书扇很少见，书以逸宕胜，但书名为文名所掩，这扇录其清凉山下僧舍诗：

> 虎踞关前一径斜，僧楼西上瞰江涯。
> 窗前夕照横全楚，谷底长风散落霞。
> 荒砌曾经雕玉辇，讲堂又变梵王家。
> 人寰何处非沧海，倚槛春阑未尽花。

或许是惜抱轩的集外诗哩。清代以熙载为名而各具声誉的有两人：一刘熙载，号融斋，著《艺概》，我有他的行书扇；一吴熙载，号攘之，仪征人，擅刻工画，我有他的画扇，蝉栖柳枝，飘逸有致。程十发亦有两人：一现代的，善画少数民族的人物习俗，我和他很熟；以往别有一位程十发，我有他为周湘舲所作的画石扇，他字颂万，宁乡人，著有《楚望阁诗集》。凡研究红学的，都知道评《红楼梦》的有位大梅山民，这人名燮，字复庄，一字梅伯，镇洋人，道光甲午孝廉，喜画梅，著有《疏影楼词》，我所藏的，是他的行书扇。吴中多名园，怡园居城中，为旅游者必到之处。当时顾紫珊整理该园，顾若波多所规划。数年前，逝世于加拿大的女画家顾青瑶，便是若波的孙女，青瑶绘给我的山水扇，失于"文革"中，若波的山水扇却还留存着。著《二十年目睹之怪现状》的吴趼人，他世代书香，曾祖父吴荣光，号荷屋，藏书极富，著《筠清馆金石文字》，扇作正楷，有琬琰成章之妙。蔡廷槐，字荫庭，无锡人，同光间画家。我的祖父和他相稔，曾书赠一联，有我祖父锦庭公的上款，我付诸重裱，"文革"中失之，幸留一扇，行书。撰《玉梨魂》的徐枕亚，娶蔡蕊珠，即廷槐的曾孙女，蕊珠产后失调卒，枕亚为撰《悼亡词》，印行赠人。成亲王，名永瑆，有《诒晋斋集》《诒晋斋随笔》，草书扇，署名王十一子。那大名鼎鼎的查士标，字二瞻，号梅壑，年代较早，画称逸品，书法华亭，这扇就是摹香光的行书。顾纯，字南雅，画兰竹，这扇乃姚虞琴旧藏，有姚氏的题识，谓："雅淡天真，不求妍妙。"兰竹仿文衡山，作于京寓思无邪室。梁章钜以《楹联丛话》流行于时，这扇录其于役梧州诗，工整渊雅，为精心之作。竹禅，四川梁山人，俗姓王，避难披剃，自称"王子出家"，驻锡上海龙华寺，擅画，随意抒写，城乡各寺，都有他的手迹。光绪十八年龙华寺火，后由他斥画资修葺。我处有竹禅扇二，一画竹，一草书。童二树有"万树梅花万首诗"小印，可是这扇却写楷隶行草四体书，上款"岚坡先生明眼"，不用"雅属"等俗套，而作"明眼"，可谓别开生面。韩菼为周亮工书扇，韩为康熙间状元，号慕庐。据称苏州的慕家花园，即韩氏故居。杭人极重戴醇士，我有他的山水扇，又有他从子戴以恒所作的山水，风格是一致的。以恒字用柏，著《墨斋画诀》。孙原湘墨梅，法煮石农，冷香溢纸。馆阁体书的，有冯文蔚、汪渊若，功力很深。满族人如山，水墨坡树，一亭翼然，以简古胜。英和亦满族人，正书温温淳淳，颇具风范，创京剧程派的程砚秋为其后裔。严辰，字芝僧，桐乡人，有《墨花吟馆诗文录》，这扇为正楷，当时严独鹤曾看到，说是他的曾祖之作。羊毓金的仕女，娟秀媲美费晓楼，一度在上海豫园卖画。胡公寿画霜柯竹石，寥寥数笔，劲遒动人。幼时写描红纸，不是黄自元，便是姚孟起，姚氏书扇凡二页，有行有正。虚谷和尚画菊，苍古有致。虚谷俗姓朱，名虚白，高邕之为之辑《虚谷和尚诗录》。常熟翁心存，乃翁同龢之父，翁斌孙为翁同龢之孙，书法均翔声士林，同龢于戊戌政变退归田里，典籍碑帖，匆遽不克携行，均归斌孙保存，斌孙之儿子之熹，捐献北京图书馆。其他有陈嵩庆、钱梅溪、冯蒿叟、冯誉骥、梁鼎芬、陈奕隽、蒋山堂、吴平斋、胡鼻山、陈莲汀、金吉石、铁冶亭、高爽泉、姚永概、沈寐叟、张祖翼、吴山尊、时乃风、朱昂之、沈景修、罗惇衍、吴鞠潭、钮福保、俞曲园、田国俊、周作镕及燕谷老人张鸿，言派创始人言菊朋等书扇。郁达夫、王小梅、朱梦庐、汤润之、秦炳文、胡铁梅、柳渔笙、汤禄名、吴石仙、钱慧安、丁宝书、刘德六、沙山春、姚元之、周存伯、顾鹤逸、殷树柏、俞剑华、赵叔孺、冯超然、金拱北、秦祖永、林琴南、陶运百等画扇。至于团扇，有金继、袁爽秋、陆廉夫、潘昌煦、陈孚恩、陈鹿笙、高邕之等书画。

穿在扇骨上，用以拂暑的，也得谈谈。《时报》创办人狄平子能书，画却少见，我这柄扇，平子画竹石，悠然而清，一面姚虞琴行书，录其题张大千画瓜诗：

> 甜雪堆盘寒溅齿，一钩蒂抱絖绵绵。
>
> 神来雅有张髯笔，写入豳风七月篇。

上海文史馆馆长江庸，字翊云，他在舍间，看到申石伽画的竹，大为欣赏，我就把石伽画竹扇送给他。过了几天，他自绘竹扇，一面行书见贻，这扇后遭损，但尚能修补。较难的，金鹤望的行书，曾农髯的画梅，摄影家郎静山的山水，袁寒云的墨梅，齐白石的瓜果。我的先师如袁希洛的正书、樊少云的满城风雨（烟云瀚然，大有米家山水画意）、胡石予的小楷等，这些手迹，对之似坐春风，足以留念。日前晤见房虎卿的后人，虎卿画龙，在常州是赫赫有名的，我因自夸藏有房虎卿的画龙，似乎值得骄傲。我既署名逸梅，朋好纷纷赠送画梅扇，如方介堪的墨梅，陶冷月的密梅，张小楼、谢闲鸥、潘君诺、沈蔚文的红梅，朱其石的红白相间梅，高络园的梅花高士，贺天健的梅花书屋，都是很可喜的。有一次，我摇着一柄章太炎的篆书扇访吴湖帆，湖帆见到这扇一面尚是空白，便自告奋勇，在穿有扇骨的扇面上绘着绿梅，虽急就章，却芬敷掩冉，别饶风致。赵云壑为昌硕大弟子，花卉山水，石鼓钟鼎，无不擅长。他不作仕女，但为我破例画梅花婵娟，罗绮铅黛，突轶常范，当然很珍贵的了。又潘博山草虫，潘景郑正书录词，这是兄弟扇。李根源隶书，马树兰花鸟，这是夫妇扇。樊浩霖山水，樊诵芬行书，这是父女扇。周坚白墨竹，周慧珺行书，这是兄妹扇。溥佐画荷，溥佺人物，这是清宗室扇。陈曾寿画佛，李国松正书，这是遗老扇。词人夏敬观从不画竹，我有其画竹扇，题云："余学画二十年，独不敢写竹。戊子病后，强起学之，未知有当万一否？"若瓢和尚为我画兰，即请朱大可书兰赋，复配着刻兰的扇骨，这是三者统为一体的。何其愚画了翎毛，又作行书，更刻竹骨，这是一人而统三体。特殊的有丘水碧的细楷《金刚经》全文，邓秋枚的弟弟秋马，为作百璧楼藏器拓片扇。申石伽的西湖扇，一面为南部，一面为北部，说："从南山翻越到北山，可谓畅游。"陈子清嗜酒成癖，我赠他方壶女儿酒，他绘了山水扇作答。白蕉画兰，很轻逸，谭泽闿作颜体书，很凝重，合为一扇，或谓："两者不相称。"我说："轻重调剂一下不是很好吗？"张大壮曾从汪鸥客游，但彼以花卉负盛名，不画山水，却为我画山水扇，也属破例。那蒋竹庄的旧物，如夏剑丞画松。又张丹斧的旧物，如郑曼青的牡丹和行书扇。又顾衡如的旧物，如吴子深画松，张伯英行书，都归我纸帐铜瓶室收藏。钱塘大收藏家程听彝，一署定夷，做客海上，为上海人自备马车的第一人，我的《上海旧话》，曾纪其事。他能画梅，一面为《庚子西狩丛谈》口述者吴渔川书，临董文敏，得其神髓。小说家的作品，如陈小蝶的荷花，程小青的柳蝉红蓼，徐枕亚、包天笑、顾明道、王西神的各体书，虽只数十年，但已不易多得了。陈小翠的画扇，凡两柄，一画午倦抛书，一画赤壁泛舟，题有一诗云：

一苇横江与客俱，画中人物似凌虚。

霸图莫忆三分国，赤壁千秋属大苏。

女子作品，尚有冯文凤的钟鼎、吴青霞的蝴蝶、丁筠碧的花卉。太史公作品，有张元济、高振霄、张季直、孙师郑、孙智敏、蔡元培、陈叔通、张海若、金兆蕃等，什九为馆阁体。高龄九十二岁的劳敬修正楷，一笔不苟，具见神完气充。据说数十年前的影星杨耐梅，一度为敬修的儿媳妇。评剧家张肖伦，名黎青，常州人，著《歌台撷旧录》，作行书。冯叔鸾，字远翔，别署马二先生，何海鸣给他信，辄书"马二先生先生"，故意累叠称之，以开玩笑。他所作山水，不拘法度，聊备一格。画兽有熊松泉的猿、容大块的虎、王羽仪的犬。蔡震渊更以画猴为专长，我有二扇，尤以白猴绛桃，为其得意之作。其他如陶诒孙、汪洛年、黄孝纾、俞剑华、顾公雄、林介侯、樊伯炎、宣古愚、汤定之、吴仲珺、吕十千、顾鹤逸、杜滋园、叶玉麟、杨石朗、郑大鹤、金德鉴、徐贯恂、王仁治、李南泉、蒲华、袁培基、孙味蒤等，都是山水。书法有王季

烈、李宣偶、金贤寀、邓春澍、杨体仁、陆渊雷、杨无恙、蒋吟
秋、翁同龢、强运开、刘宣阁、孙俶、袁希濂、高鱼占、周让、莫
瑞清、王石香、陈文无、俞逸芬、马公愚、叶恭绰、陈无咎、张伯
英、胡石予、蔡晋镛、汤经常、孙寒厓、范君博、沈尹默、汪吉
门、吴待秋、陆抱景、王蘧常、沈禹钟、余觉、曾熙、何振岱、赵
古泥、萧退安、王秋斋、王佩诤、黄少牧、瞿旭初、张杏荪、黄太
玄、刘蛰叟等。又西湖伊兰为董皙香，天台山农为刘介玉，也是很
有书名的。袁松年用钢笔作楷。又谢玉岑和张大千合绘人物苍松。
又支慈厂、唐云、张天奇、徐韶九、张中原、杜进高合作蔬果，都
是藏扇中的别裁。又杨千里应苏禾两郡曲社之邀，且夜游南湖，成
诗十二首，即以十二首为书一扇，绝精审，今录其三首云：

其一：

民间乐事托花辰，往日繁华取次新。

第一尊前勤祝祷，不堪再作乱离人。

其二：

不见楼头烟雨多，奇峰偏有夏云过。

几时湖有鸳鸯日，欲起朱家唱棹歌。

其三：

衣鬓纷纶水亦香，小舟何事恋舱艎。

满湖丝管匆匆去，孤负三娘与九娘。

诗亦高雅，这扇后被践踏致损，乃经装裱补缀，成为册页了。

画　幅

中国书画是我国具有独特的民族风格，在世界艺坛上有着悠久的历史，且充满着文学气息的艺术。莫怪毕加索画师向张大千说："艺术在你们中国。"搜寻这些珍贵文物，谈何容易！必须具备三个条件：一资力，二鉴赏眼光，三闲暇时间，缺一不可。我是个穷巷陋士，蓬户匹夫，一辈子为衣食奔走，哪里有这些条件！可是习性所喜，也就物归所好。有的是先祖父锦庭公传给我的，有的是近人所作的小件，代价不高，我节衣缩食，把它购买下来。我又和许多书画家交朋友，承他们送给我一些小品，作为纪念，这样积累了数十年，自有相当的数字。不幸经过十年"文革"，损失了十之七八，最可惜的，是我奉为至宝而仅有的唐寅山水、马湘兰花卉，又虽属近代，但也很难得的苏曼殊《莫愁湖图》，都不知去向，谈起来未免引起怫郁，只好不谈了。

后来，沪西常德路一带，有些摊子，出售日用杂物，有一个较高级的却标卖字画。凡字画收藏者在"文革"运动中曾经获谴，便很少有人过问，深恐再遭麻烦，售价自然很低了。我抱人弃我取态度，时常去光顾，有惬意的，便挟之以归，尤以楹联为多，先后约得百副左右。

吴友如，名嘉猷，苏州人。他在清季，为《点石斋画报》绘画，把新事物作为画材，介绍域外风光，别辟蹊径。一般守旧的人骂他为野狐禅，他置诸不顾，一意创新，摸出一条路子来。他又自办《飞影阁画报》，刊行了若干期，坊间把它印为《吴友如画宝》，风行一时，以阅年久，早已绝版，最近上海书店又复重印成书，的确是一大贡献，实则吴友如的传统画，工力很深，奈流传极少。我藏有他一幅翎毛花卉，长四尺，有石，有天竹，数鸟或飞翔，或栖止，各极其致，单款，题"仿白阳山人笔意，吴门吴友如写于上海飞影阁"，钤"友""如"二朱文印，我的许多朋友，甚至画家，到舍间看到这幅画，都说生平只看到吴友如的印刷品，这个传统画手迹，从未看到。引为眼福不浅，这真所谓物稀为贵了。

《点石斋画报》绘画者，除友如为主干外，尚有金蟾香、张志瀛、田子琳、何允俊、金耐青、沈植坡、管劬安、顾月洲、马子明、戴子谦、葛龙芝、符艮心、周慕桥等都是此中能手。这一些人的作品，手迹都难寓目，我却有周慕桥的仕女两帧：一为松石间，三婵娟参差立，有持琴，有拈花，有背面，无款；一为朱栏石桥，二仕女荷锄栽菊，雅有费晓楼风韵，题"宣统二年，岁次庚戌，中秋前二日，古吴周权慕桥氏写于沪上"。《中国美术家人名辞典》谓："周权，上海人。"实误。

中外人士都喜欢搜罗吴昌硕画，也喜欢搜罗类似昌硕的王一亭画，因此白龙山人王一亭的寸缣尺幅，就很珍贵，为人所竞赏，我有王一亭的菊花直幅，具有一段小小故事，那就越发可珍可贵了。故事是这样的：四明园艺家黄岳渊，著有《花经》一书，并能诗，有"韩康卖药我栽花"句，为时传诵。他辟园沪郊真如镇，多名菊，凡一千几百种。花时，备园蔬，邀客觞咏于千红万紫间。王一亭欣然来临，瞻观一硕茂的黄菊，为之徘徊不忍去，岳渊知一亭笃爱此花，翌日遣一花佣，把这盆菊花送至一亭家中，花佣出一回单簿，请一亭钤印其上。一亭得之，如李靖之夜见红拂，为之莫名惊喜，便嘱花佣坐一下，他就捧了这盆菊花到他书室，调弄丹青，对花写照，约一刻钟，画成一直幅，交给花佣说："这就是回单，给你主人罢！"岳渊获得这纸回单，立即付裱，张诸壁间。后来岳渊离沪南游，把这一幅画转送给我，今尚留存。

乌目山僧，有"维新志士"之称，冯自由的《革命逸史》，即有《乌目山僧黄宗仰》一则，略云："宗仰又号中央，后称印楞禅师，江苏常熟人。生而颖悟绝伦，自幼博览群书。年二十出家于清凉寺，金山江天寺显谛法师为之摩顶受戒，锡名宗仰，自号乌目山僧，研精佛理，兼工绘事。"徐铸成的《哈同外传》中，乌目山僧也是外传中的主要人物。但所谓"兼工绘事"，却从没有瞧见他的笔墨。一日，娄江钱荷百来，出示山僧山水，我带着惊异钦慕的眼光盯着这画，荷百慨然把这画送给我，我出陈伽庵等二画作为酬答。这画淡淡着墨，远岫近峰，丛树茅屋，对之自有悠然出世之想。山僧且题诗一首："精华殚翰墨，咫尺匠心难。亚陆风云沸，入山枭獍攒。盘涡书画艇，激破笠蕉团。安得剑公剑，斩魔慰鼻观。壬寅孟秋，剑门病侠属正，乌目山僧。"下钤"宗仰"朱文印。

元明画家，往往既不署名，也不钤印，一个闷葫芦，使人难以猜测，但笔墨高超，还得流传下来。我有一幅无名氏的仕女精品，为程瑶笙师旧藏。锦屏翠幔，画槛雕栏间，诸佳丽击璇吹笙，仙韶执乐，极芬敷掩冉之致，有人谓雅近蓝田叔笔墨。

当我八十寿辰，同社徐碧波送给我一本古锦面的空白宣纸册，这是两面可展的，签条两个：一"逸情云上"，蒲石居士题；一"梅寿千年"，长乐老人题。这两个名字，都是朱大可的别署。字的方面，有高式熊、王蘧常、金问源、马根仁、范祥雍、吕贞白、潘勤孟、边政平、申石伽、朱诚斋、朱大可、周慧琚。当时大可为我补录七十寿诗，又一诗祝八十寿。他对我说："请你留着二页，俾九十、百龄，赓续为你祝贺。"岂知大可于一九八三年归道山，我年九十，不克有诺前言了。画的方面，谢闲鸥绘《天寒有鹤守梅花》，题云："逸梅老兄与其哲嗣子鹤同居沪西长寿路养和村，乐叙天伦，榆景殊好，因绘此图，以博一粲。"高络园绘墨竹，络园为梅王阁高野侯的长兄，善治印。陶冷月绘绿梅黄菊，题云："逸梅同庚兄，本鞠姓，出嗣外家，遂姓郑，属绘梅魂菊影图，写此博粲，甲寅春陶冷月年八十。"（按：菊古作鞠）又绘《纸帐铜瓶室著书图》，题云："逸梅老友寝馈于述作，数十年如一日，寻绎旧闻，娱情掌故，自成一家之言，为绘此图，聊寓希风望景之意云尔。"顾飞女画家绘黄山，烟云缥缈，题云："逸梅先生昔岁曾作黄山之游，爰绘玉屏楼遥望莲花峰，以博一粲。"朱梅邨绘春风桃李，题云："逸梅老友，秉教铎五十余年，学子莘莘，蔚然称盛，绘此以志景仰。"又朱积诚绘双松并寿，又若瓢墨竹，潘君诺芙蓉，都很精工，不同寻常应酬之作。

《纸帐铜瓶室图》，共三件：一是张石园绘在扇面上，已失去；一是陶冷月绘的立幅，我曾撰《纸帐铜瓶室记》，涉及这幅画，如云："余吴趋人也，旅食沪壖，遂以传舍为定居，垂五十寒暑矣。且榜其居曰'纸帐铜瓶室'。陶子冷月为作图，茅屋三间，梅竹绕之，乔松掩蔽，一鹤梳翎而跱。陂沱突阜，交相映带，厥境翛如而饶清致，此冷月臆之所造，却为余心之所向而未之能践实也。"一次，我访吴湖帆于梅景书屋，请他写一行书小幅，拟作书桌玻璃板下点缀，承蒙他的盛谊说："书不如画，我来给你画个《纸帐铜瓶室图》吧！"他立即伸纸抽毫，我说："不急，有暇为之可也。"他说："不能搁置，一搁，那就不知何时始能交卷了。因积件累累，不易了却，还是立等取去，较为便捷。"果然不到一小时，梅花书屋，涌现纸素，那笔墨的清疏逸宕，也就不必说了。我觉得这样的名作，压在玻璃板下，未免可惜，就配上红木镜框，把它悬挂起来。"文革"运动起，我家被抄，所有东西，多被掠去，这幅画卸了下来，杂在乱纸堆中，成为漏网之鱼，得以留存，真是不幸中的大幸，且湖帆已辞世，那更成为值得珍贵，值得纪念的文物了。湖帆给我的画，有好多件，大都是墨梅。有一次，他绘了一横幅红梅，花是没骨的，腴润秾艳，有似沉香亭北的太真妃子，又题了一阕《折红梅》词，很是得意。恰巧我去访他，他指着这幅画，笑问道："你对于'折红梅'三字，有所忌讳吗？"我说："我是姜太公在此，百无禁忌的。"他连说："好！好！这幅画送给你吧！"我喜出望外，回去张诸榻侧，朝夕观赏。

中华书局的老编辑杨复耀，他在若干年前，于沪东古玩市场购得光第上款的三十祝寿册，原来光第是松江画家孙雪泥的弟弟，雪泥交游很广，当时画家，纷纷挥笔，且每人二帧，琳琅满目。后来他家幸未被抄，而我所喜爱的字画失去，很为怅惘。复耀为慰我寂寞，慨然把这本册页送给我。其中有张大千的，一荷花，一观世音造像，白描出之，高超拔萃，难得难得。那著《马骀画问》的马企周，绘着花鸟，王师子绘紫菊，题"寿客"二字，钱瘦铁的山水人物，饶有古泽。擅长画虎的张善孖的花卉，也很佳胜，该册页以花卉为最多，如叶渭荽的、商笙伯的、天罳侍者的、马万里的、马孟容的、郑午昌的、马岱云的、阎甘园的等。山水有唐吉生的、贺天健的、汪仲山的、孙雪泥的、胡若思的，时若思年仅十五，可谓早慧。谢之光一绘寿星，一绘仕女，都很工细，和晚年信笔所之，随意挥洒，如出两人之手。熊松泉左腕画虎。我在册面上请人题"二十一家墨妙"，作为纸帐铜瓶室长物。同时，同乡王凤琦，也赠给我一梅花册，画的有胡三桥、胡公寿、任阜长、任立凡、张子祥、沙山春、金心兰、陆廉夫、郭少泉、朱梦庐等。题诗的，有吴昌硕、周作镕、江建霞、吴鞠潭、夏曾传、王成瑞、玉筒山樵等，我即请朱莲垞题"香雪留痕"四字，百朋之锡，什袭藏之。

　　吴待秋的画已失去了，却有他父亲吴伯滔的山水屏，又有待秋长兄涧秋的墨山水。金免痴的墨兰，他下笔敏捷，一日可成百幅，以画润助赈，他是最早的一人。翁小海的龟，程瑶笙先师的翎毛小幅，陈伽庵先师的花卉，顾若波父亲顾椒园的青绿山水，任伯年的佛像小幅，都是失而复得的。画梅的，有画到梅花不让人的高野侯，有著《弗堂类稿》的姚茫父，有词人作画的夏敬观，有画宗杨无咎的童二树，有山阴陈半丁，有梅兰芳从之画梅的汪吉麟，有玄根居士楼辛壶，有万松居士钱铎石，有李博亭、丁筠碧夫妇合作的梅竹，有张伯驹、潘素夫妇合作的梅竹，有西泠印社创办人丁辅之，有画梅三十年的先师胡石予。画菊的，有潘曾莹、项圣谟。画松的，有王陶民、赵渔村、陈从周、杨清磬、朱孔阳。山水很多，有任堇叔、杨东山、项养和、吴琴木、郑大鹤、况维琦、屠琴坞、施南池、沈剑知、唐企林、张石园、许士骐、袁培基、俞剑华。有从郑板桥画兰的吕理凤，也是兴化人，据云："书法怀素，画兰竹苍茫之气，溢于楮墨之间，惜墨如金，传世不多。"那么，我的一帧小幅，也就以稀为贵了。指画以高其佩为杰出，高画我已失去，滕白也为我指画红蕖，不久他便下世。其他如著《白阳画稿》的戴振华，我有他的花卉册，乃嘉庆时人。又沈芥舟的墨竹琴条，尤为神品，他名宗骞，著有《芥舟学画编》四卷。陈文无以铁线篆著名，人罕知其能画，我这幅金笔梅花，画在蓝色笺上，灿然悦目。两人合绘的，尚有张星阶和朱竹云的花卉，唐云和高逸鸿的翎毛。又杨令茀女士，最早即制《红楼梦》大观园模型赴美，博得国际声誉。她画禽竹，亦称仅有。庞左玉，为我师樊少云先生之媳，她所画的一幅家园风味，青菜红萝卜，设色清妍，我尚悬在榻侧，可是她已谢世了。

我实在太忙乱了，还有许多堆积着，没有归入柜子，如欧濂所绘的恽南田像、钱化佛画佛（太虚法师加以题识）、凌虚的金鱼、蒋吟秋临卒前绘给我的墨梅、常熟庞镜蓉女士的绢本翎毛花卉、倪墨耕及顾春福的人物、方珍及虚谷两释子的花卉、李汉青的鸳鸯、南社张倾城女士的花卉、吴子鼎的仕女、幻道人丁宝书临新罗山人的翎毛、张小斋的走兽、柳君然的《采莲图》、向蔗公的梅兰小幅、王个簃的弟弟王曼伯的兰花、田桓的梅花、谢之光和陈佩秋合作的菊石、汪洛年的山水、高翔的芭蕉狸奴、朱文侯的猴、孔小瑜的菖蒲、嘉庆进士顾南雅的墨兰，又汤禄民、蒋廷锡的仕女花卉，属于残幅，不毋遗憾了。

书　法

　　书和画两者并称，但其中却有轩轾，以书为主，画居次位。书家和画家相比，画家多于书家，可见书的难能可贵，远胜于丹青六法。亡友心汉阁主赵眠云，他的藏扇，数以千计，一书一画，配为一扇，结果书家网罗殆尽，而作画者尚余若干人。即从竹骨扇而论，一面为篾青，一面为篾黄，篾青为正面，篾黄为反面，穿配扇面时，例必以正面穿书，反面穿画。且画普及全世界，唯书法为我国独特的高峰艺术。画以色彩为假借，渲红染紫，点翠晕黄，可以炫迷人目，书则仅仗单调的黑墨，柳骨颜筋，颠旭狂素，流传至千百年，绵绵相绳，自成馨逸，这是谈何容易啊！

　　我限于条件，所藏的尺幅，也很寒微，较多的是楹联，因为沪地居室隘窄，没有空壁可以张挂，我抱人弃我取的态度，廉值得来，以充笥簏。而这些联句，往往对仗整齐，措辞美妙，五雀六燕，铢两相称，成为排偶声律的小品，一经书法家的波磔点画，更觉奕奕煌煌，耐人玩索。我首先要谈的，乃陆润庠一副八言堂对。陆氏为同治甲戌状元，光绪帝的师傅，字写得珠圆玉润，一手很标准的馆阁体。有人诋馆阁体为一个空架势，写作的人没有自己的面目，是不足取的。我却认为能写得这样四平八稳，一笔不苟，也下着很大的功力，在这百家争鸣、百花齐放的今天，应当让它争和放，是不应抹煞的。况且，这副对是先祖锦庭公给我仅存的文物，其他都在"文革"中损失掉，硕果当然珍如璠瑜。回忆我十九岁那年，在苏寓乔司空巷和周寿梅举行婚礼，厅堂上悬挂的，就是这幅对子。对子是珊瑚笺的，燃着龙凤花烛，两相交映，益觉喜气盎然，迄今已逾六十多年，纪念性是很强的了。

自清末废止科举，那独占鳌头的状元是永久绝迹了。状元对联，除陆润庠外，尚有石琢堂，他名韫玉，江苏丹阳人，乾隆庚戌状元，著有《独学庐诗文稿》，和沈三白为总角交，但一富一贫，生活相差是很悬殊的。三白落拓，石氏加以提携，所以《浮生六记》中，也就涉及这位殿撰公。又彭浚，湖南衡山人，字映旟，号宝成，嘉庆十年乙丑状元，官太常寺少卿。又王杰，字伟人，号惺园，陕西韩城人，乾隆辛巳状元，官东阁大学士，卒谥文端。又翁同龢，字叔平，号松禅，常熟心存子，咸丰丙辰状元，授修撰，官军机大臣、户部尚书，著《瓶庐诗稿》《松禅日记》，他的书法，浑厚端肃，出于所有状元之上。他的五世孙翁宗庆，收藏他先人手迹，达四五百件之多，不论对联、屏幅、书札、册页，大大小小，应有尽有，翁同龢的画，和每年端午朱笔所书的虎字，都有好多帧，可谓集翁书的大成。我这副对联，就是宗庆赠我的。三年一次的考试，全国一人的魁首，得来不易，而常熟翁氏，一门三状元，同龢父心存为道光壬午状元，同龢子曾源为同治癸亥状元，心存和曾源，我都有他们的书件，可惜不是对联罢了。又姚文田，号秋农，浙江归安人，嘉庆己未状元，官礼部尚书，著述很多，如《邃雅堂集》《邃雅堂学古录》《古音谐》《说文声系》《说文考异》等。又吴其濬，字季深，河南固始人，嘉庆丁丑状元，官山西巡抚，著《植物名实图考长编》。那位光绪甲辰末代状元刘春霖，字润琴，号百笙，肃宁人，民国后任袁世凯的内史，他的女儿沅颖，嫁《玉梨魂》作者徐枕亚。这副对联，没有裱装，我是在冷摊上购得的。

　　仅次于状元的，有乾隆庚辰的探花王梦楼，名文治，字禹卿，丹徒人，书法秀逸天成，得董香光神髓，和翁方纲、刘石庵、梁同书齐名，称"翁刘梁王"，为清代四大书家。他著有《梦楼诗集》二十四卷、《快雨堂题跋》八卷。梁同书，钱唐人，乾隆壬申特赐进士，书法出入颜柳，自成一家，我也有他的书联，惜翁方纲所书的为屏幅，录《爱莲堂记》。方纲著述，有《复初斋文集》《瘗鹤铭考》《两汉金石记》等。刘石庵所书，为一小册子，亦非对联。其他翰林和进士所作的对联，有著《船山诗集》的张问陶，和江标、费念慈同年的孙廷翰，与富阳相国董诰称"黄董"的黄左田，著《西斋集》三十六卷。任国史馆纂修的章一山，著《康熙政要》二十四卷。竹叶亭主姚元之，字伯昂，隶书行书无不擅长，这联是溧阳狄平子旧藏，题签即出平子手笔。凡旅游苏州，总要一探天平灵岩之胜，在石家饭店进鲃肺汤一尝佳味。那石家饭店，便是冯桂芬的故宅，他为人峻整清严，书法一如其人，著有《显志堂集》《梦庵诗存》《校邠庐抗议》。宛平袁励准，字珏生，富藏书。又我友高式熊的先人高振霄，字云麓，鄞县人，著有《洗心室文稿》《云在堂诗稿》，能画善书，我没有他的画，而有一副对联。词坛宗匠，晚清有王鹏运、况蕙风、朱祖谋，朱号古微，又号彊村、沤尹，归安人，官礼部右侍郎，著有《彊村语业》，龙榆生师事之，绘有《授砚图》。一般书家作书，往往倾侧向右，右高左低，他却相反，倾侧于左，反面观之，适得其平，别成一种风格。吴郁生，字蔚若，号钝斋，他的侄子曾善治法律，曾审刺宋案，但非翰苑中人，亦工书法，我有他们叔侄联。又潘龄皋、王乃征、汤金剑、王引之、曾农髯、张得天、顾光旭、阎敬铭、陈玉方、朱为弼、李兆洛、郭尚先等。较特殊的，为赐同进士出身曾国藩，曾氏喜诙谐，其幕僚纳宠，妾洗双趺，某持巾侍之，事被曾氏所闻，翌日相晤，曾出一联嘱对："为如夫人洗足。"某才思敏捷，脱口而出："赐同进士出身。"曾为之叹服。又湘绮老人王壬秋，钦赐翰林院检讨，这联书法雄浑，是他得意之笔。

在清末民初，翰林什九订润鬻书，人们也喜欢翰苑人士的笔墨，甚至屏条四幅，即请四位翰林，配成一堂。当时有江国栋其人，作书钤一印"己未翰林"，居然生涯大好。他年龄不算大，这翰林必是光绪己未，但遍翻朱汝珍所编《词林姓氏韵编》，光绪年间，只有癸未科、己丑科、乙未科，没有己未科，显然是弄虚作假。有人指斥他，他笑着说："人们误认我为太史公，我不得不加以说明，所谓'己未翰林'，即说明我自己未曾点过翰林罢了。"我为了好奇，也备了冒牌翰林联。

民国初年，书家在上海声誉最盛的要推高邕之，那犹太巨商哈同的爱俪园门额，煌煌三大金字，即出高氏之手。凡经过静安寺路，都要驻足欣赏一下的，但自清道人李梅庵到了上海，以北魏体为号召，求者户限为穿，高氏顿时落伍，李月入数千金，甚至有人要绑他的票。一次，赵眠云随着他的姑丈翁绶祺逛古玩铺，看到壁间所悬李氏的魏碑联，力赞其下笔具有体势，颇饶逸趣，眠云即斥资购之，玩赏了数日，忽然想到这联的上款是"际云"，恰巧和我同名，便持联出示说："这联上款是际云，非君莫属了。"乃慨然相赠，迄今还留着。

南社前辈高吹万，知我本姓鞠，出嗣外家才改姓为郑，因书撰了一联："人澹似菊，品逸于梅。"写作俱佳，我很喜爱，奈后来失去，引为憾事。上海图书馆馆长顾廷龙，我们是同乡、同学，他取了这联句，为我重写一副，以弥遗憾，这是应当感谢的。南社人士的书联，尚有刘季平的，季平号江南刘三，苏曼殊诗有："多谢刘三问消息，尚留微命作诗僧。"那革命烈士邹容，瘐死狱中，季平埋诸他家华泾黄叶楼旁，毋怪章太炎称他"义士刘三"了。他写的是《石门铭》，以书而论，已臻上乘，且物以人重，这联也就成为连城之宝了。又严复，字几道，译有《天演论》《原富》《名学浅说》等书，我友王蘧常为作《严几道年谱》，他的书联，为仅见之作。张伯英和赵声伯，世称张赵，为我藏联中两大精品。写市招圣手唐驼，他原名守衡，因为驼背，人称唐驼子，他即以驼自号，人们认为他写市招，摈之书林之外，我不管这一套，也收藏了一副。黄莘田为集砚名家，著《十砚轩诗钞》，这是副矮联，矮联配合小室，最为得体。尚有阳湖古文家钱伯坰一联，包世臣《艺舟双楫》评之为佳品。周星诒一联，作隶书："如南山之寿，居东海之滨。"不啻为我而作，尤为巧合。女书家冯文凤，广东鹤山人，在沪上晤见过，后来她赴美，客死异域。袁寒云联凡二，一大一小，小的更精，是赠给某校书，为妆阁间物。

李生翁书法古拙，我有一联，后来失掉，友人蔡晨笙见赠别一联，为之欣喜。他曾以书幅寄邓散木，歪歪斜斜，款既拙且稚，散木莫名其妙，出示他的老师萧蜕安，蜕安拍案叫绝，认为天人运化之笔。又一联，署名古今镕，不知是谁，常熟友人来看到，告诉我，这是季子陶手笔。季行径怪特，人戏呼之为季仙人，他别署太公执竿人，因此杨无恙为作像赞："醉而歌，醒而舞，石屋中，陪尚父。"这联题识累累，也是很别致的。

对联约有百副左右，如沈尹默的叔岳丈褚礼堂，和小刀会刘丽川有戚谊的徐渭仁，刘失败，凡藏徐氏之书，都付诸一炬，那么这联也就物稀为贵了。又著《从古堂款识学考释》的徐同柏及其子士燕，又和陈天婴、姚寿祁等结剡社、砥砺学艺的冯君木，又邓散木从之学篆刻的赵古泥，又著《履园丛话》的钱梅溪，又著名海内的铁琴铜剑楼主人瞿良士，又擅作甲骨文的孙沧叟，又曾随薛福成出使英、法、意、比诸国的沈逋梅，又铁线篆家许松如，又自称印佣，主持西泠印社的王福庵，又陈石遗的《近代诗抄》名列卷首的祁隽藻，又梁山舟门人陈莲汀，又以党肃顺被黜的陈孚恩，又弘一法师李叔同，又创办《时报》的狄平子，又孙中山秘书田桐，又谭延闿之弟泽闿，又版本目录家莫友芝，又张得天女夫孔继涑，又主持《新闻报》笔政数十年的严独鹤，又随黎庶昌游日本，搜集书册，辑刊《古逸丛书》的杨守敬，又巢经巢主郑子尹，又任伯年子任堇叔，又旧王孙溥心畬，又梅影书屋主吴湖帆，又著《南巡秘记》的许指严，又伊秉绶后人伊立勋，又以《清仪阁题跋》负重名的张廷济，又故宫博物院院长马衡的儿子马太龙，又现尚健在的王个簃、徐孝穆等，又民国时代称段执政的段祺瑞一联，那就不知是否手迹了。

有些对联，仅剩一条，抱失偶之叹的，有鲁琪光、杨度、沈彭年、钱南园、俞白壶、杜就田、郑叔进、朱彝尊、沈信卿、易培基、李准、张人杰、袁克定、白蕉、赵眠云、程潜等，残缺不全，多么可惜啊！

除对联外，有屏条二堂，一为汪柳门、樊增祥、汪诒书、吴士鉴四人所书；一为吴郁生、陈其采、刘未林、郑垂四人所书。郑垂初不知为何许人，字迹酷类郑海藏，后才考得郑垂乃海藏之子。我在九华堂购得屏条，展堂款，原来是胡汉民家散出的，四条都是陈姓人书，有陈散原、陈苍虬、陈宝琛、陈石遗，后只留散原、宝琛二条了。又有吴讷士所书四条，讷士名本善，为吴湖帆的父亲。又徐枕亚所书四条，今缺首尾，成为无款无名的残幅。状元所书的小幅，有缪彤，有徐郙，有彭定求。翰林则有沈淇泉、查声山、李盛铎、宝瑞臣、屠琴坞、秦曾璐、胡炳益、陈廷庆、张祥河。较早的，有明代的李应桢、王渔洋之兄王士禄，但为残页。又灵鹣阁主江标。自沉于吴门梅村桥下的乔大壮。昆山擅鸡颖的余天遂，哭庵易顺鼎，和纪晓岚同修《四库全书》的陆锡熊，举世皆称和事老的李鸿章，俞振飞父亲俞粟庐，编刊《全清词》的叶恭绰，江南老画师偶或作书的吴观岱，吴禄贞秘书骆亮公，包安吴论书列其行书为逸品的巴慰祖，沈三白从之学画的袁沛，藏姜白石玉壶冰琴，自号壶冰道人的陆增，创办《神州日报》载沈佩贞《醒春居趣事》，致沈氏率领娘子军捣报馆的汪瘦岑，劾广东科场枪替，声震于时的吴光奎，瓯北裔孙赵椿年，佛学大家欧阳渐，张夕庵子张深，著《清代科举考试实录》的商衍鎏，自号后乐笑翁的张丹斧，画兰名手顾南雅，旗人铁保，作《治家格言》的朱柏庐，参权贵荣禄、刚毅、李莲英被祸入狱的沈北山，这是狱中所书慷慨激昂的诗幅。郑大鹤的横幅，录《迟红词》十四阕，负才使气的秦宥横，他自榜门联云："四壁图书生葬我，千秋孤寄冷看人。"其狂可知，他尤自矜书法，我这一幅，当然也在他自矜之列了。姜殿扬楷书录《梅花赋》，更属我纸帐铜瓶室长物。又特大的尺幅乃赵执性录柳宗元文数篇，他号秋谷，著有《谈龙集》《声调谱》《因园集》《饴山文集》，书法仅其余事。又日本人头山满的草书，他和宫崎寅藏齐名，与孙中山友善。陆丹林曾有《黑龙会及其首领头山满》一文，载《逸经》杂志。

书 册

藏书谈何容易，主要条件，本人邃于版本目录学，又生活有余资，居住有余屋，否则好版本经眼，未免坐失，精刻本没有钱买，大部头书没有橱架安插，那就只得望书兴叹了。我读了好几种藏书记事诗，如叶昌炽的、伦哲如的、徐信符的、冼玉清的。此后，吴中王佩诤继叶昌炽后有《续补藏书纪事诗》，凡一百二十余首，那就涉及我熟稔的朋友，如王蘧常、范祥雍、潘景郑、顾廷龙、瞿凤起、谢国桢、冒鹤亭、顾颉刚、陈乃乾、吴眉孙、王藻川、金息侯、卢冀野、蒋吟秋、巢章甫、王培荪、王欣夫，又胡石予先师，读了益形亲切。我是个荒学的穷小子，谈不到藏书，仅仅是爱书成癖，节衣缩食，积存了数千卷，编了个书目，也就沾沾自喜。我爱书爱到了怎样程度？说来也可笑，记得王子猷爱竹，有那么一句话："不可一日无此君。"此君指竹而言，我也不妨借用这一句，此君指书而言了。所以我每到人家去，首先留意他们的藏书，倘看不到一帙半册，我就很诧异，他们是怎样生活下去的？我购置了数千卷的书，地位有限，满橱满架，无可容纳了，扩而充之，座头旁，榻底下，室门后，楼梯畔，都被书占据了；进一步，向空间发展，堆书再堆书，越堆越高，几乎充栋；我的偃息处，靠近书堆，睡到半夜，书忽地翻倒下来，好得是线装的，伤势不算重，但也压得我下肢不能动，挣扎了片刻，才得爬起来，把压在榻上的书，搬置地上，重行入睡。到天明，不暇盥洗，先把书堆置原处，以后是否再会翻倒，也就顾不得了。不料被抄了家，所有的书，装去七车，因此，我只得向人苦笑说："我今后可以自夸学富五车，无书不读了。"原来书装去七车，五车还是自打折扣的客气话，书一本都没有留存，教我从何读起呢？幸而后来书归还了一部分，又复节衣缩食，重行购买。凡工具书、参考书、阅读书、欣赏书，饥不择食，看到就买，虽不能恢复旧观，却已有相当的数量，渐有无可容纳之势，但我还是继续买。我友谢国桢和我有同癖，曾对我说："假定我预知明天要死，今天的书还是要买的。"说得多么风趣啊！

我自以为最可珍的，是一部《月屋樵吟》，乃手抄本，分上下两册。这手抄本不同寻常，不仅字迹秀逸，读来悦目，且经常熟翁心存、翁同书、翁曾源三人之手。心存和曾源，是祖孙状元，那是多么难能可贵！书的渊源，详于心存一序，爱不惮辞费，节录于下：

> 《月屋樵吟》四卷，元黄庚撰，庚字星甫，天台人。此本书名卷数，与《读书敏求记》所载正同，而缺清常道人跋。《四库全书总目》则作《月屋漫稿》一卷，提要云："集首自序泰定丁卯作，而此本无之。"提要又摘其五七言警语凡七联，而"柳色独青眼，梅花同素心"二句，此本亦佚之，不知何以互异也。道光戊戌夏，予乞养归里，有书贾持是书旧抄本来售，为吾邑张氏爱日精庐故物，索值甚昂，予长子同书、长女绛龄，以故纸录两卷，并详记其篇页行款，一夕而毕，以原书还之。予首抄八页，以事中辍，藏其稿行笈。今年冬，乃命次孙曾源缮成之。呜呼！予自归田后，遂天伦之乐者二年耳。庚子以来，干戈俶扰，骨肉凋零，回忆十六年前，一堂融泄，家室团圞，

此乐何可复得耶？咸丰三年癸丑冬十二月二十八日，大雪盈尺，拙叟翁心存书于京邸之亦种竹轩。扉页又有"此书付曾源藏之，咸丰甲寅九月九日，拙叟记"数字。自归我家，钤有金贤宷、高吹万、陆丹林过目印，又邓秋枚之风雨楼印、边政平之君子馆印。

《寒云集》，是袁克文（寒云）撰，易实甫选定，仿宋体红印本，刊于甲寅夏日。当时印数不多，是贻赠亲友的，外间很不易见，并克文自己也没有留存。他的老师方地山（无隅）检到残册第一卷及第三卷，交给克文，请他自己好好保存，并亲自题了一首诗，写在书页上："人间孤本寒云集，初写黄庭恰好时。手叠丛残还付与，要君惜取少年诗。"可是克文终不自惜，又复任诸散落，结果，辗转落入我手，什袭珍藏。及"文革"，我所藏失坠殆尽，经过十年，得以见还，然仅什之二三，而这集却在仅有二三之中，不可谓非奇数。首有闵尔昌题词。诗有《郊行循洹河吟归邨舍》《岁暮初雪》《次王介艇游养寿园韵》《与程伯葭夜坐》《哭吴北山丈》《赠杨千里》《寄怀梅真》等题。梅真，刘姓，是克文的夫人。养寿园是项城的家园。《寒云词》是克文表弟张伯驹为他所刻的油印本，承伯驹邮寄给我，上面有伯驹的眉批，附有《豹隐诗余》《庚申词》。印时，克文已下世，伯驹有一挽联云："天涯飘泊，故国荒凉，有酒且高歌，谁怜旧日王孙？新亭涕泪；芳草凄迷，斜阳黯淡，逢春复伤逝，忍对无边风月，如此江山。"诵之令人回肠荡气。《寒云日记》，影印两册，一是丙寅年的，一是丁卯年的。他每天写日记，工小楷，一笔不苟。平素名士气很重，金钱到手即尽，所以经常告窘。为了生活，不但把宋版书、金稀币质于人，甚至把所写日记也让给张学良、钱芥尘等友好。这两本日记，乃芥尘转让给刘少严的，日记写在佩双印斋自制笺上，有朱色行格，少严并制版套印，和手迹无异。当然，花了很大的成本，无非作赠品，印数仅五百本，物稀为贵，今已不易复得了。克文喜藏古钱和外国稀币，以及竹刻等等，都拓印其中，拓甚精雅，不知出于谁手。他不谙外文，稀币文字，则请周瘦鹃为之辨认。他和瘦鹃订金兰契。日记不止这两本，其他均散失。这两本为仅存的硕果。

《春游琐谈》，是张伯驹所辑的油印本，我藏有六册。听说伯驹处有第七集，以印成而"文革"起，封存不再投赠了。这书是怎样编成的？伯驹有一序，兹节录一段：

> 余得隋展子虔《游春图》，因名所居为展春园，自号春游主人。晚岁于役长春，友人来者，有于思泊、罗继祖、阮威伯、裘伯弓、单广麟、恽公孚，皆春游中人也。旧雨新雨，相见甚欢，爰集议，每周一会，谈笑之外，无论金石、书画、考证、词章、轶闻、风俗、游览，各随书一则，录之于册，则积日成书，它年或有聚散，回觅鸿迹，有似面觌。都中诸友，亦月寄一则，籍通鱼雁。

内容颇多掌故资料，更为我所喜爱。如：《曹雪芹故居与脂砚斋脂砚》《罗瘿公攒泪帖》《帆影楼纪事》《栋亭夜话图》《顾太清佚事》《琼林宴》《陆子刚治玉》《采风录》《梅兰芳画梅》《贵妃石与骊山词石》《清御用纸》《崔莺莺墓志铭与李香君桃花扇》《紫云出浴图》《贯毕阁散记》《晚清词人王鹏运》《薛素素脂砚及自画像》《刘雪湖画梅巨幅》《清微道人空山听雨图》《张学良所藏书画目录》《闹红集》等，后来写作的人扩及他处，如黄病蝶、黄君坦、夏纬明、黄公渚、周汝昌、陈莲痕、谢稼庵、陈器伯、陈云诰、张次溪、孙正刚、卢慎之、戴亮吉、胡蘋秋、叶恭绰、肖锺美等，都为执笔。我和陆丹林远在上海，也为他写义务稿，我写了两篇，一为《纪宣南修禊图》，还有一篇，似乎《纪夕阳红半楼事》。伯驹自己写的很多，如《谈展子虔游春图》《陆士衡平复帖》《杜牧之赠张好好诗卷》，收购的几件名迹，更为翔实。河南中州书画社，以伯驹为中州人，把《春游琐谈》铅字排印，奈进行迟迟，伯驹逝世，已不及目见了。伯驹于逝世之前，曾和他的夫人潘素合绘一花卉赠给我，是值得纪念的。

《佞宋词痕》是吴湖帆自印的词结集，挺大的一册，章行严题签，题序者有冒鹤亭、叶遐庵、汪旭初、瞿宣颖、向迪琮、杨千里、潘景郑、龙榆生、孙祖白、文怀沙等，均一时名手。遐庵以湖帆词中题梁萧敷敬太妃双志、隋常丑奴墓志、董美人墓志、齐侯壶、邾钟等，乃称誉之为"几使明诚《金石录》与《漱玉词》合而为一"。共五卷，补遗六首，附《绿草词》，那是他夫人潘静淑遗作，吕碧城题签。所谓绿草，乃以潘夫人名句"绿遍池塘草"而命名。又外篇《和小山词》，冯超然题签。最后为冒效鲁跋，所有文字，都原迹影印。《佞宋词痕》，湖帆自书，未竟，周炼霞为之续书。我经常到湖帆家，某日往访，适《佞宋词痕》由装订作送到，湖帆欣然，即以一册为赠，说："这是送人的第一册，真可谓先睹为快了。"湖帆别刊《绿遍池塘草题咏册》，请海内画家，以这句词意作图，有山水，有花卉，有仕女，各具机杼。又请海内词家，以这词句作词，制版印成一书，湖帆赠我一册。

《校注项氏历代名瓷图谱》，这书是八开本式的线装书，黄色绸面，烫上真金，灿然永不变色。许宝蘅篆书题签，标明："中华民国二十年，定兴郭葆昌校注，美洲福开森参订，北平鳣斋书社印。"中英文对照。首冠一序，述及该书渊源，如云：

> 谱为项墨林晚年所作，选生平所见所藏宋元明诸窑名瓷八十三器，一一为之图解，区分类聚，勒成七册。虽托体于考古博古诸书，而图施彩绘，精进益善。

原本清光绪中叶，出于怡王邸舍，考姜绍书《韵石斋笔谈》载：

> 顺治乙酉岁，大兵至嘉禾，项氏累世之藏，尽为千夫长汪六水所掠，荡然无遗，此本当亦捆载而北。比入怡府，百余年扃秘弗彰，故好古之士，未尝称引焉。既自怡府散出，遂为英人卜士礼博士所得，携之英京，旋毁于火，幸而未归卜府之前，画师李澄渊尝为人临写数过，一线之延，赖以不绝。卜氏后复求得李氏摹本，据以译印，海外流传甚广，欧美瓷籍，莫不滥觞于此。吾人于卜本之外，更有李氏临本，而较卜氏所据者为时差先，互相校勘，微有出入，始知怡府所藏，当为墨林祖本。

贾瑞龄摹项墨林像，一老人坐树根所琢的椅上，微袒其胸，旁为树根小桌，置列一香炉，意致洒然，若忘尘俗。墨林著书砚，为澄泥质，作鹅伏形，正面及底面，影印绝清晰。这砚于民国三年，福开森得之旧京厂肆。墨林原序亦附入。书汇十册为一巨册，名瓷八十三全备，彩绘之精，为历来所未有，题识既雅，侯官邵循恚缮写之秀媚，又足以副之。朱笔圈点，亦极醒目。宋代的，有定窑仿古文王鼎，紫定窑仿古蝉文鼎，官窑的冲耳乳炉，哥窑五峰砚山，龙家窑高足豆水丞，钧窑双凤小尊，汝窑小圆觚，等等。元代的，有枢府窑暗花蒜蒲小瓶等。明代的，有宣窑青花龙文小砚，成窑五彩燕脂盒，弘治窑娇黄葵花茶杯，宜兴窑变朱红龚春茶壶，永乐窑脱胎龙凤暗花杯，等等，古色古香，耐人玩赏。书外加一套，挖嵌为云朵形，取法《四库全书》之进呈御览，非巧工不办。

《左文襄公年谱》共十卷。所谓文襄，乃清吏左宗棠的谥法。这书是湘潭罗正钧所纂辑，光绪丁酉冬月湘阴左氏校刊。扉页有秦翰才的亲笔识语：

> 十数年前，在上海购得《左文襄公年谱》一部，失于淞沪抗日之战，流亡至西南，又在长沙购得一部，太平洋之战，失于香港。胜利返沪，道出北京，又购得一部，谷声兄来书借阅，因时须参考，未之应允，别购一部以寄赠，爰识数语，以为纪念。一九五〇年十二月三十一日，秦翰才。

识语所称谷声，为溧阳人，彭姓，和我很熟稔。他客死西陲。《年谱》归其哲嗣长卿，时深恐遭祸，不敢藏，欲毁之，我大胆留存，迄今未失。这书已难觅于坊间了。翰才专收年谱，有《年谱谱主名录》一册。计谱主九百十八人，外国人二十八人。谱主共一千四百有四人，因有一人数种谱的。他这本名录，截至一九二七年所收为限，此后数十年，定必大有增益，不知尚有续编与否。我为高吹万写年谱，未完成，翰才续十余万言，这个年谱，《名录》也没有列入。翰才研究西北史地，《左文襄公年谱》为重要参考书之一，毋怪他一再访觅这《年谱》，不能离舍了。在这《年谱》附识中，颇多耐人寻绎语，如云："人生读书，得力只有数年，十六以前，知识未开，二十五六以后，人事渐杂，此数年中放过，则无成矣。勉之。""道光朝，讲经世之学者，推默深与定庵，实则龚博而不精，不若魏之切实而有条理。""天地间人与物，早成者必早毁，以其气未厚积而泄也，学业亦然。"翰才撰有《左宗棠传》四十万言，未刊，我曾录其概目。

书册续

　　《画梅赘语》，是胡石予先师遗著，从未刊印成册，而是我搜罗手抄的，凡数十篇。先师是南社耆旧，因此篇中颇多涉及南社诸子，如高吹万、高天梅、柳亚子、胡寄尘、傅屯艮、钱剑秋、余天遂、姜可生等，坛坫风流，壶觞雅集，具有掌故资料。先师画梅，虽云无所师承，实则当弱冠时，曾得管快翁墨梅数幅，由此启迪。后遇快翁，翁告先师说："作画不可拘泥画稿，但取笔意可耳，异日成就，自有左右逢源之乐，虽写千幅，构局无一本雷同者。若一一临摹，便终身脱离画稿不得也。"所以先师画梅数千幅，章法各各不同，大都以干取势，以枝取朵，以花朵取妍致，以苔点取古泽，笔墨在画家画与文人画之间，得者珍之。《赘语》不仅金箴度人，嘉惠后学，且录存其题识，隽趣殊常，亦极耐人玩索。先师尚有题画梅诗百绝，续题一百首，我都曾抄留。

　　手抄本，尤其出于名人之手，那是很珍贵的。我藏有高吹万早年自录诗一册，题名《日本中兴先觉诸人题咏》，如德川齐昭、藤田东湖、藤森天山、堀田正睦、岛津齐彬、西乡隆盛、梅田云滨、桥本左内、吉田松荫、六桥讷庵、宫部鼎藏、真木和泉、平野二郎、川上弥一、高杉晋作、武市瑞山、驹井跻庵、清水精一郎、赖三树三郎、中山公子忠光等。每人附一史略，题诗均为五绝，具有史料价值。这是吹万季子君宾见贻，君宾有附注："此先君少作，时年二十四岁。"又有署本方的跋识："以二十字包括各人一生，作列传读可，作史论读亦可。余去秋亦有此作，今而后知后来居上矣。"据我所知，顾灵石，名本方，字景洲，号九烟，又号漱铁和尚，江苏松江人。一八七七年生，一九〇二年卒。他是高天梅的表叔，著有《漱铁和尚遗诗》，吹万为作序。吹万居金山张堰，辟闲闲山庄，藏书三十万卷，日军侵扰，散失殆尽，唯《诗经》一类之书，以爱好弥笃，先期运出，得以保存，抄有《吹万楼藏诗经目录》正副两部，既而吹万窘于生计，乃以所藏《诗经》割让上海复旦大学图书馆，《诗经目录》正本随书而去，副本给我保存，抄胥有误，吹万朱笔加以改正。

赵叔雍有宅在沪市南阳路，榜之为"惜阴堂"，叔雍病死域外，书籍散出，我购得钤有"惜阴堂藏书记"印章的精楷钞本《李长吉诗集》二册，叔雍亲笔作跋：

> 丁巳仲春，静宜轩主人忽抽暇写昌谷诗四卷，外集一卷，水晶帘幕之前，得一雅人，搦管抄书，洵奇韵也。昌谷诗温雅流丽，石破天惊，心灵腕力，千古一人，玉溪生悲雄之处，不能过也。而世间刊本，谬误累篇，此自叶衍兰写本转抄，遇舛即为校正。衍兰书法秀润，有《金刚经咒》诸书传世，而主人秉笔，初不肯多让也。高梧赵尊岳记。

原来静宜轩主人，为叔雍夫人季淑的别署，闺阁笔墨，更属可喜。

丁福保贻我《万劫余生》说部手译本，始终没有刊印过。封面上丁老有识语："此书于卅四年一月初旬，费六日之力阅毕，真小说中之奇书也。畴。"丁老别署畴隐居士，故署一畴字。首冠生可一序，叙该书内容："此书为美国亚沙司特原著，方出版（指原著），即编为活动影剧，代价金元二百万，洵近今小说中之名作。书中所叙，为距今二十年前，有凶徒外号'铁爪'者，率党横行美洲，挟其宿仇，报复不已。女子玛莲，首当其冲，濒于死者屡矣。幸有幕面者一人，仗义任侠，出其鬼神莫测之手段，竭力救护，与'铁爪'抗，'铁爪'屡经挫败，奸谋始不获逞，终至自丧其躯，党亦星散，玛莲遂许身幕面人以报之。全书波澜重叠，出人意表，文字更如生龙活虎，不可捉摸。余友罗君祝平，译为汉文，余不自揣，润色一过，所望海内通人，有以教正之也。丁巳九秋，生可识。"书用文言体译，计九万六千言，分二十五章，文笔练达，不亚林畏庐，字亦秀逸，写于行格册中。

张廷济，字叔未，嘉庆戊午解元，著有《金石奇缘》《墨林清话》《枝馨堂诗集》，斋名"清仪阁"，我藏有《清仪阁试体诗》手稿本，钤有"清仪阁""八砖精舍"二朱文印。这是科举时代的试帖诗，如赋得点溪荷叶叠青钱，得溪字五言八韵，赋得殿春芳，得春字五言八韵；赋得细听渔樵话六朝，得樵字五言八韵，赋得朱柑绿橘半甜时，得甜字五言八韵等二十八页，颇多抬头，如"宸衷""圣世""液池""重华""天容""元音"等，涉及皇帝君上，必须另行高一格写，否则将认为大不敬被斥。其诗有作于嘉庆的，也有作于道光的。

南社烈士周实丹，别署无尽生，辛亥革命时，与阮梦桃同举义旗于淮上，被清吏杀害。事前，曾与南社诸子会于金陵，谒明孝陵，观方正学血迹石，登北极阁，辑吊古伤今之什，刊《白门悲秋集》，流传极少。我在冷摊上购得一册，封面上且有周烈士手书"梦龙孝廉大诗家粲政，无尽生供"十三字。后来我又得烈士书札一通，谈及商榷刊印《悲秋集》事，便将该札亦粘存集中，作为南社文献。

《江烈女清芬集》，那是表彰甘泉江子云女殉节的，我所以珍视这本书，原来其中颇多刘申叔（师培）的亲笔题识。申叔的手迹，外间是不多见的。题识不署申叔与师培，而署蓬宾，末页有高卷叟题字："昔年得此书于旧书肆，原写有'刘师培批'字样，余检书中数眉注及题小诗，视其笔迹，果申叔书也。时署戊戌，为光绪二十四年。我识申叔在壬寅年，其号蓬宾主人及蓬宾道人，我未之知也。顷偶阅此书，为识数语。壬辰上巳节，卷叟年七十五岁。"足补陈乃乾《室名别号索引》的不足。

《前尘梦影录》，吴中徐康所撰，康字子晋，号窳叟，对书籍字画、古器奇珍，考证殊为精审。灵鹣阁主江建霞于丁酉付诸剞劂。分上下两卷，为江氏丛书之一。我所藏为初刻本，钤有"窳叟"白文印、"徐康"朱文印。数年前，我常与苏继颀晤谈于补读轩，获见白纸大本的《前尘梦影录》，那是《灵鹣阁丛书》的抽印本，版式较大，书头特高，有范祥雍、杨静庵的眉批，细字累累，颇有见地，我向继颀借归，录有一册，附于书后，且注明行页，以便索检。

柳北野获得《讱庵诗稿》手抄本，写在飞翠轩制红条笺纸上，字极工致，标题为第三册。北野不知讱庵为何许人，出以见询，我一望而知是林子有的手稿，告以林氏名葆恒，号讱庵，为林赞虞侍郎绍年之子，刊有《落花诗》一册。一度借居郭则沄的蛰园，辑《词综补遗》一百卷，绘有《蛰园勘词图卷》，题咏者数十家，图卷藏我笥衍。北野以我对林氏很熟稔，即把这诗稿举以见赠。诗如听鹂馆云："野老能谈卅载事，宫姬曾驻七香车。"又如："草色宛如袍袖绿，梅花已压帽檐低。"又："一樽绿酒酬佳节，廿载黄花负故乡。"诗多可诵，惜未刊行。

毕倚虹逝世多年，我最喜读他的长篇小说《人间地狱》，他给我的书札照片等，深惜已失，所留存的，仅他所辑刊的《销魂词》，继徐乃昌的《闺秀词钞》，选词九十五家、二百三十四首，标署"仪征毕振达几庵钞"，为天贶楼自印本，流传不多。我这一本，封面上有"倚虹寄赠逸梅先生，时壬戌十二月"。壬戌，为一九二二年，距今已六十余年了。

伦明著有《辛亥以来藏书纪事诗》，闻曾载某报，我没有看到，仅见叶恭绰的《矩园余墨》附录一部分，非其全豹。幸同乡王佩诤录有完整稿，苏继颀向之借抄，我看到了喜不自胜，再由苏家转录。苏本经范祥雍、陆丹林校阅，丹林熟知伦明其人，附记伦明设书铺，以珍籍运销域外，颇多丑诋，苏认为毁之逾分，把它删去。按：伦明，字哲如，广东东莞人，精版本目录学，辟续书楼，校书其中，自题检书图，有"千元百宋为吾有，眼倦灯昏搁笔初"之句。徐信符的《广东藏书纪事诗》详述其人。

《黄荛圃年谱》初刻朱本，为江建霞所藏，以赠褚德仪礼堂，辗转归我。褚钤印很多，又亲笔写一跋识：

> 灵鹣先生，博学嗜古，凡金石刻辞、宋元椠本，爱之如性命，通知外事，谈天下事口若悬河。以翰苑擢总卿，戊戌以党事罢职，侘傺以没。先生与予订交最后，情独亲，视余如弟。此书乃戊戌年冬同居海上所赠者，今先生墓木拱矣，展阅遗著，不胜人琴之感。光绪三十四年二月

八日，褚德仪记于嘉兴韭溪寓舍。

书法家沈尹默，是褚的侄女婿。民初，各杂志大都辟有诗文、传奇等栏，颇多吴东园作品，我也和东园老人通过几次信，且有诗赠我，他逝世是很早的。他的高足周梦庄于乙未初夏，邮赠《东园诗稿》抄本一册，字体不一，可知是好多人誊抄的。卷端，梦庄有一史略：

> 吴承烜，字子融，一字紫蓉，又字毓生，号东园，安徽歙县人，邑庠生。父经商盐城伍祐场，遂家焉。李木斋盛铎设蜚英书局于沪，聘为编辑。曾纂《文选类腋》三十六卷。光复时，徐宝山开府扬州，邀之任新安五路军秘书。晚年家居，创国粹保存社，函授诗文，桃李遍国内外。所著有经解、诗文、词曲、传奇等，朱子桥庆澜愿任刊印资，惜兵乱未果。

诗颇多与吴耳似、林菽庄、徐荔亭、沈飏民、郭退耕、汪诗圃、唐忍庵、朱粥叟、黄默庵、张樾侯、方佛生等唱和之作，可见他交游的一斑。

《竹人录》，嘉庆金元钰撰，当时书方印成，即遭庚申劫火，传本很少，鄞人秦彦冲手自校写，付刻工重印。我所藏的，线装大本。末页，秦氏手钤"秦彦冲赠"四字朱文印。扉页，向仲坚诗人亲题："彦冲藏竹刻器物，皆明清竹人精品，自题其屋为'濮尊朱佛之斋'，洵不愧也。此册乃彦冲所贻，当珍秘。乙未初夏，迪琮题记。"可见这书是向氏收藏死后散出的。又《竹人续录》，余杭褚德仪撰，仿宋字印一小册，凡八十七则，庚午四月，吴湖帆题签，附有《竹尊宧竹刻脞语》二十余则，书首有褚氏亲志，累累若干页，大约印成复有见闻而补充于此的，那就较寻常印本更为可贵。后来彦冲广事征求，拟印《竹人三录》，我也供给了若干资料。可是书成，彦冲逝世，那是多么可惜啊！

《中国藏书家考略》，杨立诚、金步瀛合编，民国十八年出版，煌煌一大册，上起秦汉，下迄清末，凡生平确有藏书事迹的，甄录七百四十一人。我曾购置一本，以备翻检。不久，友人张明仁也购到一本，羼提居士亲笔增补一百十七人，订误一百七十一人，博洽可喜，小楷又精雅绝伦，明仁认为潘伯鹰手校补订本，羼提为潘氏别号。曾出示，我一见，即知出于常熟俞运之鸿筹手笔。运之，为俞锺颖哲嗣，我友天愤的从昆仲，其夫人庞镜蓉亦工文翰，和我通信，运之捐馆，为辑《舍庵诗词残稿》，羼提是运之的别署，明仁知我与俞氏有那么渊源，便把这书赠给我，我把所有白文没有增补的一本给明仁。

陈蘧小蝶自印的《蝶野诗存》，凡三卷，乃己巳至甲戌年间所存的诗，如《梦徐志摩》《与吴湖帆论画》《秋日寄钱瘦铁》《桥本关雪赠石涛画传》《招隐寄小翠》《谢张善孖大千昆仲招饮》《访沈太侔》《题江小鹣画梅》《答叶誉虎》等。曾几何时，涉及的人都物故，谅小蝶必感慨系之了。书页有"逸梅法家正。蝶"六字，钤"蝶野"二字朱文印。小蝶又有《蝶野论画》《消夏杂录》《湖上散记》，这是郑午昌所主持汉文书局代印的。

顾紫珊在吴中护龙街尚书里辟有怡园，取"自怡怡人"之意。用《望江南》词调，作《怡园词》，凡一千二百余首，删存六百首，每首第一句为"怡园好"，如：

怡园好，载酒待花邀。骚客歌词青玉案，美人罗袂赤阑桥，风度隔邻箫。　　怡园好，万木绿阴稠。闹树鸦如童散塾，巢林鹊似客登楼，风细鸟声幽。

很足耐人寻味。这书封面上，画家金心兰亲书字三行："《怡园词》一卷奉赠，尊园荷花佳种，乞赐几枝为感。友濂道长，金彰顿首。"钤"心兰持赠"四字印。

《桃溪雪》，是一部著名的传奇，黄韵珊填词，吴廷康采辑，共二十出，叙吴绛雪被寇逼坠崖死事。绛雪确有其人，才貌双绝，名宗爱，著有《绛雪诗集》，又工丹青，我友王凤琦藏有绛雪画扇，拟索观以饱眼福，奈凤琦病死，扇亦失踪而未果。传奇早毁，吴廷康重刻木板，标为"云鹤仙馆本"，我所藏的封面失去，廷康亲笔用隶书写"桃溪雪传奇"五字，下钤"康父"及"西湖散史"二印。又有"光绪初元春三月上浣重镌"数字。《墨林今话》载："康甫篆隶铁笔，直窥汉人。"康甫为廷康字，更足可珍。书端有各家题词，我又搜罗题词的遗珠，零纸录存，附于书后。

刘成禺所著《世载堂杂忆》，初载《新闻报》附刊，后刊单行本，加以删汰，我把删汰的抄录一册，所谓"仁者见仁，智者见智"，被删汰的未必都是糟粕吧！

《三子游草》，是一九一五年夏天，柳亚子和高吹万、姚石子各带眷属，同游西湖而作。内有《湖海行吟草》《武林十日游记》《续浮梅草》等，又附了许多照片，如"明湖雅集图""清波弄影图""西泠扶醉图""三谭泛舟图"等。那是三人合资印成的，作三份分派。书的底页，不标售价。吹万把分得的书赠送友人，多余的，便在松江的地方报上登一广告，托该报社寄售。这个小广告给亚子看到了，大为反对，立刻致书吹万，严辞诘责说："《三子游草》的版权是属于三人的，我也有一份的权利，既然事前没有讲明作为卖品，为何不征求我的同意，擅自出售？"要吹万立即取消广告、停止售卖。不意吹万不买账，认为他所分得的书他有支配权，不容妄加干涉。亚子也是素不买账之人，便和吹万大闹，宣布和吹万绝交。姚石子是吹万的外甥，又和柳亚子很要好，出来调停，奈石子讷讷然不善辞令，没有方法做鲁仲连，只得任之。直至一九二〇年，亚子在上海遇见了吹万，作了一首《海上逢吹万即题其寒隐图》五言律诗："重逢寒隐子，隔绝已三秋。尺幅依然在，萧疏得似否？苍凉认须鬓，忧患淡恩仇。一语还相赠，冥鸿物外休。"两人也就言归于好了。

竹刻与墨锭

我喜欢读苏曼殊的《本事诗》：

> 春雨楼头尺八箫，何时归看浙江潮？
>
> 芒鞋破钵无人识，踏过樱花第几桥。

风神独绝，诵之令人悠然意远。

偶检金西厓的《刻竹小言》，有云："竹刻传世之最早者，殆唐代赍往东瀛之尺八。从这尺八，能知乐器的外流，并考出刻竹艺术的起始。"褚德仪的《竹人续录》亦云："竹刻权兴于唐，盛于明代。"那么起始问题，确有根据，西厓所云，不是孤证了。

记得人们求孙中山墨宝，他老人家总喜欢写"博爱"二字，这博爱是爱的群众。我也自诩博爱，所爱的是具有艺术性的东西，相形之外，未免渺乎其小。前人说："贤者识其大者，不贤者识其小者。"贤与不贤，在这方面，也就显然分判了。我对于竹刻，更具特殊的爱好。若干年来，在秦彦冲处、高式熊处、朱孔阳处、徐孝穆处、支慈庵处，看到许多竹刻，有深刻，有浅刻，有留青，有贴黄等，回环映带，线纹各不相同，我颇欣羡，便也随时物色，幸运得很，居然获得数件，虽大巫小巫，相差甚远，然欲望不奢，得此戋戋，也已沾沾自喜了。

臂搁以周芷岩刻竹为代表作。所刻枝叶寥寥，有似画家的简笔，且削去天然茎节，而别用艺术的夺巧手法，使之微隆起棱，着根处又作细粒状，抚之更具妙趣，的是文房佳品。按：吴德旋的《初月楼闻见录》，钱竹汀的《周山人传》，均载其人，如云：

周颢，字芷岩，嘉定人，工画。嘉定自朱松邻父子以画法刻竹，其后有沈兼、吴之璠，咸精其艺。芷岩更出新意，作山水树石丛竹，用刀如用笔。其皴法浓澹坳突，生动浑成，当时以为绝品。芷岩多髯善饮，而性介特，卒年八十九。族子笠，字牧山，传其画法。

这段略史，可见他的刻竹艺术，迥异寻常的了。又张燕昌书、钱梅溪刻的竹臂搁，色殷然而红，益见古泽，这是丁柏岩让给我的。柏岩为著《沧桑艳》传奇丁传靖的哲嗣，传家学，多艺能，惜于数年前谢世。他收藏妇女书画扇甚多，为十五连城之宝。复编《中国妇女艺文志》数十卷，我助之考订增补，惜未刊行，谢世后，不知散落何处了。这个臂搁，为良好的纪念物，对之，似见故人。刻面文字如下：

金谷园中无数红，迎风承露尽为容。一番历乱芳菲歇，独有天花澹院东。禹门司马官高邮，属钱梅溪汇刻东坡山谷海岳诸书，而以此臂搁附刻，遂临黄涪翁与秦少游《梨花唱和诗》三十首之一奉呈雅教，爱识数语，以记一时之盛事也，燕昌书。

这个翰墨因缘，梅溪的《履园丛话》曾述及之。柏岩撮要录《丛话》一小段，粘存臂搁后面：

嘉庆二十年八月，为韩城师禹门太守刻《秦邮帖》四卷，皆苏、黄、米、蔡及秦少游书，而殿以松雪、华亭二家，时太守正官高邮。

按：嘉庆二十年为一八一五年，迄今已一百六十余春秋，然观该件的色泽红润如枣，恐年代尚不止此，或许师门嘱刻时已属旧藏之物了。又黄鞠所绘的《荻浦归渔》臂搁，夹岸芦荻，舟载鱼篓，渔人背立撑篙，似在暮色苍茫中，急图归计。按：黄鞠，字秋士，松江人，侨寓吴门，善画山水及花卉，独标胜韵，《桐荫论画》谓其："布局不少不多，不空不实，寓整秀于荒逸之中。以《沧浪亭图》见赏于梁山舟，《惠山图》及《补听松庵竹炉图》见赏于陶云汀。又尝写莫愁、苏小小等像，均有石刻。"《墨林今话》也载其人，但都没有述及他的刻竹，那就不知道画与刻是否出于一人之手了。又我常置案头的，乃石门叶瑜荪给我刻的人物臂搁，取张大风画意，一人首披风帽，策蹇徐行，大有"骑驴过小桥，独叹梅花瘦"之概。章法刀法，均臻上乘，惜竹质太新，须越若干岁月，庶饶古泽，奈我年老不及待。尚有张子祥花卉臂搁，已贻翁松禅后人宗庆。臂搁一作秘阁，那是挥毫所需。旧时作书，自右而左，有了臂搁，虽墨渖未干，不致沾染纸素。还有一个用途，纸轻易被风掀，压在上面，以代文镇。我又有钱吉生仿新罗人物臂搁，由高吹万前辈所贻，刻于红木上，不在此列了。

翻阅《竹人录》，所刻不外乎手杖、笔筒、墨床、烟管、搔背、臂搁、扇骨等，而以臂搁、扇骨为多。我也珍藏些扇骨。有一柄是何其愚作品，其愚多才艺，这扇有他的行书，有他所绘的翎毛，并扇骨也是他刻的，一手包办，谈何容易！其人去今不远，民初，他和徐天啸、徐枕亚、刘铁冷等合创《小说丛报》，风行一时。金西厓的刻竹扇，由郭兰祥书，亦纸帐铜瓶室长物。《竹人续录》载：

> 金绍坊，字季言，号西厓，精刻竹，日夕奏刀，无间寒暑。又能留青刻山水于小臂搁上，更缩摹金石文字于扇骨，残缺铜锈，均能酷肖。吴待秋为作《西厓锲简图》，

吴昌硕为题一诗。

那画家金拱北，和他是昆弟行。他一度卜居沪西北京西路成都路口，和我友金东雷同住一宅，我访东雷，拟托东雷介绍一晤，可是他患病在床，未敢惊扰，不料隔不多久，他一病不起，也就缘悭一面了。金拱北的刻竹扇，也有一柄。又常州巢章甫的书刻扇骨，章甫和张伯驹友善，伯驹一度搜罗其表兄袁寒云遗作，拟汇刊成集，章甫襄助他，我也参加其间，和他通函频频，迄今都已物故，未免睹物伤逝了。又吴仲坰所作书画扇，扇骨是花劫庵刻的，亦属近人。又叶祥本刻竹，其人待考。时代较早的，有毛意香的刻竹扇。他名怀，长洲人，与王石香、胡苣香称"三香"，著《南园草堂集》《意香剩稿》。这扇刻七绝一首，行书，很秀逸，款"意香怀"三字，并有"怀"字小印章。又杨龙石刻竹扇，款署"丙申七月摩吉金文字，吴江龙石"。丙申为乾隆四十一年，即一七七六年，距今二百多年了。龙石名澥，号石公。当时，被誉为江南第一铁笔名手，晚病偏废，不便执刀。我本有他的刻印，后失去，今得刻扇，亦足慰情。又钱叔盖刻竹扇，叔盖名松，号耐青，晚号西郭外史，钱塘人，善鼓琴，精铁笔，工篆隶山水，藏古碑旧拓，都有题跋，蓄董北苑真迹，颜其斋为"宝董阁"。这"宝董阁"印，辗转为梅景书屋物，既而沈剑知珍藏董香光墨迹，有名沪上。梅景主人吴湖帆即以该印赠送剑知，好得北苑香光，同属董姓，移花接木，无所谓也。我这把扇，一面为梅花，刻有"叔盖"二字印，一面刻"江南无所有，聊赠一枝春"十字，款"芝岑仁弟惠存，钱松"，有"松"字印。书画刻三者，都疏朗有致。又杨吉人刻竹扇，吉人名谦，字筠谷，别署益斋、冷清人、扫花客、抱瓮生、弘农、畴城小隐等号，生于康熙二十三年。《竹人录》把吉人与其父古林并列，谓：

> 彬彬儒雅，能世其家学，竹刻之外，能琢砚。余若晶玉、玛瑙、琥珀印章，俱精古，作李斯篆，写墨竹，亦入能品。

《艺林》载：

> 金冬心之白文印、金吉金印、细朱文金氏寿门书画印，乃吉人手刻。罗聘白文，罗聘私印，亦吉人刻。赵次闲甚钦佩吉人，所刻溪阴古屋，边款上刻拟杨筠谷意于退庵。所刻竹有浅刻、深刻二种，不论山水、花卉、人物，均生动有力。传世较多者，为笔筒与臂搁，较少者为扇骨。吉人七十，金冬心诗以寿之。

阅此更见我藏杨吉人扇骨的可贵。一面为"南薰在握献清凉"七字正书，具赵松雪笔意，下端有"吉人镌"三小字。另一面却为陶坚所刻。这是怎么一回事？原来这是后配的，仿佛人们丧了佳偶，从事续弦一般，陶坚所刻，即述配合事，如云："此扇原股仅存其一，吹万（与南社诗人高吹万为别一人）得之，以示况翁，断为清雍、乾时人作。《西青散记》载杨吉人谦，善击剑，工诗，摹印刻竹，皆灵妙无匹，殆其人也。世有具眼，当以为然。戊辰冬陶坚并镌。"所奇的，两股不但形式大小相等，包浆色泽，亦相差无几，为之叹绝。陶坚，字叔绳，亦有名。以上四扇，各装很精致的瓷青布盒，中衬软垫，以符扇型，非常熨帖，于此可见当时旧藏者的视同瑰宝。此外，有陈春熙刻竹扇，很工细。春熙号雪厂，又号雪道人，咸同年间有声于秀水，见《竹刻续话》，兼刻象牙各种器皿。又陈焯刻竹扇。陈焯，吴兴人，字映之，著有《归云室见闻杂记》《湘管斋寓赏编》。又黄素川刻竹扇，那是王凤琦见贻，扇面为郑大鹤书画，扇骨瞿琴峰绘梅，黄素川深刻，别有一种刀法。素川，吴县人，与韩蛟门齐名。《竹人录》《竹刻史话》，均载其人。

墨为文房四宝之一，我所藏不多，后来所存更少，如"绿天挥洒"，正面作书蕉图，反面有函璞斋藏印，印文为"墨林"二金字。又《金壶墨汁》，方形，胡开文旧制。画为二道人，衣袂飘举。又《安期生》，有安期生像，圆形，胡开文旧制。又《龙文双脊》，正面为云龙，中有"龙文双脊"四字，反面为"徽州胡开文按易水法制"数字，都非寻常之品。此外，有《万年红》朱墨，此清宫大内物，光绪十一年，安徽巡抚吴元炳进呈御用，面作金蝙蝠，飞翔云际，绝工致，是墨较市售的朱砂墨重若干倍，为纯朱砂所制。按：吴元炳，字子健，号圣言，河南固始状元吴其濬的儿子，咸丰庚申进士，散馆授检讨，官安徽巡抚，署两江总督。又《挥毫落纸如云烟》，正面为"挥毫落纸如云烟"七行书，反面为"曹氏素功"圆印，乃柳溪词人向仲坚所藏。向氏辑《玄宴室知见墨录》，这墨在著录中，装一精小匣，匣上有"艺粟留珍辛未秋日柳溪记"，为向氏亲笔。"艺粟斋"为清初制墨名家曹素功（人名，后为墨店市招）之室名，制墨以进供宸翰。素功子孝光，孙西侯，继承其业。著有《曹氏墨林》一书。这锭墨作长圆形，出于曹素功本人亲制。又"涤生相国临帖之墨"八金字，反面"浃髓沦肌受业毛有铭奉橄皖南军次海阳监制"，侧有"徽州老胡开文制"，上端有"顶烟"二字，那是定模托墨店代制，不出售的。又《随月读书楼墨》，扬州江氏制，江氏藏书极富，有名邑中。是墨小方形，正面"随月读书楼"五字，反面"乾隆甲子"，右侧"曹素功监制"，左侧"江汉亭选烟"，这是姚虞琴见赠的。又《吴清卿学篆之墨》，清卿为画家吴湖帆的祖父大澂。正面为"吴清卿学篆之墨"七金字，反面兰花一丛，上题"楚畹清芬国宾并刊"，侧为"徽歙曹素功来孙尧千制"，顶端有"贡烟"二字。又《聪训草堂藏烟》，正面有"聪训草堂藏烟"六隶书，反面为"旷公己丑八十制墨纪念"。旷公为皖中诗翁汪允中的别署，名定执，著有《慕云文存》及《诗存》若干卷（报界别有汪允中，非旷公）。子改庐，著《改庐笔记》《黄宾虹年谱》。孙孝文，亦擅辞翰，此墨就是孝文赠我的。又《复堂填词墨》，四锭装一闽漆方匣，正面为"复堂填词墨"五个金字，反面为"斜阳烟柳图"，细致可喜，上面有"选烟"二字，右侧为"苍梧室制"，这是仁和词人谭复堂所用墨，藏之有年。顷见周绍良所著《清代名墨谈丛》一书，列入谭献墨，献为复堂之名。《谈丛》载：张子高有复堂填词墨，其《己丑祭墨绝句》第十七首云："非人磨墨墨磨人，词客递传弥足珍。莫道填词图未见，斜阳柳烟已传神。"注云："复堂填词墨，背有图，题'斜阳烟柳'四字。"仁和谭献，字仲修，别号复堂，著有《复堂词》，自题复堂填词图有句云："斜阳太苦，独自上高楼，迷离望眼，不见送君处。"情景与墨背图合。此墨为玄尚旧藏，近殁，旧墨小部散出，予购此作纪念，玄尚亦词人也。据《谈丛》，谭氏尚有《复堂著书之墨》作椭圆形，我未收藏。谈到张子高，我就想到数年前，倪寿川赠给我一本《四家藏墨图录》，许多稀世的名墨，就是张子高、叶恭绰、张䌹伯、尹润生四人所珍藏。其中张䌹伯的大都散出，我友钱荷百买得了一二百锭，荷百曾携到寒舍，供我玩赏过，的确是很大的眼福。这四家如张子高标为"石顽墨艳之室藏墨"，有程君房、廖天一、汪春元绣佛斋写经墨、方于鲁文彩双鸳鸯、金玄甫玄都玉、汪时茂千芩等十八锭。叶恭绰标为"遐庵藏墨"，有宣德龙香御墨、方于鲁五岳藏书、吴闻礼赠钱牧斋等二十一锭。张绚伯标为"千笏居藏墨"，有吴去尘崇祯年造墨、桑林里仪卿焦桐琴墨等十九锭。尹润生标为"意竹簃藏墨"，有吴中伯溪提金汁胜兴、程公瑜大国香、汪昆源紫茸香等十四锭，都有题识。拓墨出马叔雍手。张子高谓："拓墨之技，视拓金石为尤难，润纸有燥湿之分，扑墨有浓淡之别，以至手法轻重，必一一适如其分，然后于墨体无损，而原物之精神可以映发而无遗。"凡此种种，非亲自经历，决不能深知其甘苦。这本《图录》，外间很少见，不惮辞费，作为我藏墨的余言。

砚与石

文房四宝，以砚最足耐人摩挲玩赏。明代李竹懒以"六砚"名斋，尤以紫桃砚为最著。上海郁泰峰藏李清照砚，陈之桢藏赵松雪、管夫人砚，邓之诚藏黄石斋砚，等等，都奉为瑰宝，这些是过去的人。在我的友朋中，张伯驹购得薛素素的脂砚。刘公鲁藏有双忠砚，那是岳飞、文天祥的遗物，照耀古今，盥薰展抚。苏仲翔藏有苏东坡的"墨妙亭断砖砚"，为其钵水斋长物。女画家顾青瑶，榜其室为"十二砚斋"，其多砚可知。又高君藩有王鸿绪砚，谢闲鸥有邹小山砚，龙榆生得朱彊村砚，绘《授砚图》，云间朱孔阳有柳如是的画眉砚，这些带着脂香粉泽，更为可喜。以上种种，我目睹了一部分，自诩眼福。但我自己所获寥寥无几，未免贻大小巫之讥，只有降格以求，觍颜记述一下。

这可说是我幸运，藏有三国吴主孙皓建衡砖砚，其型质朴。按：建衡尚在《天发神谶碑》之前七年，距今已历一千七百多年了。砚的四周，刻有跋识，有些刻得较浅，已模糊难辨，可以辨别的，有朱芾的跋语，芾字友岩，德清名刻竹家。有桂馥砚，馥字未谷，曲阜人，乾隆庚戌进士，官云南永平知县，以分隶篆擅名。精于考证碑版，著有《说文正义》《札朴》《未谷诗》《晚学集》等。这砚是红木天地盖，面有"乾隆丁卯钱塘黄易藏"九字，可见是黄氏的旧物。黄易，字小松，号秋庵，官山东运河同知，精金石之学。嘉定钱氏、青浦王氏、大兴翁氏、阳湖孙氏、仪征阮氏，多与商榷论定。时边政平为此砚咏有一诗，惜已散失了。

我案头常置竹节砚，砚为砖质，一大一小，型式相同，都是圆的。砚不高，有似截取竹竿的一段，节纹棱然，饶有清致。座作根茎状，脉纹中间有一小印，署着名儿，但纤细异常，非用放大镜不能辨认，乃一"澍"字。按：胡澍，字荄甫，一字甘石，号石生，安徽绩溪人，清咸丰间孝廉，通音韵训诂之学。又明医理，著有《内经校义》一书。复精篆刻，嗜蓄书画。偶或作砚，无非与陈曼生、瞿子冶竞胜而已。这砚曾由中国民间文艺研究会蔡正常摄有影片。

计儋石砚，是朱孔阳见让的。当时我写了《记计儋石砚》一小文，兹录之于下："文人喜蓄砚，操觚染翰，不可或离，其爱之深，固无异美人之于脂粉，烈士之于宝剑也。云间朱翁孔阳，储藏甚夥，如顾二娘、横波夫人及潘稼堂诸砚，余曾摩挲欣赏，叹为连城之宝。迩来又获计儋石砚一，日前往访，蒙以见示，则端石之蕉叶白也。润之以水，有似桃花映面，光艳照人，且具一眼，火捺宛然，允为珍品。按：儋石名芬，为秀水布衣，蒋霞竹与之友善，载之《墨林今话》，谓其性嗜古、喜鉴别，凡吉金贞石、妙绘法书，以至文房清玩，靡不罗致。于端溪佳石，收贮不下三百方，而以莲叶砚为最。葺室藏之。吴江叶改吟铭曰：'叶田田，露华鲜，谁其用之？宜青莲。'昆山王椒畦为书莲叶砚额，一时赠诗者数十家。后又得红丝石砚，尤自珍秘，杨龙石、赵谷庵，俱为之铭，并镌其端曰'天下第一名砚'。己丑冬，蒋霞竹过其居，计出小册，属画得砚图，蒋系之以铭曰：'云霞幻质红复黄，自然礔碟成文章，琢为斯砚非寻常，中有脂脉助墨光。'复为刻莲叶红丝两砚石室印贻之，洵属艺林中之一段佳话。夫莲叶红丝二砚，不知流落何处，渺难目睹，今则获观仅亚于莲叶红丝之砚，阅百余寒暑，遗泽彪炳，能不称为眼福哉！砚侧镌有'石古亭'三字。其阴则为计刻，'笔耕作供，石田有用'，署款计芬。砚匣为整块红木剜凿者，厥盖有铭云：'娲皇留下补天石，伴我寒窗二十年，道光庚子夏张开福。'则此中有渊源在，计晚年以是砚投张芑堂征士。'石古亭'，芑堂名也。芑堂传诸其子开福。开福号石匏，画兰与钱籜石相媲美者。其行略亦见之《墨林今话》中。丁巳长夏，予又过孔阳之联铢阁，则是砚犹在案头。孔阳知予爱之深，承以见让，今为纸帐铜瓶室长物矣。语云：'物归所好。'信然信然。"

庚申冬，徐孝穆游肇庆，得一砚石，琢之以赠，且请寄沤词人为撰铭语："一泓水，润砚田，倚万卷，立千言。"石质细致，微呈紫光，很可喜。孝穆，吴江黎里人，为柳亚子的外甥，擅刻竹，和唐云友善，唐云家的竹物，无不出于孝穆之手刻；孝穆家的竹物，无不出于唐云之手绘。因此，孝穆集唐画之大成，唐云集徐刻之大成。孝穆又擅刻紫砂壶。

先大父锦庭公传给我一方歙砚，砚池旁琢一小果，枝叶蔓纠，殊有致。我早年写稿，常用毛笔，藉此砚不下写数十万言。近来改用钢笔，舍砚不用，孙女有慧取去，专画墨梅，那么这方砚，可称"五世其昌"吧！

我还有一方破砚，那是沈石友所琢的。以残损太甚，只能砚以人重了。石友名汝瑾，字公周，别号钝居士，江苏常熟人。工诗。《石遗室诗话》谓："石友与安吉吴昌硕至友善，集中与昌硕往来者，不下百十首，极似祥符周季贶之于桐城萧敬，昌硕刻其诗十二卷，无愧石交。"的确，石友和昌硕关系很深，前年日本东京二玄社刊印《吴昌硕信片册》，明信片数十帧，都是昌硕寄给常熟翁府前沈石友的。附刊一册，记述沈石友其人其事，即委我涉笔，五六千言。该社又请林宏作把我所记，译为日文，加瓷青布套，非常古雅。

沈石友藏砚很富，有傅青主手砚，尤为精审。闻此砚已在域外，我处却有一仿制品。石质极佳，有朱衣道人识语。朱衣道人，即青主别署。右侧石友作铭："天地一指，父子千秋，我歌得宝，愧此箕裘。"左侧则昌硕为石友得此砚而加以题镌，均可乱真。曹雪芹的《红楼梦》语："假作真时真亦假。"假假真真，也就管不了许多了。

砚拓也是我所喜爱的，贮藏了好多种。柳亚子砚，是徐孝穆所刻的亚子像。像作侧面，戴眼镜，蓄着疏疏朗朗的胡须，神色很端凝。一九五〇年，还给孝穆，留为永念。侧有老药题"柳亚子诗人砚"六字。老药是唐云的别号，时为丙辰春日。

潘景郑为文勤公之后人，藏砚多方，蒙以自用砚拓见贻，一为正方形，他的老师吴瓢庵（梅）作铭："储一泓，吐万华，姜白石，杨紫霞，吴中词学推君家，愿君努力追乾嘉。景郑同砚弟属撰，丁丑荷花生日霜厓书。"钤"吴梅"二字朱文印。景郑别有圆形二砚，一出朱梅邨画像，黄怀觉刻，高式熊题"寄沤老人小影"六字。像作正面，少壮具有神采，距今已历有年数，未免白发惊人老了。一为自铭："似镜如月，墨润质理。聊伴衰翁，挥毫任意。"

吴廷康自制古砖砚拓片，长方形，上下二端，作如意式，侧文模糊，可辨的，为"壬辰重九龙瞑吴廷康制砚赠"诸字。按：廷康，字赞甫，一字康甫，号晋斋，晚号茹芝，桐城人，有《慕陶轩古砖录》十卷。俞曲园《春在堂随笔》载："桐城吴康甫大令廷康，官吾浙数十年，嗜古成癖，至老不衰。尤善摹写，凡金石文字，一经刻写，几可乱真，洵近代一奇士也。"廷康与黄燮清友善，以吴绛雪事告之燮清，成《桃溪雪传奇》与《帝女花》同为杰作。

我最喜爱的，要算叶小鸾眉子砚拓本了。这是常熟铁琴铜剑楼后人瞿旭初让给我的。此砚小巧玲珑，作椭圆形，侧有"疏香阁"三字，砚座刻有小鸾的题语："舅氏从海上获砚材三，琢成分贻兄弟，琼章（小鸾名）得眉子砚云：'天宝繁华事已陈，成都画手样能新。如今只学初三月，怕有诗人说小颦。''素袖轻笼金鸭烟，明窗小几展吴笺。开奁一砚樱桃雨，润到清琴第几弦。'己巳寒食题。"下钤"小鸾"二字朱文印。当旭初让给我时，他以别纸写一附识："疏香阁砚，乃寒家先世所遗。先子授予，时在童年，即付装成册，但只拓片及郭麐一词，故又请徐虹隐暨张蛮公题之（徐、张系郎舅，均与余家有亲谊戚），以后复续乞友好题绘。据近人邓之诚所辑《骨董琐记》云：'是砚初为番禺何绫之物，后归何梦华，最后归龚定庵，有《赋天仙子》一词。'道光己酉大兴王佛云寿迈尝于袁浦市上得此砚拓铭征题，刊《砚缘集》行世，钱吉生为之写《听真图》，嗣又不知流落何处，可知砚铭不止一份。"题者徐虹隐名兆玮，一署倚虹，著《棣秋馆诗稿》。张蛮公，名鸿，号燕谷老人，官内阁中书，熟知晚清史事，且和曾孟朴生同里闬，交成莫逆，曾氏撰《孽海花》，诿之作续编。及曾氏逝世，蛮公承死友之遗志，赓续成三十回行世。最近，我和吴德铎重行整辑，加考证及照片，名《续孽海花》。旭初谓续乞友好题绘，绘像者陶运百，并绘《疏香阁图》。杨无恙丁丑、癸未先后连绘图二帧，各有意境。

又顾鹤逸后人公雄、公硕，各绘一图。题者有季今菖、钱梦苕、陈病树、何禹昌、陈文无。拓本归我所有，复请唐云题"眉痕砚韵"四字，已属癸丑秋日了。按：季今菖，名厚焘，字瀛山，与张敦伯齐名画苑。钱梦苕，字萼孙，一字联仲，与王蘧常（瑗仲）有"江南二仲"之号，著《江南二仲集》。杨无恙，字冠南，工诗能画，既卒，其诗由上海文献图书馆影印，陈叔通太史作序。

刻《榆园丛书》的许迈孙，名增，号益斋，浙江仁和人。他的用砚，在朱孔阳处，正方形，孔阳摹迈孙半身像，请黄怀觉镌刻于砚阴。面貌清秀，手拈其须，这是迈孙七十三岁小影。原来孔阳夫人金启静，和许氏是有戚谊的。潘景郑藏名砚五十方，经过数十年，或捐献，或易米，今所存已不多了。曲水山房藏砚，为明代文家旧物，石质有五色斑纹，是端溪上品。有陈眉公题铭，一度藏沈寐叟的海日楼，景郑获得墨拓，蒙以见贻，良堪珍贵。

我不能书，置砚三四方，聊供玩赏而已。尚有未央宫瓦砚，较常砚大倍蓰。又澄泥砚，雕十八罗汉，重数斤，案头不能容，只得塞诸屋隅，有如燕钗蝉鬓，翠羽明珰贬入冷宫了。按：澄泥砚，据《骨董琐记》云："制澄泥砚，缝绢囊置沙水中，逾年而取出，沙泥之细者已实囊矣。陶为砚水不涸。唐澄泥砚，出虢州，岁贡十砚，今不知者，率以澄泥归之阳羡，大误。"

"石不能言亦可人"，这是前人的名言。石的确可爱，我曾集现代姚明晖拜经，周武臣拜花，古代钟毓拜酒，米南宫拜石，为古今四拜。那么，米氏当为爱石的表率了。又沈钧儒的斋名为"与石居"，他搜罗了很多的石子，凡到过的地方，必拾些石子归来。不但有八达岭的、庐山五老峰的，还有苏联拉兹里夫的、伊塞克湖的，中朝边界鸭绿江畔的，来头很远。朱孔阳有清代宋牧仲收藏黑色有条纹的石子，具有些文物性，更属可贵。海内藏石有"北张南许"之说，"南许"就是许问石，他集雨花台石的精华，凡一千多枚，曾邀我去参观，这些石纹中，有梅、兰、竹、菊四君子，有《猫蝶图》《南海观世音像》《秋水共长天一色》等等，成为天然图画。他住居沪西仙霞路，距我家较为遥远，来往不便，过了一年，他再度邀我去观赏前次所没有观赏的石子，说花式品种很多，并许以若干名石赠我，留作纪念，我因循未去，不久他老人家即下世了。"北张"为张日辂，著有《万古斋灵岩大理石谱》，他还健在，最近和我通信。惜乎南北相违，无缘一观他的藏石了。又高络园老人，也是有石癖的，我为他撰了《奇石题识》，有那么几句话："石有顽有奇，顽者为弃材，奇者则妙欲入神，灵几通圣，有不可思议者在。高叟络园，寿衍耄耋，杜门养静，多蓄奇石，列置案头。分寸微物，而山林之秀，皋畴之盛，衣冠之鲜楚，靡不隐见其间。对之万类由心，千里在握，寄情寓意，其乐胜于南面……"络园擅画朱竹。我八十岁，他绘了一柄朱竹扇赠我。

我某年赴南京，特地到雨花台选购石子，装了一大袋，有一枚数毛钱的，有一枚数元的，带回来蓄于碗中、盆中，注着水，那碧的、黄的、紫的、绛的，五色斑斓，非常悦目。逢到冬末春初，植水仙其中，清韵盎然，确是一种精神享受。我又在雨花台随地拾了一些石子，原来那些五色的，是由六合运来，不是真正的雨花台产物，拾取的虽不怎样光致细润，倒是道地的雨花台石，这是我受到沈钧儒的影响，到处检一些作为点缀。奈我到的地方太少，仅检得黄山的莲花峰石、苏州的天平灵岩石、无锡的鼋头渚石、芜湖的赭山石、杭州的孤山石，比诸沈氏未免相形见绌了。

　　昆山的玉峰石，嵌空玲珑，色白似玉，配上一座儿，可充摆件。据说这种石掘取得多，行将告竭了。我这一块，太不规则，难配座儿，只得暂时靠边。又一座松化石，石质而作松鳞，峭削峥嵘，自具画意，我在座架上加一标题——"顽石苍松归太璞"，这是地层变迁，松干压成化石，约在数万年之前了。今夏，上海电视台为我家摄成"文化生活"片，这松化石和阿房宫瓦当同入镜头。那播音员说得妙："二千年的秦瓦当，在老大哥的松化石下，只得承认为小弟弟了。"这松化石是应苏舲赠给我的，他是一位市隐，工书，喜交文士，和南社词人吴眉孙仅属初交，知眉孙患疝病，无力治疗，他立即伴送医院，负担所有医药费。他又为先德先贤刊印了许多诗文笔记。而自奉却很俭朴，这是很难得的。他逝世有年，看到这座松化石，兀是怀念怆悼，有物在人亡之感。

印 拓

篆刻范围很广，凡是施诸金、玉、木、石、骨、角的，都称之为篆刻。刻印仅属篆刻之一。亡友李仲乾著有《金石刻研究》一书，讲得很详细。古今刻印和藏印的，大都有着印谱，著名的如陈介祺的《十钟山房印举》、吴平斋的《二百兰亭斋古印考》、丁敬身的《龙泓山人印谱》、陈曼生的《种榆仙馆印谱》等。晚近的如吴昌硕的《缶庐印存》、吴湖帆的《梅景书屋印选》、张鲁庵的《横云山民印聚》、陈巨来的《安持精舍印聚》、张丹斧的《敬敬斋玺印集》等，几乎指不胜屈。

我既不能刻印，也谈不上藏印，但对于文物，样样都喜爱，当然印章也撮拾一些，珍贵的不易得，就钤些印拓，聊胜于无，借以自慰。

邻人以印拓小册委题名，为题"燮理阴阳"四字，邻人似乎嫌这四字有些不伦不类，我告诉他："治印不是把白文称为阴文，朱文称为阳文吗？唯'燮理'二字，把治印比诸治国，未免夸大一些。"邻人欣然持去。我自己的印拓册，题之为"他山之石"，因为这些石章，都是他人所有，我只是钤留着些印拓而已。

我这册"他山之石"，有些是庸中佼佼，却也值得称道的。如袁随园的名章"袁枚"二白文，我平素喜读《小仓山房诗文集》和《随园诗话》，当然对这印有所偏爱了。又"耳山"两字朱文印，是陆锡熊的，耳山为锡熊别号。他是乾隆二十六年进士，历官至副都御史，以文学受文达之知，工书，诗文宏博绝丽，著有《篁邨诗集》，钤有"陆锡熊印"四字白文。又项子京收藏宏富，所有书画，大都入于大内，累累印章，赫然尚在，我的这个印拓，为"墨林"二篆文，印作腰圆式。又人像印，刻一娴雅女子的半身像，右侧有"墨琴"二篆文，是王芑孙夫人曹贞秀的。贞秀，字墨琴，一署曹娥，江苏长洲人，工书善诗，颜其斋为写韵轩，我藏有他们夫妇俩所书的诗册，既得陇，复得蜀，那是可喜又可喜的了。又"得少佳趣"四白文长方印，是石涛所刻，现藏裘柱常家。又"秋景庵"白文，丁敬身刻，亦藏柱常处。又"小草草堂"四字朱文印，金冬心刻，亦为柱常所藏。又"酒后余兴"四篆文印，为尤西堂手刻。又"一床书"三白文，古朴有致，是王澍手刻的。又"新罗山人"白文，画家之印，例必求工，否则与画不称，观此可见一斑。又"海昌徐迈叔收藏之印"，吴攘之为松椿所刻的"松椿"白文大印，攘之一署让之，为包世臣弟子，他多才艺，刻印尤著声誉，东瀛人士，很为重视。这方印藏于某日人家，抗战胜利，沪上的日侨仓皇归国，这印流落市间，沈鹏年于无意中获得，请我作一题记，钤一纸为贻。又高络园九十诞辰，得翁方纲所刻"小神仙"三字印，他大为欣喜，认为巧遇。又"烟云供养"四细朱文，黄小松手刻。又"修竹吾庐"四字竹根印，是宜兴储南强赠我的，竹根尚有枝茎，已被南强芟去，据告这是郑板桥手刻。印拓是在赠印之前寄我的。又"石门诗人"印，钱坫所刻，甚少见。又"骆文亮印""宾王裔孙"，这两方印，是骆亮公的。骆是蜀中名士，豪饮擅书，吴禄贞将军的秘书。又"觉翁饶舌"印，是王福庵为邮票大王周今觉刻的。周号梅泉，刊有《今觉庵诗》。其他有弘一大师手刻的"大心凡夫"四白文印。陈师曾为画家萧俊贤刻的名章。又"张子祥四十以后之作"九字印，又谈月色用西夏文刻一"高"字赠高吹万的印，又吴仲坰自刻"师李斋印"，吴为李尹桑的弟子，这是他斋名的由来。最特殊的两方大印，一朱文"曾受三百万倭军降书"，一白文"兴义何应钦字敬之章"，气魄很大，为吴县郑伟业（梨邨）所刻，作为抗战文献，确是很难得的。

《浣云壶藏印》，是本印拓册，签题出云常手，钤有"联铢阁"朱文印，原是朱孔阳旧藏。孔阳，号云常，有时谐声为庸丈，他的夫人金启静，"铢"字恰为"金朱"二字合成，可谓天造地设。孔阳知道我喜印拓，也就把这本送给了我，藏诸纸帐铜瓶室，其中颇多名印，第一页即为"清漪园"三字白文印，"漪"字有些残损，印是瓷质的。清漪园，是北京颐和园的前身，为驻跸宸赏之所，属于禁地，这印就很少见的了，后捐献上海文史馆。又"六一居士"玉印，说是宋代古文大家欧阳修的。又"雪堂"是苏东坡的，"君复"是林和靖的，这些名头太大了，年代也太久了，是不是真，我却带些怀疑。又"骏公"水晶印，是吴梅村的。梅村，字骏公。又文彭刻"绿窗"白文。又陈曼生刻"听香"白文印，是为江听香刻的。又"八求精舍"四朱文，极饶逸致，乃潘祖荫的斋名印。又乌程陈经的"求古精舍"印。又明代张琦"竹里馆"印。名章有骈文家孙星衍印。星衍，字渊如，生于九月初二日，贱辰恰与相同，我因此刻有"我与渊如同日生"印。又"张敦仁"印，敦仁，字古余，山西阳城人，乾隆庚戌进士，官至云南监驿道。又吴昌硕为高聋公刻"高邕"二字印，为费龙丁刻"砚蕉轩"斋名印。又朱其石自用画梅印"鬓丝不让梅花白"。又"野侯"印，是梅王阁主人高野侯的。又"高丰"印，是野侯之兄高鱼占的。其他有莫是龙、徐应秋、吴孺子、汪廷讷、钱叔盖、汪启淑、查慎行、陆日为、吴熙载、曹山彦、瞿子冶、周莲叔、赵懿、李乾斋，以及日本明治时代中井兼之的印。

我在市肆间购到没有标签的印拓册，每一名贵的印拓后有些跋语，署名石似，考得此人姓谈名恂，字道生，石似是他的号，乃无锡一位藏印家。如"容止"二字印，跋云：

此章笔锭式，纯紫铜地，篆法古雅，其色红绿可爱，确系元代以前之物。

又"舟"字印，跋云：

此章系茶晶，维扬吴方舟之印，其人善白描人物并写照。

又"清慎勤和"印，跋云：

此系牙章，有钮，明人所刻。

又"莲子居"三白文，跋云：

玉章，吴衡照，清海宁人，籍仁和，嘉庆进士，官金华教授。性萧淡，精倚声之学，有《莲子居词话》。

秦淮八艳，此印册中只有四艳之印拓，为柳如是、薛素素、顾横波、卞玉京，展之如有脂香粉泽，溢纸而出，每印都有跋语，可见藏者之珍视。

其他印章，如"家在淮南红叶邨""晚翠山房""芸阁""道在金石""事事不如人""悔不十年读书""长毋相忘""金石缘""明仆""求志斋""啬庵壬辰以后手翰""金石癖""濯足扶桑""浮生若梦""半日闲""自然"等，都是刀法章法上乘之作，但均不知出于谁人之手。

《海天楼藏印》，标签下有"寿石工先生、金禹民学长治印精品，甲戌八月拓寄君达方家，章父志"二十余字，钤一小印章"巢"字，那时在古籍书店看到以廉值购来的。巢章父，一作章甫，江苏武进人，为张大千弟子，喜藏墨，工诗，能画竹，经常和我通邮，逝世有年了。"一藏"白文，志云："此二字极难刻，庸手为之，必不能佳。""春如归"志云："放翁句，先倩禹生刻，未如意，更乞石工师深此。""巢生"，志云："西泠八家曾梦见否？""巢章父"志云："观观止矣。""藏盦珍秘"，志云："牧父之遗歂！""巢"，志云："别有佳趣。"按：寿石工，名玺，南社诗人，著有《治印琐谈》《珏庵印存》等，固于印道三折肱者，无怪章甫推重若此。对于禹民的印，所志如："禹民见贻者，大醇而小疵。""此印石工师极赏之，谓其有金石气息也。""居然汉印之作者。""禹民最长作小字印，此尚未尽其所长也。""余极爱此印。"

我尚有三册小印本，其一钤着杂印，如"彦章"朱文二字，是后梁王彦章的铜印。又"崔二写意"，是崔永安所刻的。又"吴庆坻印信长寿"。庆坻，钱塘人，与其子炯斋，都名重士林。又"翁绶琪"白文印，翁字印若，江苏吴江人，曾参吴大澂幕，官梧州知府，工书擅画，其子即翁瑞午。又"伯齐长寿""耿道冲印"，二印都是松江耿道冲的，伯齐乃道冲字。光绪乙酉拔贡，官农部，主持松风诗社。又"西苑寒云"，是袁项城第二子袁克文的。又"徐"圆印、"颂阁审定"长方印，是徐郙的。徐江苏嘉定人，同治壬戌状元，官礼部尚书。又"俞樾长寿"四字白文，金仲白为曲园老人刻的。又"增祥长寿"，汪洛年为樊云门刻的。又"止盦""陈豪之印"，陈豪字兰洲，止盦是他的号，浙江仁和人。子叔通为刊

《冬暄草堂遗诗》《冬暄草堂师友笺存》，首列清史循吏传陈豪。近人印，有"洪深"，是戏剧家。又"蔡元培印"，是北大校长。又"刘复藏书"，是新文艺家刘半农。又"天孙为织云锦裳""云间朱孔阳字云常印"，是朱孔阳时常钤用的两印。其二，大都是我的名章和闲章，如邓散木为我刻的"旧闻记者"，杨醉石为我刻的"风流郑补白"，支慈庵为我刻的"小板桥""郑文迁公"，受书铭为我刻的"郑笺"，高式熊为我刻的"灯下白头人""补白大王"，胡石予师为我刻"逸梅"印，赵眠云为我刻"逸梅"印，方介堪为我刻"纸帐铜瓶室"印，蒋吟秋为我刻"梅庵主人"印，陈巨来为我刻"胡为乎中"印，陶寿伯为我刻"三千弟子半红妆"印，青山农为我刻"逸梅长寿"印等。朱其石刻的较多，如"老树着花无丑枝""梅龛散记""逸梅藏牍"，约有五六方。又黎里蔡观鬯为刻"人澹如菊"，殴甫为刻"吴门梅痴""梅魂菊影"，沈受甲为刻水晶印"郑逸梅"。储简翁以明代象牙章托方去疾转送给我，去疾自告奋勇，刻"逸梅"印。其三，我请申石伽钤了他的常用印，如"未必千秋""二十年苦雨""梦里不知身是客""人瘦如初""漂泊自甘""香消酒醒""虚怀师竹""满目云山""苏小乡亲""柳浪""一砚梨花雨""天壤里惟有江山不老""寄情丘壑""忍俊不禁"等，是甲申冬日钤的。我还请马公愚钤了他的常用印，如"书画传家二百年""禅心剑气相思骨""薄解篆书粗传隶法""金石癖""耕石簃""家在永嘉山水窟""雁山老樵"；请青山农钤了他的常用印，如"识字农夫有发僧""破盋盦"，高吹万的"吹万楼藏书印""高氏吹万楼所得善本书"；胡亚光的"蔗翁""西泠胡氏"；程竹庵的名章，有杨千里刻，有俞剑华刻，又有竹庵的父亲自己刻"士云所得"，半白半朱，颇饶佳趣。又项养和为项兰藻爱女，书画、女红、烹调，无一不擅，惜不永年。我钤得她一方朱文印："闲处光阴女红余事画宗北宋书法南田"，凡十六字。又边成，字政平，擅书，所用印，都自己刻，说这样书和印才得统一风格，我钤有他刻的"长忆楼"三字狭长印。又陈振卿为包天笑刻"天笑九十八岁以后作"，惜乎天笑即在那年病逝香港，九十八岁以后不再有所作了。因忆钱漪兰女史曾刻一"古稀书生"四字印，祝天笑七十寿，当我七十寿庆，天笑即以该印转赠给我，并曾留有印拓。又"春草闲房"玉印，很有来历。原来画梅专家金俊明居吴中，榜其斋舍"春草闲房"，辗转为吴湖帆故居。我友孙伯亮获得这方印章，拟与湖帆易一画，未果。我便请伯亮为钤印拓。伯亮自己的印"梁溪伧夫"，也钤了一纸。又吴咨圣俞刻于江阴适园的，"如风行空无所挂碍"，为他生平得意之作。又沈寐叟二印，一"寐翁"，一"沈曾植印"，都是白文。又俞荫甫的二印，一白文"俞樾私印"，一朱文"曲园居士"，又包慎伯的"世臣私印""包氏慎伯"二印，龚心铭的"龚心铭读碑记"印，高渭泉为吴湖帆刻的"四欧堂"印，杨龙石所刻的"读书之乐乐何如，绿满窗前草不除"印。顾苓印是圆的，徐天池印是方的。赵之谦印且拓边款，那是赵氏为潘祖荫刻的，原印藏潘景郑处。最突出的一个白文印"纵横天下"，是从吴中王废基掘出的，原印藏朱孔阳处。按：张士诚于元乱时割据苏州，王废基是张氏宫廷的故址，所以那儿一带，既有宫巷，复有太监弄，这印自王废基掘的，当然是张士诚的。且如此大口气，非张氏谁敢这样自诩自夸呢？《抱冰庐印存》一厚册，是朱其石手拓的，扉页有朱大可亲笔题签，署莲垞老人。印以牙章为多，如刘旦宅、王进珊、周鸣冈等的名章，"有沽酒处便为家"等闲章。别有一册，纯是石章。

西泠印社老社友徐慕熙，名植，为王福庵得意弟子，能文能书，能画能刻，可谓全才。因此福庵称之："辞章奔走若天马，写作工秀如来禽。"他对于师门亦念念不忘，曾在《西泠艺丛》撰一文《麋砚清芬垂万年》。麋砚是福庵的斋名，我藏有他的印拓一小册，印或大或小，有朱有白，无不清隽雅逸，尤以"兼翁"一印，不求清隽而清隽，不求雅逸而雅逸，真可谓意在牝牡骊黄之外。兼翁，为陈声聪的别署，著有《兼于阁诗》《兼于阁诗话》。

谈到我的藏印，有方白莲的小印。这印两头镌刻，一为"罗聘之妻"，一为"白莲女史"，初疑为伪品，后经陈巨来、朱孔阳、边政平诸老鉴定，认为印文逸宕有致，石亦盎然有古泽，的是二三百年前物，绝非后人所能作伪。因此，我就撰了一篇《方白莲小印考》，白莲名婉仪，她生于六月二十四日，俗称荷花生日，她有一诗："冰簟疏帘小阁明，池边风景最关情。淤泥不染清清水，我与荷花同日生。"蒋宝龄的《墨林今话》也谈到白莲，谓白莲有小印"两峰之妻"，这是蒋氏友人赵静芗讲给他听的，今有实物可证。"两峰之妻"乃"罗聘之妻"的误听。虽两峰即罗聘，但印文是有出入的。印坛有"江南四铁"，即吴昌硕吴苦铁，邓散木邓钝铁，钱厓钱瘦铁，王冠山王冰铁。我有冰铁二印，一朱文"高阳"，一白文"敦古"。冰铁居吴中萧家巷，一度和我为比邻，郑大鹤很推重他。他的印谱，大鹤题识累累。又丁二仲田黄小印，"沙门老钝"，邓散木有一段文字，谓："近代篆刻家除吴缶老、泥道人外，我最佩服的有两人，一个是通州丁上庚二仲，一个是湘潭齐璜白石。他们都取法自然，没有落过任何古人窠臼。丁是从废铜烂铁中看到天然的凹凸纵横的苔锈剥蚀形象，把这些形象，运用到刻印上去，就成了自己的家数。"可知这是别开生面的作品了。又韩铸的名章，韩字冶人，清皖中画家，善作泼墨山水，宗米南宫。又王树毂的名章，王号鹿公，仁和人。他是画人物的，论者谓："所作衣纹秀劲，设色古雅，一时工人物者，无能出其右。"又王鸣盛名章，清嘉定人，字凤喈，号西庄，乾隆甲戌榜眼，官内阁学士，著《耕养斋集》。又徐三庚所刻印，徐为道光上虞人，号袖海，又号金罍山民，香港刊有《徐三庚印谱》。又铁峰所刻"茫茫野草秋山外"，得苍茫奇崛之趣。又陆培之刻印，陆字树基，富收藏，精鉴赏，擅刻石。又黄豫刻印，黄号虞山，有《印痕集》。又陈巨来刻"逸情云上"印，很有意致，我名际云，号逸梅，四字中名号都有了。其他还有钱君匋、高式熊、单晓天、柳北野、薛佛影、徐云叔、陆小康、沈子厚等为我刻的。我又请马叔平的哲嗣马太龙刻"逸梅恶札"四字印，他说："任何名章闲章都愿刻，还是换几个字吧！"我一定要他刻这四个字，结果他刻给了我。信札上钤用，实在我的字，春蚓秋蛇，不堪入目，但这四个字是很确当的。最特别的，我新取一斋名"秋芟室"，有人问我取义所在，我说："当时凡是读着书执着笔的，不是都称之为臭知识吗？我便属其中之一。""秋芟室"就是臭知识的谐声。陈茗屋听到了，连说："有趣！"便刻了"秋芟室"长方印赠给我。又杨忠明为我刻制几个印钮，伏螭飞龙，雕镂精妙。

柬 帖

记得曩年余毂民（大雄）所办的《晶报》，在报末特辟一栏，标题为《各有千秋》，花式品种很多，甚至当票、跑马票、妓院里的轿饭票，一一制版，印载出来，颇受读者欢迎。又数十年前，上海曾举行过一次柬帖展览会，我去参观了两次，其中颇多属于文献范畴，迄今尚在脑海中留着深刻印象，尤其柬帖一类，更当什袭珍藏。

丧家发出来的讣告，当然是柬帖的一种，我友高式熊，是清光绪甲辰翰林高振霄的哲嗣，他家里积存着许多讣告，式熊嫌累赘，我就老实不客气向他索取，他就一股拢儿捧给了我。经我整理淘汰，把名人的留下来，藏置箧中。这些讣告，往往附有行述，从行述中可获得许多史料，且生卒年月很正确，是编名人生卒年表的可靠依据。有些更附相片，那就更觉珍贵了。

首先来谈罗振玉的讣告。振玉，浙江上虞人，字叔言，号雪堂。精鉴赏，编著有《殷墟书契考释》《贞松堂历代名人法书》《高昌壁画精华》等数十种。他是遗老，所以这讣告更具特殊性。头衔很多，关于颁赏，例用朱文标列，如赏紫禁城骑马，赏大清历朝皇帝实录，赏金珠袖扣，赏官窑霁红杏仁花瓶，赏《散氏盘》拓本，赏御容照片，赏御笔贞心古松匾额等。甚至很琐碎的，如赏元宵、粽子、暑药、月饼、腊八粥、入座侍膳、入座听戏等，都作为光宠条目。

画家程十发很有名，刊行了许多画册。岂知数十年前，还有一位程十发，也擅丹青。同名同姓，又复同为画家，抑何其巧！我曾问程十发："您有没有前辈程十发的手迹？"他颇以没有获得为憾，我却有程十发的讣告，首页即为十发老人遗像，像为正面，须髯花白，容甚端肃，自题七绝二诗，钤"鹿川十发翁"白文印。十发名颂万，字子大，生于同治乙丑闰五月十三日，卒于民国二十一年十二月八日，年六十有八。工诗，与何诗孙、易实甫常为文酒之会。摄生之法有所谓"养静气，养和气，养生气，养无扰之气，养无欲之气"。似乎近于道家之吐纳。附有哀启，所述偏于病状经过，不及其他，实则老人刊有诗集若干种，哀启中没有提到。喜画石，嶙峋有致，晚年寓沪上卡德路祥福里。谭派名票程君谋为其子，胡琴名家程京荪为其孙，惜皆已逝世了。又徐积余讣告，积余名乃昌，晚号随庵老人，安徽南陵人。晚寓上海巨籁达路大兴里。平生交游，皆海内名辈，樊增祥以"天半朱霞，云中白鹤"比之。喜填词，与王鹏运、况蕙风、朱祖谋、冯梦华、郑大鹤赓和，有《同声集》之辑。又精金石版本，宋元刻本，旧抄旧校，源流真伪，了如指掌。藏书近百万卷。编纂《安徽丛书》《积学斋丛书》《小檀栾室镜影》《皖词纪胜》等数十种。怀宁程演生为作行述。高太史即在讣告上书一挽联："俊须眉，伟衣冠，到底不亏臣节；辑丛残，精刊椠，于今怅溯流风。"原来他于清季官江南盐法道、金陵关监督的。又夏寿田讣告，遗像穿僧服，一手持杖，一手持念珠。寿田字午诒，湖南桂阳人。光绪戊戌入京，应礼部试，以第八名捷南宫，殿试一甲第二名入词林，曾佐端方幕，他喜小玩意，尝以断碎紫檀，命工制为文具，借以自遣，随材巨细，指点成器，莫不古意盎然。他对儿辈说："因物而施，各适其用，治国之道亦犹此。"他生于同治九年，殁于民国二十四年，六十八岁。工书法，我藏有他手书《心经》一大册。那位翰林院编修程学川，晚年在沪，应南浔刘氏之聘，我也任过刘氏的西席，和他老人家很熟稔，作为忘年交。他卒于民国辛巳十二月廿八日，讣告有遗像，像赞大都出于翰苑诸老，如朱汝珍、张启后、沈淇泉、宋育德、孙智敏、高振霄、钱崇威等。哀启是他的哲嗣大鉴撰述的。学川名宗伊，海盐沈荡镇人，著有《春风草堂骈体文集》《亦勉行堂诗文集》《辽金元地理今释》诸书。此外，有袁伯夔母丧事略。又沈醉愚讣告，醉愚，石门人，著有《醉琴仙馆稿》《浮沤斋稿》及诗二千余首。又余尧衢诗人讣告。又秦子质讣告，子质名炳直，卒于乙亥十二月十七日，有书名。又光绪癸卯翰林刘凤起讣告，凤起字未林，晚号真庐老人，一号金楼峰居士，为九江朱次琦弟子。七岁为人书春联，遒劲有力，一时称为神童。晚年在沪鬻书画，且知医，为人治病。又谢凤荪别号复园讣告。曲学大家王季烈母丧讣告，其母在苏办振华女学。太史公沈淇泉为其侧室发讣告，时淇泉居上海巨籁达路采寿里，于右任辄往访之。清宗室溥叔明丧偶苏夫人，讣告有接三、禅经、伴宿、送库等名目，大约遵着旗俗，溥心畬列名期服夫兄。卜葬也发柬帖，称为窆告，太史公曹典初为其父东寅所发。

我所藏讣告，后多失之，却保存先母讣告。先母卒于民国二十五年九月二十五日，年六十三岁，由王西神署签，周瘦鹃、范烟桥作像赞。我执笔撰哀启，因我出嗣外家郑氏，为降服子。晚近以还，保存了多纸新讣告，形式力趋简单，大都由团体出面，再也不列什么孤哀子、齐衰期服孙、缌服侄孙等等了。如谢之光于一九七六年九月十四日病逝。平襟亚卒于一九八〇年八月五日，八十二岁，我和陶菊隐、陈灵犀、俞振飞、袁雪芬同为治丧委员。马万里任广西壮族自治区文史馆副馆长，卒于一九七九年十月十六日，七十五岁。又陆澹安逝世，亦附治丧小组名单，我和李俊民、赵景深、施蛰存、丁景唐列名。吴湖帆、钱瘦铁同时举行追悼，合发通知，湖帆卒于一九六七年，瘦铁卒于一九六八年。徐森玉、严独鹤、言慧珠举行追悼，合发通告。徐仲年是外语学院法语教授，吴稚晖的外甥，卒于一九八一年十二月九日，七十七岁。历史学家谢国桢，病逝北京首都医院，时为一九八二年九月四日，年八十二岁，讣告遍发各地。鉴赏家钱镜塘，卒于一九八三年六月二日，生于一九〇七年六月初七，七十七岁，讣告由上海博物馆、西泠印社具名，附家属、子、孙、曾孙名，这是例外的。田桓，字季苇，为田桐弟，卒于一九八二年六月二十二日。雕塑指画家滕白也，一九八〇年十月二十一日卒，享年八十。陈灵犀晚年任上海评弹团艺委会委员，文学组组长，逝世于一九八二年二月一日，八十岁。白蕉为上海中国画院画师，一九六九年二月三日卒。孔另境、俞鸿模同时举行追悼会，孔另境受冤昭雪，我曾集定庵句成二绝为挽，张诸灵前。诗云："天教梼杌降家门，蕙茝谗成泪有痕。终胜秋燐忘姓氏，昔年诗卷驻精魂。""一言恩重降云霄，江上骚魂亦可招。侥幸故人仍满眼，万千哀乐集今朝。"

张伯驹收藏展子虔画、陆机书，为著名收藏家，卒于一九八二年二月二十六日，讣告很小，仅似一纸明信片。实则即可印诸明信片上，岂不一举两得？朱大可卒于一九七八年八月二十三日，年八十一岁。讣告由其子朱夏、媳妇严重敏具名，上称"我们亲爱的父亲"。云间朱孔阳的夫人金启静，卒于一九八一年一月三日，年七十有九，孔阳所发的讣告，详述夫人的学历，知启静毕业美术专校，入东京日本大学，得社会学学士学位。陈柱尊女婿沈熙乾，擅诗词，任上海师范学院教授，卒于一九八二年二月二十四日，终年六十八岁。张大壮画师，逝世于一九八二年，七十七岁。陈子彝亦任职师院，讣告由其夫人严叔荷率子具名。又以往书画家没有一个不认识的杨达邦，每逢举行书画展，总是他热心代为布置，卒于一九八〇年六月二十九日，享年七十，他来访，经常驾一自行车，且擅画鱼虾，蒙他见贻一纸，物在人亡，曷胜悲悼。我所留存的讣告及通知仅此，其余一时找不到，也就不提了。

以上属于丧吊方面，也有属于喜庆的请帖。书画家赵叔孺，与吴湖帆、吴待秋、冯超然为四大画家，我藏有叔孺的嫁女帖："谨詹国历十二月八日，为次女于归彭城，敬治喜筵，恭请阖第光临。赵时棡（叔孺名）鞠躬。恕邀。"杨惠公的儿子民望，与丰子恺的女儿陈宝结婚，男女双方合刊请柬。黄岩喻志韶太史八秩正寿启，庸庵题，这是寿诞的邀请柬。庸庵，为清显宦陈夔龙的别署。列名的大都为翰苑人士，如龚心钊、朱汝珍、吴郁生、沈卫、章一山、程宗伊、朱益藩、高毓浵、谢远涵等，凡四十人。启中历举志韶著述，如《惺谔斋文钞》《经义骈枝》《慎思日录》《台州府志》，俱已刊行，尚有《七经注汇纂》《汉儒学案》《古今中外交涉考》《四裔沿革考》《清年表》《两浙文征》及手自删选《澹宁斋诗钞》十二卷，拟藉寿资为之付印。郑叔进太史七秩寿辰征文启，朱印本，列名的，有末代状元刘春霖及蓝云屏、叶尔恺、喻长霖、朱宝莹、宋育德、曹经沅、商衍鎏、刘燕翼、张启后、汪贻书等二十七人，那哈同花园的姬觉弥也列名在内。叔进为光绪甲午科探花，入值南书房，撰拟题咏文字，多出其手，书擅章草，其诞辰为七月十五日。

书画家鬻艺，例必印发润格单，如书法辄分楹联、屏条、堂幅、横幅、册页、扇面、榜书、寿屏等，且标明先润后墨，墨费加一。我有商衍鎏润格，他是写行草书的，楷书润须加半。楹联三尺至五尺八元，八尺十六元。如写墓志表传碑文，每篇五百字以内三百元，文长另议。沈淇泉太史润格，乃壬申八月重订者，时淇泉年七十一岁，是他的弟子张一麐、于右任、郭则沄、焦易堂、徐朗西、李浩然、张季鸾等代订的。他有鬻文例、鬻书例，分类甚细。黄葆戊别署青山农，商务印书馆后期所出的书册，即均由黄题签。商务的美术部主任原为吴待秋，青山农为继任者，黄擅学伊秉绶，有出蓝之誉。他的润例有二种，一为书法，一为篆刻。篆刻润格，由他自己刻石，然后拓印，黑底白字，有似碑版，分石章、牙章、晶章、瓷章、玉章、钢章等，过小过大均倍值，末附语："博雅君子，有以诗文、金石、书画饷我者，刻印以报之。"这说明并非孳孳为利。天放楼诗文润例，这是吴江名士金鹤望自订的，鹤望一字松岑，那《孽海花》说部，开始数回，即出鹤望手笔，署名金一。他不擅书，酬应之件，往往嘱他的儿子季鹤代写。晚年曾从袁雪庵培基学画。他以诗文称雄于时，诗文润例分序记、家传、墓志、碑文、题赞、祭文、行述、寿文，自题二诗附后："五岳撑胸谥傲民，搜书蓄剑未安贫。平生匡济成何语？老作长安卖赋人。""庶子春华骨态奇，卅年班范首长低。墨池余沈千金值，不遇孙阳自品题。"兀傲郁勃之气，溢于言表。吴湖帆润格，用仿宋扁字印，他问我："是不是像讣告？"因早年的讣告，大都木刻扁型宋体字，成一时风尚。最特别的，邓钝铁号粪翁，自榜其寓舍为"厕间楼"，刻一印"遗臭万年"。他的行径和常人不同，有一次举行书法篆刻展览会，请柬印在拭秽用的草纸上，印刷所接受其印件，认为从未有过的特殊品，必须付清印费，然后代印。及交件，印刷所提出须贴补损失，说是草纸质松，吸收油墨倍于常件，油墨损失必须见偿，粪翁告人，为之大笑。

上海淀山湖畔，辟大观园，占地甚广，仿《红楼梦》的建筑，什么"怡红院""潇湘馆""暖香坞""栊翠庵""嘉荫堂""凸碧山庄"等，应有尽有，不知三四十年前，上海静安寺路即有大观园，那是一家别致的看馆，具体而微，不过仅有"怡红院""潇湘馆"二处而已。伺应者均妙年女子，女侍有袭人、紫鹃等名儿，可谓别开生面。园中有画廊，经常举行画展。有一次，朱孔阳、赵俊民、钱化佛、支慈庵、宗履谷、谢之光、李栖云、熊松泉、郑佐宸即在该处举行九友画展，这帧请柬，很古雅，用红字印在汪亚尘所绘的松枝上，我迄今尚保留着。可是这九友，除郑佐宸不知情况外，余均先后作古了。颜文樑画展，沈柔坚题签，很简单，附注谢绝花篮。钱瘦铁金石书画展，都是遗作，有遗像，有作品，书有篆有隶，画有山水、花卉并附瘦铁生平简介。贺天健画展柬，也有遗像，山水人物若干幅，附天健简介及天健所用印。应野平画展柬，极精美，野平照片是彩色的，亦有简介及印章。黄幻吾画展柬，不仅用彩色照，且有彩色山水、翎毛、花卉四幅，朱红印章，可谓踵事增华。陆抑非花鸟画观摩柬，封面有苏叟自题，可知抑非晚号苏叟了。有翎毛花卉一幅，附简介。朱梅邨画展，彩色像照、彩色仕女、山水、荷花，荷花绝类乃师湖帆。张雪父国画观摩，较简单，仅山水一幅。赵丹书画遗作展览，是黑白的，有赵丹遗像，赵丹书画，首冠《雁荡龙湫图》，有王朝闻所作前言，谓："赵丹，原名凤翱，这位驰名于世界的表演艺术家，同时也是一位出众的书画家。"吴湖帆梅景书屋师生书画展，蓝底白字，赖少其书，为海墨画社、梅景书屋同门合订的，钤有"梅景书屋"四篆字印章。西泠石伽作品展览室所发柬，有申石伽作画像，有山水松竹画，简介有中文、日文。上海中国画院迎春画展，名单六十余人，如陈秋草、周炼霞、邵洛羊、刘海粟、林风眠、程十发、吴青霞等，以沈迈士年龄为最高，严国基为最稚。新春书画展，王个簃题签，附上海画院书画家名单，印有程十发仕女、唐云山水、王个簃花卉彩色画。北京画院，上海画院中国画联展，南北两画院作者名单那就多了。

其他请柬，有成都杜甫草堂举行纪念杜甫诞生一二七〇周年大会，盖有印章，我因年迈路远，没去参加。河南洛阳召开《歧路灯》学术讨论会，也没参加。上海市文史馆举行苏局仙百岁大庆书画展，在思南路馆中。又文史馆举行辛亥革命七十周年纪念活动，都是用车来接送的。纪念明代杰出科学家徐光启逝世三百五十周年，举行徐光启文献展览，这请柬是上海博物馆、上海图书馆合发的。虹口公园举办的灯影红楼玻璃工艺造型展，我应请参观，不但有馆舍，并有黛玉葬花、元妃省亲、宝钗扑蝶等人物故事。宝石展览，分宝石、玉石、彩石和砚石四个部分，我感兴趣的是砚石，有端砚、歙砚、洮砚、鲁砚、松花砚、菊石砚、天坛砚、贺兰砚、三叶虫砚，大饱眼福。弘一大师诞生一百周年纪念书画、金石、音乐展，是中国佛教图书文物馆主办的，请柬上有弘一像，内有弘一书法、刻印、春游歌曲、弘一略传。

贺年片五花八门，现在早已荡然无存。今年手边仅有梅鹿凸纹的一帧，上款"逸梅亲翁"，下面为"尚贤敬贺"，那是拍第一部中国爱情片《海誓》的 FF 殷明珠，现在她已不用明珠这个名儿，而改用尚贤了。张大千遗作展览，在上海举行，乃用大千自书"张大千画展"五字铸版的。上海民间盆景展览，乃复兴公园主办。龙华古寺香花券，印着金色宝塔七级。

南社职员表，文选编辑员宋渔父（教仁）、诗选编辑员景太昭（耀月）、词选编辑员王莼农（西神）、书记会计员柳安如（亚子）、庶务员朱少屏（葆康）、高钝剑（天梅）、黄朴人（宾虹），这是印了发给社友的。原意是加强阵容，把《南社丛刻》好好地编起来，但事实并不如此，那些编辑员各有其他任务，在编务上没有负起责任，还是柳亚子独任艰巨，硬拉了不列编辑名义的俞剑华来帮忙，才完成任务。

证令一类，也是柬帖一部分，我有上海市政令第六八四号，其文云："令陈巨来。兹委任陈巨来为本市通志馆筹备委员会采访员，此令。"其时尚在民国二十年。又文官甄用委员会所发给的一纸，纸幅甚大，四围有花卉纹。其文云："发给证书事。查陈鸿周现年四十八岁，浙江平湖人。经本会审查合格，并经呈准以荐任职仍留直隶任用，合行发给合格证书，以资证明。"下面盖印者，委员长段祺瑞，副委员长郭则沄，委员许士熊、张名振、恩华、方兆鳌、傅岳棻、章祖申、许宝蘅、何启椿。时为民国五年八月。陈鸿周，字渭渔，乃陈巨来的尊人。以上这两件，都是巨来见贻的。

名片和照片

《陔余丛考》，有那么一则："古人通名，本用削木书字，汉时谓之谒，汉末谓之刺，汉以后则虽用纸，而仍相沿曰刺。"按：刺，现今却称为名片了。我幼年时，犹见旧式名片，木刻三字姓名，印在梅红纸上，住址则印在反面右角。其人地位愈高，名片就愈大。凡拜访贵人，例用一长方形匣子，中置名片，因此这种匣子，名为拜匣。由随从仆人先行叩门，投入名片，然后司阍者通知主人，有接见，有挡驾不见。到了民初，革旧创新，名片也改用白底黑字的小型纸片了。这种小纸片，随身携带，很为便利，成为交际场中必需品。正面为姓名，用铅字排印，较雅致的，自己写或请人写，制为锌版，印成一片。我所用的，就是把王西神写给我的信封，剪取"郑逸梅"三字制版，迄今尚留一纸。也有反面用英文，那和西人交接，也可以通行而没有隔阂了。

我搜罗名片，历有年数。梅红大片，有曾国藩、谭嗣同、康有为、况蕙风、叶德辉、李瑞清、郑大鹤、缪艺风、沈景修等。小型片更多不胜计，甚至衍圣公、张天师及名校书（妓女）的花名片都有。最特别的，有朱大可送给我的蔡尔康名片，那是石印的，小小的一帧上，密密麻麻都是字，中为"震旦江苏上海蔡尔康"，下附蚁足般的细小字："字子茀，号紫黻，晚号支佛，外号铸铁庵主、缕馨仙史。清帝逊位后，改号采芝翁。"右上角，则有"四品衔分部主事，奏保经济特科，大举优行恩贡生。历办《申报》副主笔、《沪报》总主笔、《新闻报》开创正主笔、《南洋官报》采访委员，历掌《万国公报》、广学会正翻译"。左下角，则有"世居老北门内西穿星街十九号。通讯处：老西门外敦润里二十五号"。反面又罗列着他的著作十多种。这位蔡尔康，的确是报界的前辈，但不知道的看见这帧怪名片，也许认为这过于烦冗。还有一帧小而又小的小名片，这是画竹专家申石伽的，姓名三个字，用六号小铅字印。有一次，他遇到一位初次晤面的人，彼此循例交换名片，不料那人是高度近视眼，实在"申石伽"三个字太细小了，他看了半天，尚没有看出来，只得说着应酬话："久仰大名！"石伽却发觉那人把名片倒持着，为之暗笑。又吴湖帆小名片，集米南宫帖中字，或放大，或缩小，凑成统一，也是利用锌版为之的。又扬州小说家贡少芹小名片，反面印铜版照片，真所谓"立此存照"了。凡此种种，都失诸"文革"中。可是我颇有"雄心壮志"，卷土重来，在这数年时间，又复获得相当成绩。最珍贵的，是褚德彝所装裱的名片册。褚本名德仪，避溥仪讳，改仪为彝，字礼堂，号松窗，写《礼器碑》得其神髓，精碑版之学，乃沈尹默的叔岳丈。此册钤有"褚德彝"白文印、"保残守缺"朱文印。每帧名片旁，褚用铅笔写有事略，字迹极淡，大约系暂记，以备它日重行端写的。册子上没有题签，恰巧友人何禹昌来访，即请他写"寸刺留芬"四楷书。这册流散在外，被倪寿川购得。癸丑冬，寿川见贻，也就物归所好了。凡二十一帧，冠首三帧，梁同书、奚冈、钱杜，乃本人亲笔原书，红片越年久，已褪色近白。按：清代四大书家，称翁、刘、梁、王，翁为翁方纲，刘为刘石庵，王为王梦楼，梁即梁同书，浙江钱塘人，乾隆进士，官侍讲。奚冈，字铁生，工书画篆刻。钱杜，名榆，字叔美，亦以书画驰誉。以上三家，都是钱塘人。本人写而木刻的，又有吴修、吴让之、吴云、许美身、胡珽、胡琨、丁晏、吴昆田、鲍超、马新贻、李国贤、胡瑞澜、沈葆桢、曹籀、冯培元、宋绪曾、朱梦庐、翁曾荣、吴观礼、王文韶、盛宣怀、俞樾、吴文韶等。其中突出的，如吴让之的书画篆刻，冠绝当时。吴云，号平斋，善金石考证之学，有《二百兰亭斋金石记》《两罍轩彝器图释》《印考漫存》等，凡若干种。有诗文传世的，如丁晏有《愿志斋集》；吴昆田有《漱六山房文集》；倪文蔚有《两彊勉斋诗文集》；沈葆桢有《沈文肃公集》；曹籀的书法，为赵子谦所心折，有《蝉蜕集籀书》；宋绪曾，有《金陵诗汇》；吴观礼有《圭庵诗稿》；俞樾有《春在堂全集》。至若鲍超以军功官湖南提督。马新贻，字毅三，被张文祥所刺，以刺马案为小说、戏剧、电影、评弹题材，更轰传一时，尤以丁悟痴所著的《刺马见闻》为最详尽，载诸《民权素》杂志中，迄今犹留印象。

　　高式熊为高振霄太史哲嗣，太史所往来的，什九为翰苑中人，名片累累。式熊知我有此集藏，便检出数十纸见贻，遂为纸帐铜瓶室长物。我用纸粘存，装成一册，请潘勤孟为写"名标翰苑"四字为标题。此中有孙家鼐为咸丰己未状元，陆润庠为同治甲戌状元，王寿彭为光绪癸卯状元，这些状元公，以现在目光来看，不算一回事，可是当时认为"十年寒窗无人问，一举成名天下知"，那是了不起的。次为榜眼，有喻长霖，再次为探花，有冯煦、商衍鎏。三鼎甲都齐全了。商衍鎏一片，却和商衍瀛同列一纸。又徐世昌不仅是翰林，又做了民国时代的大总统。其他如张百熙、章一山、龚心钊、刘廷琛、沈卫、黄瑞麒、程叔琳、金兆丰、喻兆蕃、竺麐祥、吴震春、戴鸿慈、刘树屏、范之杰、吴士鉴、刘启瑞、刘宗标、杨家骥、陈兆文、王荣商、李岷琛、李照炜、钱骏祥都是翰林，在我这册中，翰林多于过江之鲫了。科举既废，也有授检讨的，俗称洋翰林，如颜惠庆、濮登青、吴匡时、林大闾、项骧等，那就似是而非了。也有蒙古族人荣庆，为癸未进士。又三多，字六桥，在蒙古族人中更属突出。他熟于满蒙各地方言与故实，稍雅驯的多以入诗，著有《可园诗钞》，乃樊山诗弟子。满族人有端方，号匋斋，著有《匋斋藏石记》。李家驹，为正黄旗，汉军人，官资政院总裁。又镶红旗人志锐，号伯愚，为珍妃的老师。其他有科第不高，而以著述名世，或以事迹见彰的，如汪鋆擅画梅，有《十二砚斋金石过眼录》。王秉恩参张香涛幕，首先创铸当十铜元行世。吕海寰著《庚子海外纪事》四卷。朱祖谋，号彊邨，为近代四大词人之一，著《椀鞠录》《彊邨词钞》。吴仲怡著《石莲阁诗词》，陈三立著《散原精舍诗文集》，为同光体诗代表人。余肇康有《敏斋诗存》。张祖廉与吴伯宛为至交，伯宛死，为刊《松邻书札》。严小舫有《小长庐馆集帖》行世。翁曾桂，字筱山，为燕谷老人张鸿的外舅。松溎，在清宫充满文教习。励延豫著《四明谈屑》十余卷。

梅王阁主高野侯，我见过面，却不熟稔，他的长兄高络园，能书能画，又能篆刻，和我很相契。他喜蓄雨花台石，一次获得一枚，图纹依稀有一高字，下似蹲着一犬，他喜出望外，原来他生于戌年，生肖是属犬的，我就为他撰《奇石题识》一文。他偶检劫余残物，发现若干梅红名片，慨然赠给了我，亦什九为翰苑中人，我再装一册，题"名标翰苑"，成为上下两册了。状元有王仁堪，榜眼有邹福保、余联沅。翰林有高燮曾、朱赓飏、程夔、黄中理、吴祖椿、潘遹、戴兆春、杨文莹、何福堃、崔舜球、褚成博、秦绶章等。绶章，号佩鹤，江苏嘉定人，其人很风趣，有一次，一姓王的戏问他："你是秦桧第几代？"他微笑着答道："这不必问我，您是很清楚的，我们不是在宋代联过姻的么？"王为之赧然。原来秦桧妻长舌妇正是姓王的。陈夔龙，字筱石，光绪丙戌进士，官直隶总督，著《梦蕉亭杂记》《花近楼诗》，有《水流云在图》，绘其生平经历。当时掌故专家徐一士曾有一篇《谈陈夔龙》，洋洋万言，记得很详。他晚年退隐沪上，居孟德兰路。庞蘅裳、姚虞琴等，都是他的座上客，有时为他代笔作酬应文字。他对于外间甚少接触，物价飞涨，他也不知，家人也不给他知道，恐他心不安宁。他经常斥一元，嘱备和菜（和菜，由看馆配搭，取值较廉，一元有看品数色，一自物价涨升，就废止了），家人花了很多倍的钱，叫了几盆他所适口的菜，他朵颐大快，连称"价廉物美"，实则把他蒙在鼓里罢了。他的名片，我有若干帧，分给同好和域外爱好的朋友。其他有辛亥革命时，清朝逃官余诚格，著《蒙兀史》的屠寄，精希腊文的冯祖荫，满族人多祥、治麟等。据高络园见告，这些名片都是他的戚家樊恭煦旧物。

书画家戚叔玉，也馈赠我成册的名片，可是不在手头，懒得翻检，姑置诸不赘了。其他有潘景郑、彭长卿所赠，和我自己觅得的，集腋成裘，也有很珍贵的，如金石大家莫友芝。著《左伯子文集》的湘阴人左枢。又陈石遗诗人借张曾畴片，写一便条给沈寐叟，反面且有寐叟的字迹。冷红诗人郑大鹤，更有多帧借李和钧、张履谦、章寿铭、王冰铁片，致苏州汉贞阁碑帖店主人。冰铁为江南四铁之一，和大鹤很莫逆。又杨见山借程南金片致李某，下书"如兄岘顿首"。汪洵一片较大，他是江苏阳湖人，壬辰进士，海上早期市招，大都出于他手。名本元，庚子之役，隶宋庆麾下者，后官浙江提督。于式枚侍郎借饶轸片致君直。钱绍桢，字铭伯，官兵部郎中，随使出洋。沈锦垣，字拱之，主持《点石斋画报》，其时该社所发行的石印书籍，均由锦垣题签。戊戌六君子之一杨锐片，也很珍稀，因六君子被杀，当时不敢留存，恐遭株连之祸。较近的，有同社朱其石。又九十五岁逝世的朱孔阳片，为隶书。

丁辅之为西泠印社首创人之一。他的名片，用大号铅字排印，也是梅红纸的，但较以往的名片，属于小型，那是从梅红大名片，转变为白纸小名片的过渡。白纸小名片，自经"文革"，已溃不成军，仅有的，如徐志摩、陈望道、郑振铎、况蕙风词人，又其女绵初。陈鄩片，袁寒云书，鄩为巨来原名。又胡亚光片，也出寒云手。荀慧生艺名白牡丹，反面印有"宣外南半截胡同九号"，那是他的寓所了。冯煦向用大名片，民国时代，也趋时用白纸小名片。希社诗人酒丐片，左角有"无锡邹弢翰飞瘦鹤词人，住徐家汇堂西"数字。右上角有"潘契纯先生升"六字，是他亲笔写的。南社名宿高吹万四哲嗣：君介、君藩、君湘、君宾合印一片。沈惟楚一片，三字凸起。抚之有棱。其他有冯君木、沙文若、董慕节、陈左高、郑竹友、程潜、卢冀野、胡凤子、李鹏翥、马定祥、宋连庠。外宾有武田雅哉、理查德·伯恩斯坦等，也算冶中西于一炉吧！

古代只有画像，没有照相，史籍所载，凌烟阁所绘的功臣怎样高超，顾长康颊上添毫，尤是怎样的妙笔。但比诸照相，那真实性究属照相比画像为胜。照相自西方传入、据我目睹最早的照相，为曾国藩、洪秀全，虽有人指出这张洪秀全的像有问题，是洪大全之误，但无论如何，总是初期的照相吧！

　　我喜欢搜罗些名人的照片，经过"文革"，所剩无几，然在近几年来，复有所得，也不妨就手边所有，作为谈助。书法家黄蔼农，白须飘然，戴着眼镜，奕奕有神，这是八十四岁所拍的。袁爽秋哲嗣袁道冲遗像，道冲为爽秋影印手札，知道我的同学袁容舫藏有爽秋尺牍，便托我介绍，借印成册，才和我通讯。包天笑有两帧，一单独大半身，一和美国汉学家林培瑞合摄的，这时天笑已九十六岁高龄了。袁寒云有两帧，一摄于吴中周瘦鹃的紫兰小筑中，签有寒云名，一半身较大的，这是在上海拍摄。民初小说家吴双热照，反面有"逸梅同志惠存，庚申中秋弟双热"字样，这时称同志是较少的。周炼霞女史，美人迟暮，我处藏有她青春时贻我的照片，铅黛饰容，项珠灿然，作妙睐尤具姿媚。陈小翠遗照，半身，云发覆额，状极娴静。别有一帧，在吴中天平山所摄，有天虚我生、李常觉、陈小蝶、陈小翠、丁慕琴，我亦厕列其间，则已失掉了。程瑶笙先师，朴素无华，有帧照片，是他晚年所摄。赵子云为昌硕大弟子，画可乱真，这照已色黄微暗，越年较多了。张静庐照，是一九六二年在上海拍的。但杜宇有一正面照，殷明珠有读书中西女学时的照，游泳池边的照，侧身见鬓不见容的照，又有她和杜宇在九龙寓所的照，都足以留念。女诗人范冷芳，是范君博的妹妹，这是小姑居处时所摄的。内兄周梵生处馆彰德养寿园所拍的有好多帧，都散失了，仅存一半身小照。章太炎卜居吴中锦帆路，一九三六年六月十四日逝世在那儿，这帧逝世照片，面容慈祥，有似入睡，为外边所稀见。南社诗人有高吹万、高君宾父子，有沈眉若，有高天梅，有江南刘三（季平），有姚鹓雏，有徐小淑，有李芑香，有傅屯艮，有胡朴安。又张秋石女烈士像，柳亚子的《礼蓉招桂盦缀语》，就是为秋石而作的。梅兰芳照片有两张，一与潘勤孟在缀玉轩合摄的，一抗战胜利后，他西装革履，下汽车时和客招呼，大约是摄影记者所摄的。胡蝶盛年当选电影皇后时的倩容。戏剧家有袁汉云给我的《定军山》照，王玉蓉给我的《武家坡》照，又王玉蓉和小王玉容的合影。严独鹤像是单独的。别有一帧，我和周瘦鹃、陶冷月三人合作七十寿，独鹤和他的夫人陆蕴玉都列坐着。陶冷月的单身照，是在他的"东风时雨之楼"拍摄的。陈巨来的，一在日本所摄，一在安持精舍教导女弟子张颂华所摄。铁琴铜剑楼的收藏，名闻一时，主人瞿良士半身照，也很可喜。其他如画家马万里、陈莲涛、邵洛羊、张大千、黄幻吾、滕白也、钱化佛，《玉篇》专家胡吉宣，弘一弟子佛学家李芳远，刻竹治壶名家徐孝穆，历史学家谢刚主，园艺家黄德邻，气象学家顾济之，章草圣手王蘧常，电影演员顾也鲁、韩兰根，红学耆宿俞平伯，鸣社诗人严载如，别署亚东破佛的彭逊之，《续孽海花》作者燕谷老人张鸿，人各一帧或二帧。又赵景深和他的夫人，成为白头伉俪。叶圣陶有二片，一持杖而坐，有悠然自得之概，一由其女孙扶持而行，具见老态了。又我和陈从周、富华、蔡耕合摄于龙华寺的，有我和陶菊隐、齐涤昔、吴德铎、吴贵芳合摄于青浦曲水园的，有我和赵超构（林放）合摄于和平饭店的，有我和刘海粟、金晓东合摄于上海大厦的，有我和乔奇、唐云、应野平、沈迈士、黄文翔、祝希娟合摄于朱梅邨国画展览会的，极朋好相聚之乐。又启功、罗福颐、陈巨来三人合摄一影在杭州西泠印社的三老石室前，称"三老图"，俨然今之三老，和古之三老分庭抗礼了。又柳亚子的黎里故居，整茸以谋开放，亚子哲嗣柳无忌、柳无非特访故居，和戚族拍一彩色片。照片特殊的，为邓壮节公世昌遗像，朝衣朝冠，凛然正气，边缘题识累累，细不易辨。又吴湖帆像，由照相翻成画像，再由画像翻成照相，时为丁亥正月，湖帆五十四岁。特殊而更特殊的，便是二俞图，二俞都署剑华，两个俞剑华，聚在一起，右立年长有须的俞剑华，名锷，江苏太仓人，籍隶南社，著有《翩鸿记传奇》，左立年幼的俞剑华，山东济南人，以画名，辑有《中国画家大辞典》《中国美术家人名辞典》。太仓俞剑华早故，济南俞剑华也于数年前下世了。

稀币与铜瓷玉石

铜臭与金银气，均属于庸俗的范畴，为雅人所不齿。至于集藏，那是有关文物方面，似乎又当别论。古钱代价较高，非有相当资力，不克搜罗。我是个穷措大，为了爱好，也就节衣缩食，在古玩市场量力购买了一些，聊以自娱罢了。

无锡丁福保（仲祐）辑有《古钱大辞典》，洋洋大观，我是不敢问津的。承他老人家赠送了我一部分，自秦代直至三国，成为一套，当然视同瑰宝，可惜于"文革"中失掉。现所存留的，仅大小秦半两及五铢钱若干枚。给我印象很深的，是一枚董卓所铸的制钱，既小且劣，太不像样，董卓的悭吝，由此可见一斑。最近晤见一位古钱专家马定祥，他给我一帧钱币学社摄于沐园的集体照片，有张绚伯、郑家相、戴葆庭、罗伯昭诸人，丁福保居中端坐，髭须皓然，神采奕奕，兀是令人追忆往事不置。

银币有当时普通流行的，距今数十年，也已稀见了。清时所谓龙洋，即银币反面为一蟠龙，龙为清的旗号。正面中间有"光绪元宝"四字，四周环绕着"江南省造壬寅库平七钱二分"十二字，这是分省铸造的。别有一种全国统一的，反面也是蟠龙，正面中间有"大清银币"四字，四周环绕满文，有"宣统三年"字样。在晚清时期，墨西哥的银币流衍我国，币面一鹰，因称鹰洋。这时上海有租界，西人的工部局，向店铺和居屋征收四季捐，故意抬高鹰洋，抑制龙洋，硬说龙洋银质差，付捐龙洋不收，人们只得把龙洋向钱铺调换鹰洋贴补差额，这是列强掠夺中国人的一种办法。银币规定每元库平七钱二分，我藏有库平一两的，不但比寻常的银币重，也比寻常的银币大一些。反面为双龙夺珠，中间有"一两"二字，且有满文及英文，正面为"大清银币光绪三十年湖北省造库平一两"等字，这个银币外间很少见。辛亥革命，孙中山被推举为临时大总统，南京造币厂即铸了纪念币，反面"壹元"二字，旁为嘉禾，三叶一穗，正面为孙中山侧面像。像的左右有五瓣梅花，寓意五权宪法。四周环以"中华民国开国纪念币"九字。继之为黎元洪开国纪念币，武昌造币厂造，先试造一百枚，当局觉得造像不类黎氏，令重造，我这一枚，即系重造的，反面与孙中山币同为一模，正面有黎元洪头像，环以五瓣梅花及"中华民国开国纪念币"字样，民国的"民"字，最后一笔出头，认为推翻专制政权，人民都出头了。黎元洪币，别有戴着军帽的，像亦不肖，铸数不多，物稀为贵，当时代价，一枚可值五十银币。民国三年，有袁世凯银币，像亦侧面，头较大，而孙中山侧面像较小。一般市民，称孙中山币为小头，袁世凯币为大头。袁世凯又造"中华民国共和纪念币"，像为正面，穿大元帅服，峨冠有缨，此像为意大利技师鲁乔奇所雕，甚精，造币厂诸青年从之为师。其中有一刘姓学生，造诣很高，袁世凯洪宪称帝，时合肥李伯琦主持造币厂，戏嘱刘姓学生摹刻飞龙，正面用旧模，反面则一龙矫翼而飞，一爪持五箭，取义五族一统，爪南向，以示天子当阳，且有"中华帝国洪宪纪元"八字，铸百枚，分赠内部当局人员。不意伯琦去职，模版未毁，厂方某复铸数千枚，便流到外面来了。袁氏还有中元币，标"每二枚当一元"；又双角币，标"每五枚当一元"；又一角币，标"每十枚当一元"。又有洪宪元年当十铜元，也作为开国纪念币，也很珍稀。又黄花岗纪念小银币，一九二八年福建造币厂所制造，纪念七十二烈士。有二种，一为一角的，一为二角的。我所藏为二角小币，有黄花岗图形，英文ZOCENTS。当时制造不多，甚为难得。

很特殊的，是那枚复辟纪念币，正面为朝衣朝冠挂着朝珠的张勋，反面龙旗交叉，有"复辟纪念"四字。复辟自始至终仅数天，为期短促，此为伪造品。伪造既不多，复辟失败后又被禁止，因此亦很珍稀。民国十年，有徐世昌币，这是天津造币厂所造，正面为徐世昌穿大礼服的正面像，反面图纹为居仁堂一角，左有四小字"仁寿同登"，环有"中华民国十年九月纪念币"等字。徐任大总统没有制造银币，他自联合曹锟战败段祺瑞靖国军，便踌躇满志，以为此后大权在握，有献媚的为铸此币。闻用此模版，别铸金币，代价昂贵，无力购置了。曹锟既逐黎元洪，窃揽大权，天津造币厂为铸银币，曹锟穿大元帅服，留八字须，雕模甚精。反面为五色旗，有"纪念"二篆文。民国十七年，张作霖任大元帅，铸有大元帅纪念币，正面是张正面像，穿中山装，反面亦为五色旗。段祺瑞有中华民国执政纪念币，正面为段祺瑞像，反面为嘉禾，有"和平"二篆文。此币天津造币厂造，其时曹锟被禁延庆楼，段入都主持，称为临时执政，总统和国务总理权由彼一人操之。这个纪念币，段氏是很得意的。吴佩孚任直鲁豫巡阅使时，乃自铸吴佩孚纪念币，正面戎装，勋章满胸，反面为嘉禾及"中华民国"四字，不标年份。此后通用纸币，银币绝迹。及民国二十一年，一度又铸银币，正面为孙中山侧面头像，较大于民元所铸者，反面二帆船向日东行，三鸥鸟飞翔天空。有人提出意见，谓向日而东，不啻投降日本。民国二十三年将原模除去日与海鸥，重铸行世。

　　三代铜器，为世所珍，且硕大不便贮藏，如吴中潘氏所藏者，都捐献公家。吴湖帆的吴中故居，藏有鼎、敦、钟、鬲等颇多，湖帆于甲子避难来沪，这类笨重东西，都没有带出，结果被人盗卖一空。我喜欢小铜器，有宣德炉，有六朝铜镜，镜雕镂很精，置诸案头，藉代镇纸，惜均在"文革"中失之。一铜瓶，为扶桑人仿古之作，是先师程瑶笙见贻的。红木盖，缀以白玉顶，铜质微黝而有光泽，左右有兽头环，极饶古致，我置诸蜀藤小圆桌上，美术家黄菊迟来见之，赞不绝口，且有为我摄影者。我的斋名，为纸帐铜瓶室，朋好往往见询，铜瓶是否指此？实则我之所谓铜瓶纸帐，无非以前人咏梅，颇多涉及铜瓶与纸帐。张船山的梅花诗，有"铜瓶纸帐老因缘，乱我乡愁又几年"，暗藏一"梅"字而已，所以铜瓶与纸帐二者都是子虚乌有的。有一铜罍，古朴得很，年代待考。又一铜钩，作如意形，嵌有金丝，这是古人衣带上的附属品，前人所谓"窃国者侯，窃钩者诛"，钩就是这个东西。铜墨匣较精细的，有姚茫父所作花卉，芬敷掩冉，意趣盎然。有铜印匣，是鹿城陈莲痕撰的识语，倩良工镌刻见赠的。莲痕，名廷扬，著《根香庐词稿》《京华春梦录》《董小宛演义》等，和我往还很稔，一别数十年，闻已于数年前谢世，未免兴物在人亡之感。

　　瓷器爱好者甚多，但易碎损，殊难保存。我所藏不多，自经事变，纷纷被毁，手边所有，已寥寥无几了。去岁，蒙刘华庭惠赠唐代瓷碗一个，系唐玄奘墓旁出土物，灰白色，隐隐有图纹，造型绝古朴。碗口直径17.4厘米，碗底5厘米，高度5.6厘米。宋龙泉窑仿汉洗，淡黄色，碗底隆起鱼形浮雕，碗口直径15.9厘米，碗底4.8厘米，高度4.2厘米。明代成化碟，青花环绕，簇聚有致，碗口呈瓦形，直径15.8厘米，碗底6.8厘米，高度3厘米。又成化年制敞口杯，杯内外均作双钩竹枝纹，式殊古雅，本成对，今损其一。明瓷尚有一小坛，花褐色，是金晓东见赠的。清瓷有若干品，一螺形碗，底为绛桃，外面亦为桃，有丹顶鹤及双飞蝙蝠。一绛桃碗，桃凡九枚，缀于枝头，色泽之佳，无与伦比，为最足欣赏之件。又较小的兰花碗，里面为白色，外面淡黄色，配以绿叶紫花，相映成彩，也很可爱。这许多碗，我用来蓄清泉，贮雨花台文石的。但有一麻烦，冬日天寒，防冷冻，须倾去水，文石无水蓄，便失莹润了。又一小碟，暗红色缠叶牡丹，我就把它作为兰花碗的座了，大小很相称。又青花龙凤浅盂，极细致，配一红木架。又碎文盂，不能断其时代。又刻瓷杯成对，刻瓷难度很高，友人杨为义，便是刻瓷专家，可是没有继承人，原来从他学的，大都知难而退了。两杯均刻三婵娟，一杯刻婵娟倚松，一杯刻婵娟倚石，石上有茗壶，具见逸致。婵娟着清代装，襟袖洒然，亦殊悦目。实则《红楼梦》演清代事，作图者俱作古装，甚不合理，这刻瓷人物，可作范式哩！杯附有款识"蟫隐庐主人制于泉唐"，一图章，纤小不辨。王金发与秋瑾同事大通学校，参加革命，陈巢南为作《莽男儿》说部，状侠士须眉，勃然有生气。他的孙子王小安，和我相稔，小安家有旧藏瓷器，累累以百计。日前出一小瓷凳为赠，凳深青色，四面镂空，作钱文形，据说这是插香用的。印泥缸三：一为王羲之爱鹅，一为红芍药，都属乾隆窑；一褐色龙虎，那是洪宪年制，袁世凯称帝时所造，所谓洪宪窑者便是，以所造不多，也很珍贵。有带纪念性质的，一紫菊茶杯，乃中国教育工会所赠，为我从事教育事业三十一年纪念，时为一九五七年十月，且具我款。又谱弟屠守拙，常在报刊撰写谐趣的文章，仿联珠体尤为擅长，当时有"屠联珠"之称，我由苏迁沪，他定烧了一套茶具，有盘、杯、壶，均有款识，经过战乱，仅余一壶了。又红树室主陆丹林惠赠纪念韦心丹女士小茗杯。心丹喜绘水墨山水，胡寄尘有诗咏之云："纤纤素手画中豪，不着丹青格更高。几笔江山信吾士，愿君珍重莫轻抛。"石湾瓷像二尊，一帻巾俨然、须眉秀逸，手执梅枝，令人缅怀孤山栖隐之乐，这当然是林和靖了。一苍癯老叟，衣袂飘举，前列一炉，为葛洪炼丹。塑像深具艺术性。

陶在瓷先，瓷由陶过渡而来，那洛阳唐三彩便是施釉的陶制品。釉色以黄为主，绿和白相间为辅。河南生产的唐三彩，继承了唐代陶瓷技术。我在小室中，点缀了一马一骆驼，马神骏逼真，骆驼引颈张口，双峰隆起，状态宛然，形体比例，都极匀称，虽非真品，亦属可珍。一竹节形陶瓶，瓶外别茁枝叶，洒然有清致。色深黝，分量很重，这是莫悟奇手制的。莫本魔术家，数十年前，声誉颇著，他晚年从事陶塑，作品不多。有人说："莫氏制陶器，仅仅设计，实则是裴石民手制的。"烹茶，最宜紫砂壶，味永留香，远胜于瓷。我有三具，一较高，黝中带紫；一较矮，黝中带绿，名工仿古，与市间物大有雅俗之分；一鼓腹方壶，为叶惠毓女艺人作。

友人中有邓秋枚之弟秋马，喜藏玉，我辑《联益之友》旬刊，蒙他以古玉考证文字见饷，连续登载若干期。因此我对玉器也有所好，但玉器价贵，不克多收，仅有羊脂观音及玛瑙螃蟹，一白一红，色泽湛然。又一玉佩，古人以玉比德，常以御身，我这佩是小型的。又玉钱、玉印等等，都在"文革"中失去，今在手边的，为碧玉所镌秦诏板，红木为匣，匣是长方形的，碧玉的顶为穹形，再就形配以银杏木框，那就熨帖不动摇了。一翡翠手环，这是先祖父锦庭公的遗物，质莹润，一部分为绛红的，一部分为鲜碧的。按：翡为赤羽雀，翠为青羽雀，世遂以玉之有赤有青者称为翡翠，但一般所称翡翠，大都单纯为碧色，这有碧有红，是真正的翡翠了。

水晶古作水精，《后汉书·西域传》："宫室皆以水精为柱，食器亦然。"有茶晶、墨晶、紫晶、发晶等等。我却认为无色透明者为最佳。水晶印凡二，一刻名章，一未刻。又水晶球，浑圆光泽，尤为可爱。

古人曾经这样说："与木石居。"可见木和石是有密切关系。我应松江石湖荡沈逸轩之邀，得以瞻观江南第一古松，松为元代诗人杨铁厓所手植，惜于数年前枯萎而死。朽枝堕地，我拾取其一，略加人工，成峰峦形，作为清供。余下一小枝，加工略具龟形，赠给周石窗词翁，他老人家很高兴，赋了一阕《解连环》词，一时名流，如徐曙岑、陈声聪、黄君坦、忻鲁存、柳北野、赵浣鞠、徐稼砚、寇萝碧、陈宗枢、方一苇十家和之，合刊《松蜕唱和词》一册。

补遗之一

我的集藏稿，连续写了若干万言，如什么书札、制笺、扇页、书法、书册、画幅、竹刻、墨锭、砚石、印拓、柬帖、名片、照片、稀币、铜瓷玉石等，都浮光掠影地谈了一些，究属所藏不多，有似贫儿炫富，炫不出什么名目来，只得到此结束。但把旧稿检点一下，觉得尚有点点滴滴的漏述，也就来个补遗，作为临去秋波吧！

"红豆生南国，春来发几枝。愿君多采撷，此物最相思。"这是王摩诘的一首脍炙人口的五绝。有人说："春来"应作"秋来"，究属哪个正确，我没有到过红豆的产区调查一下，也就无从证实了。红豆色殷红如珊瑚，的确可爱。我也把它作为恩物，收藏了数十枚，有江阴红豆树下（地名）的，形较大而微扁；有岭南的，形小而浑圆，色泽很鲜艳，所谓"红豆生南国"，南方所产，更具代表性。敝箧中所藏红豆，岭南产的，大都由王凤池见贻，江阴产的，大都由吴凤鸣见惠，且有带荚者，更为少见。凤鸣江阴人，前岁摄得江阴顾山乡红豆村（旧称红豆树下）的红豆树照片四帧，有正有侧，对之如身临其境，我什袭藏之。未几，又观彩色电视短片《红豆村里红豆树》，益觉亲切有味。关于红豆专书，有俞友清的《红豆集》、倪高风的《南国相思录》，这是我助他搜罗资料和编辑的，这个小册子在"文革"中散失掉，幸喜我友刘华庭却找到一册见赠。

照片最近又获得了一些，有沪南日涉园附近的"书隐楼"匾额，出于平湖沈初手笔。沈初，号云椒，乾隆进士，任《四库全书》副总裁。"书隐楼"是他的息隐处，今归其后人郭俊纶，我曾涉足其间，俊纶摄了这匾额照片见赠。清初查伊璜与吴六奇将军一段故事，谈及绉云石，《觚剩》和《聊斋志异》都载之。这座绉云奇峰，历劫不磨，现在杭州西山花圃，上尖中曲，别具嶙峋，石门叶瑜荪摄取其景，由邮寄来，赠我集藏。王蘧常为当代章草第一手，最近影印了《章草千字文》，名重艺林，我有他的一幅照片，是上海书画社王运天去访他时，他老人家正在阅看我的作品《艺坛百影》，运天快速拍来赠我的，周谷城所书的封面露出一角，有似徐妃半面。园艺名家黄德邻，退休龙华植物园，不良于行。蒙他怀念，扶杖而来，即在我纸帐铜瓶室中摄了一彩色照，以留纪念。德邻乃刬曲灌叟黄岳渊哲嗣，父子俩辑有《花经》一书。滂喜斋后人潘景郑，寓居西康路。颐吉祥室，为其斋名，卷轴图籍，茗瓯盆花，极饶雅致，景郑坐藤椅中，展眉微笑，这影是癸亥岁暮摄赠的，影片后题词一首，调寄《感恩多》，上半阕云："彩痕新寄影，衰老留明镜，忘年鱼雁，亲简缤纷。"因为我和他通信是较多的。和人合摄的照片，如岭南画家黄幻吾、刻竹名家徐孝穆、画学理论家邵洛羊、篆刻家陈巨来、美国林培瑞博士、《青春之火》作者徐碧波、仕女画家谢闲鸥。又和马叔平哲嗣马太龙、高吹万哲嗣高君藩合摄。又和施济群、徐行素、沈秋雁、张志韩、贺佩之合摄的。又和陆澹安、朱大可、刘醉蝶合摄的。又和沈禹钟、顾醉萸、吴明霞合摄于豫园的。又和胡亚光、赵赤羽合摄于中山公园的。又和丁慕琴合摄于复兴公园的。又和严独鹤、朱其石、陆抑非、陶冷月、周冀成赏菊黄园的。又和儿子郑汝德摄于爱俪园的，时儿子尚在童年，爱俪园犹未改筑为上海展览馆。又有一幅合家欢，我中坐，媳妇高肖鸿在右，子汝德在左，后立的长孙女有慧、次孙女有瑛。又我家的纸帐铜瓶室和蓉红馆也都摄有照片。所谓蓉红馆，便取儿子字子鹤，媳妇名肖鸿，鹤和鸿的两个谐声而已。

颜文樑和我是小学时的同学，他的油画，名驰海内外，那幅《厨房》获得沙龙画会的嘉奖，另一幅《老三珍肉铺》，也是他早年的杰构。最近，他拍成彩色照片，非常精美，蒙他见贻各一幅。旧时各报附刊的报头，大都出于穆一龙手绘，甲子岁首，他寄来一贺年片，粘着他的近影，伴立高大逾垣的南极寿星、杖挂葫芦，手持仙桃，不仅自寿，且以寿人。陈巨来于前年春二月十五日去世。在去世前，见贻彩色扇影，扇画红梅，间以墨梅，为袁寒云手笔，题识累累，占七行之多，左面画隙，又加题三行、钤有四印，为外间所罕见。我也有寒云画梅扇，可是寥寥数笔，较此远逊了。又张翼鸿为小说家李涵秋的弟子，他翻印了涵秋老师的半身照寄给我，为正面像，御眼镜，似五十许人。又李小鲁为清代名吏李兴锐的后人，见我有兴锐长札一通，写作俱佳，向我索取，我割爱贻之，他摄影给我，俾留鸿爪。

我对任何东西，都不轻于弃掷，甚至幼年时的作文本，也敝帚自珍，留置了数十年。我肄业于长元吴公立高等小学堂，国文教师先后有高祖同、陆绵、蒋寿芝、汪典存、龚赓禹诸先生，题目大都出于经史，如《民之憔悴于虐政说》《汉末党祸论》《子产为政宽猛相济论》《松柏后凋说》等，均以文言出之，评语奖励有加，如"轩豁呈露，文笔亦挥洒自如""激昂慷慨，文亦戛戛独造，洵出色当行之作""以沉挚之思，运清灵之笔，无一敷泛意，无一支蔓语，平旦气爽，轩人眉宇，旸谷日出，阴霾顿消，较前次所作何啻上下床之别。字宜加功练习"。我后来厕列文坛，以笔墨为主，实植基于此。但写字拙劣，贻春蚓秋蛇之讥。这实有负老师的垂训，迄今犹引以自咎。中学时代的作文卷，由程仰苏老师批改，装订二厚册，惜失而未得了。

我所刊行的单行本，"文革"中全部被掠，后来归还了一小部分，复由朋好赠送及自己搜罗，迄今犹有若干种遍访不得，成为遗憾。兹把手头所有，摭述一下，聊以慰情。我最早出版的一本书为《梅瓣》，已失去，第二本为《红花儿》，一名《慧心粲齿集》，潮音楼出版社刊行。上半部为仿《幽梦影》的短语，下半部为笑话，题签出于汤剑我手笔，剑我，乃我友徐卓呆的夫人。较大的本子，有《逸梅小品》《逸梅小品续集》，题序者有漱六山房主人、王均卿、程瞻庐、张恨水、海上漱石生、童爱楼、许瘦蝶、刘铁冷、陆士谔、赵焕亭、谢玉岑、胡石予、蒋梅笙、周瘦鹃、程小青、顾明道、邓粪翁等，这时的刊物，以多题序为贵，成为风尚。又《羽翠鳞红集》，张丹斧题签，印章为英文，很为别致，载有我在天平山所摄的小影。又《孤芳集》，画家钱病鹤题签，分甲乙编：甲编为笔记，乙编为纪游之作。又《三国闲话》，专谈《三国志》和《三国演义》，这是郑午昌题签、广益书局出版的。又《花果小品》，因周瘦鹃喜栽花木，他怂恿我把谈到花果的小文汇集成书，由中孚书局刊印，不意书甫印成，该书局因战乱而倒闭，未及发行。又《三十年来之上海》，上册原名《拈花微笑录》，下册原名《花雨缤纷录》，都是钱化佛口述，由我纪撰的，内容都是民初的人物掌故，现在由上海书店重印问世，化佛的儿子海光供给我好多照片。又《逸梅谈丛》，由校经山房刊行。又《浣花嚼雪录》，我有篇自序，略云："文丐生涯，况味至苦，同道中人，多有舍此而就彼者，而予尚未能摆脱，仍以无聊之文，贻讥大雅，盖为环境所迫，忧患所煎，不得不然耳！"牢骚满腹，于数语中见之。又《小品大观》上下二册，所谈有黄摩西、洪佛矢、赵古泥、汪兰皋、徐仲可、陈去病、陈子范、陈蜕盦、姚鹓雏、高天梅、黄晦闻、梁任公、蒋敦复、伊立勋及名女伶张文艳等，渐有后期专写人物的趋向了。又《淞云闲话》凡一百多篇，夏敬观为我题签，这是朱联保所办、日新出版社出版的。同时又出《人物品藻录》，杨千里题写封面，有"初编"目录，但后来没有二编、三编，原因何在？记不起来了。又《近代野乘》，黄宾虹题了一首诗："经师门第原通德，笔乘阳秋待证今。褒贬从来严一字，应教价重双南金。"诗中提到的"阳秋"，我确有《小阳秋》一书，凡五十篇。又《味灯漫笔》，高吹万题签。此后，黑龙江人民出版社把《人物品藻录》和《小阳秋》再加入二十篇新内容，合刊为《梅庵谈荟》。齐鲁书社把《味灯漫笔》和《近代野乘》，合刊为《逸梅杂札》，原书早已绝版。又《瓶笙花影录》，上下二册。又《小品大观》上下册，王西神题签。又大东书局刊导游一类的书，约了我写《苏州游览指南》，分七章，第一章为《苏州概说》，最后一章为《清游小志》。一九七八年，台北新文丰出版公司刊印《零玉碎金集刊》，我的作品被收入四种，即《瓶笙花影录》《逸梅丛谈》《逸梅小品》《小品大观》。《逸梅小品》仅见了下集，《小品大观》也仅见了下集，所谓"大观"，变成徒有虚名了。我六十岁以后，写作较少，香港的上海书店，刊行了《清娱漫笔》。汇文阁书店，把《中国现代文学史资料甲种》中，抽出了我作的《民国旧派文艺期刊丛话》，印成单本，约十万言，分精平两种装帧，我所得的是平装本。又大华出版社刊印了我的《皇二子袁寒云》，当时化名陶拙庵，使人不知陶某为谁。在上海刊行的，有《上海旧话（二）》，是我和徐卓呆合作的，《上海旧话（一）》，便是卓呆所作，他署名赫马，谈的是戏剧掌故，我谈的是交通和几条马路掌故。封面为福州路中市一幅照片，来来往往，都是人力车，那《时报》馆址的塔形屋子，还矗立着，和现在的市容，大不相同了。老上海对之，如重入旧时梦境，不无有些感慨哩！最近由上海文化出版社重印，两种合而为一，又增加了一些照片，更饶趣味。

十年“文革”，我投笔焚砚，过着苦闷生活，直至一九八〇年，再以笔墨和社会人士相见。第一本是《南社丛谈》，洋洋五十余万言，成一巨册。有人开玩笑说：“这是出土文物。”也有的人对我这个名字带着怀疑问：“现在的郑逸梅，是否即过去的郑逸梅？”大都认为过去的郑逸梅已不在人世了。河南的中州书画社出了《郑逸梅文稿》和《艺坛百影》，现都再版。因《艺坛百影》的畅销，又约我写了一本《文苑花絮》作为姊妹编。又受殷明珠女影星之托，写了一部《影坛旧闻》，由上海文艺出版社出版。又北京中华书局刊印了《艺林散叶》，凡四千三百四十二条，别具一种风格，颇有读者，又约我再写《续编》。最幸运的，是上海学林出版社为我刊行的《书报话旧》，这是应上海出版文献资料编辑所之约而编写的，及完成，即发生了“文革”，当然不可能问世了。值得欣慰的，本书原稿在“文革”中没有被毁，转移到上海辞书出版社和学林出版社。一九八一年秋，学林出版社的编辑陈政文把原稿交给我，并嘱我补充修改。由于我所有的文物资料，已在"文革"中悉付荡然，反觉得原稿中的一些资料，目前已无从再觅了，一九八三年秋居然出版。又我和吴德铎、张臻同应黑龙江人民出版社编辑李延沛之约，整理燕谷老人张鸿所著的《续孽海花》，由我重行标点校订，撰了一篇《我所知道的燕谷老人》，搜罗了老人的照片及所书的册页扇面，再加书中重要人物沈北山狱中诗手迹照片，比曩时真美善书店出版的本子更胜一筹了。又南京师范学院出版的《文教资料》为我出了一期《郑逸梅研究资料专辑》。至于我以往所编刊的一些著述，大都散失掉了。承友人刘华庭关心，为我觅得全份《消闲月刊》及《小说素》《简易学诗法》各一册。《简易学诗法》是徐碧波所作，后附《唐诗三百首考证》是我的作品。当年世界书局出版的《福尔摩斯探案大全集》，其中有三案是我译的，也费刘华庭为我觅得。一鳞半爪，聊胜于无，藏诸纸帐铜瓶室，作为传家之宝了。

当我虚度九十，诸友好纷赠书画印章及诗词，更增添了我的集藏，真可谓百朋之赐了。画师申石伽绘青绿山水画轴，松石间云气瀚发，清韵绝伦，为其生平得意之笔。题云："万松峨峨寿而康，峰峦长翠兮福德无量。"闽中诗人陈声聪赠七律寿诗云：

纸帐铜瓶室自芬，行年九十若行云。

西园雅集今余几，南社耆英只有君。

腹内之书烧弗尽，脚边不杖出仍勤。

最怜三寸生花笔，宾退时犹录旧闻。

潘景郑词人赠词，调寄《万年欢》，可谓善颂善祷。词云：

颐养充和，是江干拱宸，百福臻寿。饱阅沧桑，天锡鹤龄长祐，九秩东风瞬又。开樽待，黄花进酒，欢娱处，舞采承芬，更看兰桂齐秀。　　多立君立盲不朽，日挥毫倚马，文字锦绣。重世琳琅，声价洛阳同茂。漫托忘年岁久，数缟纻，追随肩后，凭双箑，介祝陈辞，莫嗤鳞羽珍帛。

双箑指蒋素书、张大风山水画而言，也是蒙他见贶的。京口徐润周以《围棋纪事诗》著名，赠《鹧鸪天》一首：

九十称觞海内知，铜瓶纸帐贮瑰奇。

四年以长兄应事，十载平添寿入颐。

千万字，妙文辞，艺林传布共钦迟。

定盦诗句堪移赠，秀出天南笔一枝。

其他尚有孙伯亮、朱南田诗，方子川文，琳琅满目，不备载了。伯亮更请红岩烈士许云峰之兄瘦峰刻"补白大王长寿翁"朱文印、"逸梅九十以后翰墨"白文印。宝寐阁主蔡晨笙，赠何凌汉书轴。凌汉是何绍基的尊人，字仙槎，书法重海内，曾书全唐文御序。刻竹权威徐孝穆，刻芦雁竹臂搁，是以审美要求、结合创作构思和高超技法三方面配合下，才能达到如此高的效果。他著有《竹刻艺术美》一长文，阐发是很详尽的。

引为遗憾的是，当我八十寿辰时，出一纪念册，请钱释云为我作八十寿诗凡八律，他说："九十寿诗，当再做九律。"可是他已瘫痪在床，人事不知，九律诗也就不了而了。我喜藏笺纸，罗致了一二百种，最近朋好为我特制了梅花笺，梅干挺立，着花一二枝，题"铁干冰姿松柏性。癸酉九秋抱铟居士吴徵"，原来是吴待秋的旧作。左角加上"逸梅老先生九十寿，刘华庭、袁淡如、黄葆树、汪聪、汤子文、吕学端同敬祝"。待秋画师逝世数十年，他的嗣君养木，以丹青驰誉吴中，我寄笺给他，作为双关的纪念。

补遗之二

我所集藏的东西，以书札为最夥，除装裱成册外，大都为散页，因忙碌，没有时间分类与整理。记得如皋冒鹤亭前辈，他所收藏的，分各省装入大纸袋中。诗人苏渊雷和复旦大学教授赵景深，他每人备一大信封，上面标着姓名，若欲检查，一索即得。稍缓我当如法踵行。

南社黄侃，字季刚，他是章太炎的大弟子，太炎视为畏友，不敢以师道自居，可是季刚坚欲行拜师礼，一再被太炎婉却。一日，太炎如厕，季刚认为大好机会，即在厕前下拜，太炎不能起立，只得受礼如仪，同门无不引为笑柄。我这封信，是季刚写给黄宗仰的。宗仰，常熟人，出家后，别署乌目山僧。当初，犹太巨商哈同在上海建爱俪园，其图纸就是由他绘制的，故这园带些庙宇式，今已无痕迹可寻了。所以这信开头，即有"仰公莲座，久缺趋承，遥知禅悦"等语。爱俪园门禁森严，闲人不得入内。原来有人前往参观，季刚作此介绍信，俾得涉园纵观，不致被阻。信末有云："本师久滞京华，志意怫郁，公处常有书问讯耶？"所谓本师，即指太炎而言。

王韬有"长毛状元"之称，实则太平天国虽开科取士，状元别有其人，王韬仅一度上书忠王李秀成而已。此书作于庚寅夏五中浣，如云："昂青仁兄大人阁下，初未识荆，常深慕蔺，弟久病未瘥，兼以溽暑逼人，习静养疴，不敢出门一步。衡宇咫尺，渺若山河，缺于造访，非关疏懒，亮大君子必能怜而恕之。新刻《蘅华馆

449

诗》以就正，乞为指谬。"昂青不知为何许人。

翁同龢致潘伯寅侍郎书，翁固善诗者，书中却谓："小诗极劣，幸恕荒率。"可见前辈之谦抑。叶德辉致沈子培书，有云："先君捐馆舍，曾有赴告托金匋翁转交，求赐挽联或挽诗。"叶为湘中名士，一度寓吴，其性怪僻，死于非命。他的书札不多见。《昭代名人尺牍续集》及《冬暄草堂师友笺存》，网罗近贤，而叶札独付阙如。金匋翁即金蓉镜，以诗名。又黄节，字晦闻，为南社耆宿，著《蒹葭楼诗集》，以诗论，在南社中推为巨擘，以书法论，也独出冠时。我所藏的，为一通又半，都是写给高时若的。时若为吹万早年的署名。一通完整，一通缺下页，不毋遗憾了。略云："留沪数天，即日赴津，尊约张堰之行，期之异日。读大著数首，骎骎唐宋诸贤，心佩无已。文章大势，迩日观之，将复为秦汉，时人有为涩体，乃其先驱，贤者以为然乎？"袁克文两通，都是给方地山，内容所谈为古泉，款为"地山师"，可是地山的女儿初观嫁给克文的儿子伯崇，也就成为亲家了。又一通仅署一嘉字，致徐积余的，嘉为樊云门，一称嘉父。积余名乃昌，往还都一时名流，他下世后，朋好所遗书札数以千计，纷纷出让，我当时购得约百通左右。

俞曲园尺牍有一整本，此外散页，致旭翁论刻印，钤有"海内翰林第二"朱文巨章。朱克柔致王雪澄（秉恩）书多通，朱字强甫，为梁鼎芬弟子，与章太炎友善。章倡言革命，朱不以为然，便告诸鼎芬，鼎芬转告张香涛。这时太炎方客香涛处，香涛因此赠太炎五百金遣去。朱又受业汉阳关季华，季华子名炯之，复师事克柔。炯之收集其父季华遗稿。克柔出其所藏给炯之，刻《汉阳关先生遗稿》一巨册。其中渊源，足资谈助。炯之很有民族骨气，当上海租界时期，中西官同审案件，炯之为会审官，面斥西官的独断，肇成大闹公堂，一时轰动社会。又张叔未病中遣兴，作《砚石诗》以贻其婿礼斋。如古道平宽砚、三庵砚、瘦石、飞泉石等，款署"七十四老者张廷济，道光辛丑十一月廿八日"。又画家张石园，署款仅一园字，园字特别大，为其特征。胡石予、余天遂，都是我肄业草桥中学的先师，这两通是高吹万家所藏，由高锌见贻的。天遂师且涉及书法，有云："作字如作文，阅书多，积理富，自有意到笔随之乐。弟百无所能，自谓于书法得其三昧，凡目所见，即手所能书，不规规于形似，而神情自合，盖审其用笔之意也。"天遂善用鸡颖，摩何绍基，可以乱真。陈鸿寿一通，录其《闰二月七日海宁归舟晓过皋亭山看桃花诗》，写作俱佳，恐系集外遗珠。又柳亚子诗文中经常提到的吴江郭频伽及徐山民，这两家的笺札，我都珍藏。频伽名麐，字祥伯，以词名。徐山民，名达源，以诗名，柳亚子的母亲费漱芳，曾从徐山民的女儿丸如读书，亚子的故乡黎里，尚有山民的墓址。章太炎札，仅署名一"绛"字者，已失去，兹又得署名章炳麟者，上款为上巽。双忽雷主刘聚卿致徐积余信札，称积余为老姊丈。李莼客之《越缦堂日记》，为古今日记之代表，书札较少见，我这一纸，写在薛涛笺上，作小行书。袁爽秋和谭复堂同署名致冰叔，而出于爽秋手笔。又王国维致徐积余札，笺纸乃罗振玉摹丁元公绘"苦瓜和尚像"，尤为可珍。骈文家孙德谦致刘公鲁书，公鲁为刘聚卿哲嗣，用听邠馆所制笺，很古雅。又清宫溥仪师傅陈宝琛一函，上款"枚师年伯大人"，略云："中秋诗沈郁宛转，欲和而无老健之笔，但望洋耳。"杨岘，字见山，致仲礼一长函，论书颇有见地，如云："阮文达有言，隶书首学史晨，再学乙瑛，又学韩敕，足以成家。盖史晨规矩，乙瑛雄放，韩则超逸，三者具备，奚不工之有，然学史晨、乙瑛易，学韩却难，韩运实于虚，笔笔凌空，作飞舞势，今之人袭其皮毛而遗其神髓，失之毫厘，谬以千里，奚取哉！鄙意学史晨、乙瑛后，择自己笔意相近者而学之，事半功倍。国朝诸名手，伊墨卿得张迁之古拙，桂未谷得鲁峻之方严，姚伯昂得曹全之妩媚，各树赤帜，三家之中，推墨卿第一。"方地山作字，大似儿拳。如云："三月初四日十二钟，集徐园午饭，借以话别，见美权乞告之。渠新居，仆至今不知也。目见千里，往往忽于其睫，如是如是。积余先生左右。"署款"大方"二字，美权即邮票大王周今觉。刻竹名手王杰及高野侯、赵叔孺、童大年、费龙丁，都是致容臣，可见容臣交往名流之多。著《履园丛话》的钱梅溪，我既有其竹刻，又有其书函两通。吴修书札一通，修字子修，他著述宏富，如《思亭近稿》《湖山吟啸集》等，他又编《昭代名人尺牍》，搜罗六百多家，且有小传，流布艺林，这一通书信，就是写给钱梅溪的。又有翁方纲致春松一信，涉及钱梅溪，有云："钱君梅溪，博雅善诗文，精篆隶，今之文征仲也。"奚铁生一函致鹅亭，那是为鹅亭绘一观音大士像，托人转奉者，钤"蒙泉外史"朱文印。梁鼎芬，十足的遗老头脑，如云："二十八日，恭逢先帝圣诞，清晨恭诣崇陵行礼，旋持器亲灌树一周。"年月标"宣统八年六月九日"，可见他是目无民国的。李文田，字芍农，工书画，咸丰九年探花，书函仅署一"田"字。张丹斧便条致刘公鲁，丹斧以遗少称之。那著《六书通摭遗》的毕星海，字昆圃，敝箧中也有他短信一通。金德舆函，精楷写在小摺上，致其婿寓琴，别成一格。德舆，字云庄，号鄂岩，桐乡人，乾隆中开四库馆，他献书数百卷。其婿姓朱，松江人，亦能画。这信是松江杜诗庭见贻，凡二通，足以留念。夏曾佑，字穗卿，号别士，著《中国古代史》，此信长二三千言，国政学艺，所谈殊详，很难得的。又高式熊见贻的汤雨生诗函致波琴，原来波琴赠《湘江渔父图》，雨生题以绝句，诗清逸可诵。如云：

湘江渔火葛天民，烟水家乡风雨邻。

城市生来从未识，可应白鹭是前身。

洞庭波静白蘋秋，午夜丝竿带月收。

一梦烟波黄叶乱，西风吹过岳阳楼。

惯把袭衣当作裘，晓寒沽酒向枫林。

醉来不辨东西岸，一夜芦花似雪深。

昆山方惟一，名还，能诗不自留，我却有彼诗函，如云：

晓行人在鸟声中，露气凉于水一泓。

田野耕夫荷锄出，远山朝日未全红。

春寒三月尚重绵，苦雨经旬薄病天。

门外落花都不管，虚堂书永枕书眠。

尚有二首乃挽吴讷士者，讷士为名画家吴湖帆的父亲。张燕昌一小件，云："来纸已涂坏，另用自家染色纸报命。额书如嫌狭，备空幅在外，或可广边幅也。"署款作"文渔"。上海文史馆馆长，以张菊生始，以金兆梓为殿（现只有副馆长，正馆长尚缺席），我有兆梓一通，是致吴铁声，询牛黄清心丸之功用。又邵懿荣致张诗舲，亦一诗函，邵字位西，道光举人，学以李光地、方苞为宗，著《礼经通论》，性戆直，往往面折人过，以此不能取容当道。又沙无炳致徐积余，内容谈译书会事。常熟名贤信，有庞鸿书，字劬庵，开府黔中，工诗，有《归田吟稿》，乃南社庞独笑的伯父。这书写给陈翕青的，翕青为江阴适园主人、亡友陈文无的尊翁。有杨沂孙，字咏春，号濠叟，工篆书，于大小二篆，融会贯通，自成一家。有杨泗孙，字浜石，咸丰壬子进士，官太常寺少卿。徐澄宇和我通问，失诸"文革"中，彭长卿以澄字致叶遐庵一函为赠，足补遗憾，有云："本求法书，更获宝绘，兼兹二者，幸何如之，意在笔先，胸有成竹，公真通其蕴者。"遐庵能画松竹，饶文人墨趣。又刘位坦，字宽夫，大兴人，道光乙酉拔贡，官湖南辰州府知府，此信写作俱佳，自朱孔阳处易来。又蒋天寅致其师王虚舟，一笔不苟，也属佳品。最近获得的，有沈恩孚一信，恩孚字信卿，我和他有一面之缘，且我所居养和村，这村名即是他写的，也就倍觉亲切了。又许幻园信，他和李叔同、袁希濂、蔡小香、张小楼等，同组城南文社，号"天涯五友"。又高二适，这是为了兰亭真伪和郭沫若打笔墨官司的。又马叙伦致朱联保，蒙联保见赠。又旗人铁良致刘翰怡，有云："属书各件，正以拙劣不堪，深用歉仄。"可见铁良也是一位书家。又梅兰芳致钱化佛，有云："在沪绘有佛像一帧，拟奉呈左右，不意被家人误收行箧，兹特检出奉寄。赴美之约，尚未完全定议，若能成行，当在秋间耳。"可知是在出国前写的。又吴华源信，吴字子深，号桃坞居士，寓沪鬻画，与吴待秋、吴湖帆、冯超然有"三吴一冯"之称。又日本帝国大学教授永保秋光，作毛笔书甚挺秀，可惜汉学权威长尾甲一信已散失。柳曾符治甲骨文，我却请他写一信用甲骨文，居然蒙他邮寄，这信内容，我看不懂，好得不须求懂，备一格而已。

我所贮藏的书信。都是毛笔写的，奈晚近以来，以钢笔较为便利，什有八九舍毛笔而为钢笔，连我本人也不例外。于是时流的钢笔信，只得兼收并蓄，所谓不得已而求其次了。一通是女诗人吕碧城写给陆丹林的，她为丹林题《红树室时贤画集》，注云："予幼亦擅丹青，去国后抛弃久矣。今秋于瑞士看红树其多，客中无中国笔砚，来笺恕不能写。"又附一信："现中西笔墨至冗，已译《马鸣菩萨说法》一篇，《佛教在欧洲之发展》及撰英文《佛学巨著评论》等，决定此后刊落浮华，不事词翰，今为尊集之题，乃破例也。"范文澜为史学家，虚心接受意见，致吴德铎云："前承指出《中国近代史》关于《国闻汇报》的错误，至为感谢，顷已通知出版社于再版时订正。唯再版需时，承您在报刊上指正此误，使读者不致继续沿袭，错误得以及时纠正，尤为深感。"学者态度，足以取法。著《清宫十三朝演义》的许啸天，我和他一度同事诚明文学院，他给我的毛笔信都已散失，仅有此钢笔信，有云："承约写稿，兹匆匆写奉《人生何处不相逢》，以纪念流亡中的特殊人物。"这是我主辑《永安月刊》时请他写的。周瘦鹃的毛笔信也散失，我所存的，乃他给我的最后一信，是钢笔写的了。如云："逸梅兄，久不见，长相思。危疑震撼中，辄复系念海上诸故人不已。兹决于日内来沪一行，藉倾积愫。请代约慕琴、澹安、碧波、明霞四兄，于廿七日上午九时半同赴禹钟兄处晤谈，如有可能，即于午刻同出聚餐，吾兄以为如何？余容面罄，此颂时祺，弟周国贤上言，不必赐复，九月廿二日灯下。"这时为一九六七年，他在苏州，适逢"文革"，苦闷极了，偷偷地来上海，和我们谈谈，觉得胸膈一舒。晤叙后，在四川北路某肴馆进餐，餐毕，他还要访严独鹤，我们送他上车，不料竟成永别。他回苏后，失去自由，不能和朋好通讯，一再被冲击，直至凌辱不堪，投井而死，能不令人痛惜！又丁慕琴（悚）画家给我的长信，述他为赴医院治疗右面颊的神经痛，被车撞倒受伤经过。孙宝琦游瑞士，寄给樊介轩的风景明信片，片旁有"故乡无此好湖山"等字，又"七月十五日琦寄"。又广州越秀山上镇海楼横额题写者吴子复，我所藏的也是一通钢笔信。又姜半秋的长信，见告西湖伊兰的其人其事。又姚苏凤一札，约我赴复兴公园茗叙。赵超构（林放）给我一信："我们过去，彼此都已相知，却始终无一面之缘。想不到前些时候，由一个毫不相干的人，把我们撮合在一块儿。"我们见面，是在和平饭店，所谓毫不相干的人，指的是美国人林培瑞博士。当时林博士为我们合拍了照片。著名数学家华罗庚这通信，是一九七四年十一月十五日写的，列着许多算式。陈涤夷（蝶衣）好久不见，我尚留着他赠给我的诗笺。侦探小说家程小青写给我的信很多，小青逝世，他的后人育德，收罗先人手迹，我留了一通，其余均赠给育德保存了。词人夏承焘给我的信，这时他在杭州，有云："近来多病，膝盖疼，不良于行，勉作游散，日往黄龙洞以为锻炼。"南社社友有朱叔建，字肇声，松江人。张圣瑜，名锡佩，吴江人。其他有画猫名家曹克家，电影女演员殷明珠，曾农髯弟子倪寿川，历史学家周谷城，名棋手屠景明，著《文学家大辞典》的谭正璧，戏曲小说家赵景深，书法家启功，画家陆俨少、朱梅邨、陈大羽、徐邦达，莎士比亚专家孙大雨，诗人范君博、苏渊雷，篆刻家方去疾、徐璞生，搜集西方骨董有名的刘亨斋，佛学家李芳远，《红岩》写作者柯冈。又徐蔚南、柯灵、倪文宙、许窥豹、周煦良、邵洛羊、朱翊新、周子美、闻野鹤、承名世、黄云湄、杜诗庭、姜亮夫、滕白也、吴羊璧、高学逵、吴铁声、陆萼庭、金性尧、吴贵芳、吴崇文、金德建、周炼霞、傅文豪、王运熙、胡道静、朱逢博、乔奇、颜文樑、程砚秋、秦瘦鸥，以及霍元甲后人霍文亭、沈颖若后人沈哂之、邵天雷后人邵群观、沈慕韩后人沈贤荃、女杰施剑翘后人施羽尧、汪亚尘夫人荣君立、郁达夫夫人王映霞等，或一纸，或数纸，我都什袭珍藏。

补遗之三

近来阴雨连绵。没有客来，我就随便收拾，把它记录一些，作为补遗。

陈玉方的正书对联，联句："立身要在千仞丘，学道惟安我一寸心。"跋云："偶吟二语，遂为福兹我侄录之。戊寅之冬，玉方书于壬午舫。"钤印二："陈希祖印"四字白文、"玉方"二字朱文，按：陈玉方，江西新城人，清乾隆癸丑进士，官御史。作书得董香光晚年神髓，包世臣《艺舟双楫》列为能品，著有《云在轩稿》，斯二语，为集外之遗。

旧居悬挂的立幅，被抄去发还，我对它自有相当感情。朱竹云画墨石，张星阶补芍药，珠联璧合，雅韵欲流，画的左上端，黄太玄题了一诗："偶然泼墨供欣赏，不买胭脂画牡丹。独以带围侪石友，殿春花从岁寒看。"款署"辛巳（一九四一）暮春"，距今已数十年了。星阶尚健在。易称辛稼。为吴中唯一老画师。玄翁及竹云，则先后逝世，犹忆当年竹云与蔡震渊同客沪西玉佛寺相近的朱家，竹云较胖，震渊较瘦，侪辈常以"劳莱、哈台"称之。劳莱特别瘦，哈台特别胖，有声西方影坛。竹云自以为不够肥胖，尝对人说："哈得不足。"

固始秦树声，字宥横，负才使气，前无古人，晚岁尤自矜书法。为旧京广和居座上常客，广和居为文人名流宴叙之处。王逸塘的《今传是楼诗话》一再述及之，四壁书画，均出一时名手，秦树声的手迹当然高张其间。有某耆宿和树声不相容，凡来广和居饮酌，必须选择一室无树声书幅者，其积怨有如此。我有树声一立轴，循规蹈矩，一笔不苟，一洗狂诞之气。款为"刁志，乾隆间始出土，绵郁旷远，下启隋唐，可珍也。树声"，也是很难得的。

唐云有"杭州唐伯虎"之称，现在成为画坛上的风云人物，也就忙得不可开交。当我八十诞辰，承他画赐水仙一帧，伴以横石，钤一白文印"老药"，迄今犹置在玻璃台板下，朝夕晤对着。若干年前，我在冷摊上购得他和高逸鸿合作的直幅，逸鸿画鹊，唐云画海棠，相当工致。逸鸿我也相识，可是数十年不通音讯，据沈苇窗见告，他卒于一九八二年五月十四日，其夫人龚书绵女士为辑《高逸鸿书画选集》，行将出版。

画家中号称"三吴一冯"。那三吴之一的吴待秋，逝世有年。他的哲嗣吴养木（彭），渊源家学，为吴中画坛翘楚。当我九十寿辰，蒙他以红梅见贻，题有"岭上花开第一春"七字，红梅用没骨法，刚健中见婀娜，枝干尤苍古可喜，的是不凡。他的祖父吴伯滔有一读书台，伯滔给了待秋，听说这台现在养木处，作为传家之宝。

前故宫博物院院长马叔平，善书，他的哲嗣马震，也擅家学，写一长二丈的直幅祝我寿。又徐州市国画院书画名家马奉信，为绘墨梅横幅，又行书直幅，复写"纸帐铜瓶室"匾额。我的室名，先后书写者，有汪家玉、沈淇泉、胡亚光、蒋吟秋、周退密、谢国桢、刘海粟并马奉信，共为八大家了。

吴江朱季良，是南社诗人朱剑芒的弱弟，也能诗，用花之寺僧罗聘画笺，邮寄祝寿诗一律：

　　掌故罗胸一代雄，凌云健笔气如虹。

鸟叨推爱为因屋，我受垂青赖有兄。

大老等身勤著述，期颐嵩寿乐无穷。

抠衣敬向先生颂，人瑞江南不老翁。

（原注：逸公与家兄剑芒为知好）。

钤印除名章外，又"梨花村里人家"。陈九思掌教上庠，健于诗笔，也蒙他见赐寿诗：

枕藉书丛自笑迂，九旬人健笔忘劬。

补天手炼娲皇石，记事胸罗燕国珠。

百本琳琅皆著述，一门风雅足欢娱。

荧光屏映须眉古，胜画群仙献寿图。

数十年前，中华书局《辞海》编辑倪文宙，今年八十四岁，寄寓京华，亦有诗来祝寿。有云：

长寿人居长寿路，小楼一角足千秋。

书丛旧迹神仙字，海陬遗闻舶艀舟。

又云：

更拚十年添著述，应教百岁继风流。

都是溢誉之辞，录存于此，以志鸿雪，并伸谢忱。

钱化佛的儿子海光，仍居沪西进贤路原址。化佛富于集藏，在十年"文革"中，海光能保住先人遗泽，是很不容易的。他知道我有杨度的一副对联，在"文革"中被掠去，及归还，那就只有上联，下联不知去向，引为遗憾。海光便把杨度所书扇面送给我，以代晋觞。这扇面为行书，录黄鲁直诗，很洒脱，乃庚午秋书，庚午为一九三〇年，杨度在参加洪宪帝制之后，以退隐身份，在上海卖字卖画。化佛办艺乘书画社，代他收件，杨是艺乘座上客，饮酌其间，自得其乐。

今岁所获书札，有苏仲翔见贻的陈铭枢一札。陈为广东合浦人，字真如，允武能文，参加戎幕，有抗日英雄之称，后为海上寓公，接办神州国光社，刊行了许多史地军政方面的书。又一度办大士农场，隐于园圃。仲翔往访赠他的诗曰：

> 太平门外种瓜人，曾是卧龙跃马身。

陈立和一首：

> 贾马才华学更新，联翩枉顾种瓜人。
>
> 不朝不市将焉取，乐水乐山且共亲。
>
> 绿阴光中拊万象，紫莺声里认前尘。
>
> 落花勤扫知时节，与汝同欢亘劫春。

这封信就是陈致苏仲翔的。常熟丁大风，家有藏札，分贻若干，具见深情。如俞锺銮、俞锺颖两昆仲，为虞山耆宿。我友俞天愤，擅稗官家言，即锺銮的后人。庞镜蓉女士，书画韵语，都有一手，即锺颖儿子运筹的夫人。又李静洲诗笺，写作俱佳。李名寿渊，山东武定人，雍正举人，工山水篆刻。又宗源瀚，字湘文，官观察，精碑版之学。又钱大昕一札，更为可珍。他号辛楣，又号竹汀，乾隆进士，历主锺山、娄东、紫阳书院，著述数十种，如《廿二史考异》《元史艺文志》《十驾斋养新录》《竹汀日记钞》等都是。钤有珊轩印，可知原藏吴受福家。受福书有"钱辛楣宫詹"五字。又我和同好交换来的马君武札，君武为南社诗人，兼谙科学，有人这样称他："究心科学，奈端康德之伦；肆力政谈，孟德卢梭之亚。"南社有狄膺，也号君武，可是仅治诗文，没有他的广宏淹博了。又最近和词学家唐韦璋、红学家端木蕻良通问，这些书简，我都留存。端木用自制的佳笺，尤为可贵。

潘景郑见贻的书札特别多，有魏光焘的，我肄业吴中草桥学舍，教体操的老师魏旭东，便是光焘的后人。见此札，为之怀念师门不置。有陈国瑞的，国瑞字庆云，应城人，官提督。当时曾涤生爱其勇而恶其骄，卒坐事戍黑龙江死。这札是致张之万的，由黑龙江城武圣祠寄出，所知是谪戍时期所发，因此有"芒慧屡遭，殊方远谪"等语。有钱溯耆札，写在胡真造像笺上，该笺署有"光绪庚辰听邠作"数字，听邠为溯耆的别号，在清末民初，听邠笺有一二百种之多，都是出于溯耆手制。溯耆的文孙荷百，为告所有笺纸的木版，都保存在太仓故宅，惜在十年"文革"中被毁一空。有冯桂芬札，桂芬旧居苏州木渎，凡登眺灵岩胜迹，大都在石家饭店进餐，这个饭店，就是桂芬的旧居。有杨伯润札，如云："委画条幅，草草涂成，寄奉请正。"全是丹青家口吻。家藏唐伯虎山水直幅，裱头上即有杨伯润、吴昌硕题识，曾印入《神州国光集》第八册。可是经过"文革"，此画被人盗窃，不知去向了。有周保泽致李鸿章，称鸿章为"少翁姊丈大人"，有云："家乡光景颇好，无为州一带均已收复，想属天心将转，抑亦劫运当终。"可知是洪杨后期，清廷渐趋优势时写的。有赵㧑叔札，今年为㧑叔逝世一百周年，各书法杂志，纷纷影印他的遗牍，这札为景郑历劫后仅存之品，景郑贻赠时，附一词，调寄《雨中花》云：

> 翰墨丹青百岁，留得盛名未改。砚泽苔岑追溯处，检点成沧海。梦影前尘增噫慨，已散尽，琳琅无奈，剩片羽，未随风雨去，纸帐铜瓶在。

别有许玉瑑两通，许字鹤巢，为吾吴硕儒，乡贤鸿爪，弥复可珍。有冯誉骥札，冯辑刊《十万卷楼丛书》，为清季一大藏书家。署款不易识别，景郑的长兄博山曾得冯氏家书一册，因得辨审。有董枯匏札，董工山水及蔬果，陈莲汀从他为师，书札流传绝少。当时潘博山辑《明清画苑尺牍》，枯匏手迹，付诸阙如，这札由景郑在无意中得之，可是《明清画苑尺牍》已印刊成书，不及收入了。有翁松禅札，这札不署名，但从字体上和用的是蜩翼居笺，那就断定是松禅手迹了。有汪柳门札，汪为同治乙丑进士，藏书很多，身后什九散去，精本归涵芬楼，其余由杭人蒋抑卮购得。既而蒋氏所藏，捐献合众图书馆，景郑任职其间，因得尽览。有末代状元刘春霖札，那是和人商酌哈同家传，有云："作传务求详质，不尚简洁。惟叙事宜择其大者要者，篇中叙病状一段，则近于哀启，弟以为应将'庚午之腊，至含笑而逝'数行删去，而接以先生卒于某年月日，寿若干云云。"有唐文治札，唐字蔚芝，主办无锡国学专修馆，门墙桃李，遍及南北，他壮岁即目盲，不能书写，往往出于门生代笔，这札是否亲笔，难以确定了。有吴鸣骐札，吴号麘伯，光绪举人，宰彭泽，著《蘧然觉斋诗》。有陈奕禧札，作小行楷极精，云："文安尺牍，清雅殊绝。若文敏非说情，则卖古董，书札流布，人品扫地矣。"所谓文敏，指张得天而言。得天负书名，和奕禧不同道，才加贬语。有张东荪札，张历任《大共和日报》《时事新报》《庸言》《正谊》《大中华》等杂志编辑。书中多勉励后进语："学问之道，不外持之以恒，多看多读，则不患下笔无文。好之既笃，虽极艰深之理，亦可迎刃而解。专心于此，不事他事。则未有不成者也。"其他如勒方锜、郑大鹤、顾肇熙、潘祖荫、朱古微、李慈铭、邹咏春、陆润庠、曾国荃、王一亭、徐乃昌、任心田、丁丙、金松岑、张季直、章太炎、俞曲园、杨见山、汪鸣銮、吴宝恕、陈夔龙、陈倬、费屺怀、冒鹤亭、莫友芝、张采田、徐同柏、沈玉麒、李梅庵、查士标、吴湖帆、王佩诤、王欣夫等，我专装成册，留念不忘。景郑富于收藏，自经其侄子的散弃，又遭"文革"的来临，也就无意于此，把残余归给了我，犹之芝兰杂于蓬荜了。

"文革"中损失的书札，还是萦诸魂梦，除上次提到之外，尚有不少是可珍可喜的。如明代的方拱乾，为天启进士。王崇简，为崇祯进士。金俊明参加复社，其故居春草闲房，数百年后，为吴大澂吟啸之地。吴宽居吴中护龙街的尚书里，顾子山辟为怡园。清代的黎简，号二樵，著《五百四峰草堂诗文录》，粤东方面很推重他。王鸿绪，康熙间官户部尚书。《咏风怀诗》，宁不吃两庑冷猪肉的朱竹垞，这通尺牍，是很难得的。当洪杨失败，洪大全被逮，押解赴京，丁守存便是负押解之责的。被徐锡麟刺死的恩铭，他是旗人。段玉裁治许学，辑《段氏说文》，为有清一代的大儒。黎庶昌赴日本，收罗古籍，辑《古逸丛书》，又辑《续古文辞类纂》，贡献很大。王先谦也辑《续古文辞类纂》，并行不悖，这两封信聚在一起，可谓相得益彰。钱陈群，年代较早，我有他的信，也有他后代钱应溥的信，应溥的哲嗣冲甫，我和他相熟，书翰往还，积有数十通，且曾在他家，看到钱陈群的画件。吴中拙政园有钱陈群所书的碑碣，当苏沪沦陷，陈群事敌为显宦，及抗战胜利，究治奸逆，便有无知之流，把钱陈群和陈群混为一人，这人碑碣，也就被无端摧毁了。劳乃宣，字玉初，为文字改革的先驱者。他的女儿适沈寐叟的嗣子沈慈护，我们在襄阳公园有个星期茗会，慈护夫妇经常参加，所以我有他们翁婿的手札。其他尺牍，如《孽海花》中的主人翁洪文卿殿撰，又为赛金花撰墓碑的潘毓桂，曾见过李秀成的百岁老人马相伯，廖仲恺的长兄廖忏庵词人，黄花岗七十二烈士收埋者潘达微，清吏善作诗钟之戏的蔡乃煌，辛亥革命代黎元洪撰四六文告的饶汉祥，苏州光复第一任部督程德全，上海光复鸣钟为号的李平书，汪兆镛和汪兆铭，一忠清，一反清，不同道的昆仲。

释家的信，有六舟、莲舟、印光、太虚、弘一、巨赞、弘伞。

画家的信，有钱瘦铁、吴待秋、潘雅声、钱病鹤、沈心海、郭兰祥、赵叔孺、吴湖帆、冯超然、赵子云、张石园、汤定之、李秋君、樊少云、陈迦庵、汪亚尘、溥雪斋、柳君然、程瑶笙、但杜宇、江小鹣、梁鼎铭、杨清磬、丁悚等等。书画鉴赏家，有庞虚斋、张葱玉、徐邦达、王春渠。

金石家的信，有唐醉石、王福庵、何昆玉、鲍鼎、汪吉门。

古泉专家的信，有丁福保、方药雨、戴葆庭。

小说家的信，有李伯元、蒋箸超、徐枕亚、吴双热、吴绮缘、许指严、刘铁冷、包醒独、陈蝶仙、陈小蝶、还珠楼主李寿民、吴丁谛、赵焕亭、向恺然、王钝根、黄花奴、何海鸣、毕倚虹、张春帆、孙玉声、陆士谔、尤半狂、黄南丁、汪仲贤、童爱楼、贡少芹、沈东讷、姚民哀、姜可生、徐哲身、奚燕子、程善之、胡寄尘。

有太平天国史学家简又文的信。

女诗人的信，有吕美荪、吕碧城、汤国梨、陈小翠、罗庄、范冷芳、陈乃文。

藏书家的信，有蒋孟蘋、叶景葵、伦明、王均卿。

藏牍家的信，有潘博山、章劲宇、席敏斋。

名医的信，有曹沧州、萧龙友、范禾安、恽铁樵。

甲骨文专家的信，有董作宾、闻野鹤、叶玉森。

新文艺家的信，有胡适、林语堂、蔡元培、孙伏园、邵洵美、郑振铎、郭沫若、沈雁冰。

掌故家的信，有徐彬彬、徐一士、纪果庵、陆丹林。

我的老师的信，有朱遂颖、胡石予、余天遂、吴粹伦。

我是搜罗南社文献的，南社人士的信，有汪子实、马小进、景梅九、吴虞、谢无量、张默君、邵元冲、余十眉、沈颖若、汪兰皋、陈蜕庵、江亢虎、管际安、杨了公、饶纯钩、田星六、萧退庵、汪旭初、杨千里、林长民、谭愚生、卫锐锋、丘复、丘翊华、沈太侔、夏丏尊、邵次公、蔡元培、柳亚子、叶楚伧、尤墨君、高吹万、高天梅、姚石子、俞慧殊等，约有三四百人。

还有常熟蒋志范，曾寄我一信，他是诙谐百出的。某次，有一绰号小眼王大，开设一茶馆，名湖园，请志范作一嵌字联，他一挥而就，联云："湖月大佳齐放眼，园林小住亦称王。"不仅把"湖园"二字作鹤顶格嵌入，又复把"小眼王大"四字，也连类及之。又合肥李木公，名国松，和李伯琦为昆弟行，伯琦是我的前辈，和我经常晤面的。伯琦知道我搜罗尺牍，告诉我："木公写信很精审，稍不惬意，便废去重写。有一次，他写给某名流的信，写了重写，重写了再重写，写完了信笺一厘才罢。甚至他写给我的信，也很郑重，一笔不苟。我劝他不必如此，你的信札，素不留存，讲究是徒然的。"我为了好奇，即向伯琦索取了一通，果然写作俱佳，不同凡俗。伯琦写信，潦草异常，恰与相反，我也留存起来。吴用威札，留得一纸。他是仁和诗人，我喜诵他的绝句，如《寒食》云：

"二月莺花事事妍，禁烟时节雨晴天。平湖水暖绿初涨，好放红桥鸭咀船。"不减渔洋神韵。或谓出于吴湖帆手笔，那就不敢断定了。总之，我所藏不下万件，不克尽忆，均属心血结晶。结果却如杜牧所谓："楚人一炬，可怜焦土。"及收拾烬余，寥寥无几了。

后　记

　　承蒙西泠印社出版社青睐，去年出版先祖父的《艺林人物琐记》，颇受读者喜爱，今年责编梁春晓女士与笔者商议再出第二本——《珍闻与集藏琐忆》。封面设计图案以梅花呈现，内含藏书票为菊花图案，寓意梅魂菊影，依旧是笔者绘制。

　　先祖父写作的特点，首先是文字畅达、古雅，其次是内容生动有趣，如写人物，力求栩栩如生，扬善抑恶；撰写事例，更是经过多方考证，或者是他本人亲历，亦是客观地评价。当然，君子写作不该揭丑，他严格遵循着。因此，他笔下的老友或熟朋，无不是厚道善良、典雅博学、助人为乐。

　　日前翻阅到他老人家早年在校的作文本，见老师评语："轩豁呈露，文笔亦挥洒自如。""激昂慷慨，文亦戛戛独造，洵出色当行之作。""以沉挚之思，运清灵之笔，无一敷泛意，无一支蔓语，平旦气爽，轩人眉宇，旸谷日出，阴霾顿消。"先祖父之后能涉笔文坛八十春，实植基于此。

　　二十世纪八十年代，他八九十岁时，许多中外记者，对先祖父的博闻强记深感疑惑，时常会提出："您写作涉及的友人事例，如何会做到有这么多呢？如何记得住？"以至于在东南亚一带，媒体赞誉祖父为"计算机"。

　　人脑和计算机有本质上的区别，何况计算机偶尔也会出错。一般，在一篇文字中，常人都会出现一定比例的差错。画家作画，千万笔在一幅画内，不可能没有败笔，但是并不影响此画的精美和完整。甚至医学界，外科医师的手术也都有合理的失误比例。不懈追求正确、准确，诚难能可贵。

每个作家写作风格不同：喜爱做考据的作家，爱事事必出有因，擅长引领读者深思熟虑，探究原委；风趣幽默的作家，把繁复的事由，简化成轻松一笑的境界，提纲挈领，智慧地化繁为易；追求逻辑性的作家，引经据典，旁征博引，读者可以随着内容，化形象为抽象，也是一绝。

纵观许多老派文人，虽然千人千面，个性迥异，其中有一点完全相同——不说谎，不会说谎。特别是先祖父所结交的友朋，更是有其鲜明的个性特点。

先祖父写作，其中的一部分，源于他的朋友带来的诸多珍闻奇事，他朋友确实数不胜数。在他的生命中第一是书籍，第二是朋友。笔者与他共同生活三十八年，所见所闻，历历在目。

如今，文学艺术百花齐放，不同的人群也喜好不同的文艺表达方式。据于此，笔者有了为西泠印社出版社选编第二册书籍的冲动。

最近数年，笔者一直根据读者需要和社会热点，将先祖父的书籍内容进行重新组编，如 2019 年，上海书店出版社《郑逸梅遗印集》，收录他"文革"后遗留的印章，笔者对其进行编排，恭请沪上多位著名书法篆刻家题词、书写扉页等：百余岁老人退密公，题写封面和扉页，高式熊、韩天衡、童衍方、刘一闻、陈茗屋、吴子建、徐云叔、陆康诸大家（按年龄排列）也一并进行了题词。2019 年书展签售时，该书创首日销售额之最，面对热情的读者，笔者不得不辗转另处续签半小时之多！

2021 年，西泠印社出版社出版的《艺林人物琐记》，也受到读者热爱。虽说疫情阻碍了书展的如期举行，但是网站上购买量，仅一次即达五六百本之多。笔者在福州路艺术书坊，签了三四个小时，之后还举办了一次讲座。

本次西泠印社出版社拟出版《珍闻与集藏琐忆》，是以珍闻为主，集藏为辅来进行选编的。

珍闻，顾名思义，是罕见之事例。例如吴芝瑛密藏秋瑾墓表、廉南湖藏扇流入扶桑、赛金花的一帧画像、吴杏芬老人画的真伪问题、哈同花园的设计者黄中央、翻译大家伍光建、钱瘦铁东渡受厄、臧伯庸与黄楚九等等，在此恕不一一列举此书内容。

集藏、收藏是当代热点。祖父是一谦谦君子，他一直认为收藏需财力和精力，他皆不具备，仅是爱好而已。

曾经的沪上收藏大家吴湖帆、钱镜塘、张葱玉等诸先生，北方的张伯驹先生（《游春图》《平复帖》的捐赠者），再早些如庞莱臣、完颜景贤、项子京等，均出自家财万贯、殷实富庶之家，并拥有实业，遇到名迹不惜重金购买。其中项子京（元汴）和景贤的收藏尤为著名。故宫博物院将近一半的藏品，出自项子京的收藏。景氏以"三虞"名堂（三虞者，唐虞永兴《庙堂碑》册、《汝南公主墓志铭稿》卷、《破邪论》卷也）。而吴湖帆公是先祖父郑逸梅草桥中学的同窗，他是中国近代声名显赫的收藏家和画家，为吴大澂的嗣孙。他的藏品独特，来源于吴大澂遗留、沈韵初馈赠、夫人的嫁资以及自己的购买与交换。

先祖父一生除了写作、教书以外，乃爱好购买书籍、尺牍和字画。他经手的各类藏品丰富多彩，但他老人家从不以收藏家自居。

他曾言："集藏和收藏有别，收藏非有资力不可，非有鉴赏眼光不可，非有空闲时间摩挲不可，所以海内外称得起收藏家的寥寥无几。"先祖父对于书画牍札、铜瓶瓷盘、瓦当砚台、文镇竹刻以及种种可以供清玩的，都喜爱成癖，引明代张岱所谓"人无癖不可与交，以其无深情也"以解嘲。

幼年时，笔者经常见先祖父得到宝贝，夜晚在灯下玩赏的情景，纸帐铜瓶室内堆满了书籍和什物，有专门摆放扇箑的柚木扁抽屉，各个朝代的笺纸、画幅、书札、竹刻、墨锭、印章、稀币与铜瓷玉石等等。老人家在工作毕休息时，就会把玩这些宝贝，顿感疲劳均无。可惜"文革"时抄去七大车，家徒四壁，荡然无存，但是先祖父毫不气馁，自1972年至1992年二十年中又存了满满的一间屋。虽远不及以往，但也不乏数件可以念叨一下的藏品，如：

一、明代祝枝山短札，是祝允明赠给在畦妹丈的，字迹遒秀，少许胜多许，承钱镜塘公见贻，殊为铭感。

二、董其昌残札一册，那是劝慰夫妇失和的，有云："天下事有傍人极难解分者，莫如伉俪之间，乃因琴瑟之不调，而反致高堂之不豫，凡在相知，未有不为动念者，况情关手足如吾两人者乎！此吾于今日之事，不得不为老弟恳切言之也……"册后有阳湖吴伟一跋，述此册散失经过："右董香光家书墨迹，此其前四叶也，其后四叶，别藏于缪穆庵表兄处。咸丰间，余购此四叶，向穆庵乞其所藏，以成完璧。穆庵既允矣，突被寇乱，各自奔避，此册随余转徙，几弃者屡，幸而获存。穆庵之殁已久，所藏悉归乌有，此册之不得复全……而即此数百字，神采焕发，丰度端凝，非后人临摹所及，况出入兵燹，追随筐箧二十余年，敝帚千金，更当宝贵矣。书中所称老弟，不知何人，后叶既失，遂无所考，重增惆怅。光绪岁次癸未季夏，客新安，重付装潢，因叙缘起于左。"那么这册页流传至今，而归先祖父所有，是很不简单的。

三、扇箑为先祖父的最爱，若干年来，集扇累累，厥数近千，无奈"文革"。二十世纪七十年代陆续部分归还及再集藏的也有数以百计，而且名堂繁多，今特举几例：

兄弟扇：潘博山草虫，潘景郑正书录词。

夫妇扇：李根源隶书，马树兰花鸟。

父女扇：樊浩霖山水，樊诵芬行书。

兄妹扇：周坚白墨竹，周慧珺行书。

遗老扇：陈曾寿画佛，李国松正书。

郎静山绘之水墨山水扇。郎公在摄影界首屈一指，名誉海内外，他的摄影作品均有国画的意蕴，或舒朗，或静谧，或飘逸，或雄健……此幅扇箑画面淡雅悠闲，充溢着仙气，一派《桃花源记》的景象。吴湖帆和章太炎合扇，也很奇特，湖帆公一枝绿萼，梅笔墨高洁，斜依扇页，笔精墨妙，是在穿毕扇骨的页面上当场兴笔作画的。

先祖父遗存的各类藏品，是他珍爱的集藏。虽说经过战事、"文革"、变卖，损失极大部分，但笔者深希这些物品还存在于人世间。物品的存在总是胜于人的寿数，人生短短几十载，喜好收集这些物品的人士，也会爱之如命。因此，除了怜惜已毁坏的珍品，先祖父应该也不会有太多的遗憾了吧。

仅以此赘言，有感而发的数语，代为后记了。

壬寅重阳前数日，郑有慧